"十三五"应用型本科院校系列教材/经济管理类

Commercial Bank Business and Operation

商业银行业务与经营

（第2版）

主　编　郭玉侠　洪玉娟
副主编　张福双　骆天骄　杜宁
主　审　于长福

哈尔滨工业大学出版社
HITP　HARBIN INSTITUTE OF TECHNOLOGY PRESS

内容简介

本书系统地阐述了商业银行的发展历程、商业银行的职能及其经营方针、商业银行的资本管理，全面介绍了当代商业银行的各类业务，包括负债业务、资产业务、中间业务、表外业务和国际业务，以及商业银行的资产负债管理、经营风险管理、财务分析和绩效评价等活动。本书努力做到理论联系实际，每章均添加了知识库、案例和阅读资料，对中国商业银行经营管理中的成功经验和不足之处做了较为深入的分析。

本书是金融专业本科学生系统学习和了解当代商业银行经营管理知识的教材，也可作为金融机构从业人员了解商业银行经营管理理论的参考书。

图书在版编目(CIP)数据

商业银行业务与经营/郭玉侠，洪玉娟主编.—2版.—哈尔滨：哈尔滨工业大学出版社，2021.7(2024.1 重印)
ISBN 978-7-5603-9478-7

Ⅰ.①商… Ⅱ.①郭… ②洪… Ⅲ.①商业银行-银行业务-高等学校-教材 ②商业银行-经济管理-高等学校-教材 Ⅳ.①F830.33

中国版本图书馆 CIP 数据核字(2021)第 109991 号

策划编辑	杜　燕
责任编辑	张羲琰
封面设计	卞秉利
出版发行	哈尔滨工业大学出版社
社　　址	哈尔滨市南岗区复华四道街10号　邮编150006
传　　真	0451-86414749
网　　址	http://hitpress.hit.edu.cn
印　　刷	哈尔滨市颉升高印刷有限公司
开　　本	787mm×960mm　1/16　印张 20.5　字数 455 千字
版　　次	2011年2月第1版　2021年7月第2版
	2024年1月第2次印刷
书　　号	ISBN 978-7-5603-9478-7
定　　价	48.00 元

(如因印装质量问题影响阅读，我社负责调换)

《"十三五"应用型本科院校系列教材》编委会

主　任	修朋月	竺培国			
副主任	王玉文	吕其诚	线恒录	李敬来	
委　员	丁福庆	于长福	马志民	王庄严	王建华
	王德章	刘金祺	刘宝华	刘通学	刘福荣
	关晓冬	李云波	杨玉顺	吴知丰	张幸刚
	陈江波	林　艳	林文华	周方圆	姜思政
	庹　莉	韩毓洁	蔡柏岩	臧玉英	霍　琳
	杜　燕				

序

　　哈尔滨工业大学出版社策划的《"十三五"应用型本科院校系列教材》即将付梓，诚可贺也。

　　该系列教材卷帙浩繁，凡百余种，涉及众多学科门类，定位准确，内容新颖，体系完整，实用性强，突出实践能力培养。不仅便于教师教学和学生学习，而且满足就业市场对应用型人才的迫切需求。

　　应用型本科院校的人才培养目标是面对现代社会生产、建设、管理、服务等一线岗位，培养能直接从事实际工作、解决具体问题、维持工作有效运行的高等应用型人才。应用型本科与研究型本科和高职高专院校在人才培养上有着明显的区别，其培养的人才特征是：①就业导向与社会需求高度吻合；②扎实的理论基础和过硬的实践能力紧密结合；③具备良好的人文素质和科学技术素质；④富于面对职业应用的创新精神。因此，应用型本科院校只有着力培养"进入角色快、业务水平高、动手能力强、综合素质好"的人才，才能在激烈的就业市场竞争中站稳脚跟。

　　目前国内应用型本科院校所采用的教材往往只是对理论性较强的本科院校教材的简单删减，针对性、应用性不够突出，因材施教的目的难以达到。因此亟须既有一定的理论深度又注重实践能力培养的系列教材，以满足应用型本科院校教学目标、培养方向和办学特色的需要。

　　哈尔滨工业大学出版社出版的《"十三五"应用型本科院校系列教材》，在选题设计思路上认真贯彻教育部关于培养适应地方、区域经济和社会发展需要的"本科应用型高级专门人才"精神，根据前黑龙江省委书记吉炳轩同志提出的关于加强应用型本科院校建设的意见，在应用型本科试点院校成功经验总结的基础上，特邀请黑龙江省9所知名的应用型本科院校的专家、学者联合编写。

　　本系列教材突出与办学定位、教学目标的一致性和适应性，既严格遵照学科体系的知识构成和教材编写的一般规律，又针对应用型本科人才培养目标及与之相适应的教学特点，精心设计写作体例，科学安排知识内容，围绕应用讲授理论，做到"基础知识够用、实践技能实用、专业理论管用"。同时注意适当融入新理论、新技术、新工艺、新成果，并且制作了与本书配套的PPT多媒体教学课件，形成立体化教材，供教师参考使用。

《"十三五"应用型本科院校系列教材》的编辑出版，是适应"科教兴国"战略对复合型、应用型人才的需求，是推动相对滞后的应用型本科院校教材建设的一种有益尝试，在应用型创新人才培养方面是一件具有开创意义的工作，为应用型人才的培养提供了及时、可靠、坚实的保证。

希望本系列教材在使用过程中，通过编者、作者和读者的共同努力，厚积薄发、推陈出新、细上加细、精益求精，不断丰富、不断完善、不断创新，力争成为同类教材中的精品。

第二版前言

金融是国家经济的命脉，是现代经济的核心。商业银行是最为典型的金融机构，它以追逐利润为经营目标，是一种以吸收活期存款、办理转账结算、发放短期贷款并经营多种其他金融业务为主的综合性、多功能的金融企业，具有融通资金、配置资金、防范风险、提供信息等多种功能。商业银行的业务与金融服务惠及千家万户，涉及各个领域。金融产业在国家经济发展、国民经济建设、改善民生和构建和谐社会等方面发挥着极其重要的作用。随着我国经济的高速发展，各行各业需要得到金融银行更多的支持。同时随着我国银行业的全面对外开放，外资金融企业的大量涌入，我国金融业经受着严峻的市场竞争考验。市场竞争的压力和动力不仅促进我国金融业深化体制改革，加快管理机制与运营模式的整改，而且也促使我国金融银行开拓新业务，并加强金融服务。

我国正处于经济结构转型升级时期，现代商业银行的发展还面临着很多问题，如新成立的规模相对较小的商业银行如何在竞争中不断发展壮大，村镇银行如何生存与发展等。尤其是在世界经济一体化、金融风险不断增加的背景下，如何建立和加强防范风险的机制，更是我国商业银行面临的重要课题。

目前，我国金融业是发展最快的行业之一。社会需求、市场呼唤金融银行专业人才，行业急需有知识、会操作、能顶岗的实务型应用人才。《商业银行业务与经营》一书就是向有志于从事商业银行业务与经营的人们展示当今银行业的主要经营业务及其未来的发展趋势。本教材知识系统、讲解通俗易懂、案例鲜活，适用于经济学和金融学专业本科生的教学，对于广大读者也是有益的参考读物。

本教材由郭玉侠、洪玉娟主编，负责制订大纲、统稿及质量把关，张福双、骆天骄、杜宁为副主编。编写分工为：郭玉侠负责第四章、第五章、第十章，洪玉娟负责第六章、第十一章，张福双负责第七章、第八章，骆天骄负责第一章、第二章，杜宁负责第三章、第九章。全书由黑龙江财经学院于长福院长主审。

在第一版教材的基础上,本教材在编写过程中,根据商业银行业务发展、变化及规律,更新了商业银行负债业务与经营、商业银行的现金资产业务及商业银行资产负债管理等相应章节的知识点,以及知识库、阅读资料,具有观念新、内容丰富的特点,体现了本教材的前沿性和与时俱进。

在编写的过程中,我们参阅了大量金融银行的书刊资料及有关商业银行业务的最新管理规定和文件等,并得到了有关部门的支持与指导。在本教材第一版编写的过程中,第三章、第四章、第五章、第六章、第十章、第十一章的编写得到了黑龙江科技大学闫晶怡,黑龙江财经学院裴丽杰、黄巍,招商银行哈尔滨分行郭勇及哈尔滨金融学院姜睿、李莹的大力帮助,在此一并表示感谢。

编　者

2021 年 5 月

目 录

第一章 导 论 ... 1
- 第一节 商业银行的起源与发展 ... 2
- 第二节 商业银行的性质和职能 ... 4
- 第三节 商业银行的组织形式和组织机构 ... 8
- 第四节 商业银行的经营原则 ... 12
- 第五节 商业银行的经营环境 ... 15
- 本章小结 ... 20
- 自测题 ... 20

第二章 商业银行的资本业务 ... 23
- 第一节 商业银行资本的构成与功能 ... 24
- 第二节 商业银行资本充足性及其测定 ... 29
- 第三节 商业银行资本筹集 ... 39
- 第四节 中国商业银行的资本金的管理 ... 41
- 本章小结 ... 46
- 自测题 ... 47

第三章 商业银行负债业务与经营 ... 50
- 第一节 商业银行负债业务概述 ... 51
- 第二节 商业银行存款业务的经营与管理 ... 53
- 第三节 商业银行借入资金的管理 ... 65
- 第四节 中国商业银行负债分析 ... 72
- 本章小结 ... 75
- 自测题 ... 75

第四章 商业银行的现金资产业务 ... 78
- 第一节 商业银行现金资产的构成与作用 ... 79
- 第二节 资金头寸的计算与预测 ... 84
- 第三节 现金资产的管理 ... 90
- 本章小结 ... 102
- 自测题 ... 102

第五章 商业银行贷款业务与管理 ... 113
第一节 商业银行贷款业务概述 ... 115
第二节 商业银行贷款定价 ... 122
第三节 商业银行贷款的种类和创新 ... 128
第四节 商业银行贷款信用分析 ... 132
第五节 商业银行贷款的风险管理及其分类 ... 134
本章小结 ... 144
自测题 ... 145

第六章 商业银行证券投资业务与经营 ... 151
第一节 商业银行证券投资概述 ... 152
第二节 商业银行证券投资的收益与风险 ... 158
第三节 商业银行证券投资的一般策略 ... 167
本章小结 ... 174
自测题 ... 174

第七章 商业银行中间业务与表外业务 ... 176
第一节 商业银行中间业务 ... 176
第二节 商业银行表外业务 ... 183
本章小结 ... 193
自测题 ... 193

第八章 商业银行国际业务 ... 196
第一节 国际业务的经营目标与组织机构 ... 196
第二节 国际贸易融资 ... 199
第三节 外汇买卖 ... 207
第四节 离岸金融业务 ... 213
本章小结 ... 217
自测题 ... 218

第九章 商业银行资产负债管理 ... 223
第一节 商业银行资产负债管理理论 ... 224
第二节 商业银行资产负债管理方法 ... 230
第三节 中国商业银行的资产负债比例管理 ... 237
本章小结 ... 246
自测题 ... 247

第十章　商业银行经营风险管理 251
第一节　商业银行经营风险 252
第二节　商业银行经营风险识别与预测 261
第三节　商业银行风险管理对策 270
本章小结 278
自测题 278

第十一章　商业银行财务分析与绩效评价 281
第一节　商业银行财务分析 282
第二节　商业银行绩效评价 297
本章小结 308
自测题 308

参考文献 312

第一章 Chapter 1

导 论

【学习要点及目标】

通过本章学习,学生要了解商业银行的起源与发展;掌握商业银行的性质与职能;理解并掌握商业银行经营的"三性"目标;了解商业银行的基本组织形式和组织结构;掌握政府对商业银行的监管内容;理解商业银行的经营环境,并结合中国商业银行发展的现状和特殊性,将相关理论运用于完善中国商业银行体系、促进社会主义市场经济发展的实践中。

【导入案例】

金匠的收据

使用黄金需要花费一定的费用,特别是在储存、保护和携带方面。为了节约一些花费,有些人乐意支付一定的费用让其他人来为他们储存黄金。金匠们和一些商人会备好能够保存大量黄金的设备,因此可以使保存更多黄金的边际费用相对较低。他们发现,接受需要保存的黄金,向黄金持有人收取其乐意支付的费用,然后向储户发行其拥有要回黄金权利的收据,这样做是有利可图的。随着黄金储存活动的增多,情况逐渐发展为:当两名储户同意交换的时候,其中一人会取回他的黄金支付给另一人,另一人会迅速将那些黄金再一次储存,并时常储存在同一名金匠那里,金匠会继续履行其偿还黄金的承诺。对于储户来说,只接受金匠的收据会更便利,因为将会省去每个人再次取回黄金和储存它的麻烦。因此,金匠的收据就自然而然地作为交易媒介流通起来。后来,收据变成了钞票,发行收据的金匠变成了银行家。

(资料来源:丁志国,赵晶.金融学[M].2版.北京:机械工业出版社,2019.)

第一节 商业银行的起源与发展

一、商业银行的起源

"银行"一词最早起源于拉丁文 Banco,意思是"长板凳"。在中世纪中期的欧洲,各国之间的贸易往来日益频繁,意大利的威尼斯、热那亚等几个港口城市由于水运交通便利,各国商贩云集,成为欧洲最繁荣的商业贸易中心。各国商贩带来了五花八门的金属货币,不同的货币由于品质、成色、大小不同,兑换起来有些麻烦,于是就出现了专门为别人鉴别、估量、保管、兑换货币的人。按照当时的惯例,这些人都在港口或集市上坐着长板凳,等候需要兑换货币的人。渐渐地,这些人就有了一个统一的称呼——"坐长板凳的人",他们也就是最早的银行家。这些人在经营货币兑换的过程中慢慢发展壮大,又开始为商人们提供汇兑业务。货币兑换商则借此汇集了大量货币资金。而后货币兑换商发现其所保管的资金余额其实是相当稳定的,可以用来发放高利贷,获得高额利息收入,于是通过逐渐降低保管费吸收更多的货币资金。后来,货币兑换商不仅不收取保管费,还要给委托货币的客户一定好处,这时货币保管义务就演变为存款业务了,而货币保管业也就演变为以存款、贷款、汇兑、结算等业务于一身的早期银行。世界上最早的现代意义上的银行——威尼斯银行就由此诞生了。早期的银行是属于高利贷性质的银行,利率水平高达30%~40%,其提供贷款的数量和放贷对象有局限性,主要是政府和一些特权企业,大多数工商业资本家得不到银行信用,不能适应资产阶级大生产和满足资本主义经济发展的需要。在与高利贷斗争中,在英国政府的授意下,由商人组成的股份制银行出现了,即1694年成立的英格兰银行,它是最早的股份制银行,其诞生标志着现代银行制度的建立。资本主义大银行的出现,使高利贷信用逐渐向利率较低的资本主义现代银行转变。英格兰银行贴现率规定在4%~6%之间,大大低于早期银行存贷利率。

综上所述,现代商业银行是随着资本主义生产方式的产生和发展而建立起来的。其形成途径基本上有两条:一是由早期高利贷性质的银行转变而来;二是像英格兰银行一样以股份制形式组建的新型商业银行。其中,后者更具有代表性,由于其资本雄厚、规模大、利率低,适应资本主义经济发展对信用的要求,因而逐渐成为资本主义银行的主要形式,而前者转化非常缓慢。

二、商业银行的发展

各国商业银行产生的条件不同,因此也有不同的称谓。譬如:英国称"存款银行",美国称"国民银行""州银行",日本称"城市银行""地方银行"等。各国商业银行业务经营的范围和特点都存在一定的差别,但从商业银行发展的历史来看,大致有以下两种类型。

(一)英国式融通短期资金模式

至今,英、美两国商业银行的贷款仍然以短期商业性贷款为主。这一传统在英国形成,有其历史原因。英国是较早确立资本主义制度的国家,也是最早建立股份制的国家,所以英国的资本市场比较发达,企业的资金来源主要依靠资本市场募集。这种业务模式的优点是能较好地保持银行清偿力,银行经营的安全性较好;缺点是银行业务的发展受到限制。

(二)德国式综合银行模式

按这一模式发展的商业银行,除了提供短期商业性贷款外,还提供长期贷款,甚至直接投资于企业股票和债券,替企业报销证券,参与企业的决策与发展,并向企业提供合并与兼并所需要的财务支持和财务咨询等投资银行服务。至今,不仅德国、瑞士、荷兰、奥地利等少数国家仍坚持这一传统模式,而且美国、日本等国的商业银行也在开始向这种综合银行模式发展。德国式综合银行模式的优点是有利于银行展开全方位的业务经营活动,充分发挥商业银行在国民经济中的作用;缺点是可能会加大银行经营风险,对银行经营管理有更高的要求。

【知识库】

英格兰银行

英格兰银行(Bank of England)成立于 1694 年,它是英国的中央银行,最初的任务是充当英格兰政府的银行,这个任务至今仍然有效。英格兰银行大楼位于伦敦市的 Threadneedle(针线)大街,因此它又被称为"针线大街上的老妇人"或者"老妇人"。它是世界上最早形成的中央银行,为各国中央银行体制的鼻祖。1694 年,根据英王特许成立以发行股票的方式,向社会募集 120 万英镑。英格兰银行成立之初即取得不超过资本总额的钞票发行权,主要目的是为政府垫款。到 1833 年英格兰银行取得钞票无限法偿的资格。1844 年,英国国会通过《银行特许条例》(即《比尔条例》),规定英格兰银行分为发行部与银行部;发行部负责以 1 400 万英镑的证券及营业上不必要的金属贮藏的总和发行等额的银行券,同时也规定了其他已取得发行权的银行的发行定额。此后,英格兰银行逐渐垄断了全国的货币发行权,至 1928 年成为英国唯一的货币发行银行。与此同时,英格兰银行凭其日益提高的地位承担了商业银行间债权债务关系的划拨冲销、票据交换的最后清偿等业务,在经济繁荣之时接受商业银行的票据再贴现,而在经济危机的打击中则充当商业银行的"最后贷款人",由此而取得了商业银行的信任,并最终确立了"银行的银行"的地位。随着伦敦成为世界金融中心,应实际需要,英格兰银行实施了有伸缩性的再贴现政策和公开市场活动等调节措施,成为近代中央银行理论和业务的样板及基础。1933 年 7 月设立"外汇平准账户"代理国库。1946 年之后,英格兰银行被收归国有,仍为中央银行,并隶属财政部,掌握国库、贴现公司、银行及其余的私人客户的账户,承担政府债务的管理工作,其主要任务仍然是按政府要求决定国家金融政策。英格兰银行总行设于伦敦,职能机构分政策和市场、金融结构和监督、业务和服务 3 个部分,设 15 个局(部)。同时,英格兰银行还在伯明翰、布里斯托、利兹、利物浦、曼彻斯特等 8 个城市设有 8 个分行。

(资料来源:中国金融网)

第二节 商业银行的性质和职能

一、商业银行的性质

（一）商业银行是企业，具有企业的一般特征

商业银行必须具备业务经营所需的自有资本，并达到管理部门所规定的最低资本要求；必须照章纳税；实行自主经营、自担风险、自负盈亏、自我约束；以获取利润为经营目的和发展动力。

（二）商业银行是特殊的企业——金融企业

商业银行的经营对象不是普通商品，而是货币和资金；商业银行业务活动的范围不是生产流通领域，而是货币信用领域；商业银行不是直接从事商品生产和流通的企业，而是为从事商品生产和流通的企业提供金融服务的企业。

（三）商业银行是特殊的金融企业

商业银行首先在经营性质和经营目标上，与中央银行和政策性金融机构不同。商业银行以盈利为目的，在经营过程中讲求盈利性、安全性和流动性原则，不受政府行政干预。其次，商业银行与各类专业银行和非银行金融机构也不同。商业银行的业务范围广泛，功能齐全，综合性强，尤其是商业银行能够经营活期存款业务，可以借助于支票及转账结算制度创造存款货币，具有信用创造的功能。

综上，商业银行是以追求利润最大化为目标，以多种金融资产为经营对象，能利用负债进行信用创造，并向客户提供多功能、综合性服务的金融企业。

二、商业银行的职能

商业银行的职能，是指商业银行作为金融企业通过其资产负债业务在国民经济中所发挥的功能和作用。商业银行作为以盈利为目的的金融企业，通过负债筹集资金，再通过发放贷款等功能将负债转化为资产获取利润。商业银行作为企业，具有所有企业的一般特征，即以盈利为目标，实现股东权益最大化。但是，商业银行作为金融企业，又具有一般企业不同的特点，其处于现代经济的核心地位所承担的社会责任以及经营上的内在脆弱性决定了商业银行与其他组织（包括其他金融机构）具有不同的经营原则和经济职能。这主要表现在以下几个方面。

（一）信用中介

信用中介是指商业银行充当将经济活动中的赤字单位、盈余单位联系起来的中介人的角色。这是商业银行最基本的职能，也是最能反映其经营活动特征的职能。这一职能的实质是，商业银行一方面动员和集中社会上一切闲散货币资金，成为其主要的资金来源；另一方面又通过信用形式将动员集中起来的货币资金贷放出去,满足借款人的贷款需求,把它投向经济各部门。商业银行是作为货币资本的贷出者与借入者的中介人或代表,来实现资本的融通,并从吸收资金的成本与发放贷款利息收入、投资收益的差额中,获取利益收入,形成银行利润。商业银行成为买卖"资本商品"的"大商人"。

在资金融通的过程中,银行和资金的需求者往往因为以下原因而不能形成直接借贷关系:①资金的需求者和资金的贷给者由于需求时间的不一致性,而使借贷行为不能成立;②资金供给者闲置的资金与资金需求者所需资金在数量上不一致,借贷双方也不能达成协议;③不了解借款人的信用状况和经济状况,信用关系也难以成立。而商业银行在信用关系中充当中介人,会克服上述种种矛盾。因为商业银行以吸收存款的形式动员了不同数量和不同期限的闲置的货币资金,可以满足借款人的不同需要;不同期限的存款经商业银行的媒介作用,可以满足不同期限的借款需求;若干个短期存款集中到商业银行以后,由于存取款有时间差和数量差,在商业银行会形成一个稳定的余额,又可以满足长期的借款需求。此外,由于商业银行专门经营货币信用业务,不仅自身信誉较一般企业要高,而且可以利用自身的有利条件,确切了解借贷者的经济状况和信用能力。

商业银行通过信用中介的职能实现资本盈余和短缺之间的融通,并不改变货币资本的所有权,改变的只是货币资本的使用权。

(二) 支付中介

支付中介是指商业银行借助支票这种信用流通工具,通过客户活期存款账户的资金转移,为客户办理货币结算、货币收付、货币兑换和存款转移等业务活动。支付中介职能是商业银行的传统职能。从历史上看,商业银行支付中介职能的产生要早于信用中介职能。但当银行的信用中介职能形成后,支付中介职能的发挥就要通过活期存款账户进行,因此信用中介职能反而成为支付中介职能的前提和基础。由于商业银行所提供的转账结算、支付汇兑等服务主要是面向存、贷款客户的,因此,支付中介职能的发挥又能促进商业银行存、贷款业务的扩大,从而使商业银行信用中介职能得到更好的发展。商业银行在存款负债业务的基础上,通过资金在存款账户上的转移和划拨、代理客户支付货款和费用、兑付现款等,利用存款账户,办理货币收付和转账结算,从而最大限度地节约了现钞的使用和流通的成本,节约了社会流通费用,加速资金的周转,方便了客户,促进了社会经济的发展和扩大,增强了商业银行的社会服务功能。

(三) 信用创造

信用创造是指商业银行通过吸收活期存款、发放贷款,从而增加银行的资金来源、扩大社会货币供应量。商业银行创造货币的原因是什么呢?根据银行存款签发的支票人们可以偿付债务和购买东西,据以签发支票的活期存款能够流通,能够直接作为流通手段和支付手段。存款货币(支票)之所以能够存在和流通,是因为将现金存入银行的结果,从整个银行体系可以观察到,银行在吸收现金、办理转账结算、发放贷款的一系列经营活动中,所形成的存款货币表现出远远超过原始存款的数量,是原始存款的若干倍。因此,整个银行体系存在着创造存款货币的功能。商业银行创造存款货币的机制可以同中央银行的印钞机相媲美。它创造存款货币的机制过程可以描述为:当社会成员将现金存入银行后,不但定期存款、储蓄存款不会马上提现使用,而且活期存款也由于"此取彼存"而不会提尽,总有一个相当稳定的余额停留在银行内;银行是以盈利为目的的,它除了保留一部分现金以应付日常提存之外,如果对于存进的现金听任其窖藏于库中而不予运用,显然是不智之举,它必然会尽量利用存款,把它们贷放出去以获利息;银行为应付存款人随时支款的业务需要,则只需保留少量的现金就可以应付自如了。这是因为:①存户很多,只要不发生信用危机,出现挤兑,就不至于存款人同时提取;②活期存款人签发的支票有些是转账性质,只要转到提票人户头上就可以了,有些可以与同业清算互相抵消,都无须支付现金。这样就给银行创造存款货币大开了方便之门。由于银行无论是放款或是投资,往往都不需要直接支付现金,而是把贷款额或投资额转入客户在本行开立的活期存款账户以供使用。这时候银行可以一举两得:一方面增加放款和投资;另一方面又增加了一笔活期存款。放款越多,活期存款也越多。这样,货币不出银行大门,在账目上转来转去,银行即可因放款而创造出一笔笔新的存款货币。

信用创造是商业银行的特殊功能,它是在商业银行发挥信用中介职能和支付中介职能的基础上派生出来的。在整个金融体系中,商业银行是唯一能够吸收活期存款开设支票存款账户的金融机构。在此基础上产生了存款货币,它是商业银行对活期存款客户的负债,支票是无条件支付凭证。客户向银行取得贷款,一般是要随时支用或立即使用的,这样贷款转变成活期存款,在支票流通和转账结算的条件下,一家银行的存款货币执行支付手段职能时,会增加另一家银行的存款余额。因此,商业银行把自己的负债(活期存款、支票)当作货币来流通,发挥支付手段和流通手段的功能时,就具有了信用创造的职能。由此看来,信用创造职能是商业银行在吸收活期存款的基础上,在实行部分准备金和转账结算制度的条件下,利用自己的资产形成负债,再把负债凭证(如支票等)投入流通,充当信用货币使用的一种特殊功能。

当然,商业银行不可能无限制地创造信用,更不能凭空创造信用,它要受以下因素的制约:

(1)要以存款为基础。就商业银行而言,它要根据存款发放贷款和进行投资;就整个商业银行体系而言,派生存款是在原始存款的基础上创造出来的,信用创造的限度取决于原始存款的规模。

(2)受中央银行存款准备金率、自身现金准备金率及贷款付现率的制约。商业银行的信用创造能力与上述比率成反比。

(3)要有贷款需求。如果没有足够的贷款需求,存款就贷不出去,更谈不上信用创造;反之,如果收回贷款,派生存款将会相应地收缩。

(四)金融服务

金融服务是指商业银行利用在国民经济中联系面广、信息灵通等特殊地位和优势,在发挥信用中介和支付中介职能的过程中获得大量的信息,借助计算机等先进手段和工具,为客户提供财务咨询、融资代理、信托租赁、代收代付等各种金融服务。随着经济的发展,工商企业的业务经营环境日益复杂,银行间的业务竞争也日益激烈。商业银行由于联系面广,信息比较灵通,特别是计算机在商业银行业务中的广泛应用,具备了为客户提供信息服务的条件,咨询服务、对企业"决策支援"等服务应运而生。工商企业生产和流通专业化的发展,又要求把许多原来的属于企业自身的货币业务转交给商业银行代为办理,如发放工资、代理支付其他费用等。个人消费也由原来的单纯钱物交易发展为转账结算。现代化的社会生活从多方面给商业银行提出了金融服务的要求。在市场竞争的压力下,商业银行也需要不断开拓业务领域,以便进一步增加收益来源的途径。在现代市场经济竞争环境下,提供多种金融服务成为商业银行的重要职能。通过金融服务功能,商业银行既提高了信息与信息技术的利用价值,加强了银行与社会的联系,扩大了银行的市场份额;同时也获得了不少费用收入,提高了商业银行的盈利水平。在现代经济生活中,金融服务已成为商业银行的重要职能。

(五)调节经济

调节经济是指商业银行通过其信用中介活动,调剂社会各部门的资金余缺,同时在中央银行货币政策指引下,在国家其他宏观政策的影响下,实现调整经济结构,调节投资与消费比例关系,引导资金流向,实现产业结构调整,发挥消费对投资的引导作用。有时,商业银行还可以通过在国际市场上的融资活动,来调节本国的国际收支状况。

【知识库】

兴业银行蝉联"全球表现最佳私人银行"奖

英国金融时报集团一年一度的全球私人银行颁奖盛典如期举行。《金融时报》是1888年创办的世界著名的国际性金融媒体。该报为读者提供全球性的经济商业信息、经济分析和评论,由该报创立的伦敦股票市场的金融指数更是闻名遐迩。在由该集团旗下《银行家》(The Banker)杂志及《专业财富管理》(PWM)杂志开展的2020年全球私人银行奖项评选中,兴业银行再度摘获"全球表现最佳私人银行"奖(Best Performing Private Bank),成为全球首家连续两年获此殊荣的银行,标志着兴业银行私人银行业务的专业实力和影响力进一步得到国际认可。

近年来,兴业银行深入实施"商行+投行"转型战略,整合和发挥集团内投资银行、资产管理等专业竞争优势,持续提升研究分析和投资顾问的专业能力,着力打造精品私人银行。该行私人银行业务围绕"以客户为中心"的经营理念,强化科技赋能和专业能力建设,在客户管理、客户服务、队伍建设、精细化管理、资产配置、科技赋能方面持续发力,稳步推进家族信托、全权委托服务,并配套特色化的健康管理、子女教育等增值服务,以满足高净值客户更加个性化、精细化的财富管理需求。2019年,兴业银行私人银行客户数和资产管理规模分别实现31%和24%的高速增长,截至2020年9月末,该行私人银行客户数近5万户,管理资产规模超6 000亿元。

(资料来源:中国新闻网2020-11-06)

第三节 商业银行的组织形式和组织机构

一、商业银行的外部组织形式

商业银行的外部组织形式是指商业银行在社会经济生活中存在的组织形式。一个国家的商业银行组织形式是否健全、是否有效率,对经济和金融发展具有相当重要的意义。受国际、国内政治、经济、法律等多方面因素的影响,世界各国商业银行的组织形式可以分为单一银行制、分支行制、银行控股公司制和连锁银行制。

(一)单一银行制

单一银行制是指不设立分行,全部业务由各个相对独立的商业银行独自进行的一种银行组织形式,即所谓的"一行一店"。这种银行主要集中在美国。这种制度规定,商业银行业务应由各个相对独立的商业银行本部经营,不允许设立分支机构,每家商业银行既不受其他银行控制,也不得控制其他商业银行。这种单一银行制度是由美国特殊的历史背景和政治制度所决定的。

单一银行制度有以下优点:①可以限制银行业的兼并和垄断,有利于自由竞争;②有利于协调银行与地方政府的关系,使银行更好地为地区经济发展服务;③由于单一银行制具有独立性和自由性,内部层次较少,因而其业务经营的灵活性较大,管理起来也较容易。

单一银行制的缺点也很明显:①单一银行制规模较小,经营成本较高,难以取得规模效应;②单一银行制与经济的外向发展存在矛盾,人为地造成资本的迂回流动,削弱了商业银行的竞争力;③单一银行制的金融创新不如其他类型的银行。

(二)分支行制

分支行制又称为总分行制,是指法律上允许商业银行在国内外设立分支机构,而不受特定的地域限制。世界上大多数国家的商业银行普遍采取分支行制,尤以英国最为典型。到目前为止,英国的6家清算银行在其国内就有1万多家分支机构。

分支行制按管理方式不同,又可以进一步划分为总行制和总管理处制。总行制是指总行除管理、控制各分支行以外,本身也对外营业,办理业务。而在总管理处制度下,总管理处只负责管理控制各分支行,其本身不对外营业,在总管理处所在地另设分支对外营业,如中国交通银行就是实行总管理处制的商业银行。

分支行制的优点在于:①分支机构较多,分布广,业务分散,因而易于吸收存款,调剂资金,充分有效地利用资本,同时由于放款分散、风险分散,可以降低放款的平均风险,提高银行的安全性;②银行规模较大,易于采用现代化设备,提供多种便利的金融服务,取得规模效益;③由于银行总数少,便于金融当局的宏观管理。

分支行制的缺点在于容易造成大银行对小银行的吞并,形成垄断,不利于竞争;同时,银行规模过大,内部层次、机构较多,管理困难。

但总的来看,分支行制更能适应现代化经济发展的需要,因而受到各国政府和银行界的青睐,成为当代商业银行的主要组织形式。

(三)银行控股公司制

银行控股公司制是指完全拥有或有效控制一家或数家银行的金融机构。在法律上,这些银行是独立的,但其业务与经营政策属于同一控股权公司所控制。控股公司于20世纪初出现在美国,后来在其他国家得到广泛发展。起初,控股公司本身不从事商品生产或销售业务,主要通过发行股票或公司债券的方式组织货币资本,再用以购买其他公司的股票。后来其业务范围逐渐扩大,包括办理投资、信托、租赁等业务。有些国家的控股公司也是投资银行的组织形式之一。

第二次世界大战后,银行控股公司迅速发展,尤其是在美国,已成为国家银行体制中占相当优势的组织形式。1956年,美国国会通过《银行控股公司法》,规定:凡直接、间接控制两家以上银行,而每家银行有表决权的股票在25%或25%以上的,就作为控股公司。1970年,美国对《银行控股公司法》又作了修改,规定:只控制一家银行25%以上股权的控股公司,也要进行登记。因为控股公司控制一定比例的银行股票,就能决定银行重要人事、营业政策,所以控股公司可以是大银行控制小银行的工具。

银行控股公司在美国得以迅速发展的主要原因是:①控股公司可逃避州立法中不允许银行跨州设立银行分支机构的限制,拥有几家银行;②控股公司可避开银行法对商业银行经营业务上的限制,扩大经营范围,办理商业银行不能或不便经营的投资、信托、租赁等业务,使银行经营非银行的业务领域,发挥更大的活动能力以追求更高的利润;③控股公司能够以不允许银行本身使用的办法为银行筹集资金,如发行商业票据等。

在德国,由于政府对银行限制很少,业务已综合化,可办一切业务,银行往往以参股形式直接控制企业。政府允许银行持有企业的股票,有的银行从企业开办、募股、发行债券到经营,均参与并提供贷款。银行还可以代表企业股东进行代理投票,大企业的股东人数多,而且分散,它们可以委托银行在股东大会上投票,银行的投票对企业的决策具有很大的影响力。

银行控股公司的发展是金融资本与工业资本融合,以增强竞争能力与控制市场能力的一种趋势。特别是自20世纪60年代后期以来,西欧银行、企业发生激烈的兼并活动,由于激烈竞争而引起的大银行、大企业排挤中、小银行与企业的局面;或者中、小银行与企业为了避免倒闭、破产,进行联合,渗透参股,发挥规模大、竞争能力强的集团优势。有的国家已形成几大集团,甚至银行与企业同属一个集团,形成了强大的经济金融垄断地位。在美国,75%以上的商业银行资产隶属于控股公司。

银行控股公司制有两种类型:一种是非银行控股公司,一种是银行控股公司。前者是由主要业务不在银行方面的大企业拥有某一银行股份组织起来的。后者是由一家银行组织一个控股公司,其他小银行从属于这家大银行。

（四）连锁银行制

连锁银行制又称为联合银行制,是指由某一集团购买若干独立银行的多数股票,从而达到控制这些银行目的的一种组织形式。它与控股公司制相比有一个共同的特点,就是都通过购买银行的多数股权来实现对这些银行的控制,虽然这些被控制的银行在法律上是独立的,但其业务和经营政策完全由一个人或一个集团操纵。连锁银行制与控股公司制的区别就在于,连锁银行制下没有单独的股份公司。由于受个人或某一集团的控制,不易获得银行所需要的大量资本,因此许多连锁银行相继转为分支机构或组成控股公司。

二、商业银行的内部组织结构

商业银行内部组织结构是指就单个银行而言,银行内部各部门之间相互联系、相互作用的组合管理系统。商业银行的内部组织结构,以股份制形式为例,可分为决策机构、执行机构和监督机构三个层次。

（一）决策机构

1. 股东大会

股东大会是商业银行的最高权力机关。它由全体股东组成,对商业银行重大事项进行决策,有权选任和解除董事,并对商业银行的经营管理有广泛的决定权。股东大会是一种定期或临时举行的由全体股东出席的会议。它是股东作为企业财产的所有者,对商业银行行使财产管理权的组织。银行一切重大的人事任免和经营决策一般都需股东会认可和批准方才有效。由于银行股票发行量大,而且比较分散,所以少数股东只要拥有一家银行10%甚至更少数量的股票,就能控制该银行。例如,美国花旗银行股东中具有控制权的个人的股票占银行股票总数不足1%,便成为花旗银行的最高决策者之一。其原因在于花旗银行有众多的股东,而大多数小股东对股东大会的决策并无多大影响,他们对股东大会不感兴趣,不参加股东大会,结果使得股东大会的表决权实际操纵在少数大股东手中。

2. 董事会

商业银行的董事会是由股东大会选举产生的决策机构。各银行董事会的人数依银行规模大小而不同,如美国规定每家商业银行的董事至少要有5人,多则可达25人。有不少国家规定在董事会中还要有一定数量的独立董事,如中国规定银行董事会中独立董事要占1/3。董事的任期一般为1~3年不等,可连选连任,独立董事的任期一般不超过两个任期。不少董事在银行中并无具体职务,也不能在银行领取薪金。商业银行董事长由董事会决定。由于董事长在银行中处于举足轻重的地位,所以这一职位通常由那些具有较强的预测能力和交际能力,并与各界有较密切关系的人士担任,以便为银行的发展提供有利条件。

3. 董事会下设的各种委员会或附属机构

（1）执行委员会又称为常务委员会。它是决策机构中最重要的部门,负责从事各项研究,并向董事会提出报告和方案。

(2)贷款委员会。其主要任务是确定各种贷款的规模,审批大额贷款,决定银行利率水平。

(3)考评或薪酬委员会。其负责定期或不定期地考核银行各级工作人员的工作业绩,并向董事会提出报告;提出银行管理层和员工的奖金分配方案,报董事会审批。

(4)风险管理委员会。其负责定期或不定期地分析银行业务经营中存在的问题及一些隐患,并报董事会审批。

(5)审计委员会。审计委员会是董事会设立的专门工作机构,主要负责商业银行内、外部审计的沟通、监督和核查工作。

(6)提名委员会。其负责向股东大会提交每年改选的董事名单和候选人名单,并负责寻找和提出 CEO 的继任人选,报请董事会考虑。提名委员会通常由外部董事组成。

(二)执行机构

1. 总经理(行长)

总经理(行长)是银行的行政首脑。总经理(行长)的职责是由执行董事会决定的,组织银行的业务活动。有些银行实行董事长制,即董事长既是董事会首脑,又是银行内部的首脑,总经理只是董事长的助手。

2. 副总经理(副行长)及各业务、职能部门

在总经理(行长)的领导下,商业银行一般设置若干个副总经理(副行长)以及业务、职能部门。一般把商业银行的贷款、信托与投资、营业、会计等部门称为业务部门,专门经办各项银行业务;而把商业银行的人事、公共关系等部门称为职能部门,主要负责内部管理,协调业务部门开展经营活动。

(三)监督机构

商业银行的监督机构由股东大会选举产生的监事会、董事会中的审计委员会以及银行的稽核部门组成。

监事会是银行的常设监督机构,负责检查监督银行的经营管理活动,其目的是防止董事会和高级管理人员滥用职权,保护股东权益。监事会的职责是对银行的一切经营活动进行监督和检查。监事会的检查比稽核部门的检查更具有权威性,它除了检查银行执行部门的业务经营和内部管理之外,还要对董事会制定的经营方针和重大决策、规定、制度及其被执行的情况进行检查。

从动态意义上讲,一家商业银行的组织结构体系状况和该银行的文化背景、规模及其所面临的市场有很大关系。此外,每家商业银行还应当根据它所服务的地区,采取多种方法来构建其组织结构体系,不能一概而论。

【知识库】

连锁银行制与银行控股公司制的区别

银行控股公司制是指专以控制和收购两家以上银行股票所组成的公司。它通过持有股份来掌握对银行的控制权,对其经营实行控制。银行控股公司所拥有的公司,能从事"与银行业紧密相关"的活动,它可以使银行规避限制设立分支行的规定。

银行控股公司制通过控股公司这种安排可以解决银行业务发展中的两个问题:一是规避跨地区设立分支机构的法律限制;二是通过设立子公司来实现业务多元化。当所控制的银行只有一家时,为单一银行控股公司制;当控制的银行有两家或两家以上时,则为多家银行控股公司制。这种银行的组织形式在美国最为流行。

而连锁银行制曾盛行于美国中西部,是为了弥补单一银行制的缺点而发展起来的。连锁银行制与银行控股公司制的作用相同,区别在于没有股权公司的形式存在,即不必成立控股公司。

(资料来源:百度百科)

第四节 商业银行的经营原则

各国商业银行已普遍认同了经营管理中所必须遵循的三项原则:安全性、流动性和盈利性。各大商业银行都在努力做好三者之间的协调配合。

一、安全性原则

安全性指商业银行应努力避免各种不确定因素对它的影响,保证商业银行的稳健经营和发展。商业银行必须首先坚持安全性原则,其原因在于商业银行经营的特殊性:①商业银行自有资本较少,经受不起较大的损失;②商业银行经营条件的特殊性,尤其需要强调它的安全性;③商业银行在经营过程中会面临各种风险,如国家风险、信用风险、利率风险、汇率风险、流动性风险、经营性风险、竞争性风险等。

商业银行安全性包括两个方面:一是负债的安全,包括资本的安全、存款的安全、各项借入资金的安全等;二是资产的安全,包括现金资产的安全、贷款资产的安全和证券资产的安全等。商业银行经营绝对安全是不存在的,要尽量采取措施,把风险降到最低。

二、流动性原则

流动性是指商业银行能够随时满足客户提存和必要的贷款需求的支付能力。其包括资产的流动性和负债的流动性。因为商业银行是典型的负债经营,资金运用的不确定性也需要资产保持流动性。

流动性被视为商业银行的生命线。流动性不仅直接决定着商业银行的安危存亡,对整个国家乃至全球经济的稳定都至关重要。例如,在由美国的次贷危机引起的全球金融危机中,许多国家都发生了因客户挤兑而引发的流动性危机,并迫使大批商业银行清盘,致使全球主要金融市场出现了流动性不足的危机。

银行管理人员对流动性需求作出准确的预测后,就面临着如何满足流动性需求的决策问题。商业银行在进行流动性管理时,一方面面临着复杂的外部市场环境,另一方面其自身的流动性资产与负债也处于不断变化中。因此,针对特定时点上的流动性需求有多种方案可供选择。银行在进行流动性管理决策时主要应遵循以下原则。

(一)进取型原则

当出现流动性缺口时,银行管理者不是依靠收缩资产规模和出售资产,而是通过主动负债的方式来满足流动性需求,称为进取型原则。按照进取型原则进行决策时,关键是看借入资金的成本是否小于运用其所获得的收益。采用进取型原则有利于银行业务扩张,降低银行经营成本,提高经济效益。但是,主动负债筹集资金受许多因素影响,在市场资金供给紧张时,筹资成本增加,或者难以筹集到足够的资金,因此具有一定的风险性。

(二)保守型原则

当出现流动性缺口时,银行管理者不采取主动负债的方法,而是靠自身资产转换、出售的方式来满足流动性需求,称为保守型原则。运用这种原则进行流动性管理,由于银行的资金调整、转换不受或少受市场资金供求关系的影响,在不确定的资金需求增加时,可以较可靠地通过内部资金调整来补足流动性,安全可靠且风险较小。但是,运用这种管理原则,银行付出的成本代价较高。一般规模较小、资金实力不够雄厚的银行在资金市场上融资难度往往较大,故多采用这种原则进行流动性管理。

(三)成本最低原则

流动性缺口的满足应以筹资成本最低为原则。流动性缺口的满足,不论是以主动负债方式还是以自身资产转换方式,都必然要付出一定的成本代价。成本最小化是最优方案选择的基础,银行可以在对未来流动性需求以及市场资金供求状况、利率走势预测的基础上,设计多种筹资方案。通过对不同方案的对比分析,从中确定一个最佳方案。

三、盈利性原则

所谓盈利性是指商业银行在经营活动中取得盈利的能力。一切经营性企业都有一个共同的目标——追求盈利。商业银行作为经营货币信用的企业,当然也不例外。追求盈利是商业银行经营总目标的要求,也是商业银行改进服务、不断开拓业务经营的内在动力。盈利性集中体现在银行经营取得利润的能力上。银行利润是其在业务经营过程中所获得的总收入扣除银行成本后的余额。银行收入包括:贷款利息收入,证券投资收入,同业拆放利息收入,中央银行存款利息收入,各种利差补贴收入,各项手续费收入,信托业务收入,金银与外汇业务收入,结算罚款收入,出纳长款收入和其他收入。银行支出包括:存款利息支出,同业拆借利息支出,各项业务费支出、职工工资支出、固定资产折旧和大修理基金提取、零星设备购置支出、营业性支出(贷款损失、证券投资损失、结算赔款、出纳短款)和其他支出。商业银行只有在保持理想的盈利水平时,才能够充实资本,加强经营实力,巩固信誉,提高竞争力。商业银行的盈利是银行承担经营风险的重要力量,银行经营发生亏损,首先要用积累起来的盈利来弥补,在盈利不能抵偿亏损的情况下,就会使银行股本发生损失。因此,银行盈利在经营发生困难时期,对股东投资起一定保护作用。在正常业务经营的情况下,银行盈利可以添作股本,使每股增值,还可以通过向股东提供较为满意的股息红利,吸引更多的投资者,扩大银行自有资本的总量。在股息增加的条件下,还会扩大股票销路,提高股票价格,使银行资本溢价。充足的盈利能扩大经营规模,直接增大资本,进而可通过杠杆作用支撑起更大的经营规模。盈利也能转化为呆账准备金、外汇风险准备金、公积金等,使商业银行即使在银根紧张或经营状态不利的条件下,也能维持相当的规模。商业银行的盈利水平高,可以提高客户对银行的信任程度,在更大的范围内吸收客户资金,扩大银行的业务规模,如果银行发生亏损,就不可能吸收更多的资金,还会发生资金外流、客户挤兑存款的风险;另外,银行盈利水平高,可提高政府对银行的信任程度,从而减少对银行过严的监督和过多的干预,使银行的发展获得宽松的外部环境。理想的盈利水平,能提高商业银行的竞争能力。

在经济扩张时,由于中央银行放松银根,资金来源充足,资金需求旺盛,商业银行应侧重于盈利性目标,积极扩大盈利。而在经济过度膨胀时,由于中央银行已开始收紧银根,社会资金来源减少,资金需求也开始衰弱,商业银行应侧重安全性目标,谨慎安排资产规模与结构,减少损失。

四、"三性"原则之间的关系

一般认为,商业银行的"三性"原则既有相互统一的一面,又有相互矛盾的一面。

(一)统一面

流动性原则是商业银行正常经营的前提条件,是商业银行资产安全性的重要保证。安全性原则是商业银行稳健经营的重要原则,离开安全性,商业银行的盈利性也就无从谈起。盈利性原则是商业银行的最终目标,保持盈利是维持商业银行流动性和保证银行安全性的重要基础。

(二)矛盾面

商业银行的安全性与流动性之间呈现正相关关系。流动性较大的资产,风险就小,安全性也就高。商业银行的盈利性与安全性、流动性之间呈反方向变动。盈利性较高的资产,由于时间一般较长,风险相对较高,因此流动性和安全性就比较差。

【知识库】

哈尔滨银行经营业绩稳步提升，小额信贷贡献突出

2017年，哈尔滨银行积极响应国家政策，支持实体经济发展，增加信贷投放，加强贷款的结构调整。持续推进小额信贷的发展战略，围绕"服务优良、特色鲜明的国际一流小额信贷银行"的战略目标，零售信贷、微型金融、消费金融、小企业金融等专业化经营机构均大胆创新，注重产品研发，提升优化服务。报告期内，该行的小额信贷余额为人民币1 914.256亿元，较上年末增长14.1%，占本行客户贷款总额的80.6%，占比连续两年超过八成。其中，小企业法人贷款为人民币730.498亿元，较上年末增加人民币111.426亿元，增幅18.0%。小企业自然人贷款为人民币328.415亿元，增幅22.7%。截至2017年12月31日，该行小额信贷业务利息收入为人民币94.355亿元，占本行客户贷款利息收入总额的70.2%。小额信贷利息收入占比超7成的贡献率也已连续两年。

（资料来源：农村金融时报 2018-03-29）

第五节　商业银行的经营环境

商业银行所面临的经营管理环境是错综复杂的，而且是瞬息万变的，对商业银行经营管理的影响也是非常大的。因此，商业银行加强经营管理环境的分析是十分必要的。商业银行经营环境，是指对商业银行经营管理及经营效益起着潜在影响的各种外部因素和内部条件的总称。商业银行各项经营活动的运行均受制于商业银行的经营环境。而商业银行经营环境是在不断变化的，其中有些变化是可以事先预料的，但大多数是难以预料的。有些变化是短期性、局部的，而有些变化则是长期性、全局的。因此，加强商业银行经营管理环境的分析，对提高商业银行的经营管理水平、防范金融风险、提高经营效益等都是十分重要的。商业银行的经营环境主要包括两个方面：商业银行经营管理的内部条件和商业银行经营管理的外部条件。

一、商业银行经营管理的内部条件

商业银行经营管理的内部条件是指商业银行为了开展经营管理活动所必须具备的各种经营要素，包括商业银行资本金及产权形式、金融人才、组织结构与运行机制、内部控制制度、金融产品、科学技术水平与信息等。

（一）商业银行资本金及产权形式

商业银行作为以盈利为目的的金融企业，资本是商业银行从事货币资本经营管理活动的最基本的物质条件，商业银行资本实力的雄厚与否，既是银行实力强弱的反映，也是其业务扩张的基础。因此，按照商业银行法的规定，商业银行开展经营管理活动必须拥有一定量的资本金。这是维持商业银行正常经营活动的必要保证，也是保护存款人和债权人的合法利益，维持商业银行对社会公众信心的基本保证。如果没有一定量的资本金，银行就无从申请、登记、注册、开业,无法购置营业用房和相应的设备设施,无法聘任金融人才,也无法从事任何的经营管理活动。同时,商业银行的产权形式对其经营管理的影响也是比较大的。如果产权结构不合理、产权不明晰、产权形式单一,必然会造成其经营管理的僵化或混乱。因此,商业银行必须按照现代企业制度的要求,实现商业银行资本金的多元化,明晰产权关系,明确出资者和经营者之间的权利与义务关系,以保证商业银行各项业务活动的健康稳定发展。

（二）金融人才

为了保证商业银行经营管理活动的正常开展,商业银行必须拥有一批既掌握现代金融知识、熟悉金融业务、懂得经营技巧,又具有一定现代金融管理能力的金融人才。现代商业银行的竞争,归根到底是人才的竞争,拥有的金融人才素质高,就可以站在商业银行经营管理和金融业务创新的制高点,从而在竞争中处于优势。因此,商业银行必须要加强金融人才的引进与培养,造就一支适应现代商业银行发展需要,进而保障商业银行能跟上知识经济发展步伐的高素质的金融人才队伍。同时,要建立健全合理的员工分配制度和激励约束机制,以充分调动员工的积极性和创造性,促进各项业务的快速发展。

（三）组织结构与运行机制

建立一个机制灵活、运行高效的组织结构和运行机制是商业银行经营管理的一个必不可少的条件。它包括机构的种类和构成,机构之间的相互关系,以及机构内部的领导体制和组织形式等内容,是商业银行形态结构、权力关系和指挥方式"三位一体"的反映。因此,商业银行必须根据自身业务发展和经营管理的实际状况,建立一个精干、灵敏、科学、高效并且分工合理、职责明确、报告关系清晰的组织结构和运行机制,以保证商业银行各项业务活动的正常进行。

（四）内部控制制度

内部控制制度是商业银行内部各种制度、程序、方法、措施等形成的相互联系、相互制约的一种控制系统。一个高效运行的商业银行,离不开一整套严密科学的内部控制制度。它是协调与规范商业银行整体、商业银行内部各职能部门之间及内部各级员工在商业银行各项业务和管理活动中的关系与行为的基本保证。因此,商业银行必须建立一套既适应市场经济发展要求,又适合现代商业银行特征的完善的、科学的内部控制制度,对各项业务制定全面、系统、成文的政策、制度和程序,并在全行范围内保持统一的业务标准和操作要求;同时,应根据国家法律规定、银行组织结构、经营状况、市场环境的变化进行修订和完善,以保证各项经营管理活动的连续性和有效性。

（五）金融产品

金融产品即商业银行对其客户所提供的一系列服务的组合。随着金融业务的创新和现代科学技术的发展,商业银行所提供的金融产品越来越多样化,可以满足不同客户的不同需求。而且一个银行提供的产品品种的多少、质量的高低、价格是否合理,反映了一个银行的经营管理水平和市场经营的能力。因此,商业银行应根据市场发展变化的情况和客户的需求,不断开发新的金融产品和服务,不断扩大产品的应用范围,提高产品和服务的质量,以更好地满足市场对金融产品的需求。

(六)科学技术水平与信息

随着计算机技术和现代通信技术在银行的广泛应用,以及商业银行业务创新的不断发展,科学技术水平的高低已经成为衡量商业银行经营管理水平的一个重要条件。现代商业银行通过电子银行、网上银行、自动服务系统来为客户提供全方位的服务。而技术的进步使商业银行的客户在获取银行服务时有了更多的选择。因此,商业银行必须把提高银行科学技术水平,加快银行电子化进程放到银行经营管理的重要位置上来。随着现代科学技术的发展,信息对商业银行来说也越来越重要,信息搜集的质量、传输信息的速度、信息是否完整,对商业银行的经营管理都会产生直接的影响。

二、商业银行经营管理的外部条件

商业银行经营管理的外部条件是指影响和制约商业银行经营管理的各种外部因素的总称,包括政治的、经济的、法律的、地理的外部条件等。从对商业银行经营管理活动影响的程度来看,商业银行经营管理的外部条件又可分为直接具体条件和间接一般条件。

(一)直接具体条件

直接具体条件是指对商业银行经营管理活动产生直接和制约作用的条件,如资金供求关系及利率变化情况、银行客户的需求和偏好、银行同业竞争状况、中央银行及监管机构对商业银行的政策和管理情况等。

1. 资金供求关系及利率变化情况

商业银行经营的对象是货币资金。资金供求双方在总量上和结构上、在时间上和空间上都存在着矛盾,对资金的需求既有周期性的规律可循,也有临时性的补充需要,更有季节性的调剂余缺,所有这些都需要商业银行为它们提供服务。而商业银行能提供多少资金,主要取决于能吸收多少存款,存款对商业银行来说是被动性负债,因此,它又取决于社会公众的资金供给的倾向。与此同时,资金供求的种种矛盾,又会表现为利率水平和利率结构的变化,最终又会导致商业银行利率的伸缩,反过来又会加大资金供求关系的变化。

2. 商业银行客户的需求和偏好

商业银行经营的市场,其本身是不断变化的,而且也受到各种经济因素的影响。商业银行拥有各种类型的客户群体,主要包括各类经济组织和居民个人。经济组织有不同的行业、规模、所有制之分,企业的经营行为和经营状况与商业银行的经营管理状况也有着密切的关系。居民个人也有不同的收入水平、职业身份和地区习俗之分。他们对金融服务的需求,既有一致性,又有差异性;既有稳定性,也有易变性。多样化的需求为商业银行经营发展提供了广阔的经营空间。但是，客户主观上的需求并不一定成为客观上的可能，其潜在的可能性更为复杂。因此，商业银行必须加强市场调查，对客户群体进行细分，分层次地推出相应的金融产品，为他们提供确有成效的服务。由于不同类型的客户的行为偏好也不尽相同，有的对利率比较敏感，有的对安全比较注重，而有的对银行提供的服务比较在意，因此，银行必须根据他们的不同偏好，从不同的侧面为他们提供相应的服务，以更好地稳定不同的客户群。

3. 商业银行同业竞争状况

当两个或两个以上的实体追求一个相似的目标时，便会出现竞争。在一个发达的金融体系中，特别是随着金融市场的不断开放，银行之间的竞争将越来越激烈，这也是商业银行不可忽视的客观外部条件。商业银行经营管理者必须随时随地密切关注竞争对手的活动，并对市场的变化制定一套系统的应对策略。例如，存款的竞争，必然带来筹资成本的提高；而贷款的竞争，一方面可能会影响商业银行的经营利润，另一方面也可能会加大商业银行的经营风险；金融竞争的扩大，也会动摇商业银行在传统金融业务领域中的垄断地位，对其经营与发展构成较大的威胁。因此，一般来说，商业银行分析同业竞争状况主要包括四个方面：一是市场的潜在进入者；二是现有的同业竞争对手；三是竞争对手的市场份额；四是竞争对手在客户心目中的形象。通过分析，对竞争对手作出恰当的估价，以便在经营管理过程中选择合适的竞争策略，寻找最有利的业务发展机会。这对经营实力相对较小的商业银行尤为重要。

4. 中央银行及监管机构对商业银行的政策和管理情况

一个国家一般都是通过立法手段对商业银行经营管理提出许多限制性的条款和措施，这对商业银行的运作空间与经营环境产生很大的影响。中央银行主要利用货币政策工具，如法定存款准备金率的变动、再贴现率的调整、公开市场业务的操作及其他货币政策工具的运用，通过影响商业银行的存款准备金和贴现成本，进而影响商业银行的信贷规模，最终达到控制货币供应量，稳定货币币值的目的。金融监管当局主要是受国家或政府的授权，对商业银行等金融机构的经营管理活动等方面实施日常的监督管理，以维护金融体系的安全与稳定。特别是近几年来，中央银行宏观调控力度的加大，货币政策工具的运用更加娴熟。而金融监管当局在加强对商业银行监管的同时，为了适应现代商业银行的发展要求，在一些政策法律环境上也有所放宽。这对改善商业银行经营管理环境，提高商业银行的经营能力，促进各项业务活动的健康发展都能起到积极的作用。

（二）间接一般条件

间接一般条件是指对商业银行经营管理活动产生潜在影响，从而影响商业银行中长期计划和发展战略决策的各种外部条件，如一个国家的宏观经济条件、政治与法律条件、社会与文化条件以及国际金融环境等。

1. 宏观经济条件

稳健的银行体系需要稳定的宏观经济条件的支持。宏观经济条件包括经济发展水平、经济周期、居民可支配收入水平、通货膨胀、利率波动、证券市场行情、产业结构以及市场物价水平等。这些因素构成了商业银行业务经营活动的大气候,是在商业银行经营管理中影响最大的外部条件,也是商业银行业务经营的基础条件。它会影响商业银行的发展战略、经营规模、资产结构、业务种类等。例如,一国的经济发展规模及生产力发展水平,决定了资金供求的规模和对货币资金需求的程度,这在客观上必然会影响商业银行资产负债业务的规模。又如,低利率对吸收存款带来了难题,但却为商业银行扩大贷款规模提供了机遇。因此,商业银行的经济预测主要是分析经济条件的变化对银行经营管理可能造成的影响,以便采取相应的措施,为商业银行的经营管理活动的正常进行创造条件。

2. 政治与法律条件

这是商业银行经营管理者必须要考虑的一个重要条件。它包括政府的经济政策,政治的安定程度,政治对经济的干预状态,各级政府的运行程度和办事作风,具体的法律规范和司法程序等。是否具有安定的政治和健全的法律,是商业银行经营成败的保障性条件。如果一国政局稳定,社会公众就会保持很强的储蓄愿望和投资愿望,商业银行就能正常运行,并可获得较快的发展。商业银行面临的最大风险是违约风险和挤兑风险,这些风险总是与政治动乱或事变、法律秩序遭到破坏联系在一起的。国家制定的金融法律法规,既是国家以法律手段对商业银行实施管理的具体体现,同时也构成了商业银行经营管理所必需的法律环境。因此,商业银行的经营管理者对此要有准确的把握,认真分析政治与法律条件的变化,将银行的各项业务经营活动置于政府的法律框架内,任何超越法律规范的金融违法行为,都将受到法律的严惩。

3. 社会与文化条件

社会与文化条件主要包括人口的分布与自然构成,消费模式和消费习惯,劳动力的结构与素质,社会的价值观念,社会思潮,道德观念,行为方式等。这些条件虽然并不一定与银行的经营管理有着直接紧密的联系,但对银行的发展规划、经营策略和工作方式却有着深刻的、潜在的影响,甚至对银行员工的思想观念、服务态度也会产生广泛的影响。因此,商业银行的经营管理者应根据不同的对象,把握其不同的行为模式,尤其是消费行为、储蓄行为和投资行为,并主动作出经营管理策略上的必要调整,以促进商业银行业务的不断发展。

4. 国际金融环境

随着各国经济联系的日益紧密,经济全球化、金融国际化已经成为当今世界经济发展的潮流,商业银行的经营管理活动越来越多地受到国际经济形势和国际金融市场变化的影响。通过开放经济条件下的宏观经济变量的传导机制,外国特别是与本国经济有密切联系的国家的经济变动会在一定程度上影响到本国的银行业务。例如,当本国的重要贸易伙伴国的经济出现衰退时,必然会导致进口的减少,从而影响到本国产品的出口,可能会使国际收支出现逆差,国际储备随之减少,进而造成本国货币汇率的下跌,利率也相应地下降;同时,国际收支长期逆差,可能会导致本国货币供应量的减少,引起通货紧缩,最终影响商业银行的经营活动的正常开展。

【知识库】

投资基金与存款的差异

由于开放式基金主要通过银行代销,许多投资者误认为基金是银行发行的金融产品,与银行储蓄存款没有太大区别。实际上,二者有着本质的不同,主要表现在以下几个方面:一是性质不同。基金是一种受益凭证,基金财产独立于基金管理人;基金管理人只是受托管理投资者资金,并不承担投资损失的风险。银行储蓄存款表现为银行的负债,是一种信用凭证;银行对存款者负有法定的保本付息责任。二是收益与风险特性不同。基金收益具有一定的波动性,投资风险较大;银行存款利率相对固定,投资者损失本金的可能性很小,投资相对比较安全。三是信息披露程度不同。基金管理人必须定期向投资者公布基金的投资运作情况;银行吸收存款之后,不需要向存款人披露资金的运用情况。

(资料来源:中国证券投资基金业协会网站)

本章小结

商业银行是以追求利润最大化为目标,以多种金融资产为其经营对象,能利用负债进行信用创造,并向客户提供多功能、综合性服务的金融企业。盈利是商业银行产生和经营的基本前提,也是商业银行的内在动力。

商业银行是通过两种途径产生的:一是从旧式高利贷银行转变而来的;二是以股份制形式组建起来的。

商业银行在现代经济活动中有信用中介、支付中介、金融服务、信用创造和调节经济等职能。

各国的商业银行类型不尽相同,主要有全能银行和单一银行。目前国际银行业正在朝全能化趋势发展。

商业银行所面临的经营管理环境是错综复杂的,而且是瞬息万变的,对商业银行经营管理的影响也是非常大的。因此,商业银行加强经营管理环境的分析是十分必要的。

自测题

一、单项选择题

1. ( )传统上是实行单一短期融通资金的国家。
   A. 英国　　　　　B. 德国　　　　　C. 瑞士　　　　　D. 奥地利
2. 实行董事会领导下的行长负责制的银行属于( )。
   A. 股份制银行　　B. 国有制银行　　C. 私人银行　　　D. 以上均不是
3. 属于股份制银行决策层次的有( )。
   A. 董事会　　　　B. 行长　　　　　C. 监事会　　　　D. 银行信贷检查委员会

4. 以下不属于商业银行的经营原则的是（　　）。
   A. 安全性　　　　B. 流动性　　　　C. 盈利性　　　　D. 稳健性
5. 中国组建的第一家以民营资本为主的商业银行是（　　）。
   A. 中国建设银行　B. 中国交通银行　C. 中国光大银行　D. 中国民生银行
6. 传统上一直采用全能银行模式的是（　　）。
   A. 英国　　　　　B. 美国　　　　　C. 德国　　　　　D. 日本
7. 中国银行的前身是清政府1904年成立的（　　）。
   A. 户部银行　　　B. 大清银行　　　C. 工部银行　　　D. 商户银行
8. （　　）发行的是金穗卡。
   A. 交通银行　　　B. 招商银行　　　C. 中国建设银行　D. 中国农业银行
9. 商业银行经营活动的最终目标是（　　）。
   A. 安全性目标　　B. 流动性目标　　C. 盈利性目标　　D. 合法性目标
10. 商业银行是（　　）。
    A. 事业单位　　　B. 企业　　　　　C. 国家机关　　　D. 中介机构

二、多项选择题

1. 商业银行的职能主要表现在（　　）。
   A. 金融中介　　　B. 支付中介　　　C. 信用创造　　　D. 金融服务
2. 商业银行经营的特点是（　　）。
   A. 负债经营　　　　　　　　　　　B. 风险经营
   C. 激烈的竞争下经营　　　　　　　D. 严格的监管下经营
3. 商业银行设立的原则是（　　）。
   A. 竞争与效率原则　　　　　　　　B. 安全与稳健原则
   C. 规模适度原则　　　　　　　　　D. 改革与发展原则
4. 商业银行的经营原则包括（　　）。
   A. 安全性　　　　B. 流动性　　　　C. 盈利性　　　　D. 规模适度性
5. 商业银行形成的途径是（　　）。
   A. 自发形成的　　　　　　　　　　B. 外国金融机构带进来的
   C. 从高利贷银行转变的　　　　　　D. 以股份制形式组成的

三、简答题

1. 简述商业银行的形成途径。
2. 简述商业银行的职能。

3. 为什么说商业银行是特殊的企业?

【阅读资料】

中国的商业银行

中国商业银行体系的建立,是在各解放区银行的基础上组建中国人民银行,没收官僚资本银行,改造民族资本银行,发展农村信用合作社,从而形成了以中国人民银行为中心的金融机构体系,并一直延续到20世纪70年代末。

1979年2月,为适应开始于农村的经济体制改革,振兴农村金融事业,国务院恢复了中国农业银行,中国人民银行的农村金融业务全部移交中国农业银行经营。1979年3月,专营外汇业务的中国银行从中国人民银行中分设出来,完全独立经营。同年,中国建设银行也从财政部分设出来,并于1983年进一步明确建设银行是经济实体,是全国性的金融组织。1983年9月,国务院决定,中国人民银行使中央银行职能,另设中国工商银行办理中国人民银行原来所办理的全部工商信贷业务和城镇储蓄业务。1984年1月,中国工商银行正式成立。

1994年,国家开发银行、中国进出口银行和中国农业发展银行三家政策性银行从原有的四大国有银行中分离出来,承担原有由国家专业银行办理的政策性金融业务,推动了国有专业银行向真正的商业银行转化。

此外,继1987年重新组建交通银行后,陆续新建了中信实业银行、中国光大银行、招商银行、华夏银行、广东发展银行、福建兴业银行、深圳发展银行、上海浦东发展银行、中国民生银行等一批商业银行。1995年后,在对城市信用社进行整顿和改组的基础上,在全国大中城市建立了城市商业银行。

经过近20年的改革和发展,到1996年底,中国已经形成了以四大国有银行为骨干的庞大的商业银行体系,在支持中国经济和社会发展方面起到了重要的作用。2003年之后,银行股份制改革全面拉开。2004年8月,中国银行正式改为股份制公司,实现了由国有独资商业银行向国家控股的股份制商业银行的转变。2006年6月和7月,中国银行先后在上海和香港上市,成为首家实现两地同时上市的国有商业银行。

2008年金融危机后,中国商业银行体制进入了新阶段,主要以产权制度改革方案的落实和金融产品市场化程度的提高为标志。到2013年,中国形成了一个较为完整的商业银行体系,包含大型国有商业银行、城市商业银行、农村商业银行等多种组织形式。

(资料来源:丁志国,赵晶.金融学[M].2版.北京:机械工业出版社,2019.)

第二章 Chapter 2

商业银行的资本业务

【学习要点及目标】

通过本章学习,学生要了解、掌握商业银行资本的概念、构成及其资本充足度要求,并深刻理解资本在商业银行经营管理中的功能和作用;重点掌握《巴塞尔协议》关于统一银行资本构成的规定以及资本充足度的计算。

【导入案例】

中小银行资本金补充再迎"新工具"

继2020年年底召开的中央经济工作会议明确提出"多渠道补充银行资本金"之后,一种新型资本金补充工具于近期正式亮相——"转股型无固定期限资本债券"。浙江银保监局批准浙江稠州商业银行发行不超过30亿元人民币的转股型无固定期限资本债券,随后,宁波银保监局也批准了宁波通商银行发行不超过15亿元人民币的转股型无固定期限资本债券。按照规定,两家银行通过此工具补充的资本金均计入银行的"其他一级资本"。目前,宁波通商银行已成功发行5亿元该债券,票面利率4.80%,获得了较高的市场认可度,全场认购倍数2.1倍。

所谓无固定期限资本债券,又称永续债,它没有固定期限,或者到期日为机构存续期,具有一定的损失吸收能力,可用于补充银行的其他一级资本。从国际上看,"无固定期限资本债券"发行已呈常态化,正式引入我国是2019年,以当年1月中国银行获批发行不超过400亿元的无固定期限资本债券为标志。

转股型资本债券是一种含权的资本补充工具,与减记型资本债券相比,当风险事件触发时,减记型资本债券将直接减记。例如,在处置包商银行风险时,对其发行的65亿元资本债券进行了全额减记处理。相比之下,转股型资本债券则可以转为股权,且债权人可以参与发行人的剩余资产分配。对于银行而言,减记型、转股型永续债的差别不大,但对于投资者来说,转股型永续债转股后可能还有一些残留价值,或者还有重组的机会价值。但由于转股后全部损失的概率也较大,因此,转股型、减记型在永续债定价上没有实质差别。由于转股型资本债券具有转股的保护功能,因此更有利于加强投资者保护,从国际经验看,其受到投资者的认可程度也普遍较高。我国此时推出该工具,进一步补充和丰富了中小银行的资本金来源,有利于中小银行充实资本实力,增强风险抵御能力。

(资料来源:经济日报 2021-01-28)

资本是商业银行存在与发展以及业务经营活动的基础和前提。因此,怎样筹集资本,并确定资本的最适持有量,就成为商业银行经营管理中的一个重要问题。

第一节　商业银行资本的构成与功能

一、商业银行资本的定义

商业银行资本一般指银行拥有的永久归银行支配使用的自有资金。但是,在实际经营中,一些商业银行常常把银行发行的债券也算作资本,它们把这部分资本称为银行的债务资本,也就是说,这部分资本具有银行债务和资本的双重性质。为规范商业银行资本金的双重性质,通常把产权资本金称为一级资本或核心资本,把债务资本金称为二级资本或附属资本金。

二、商业银行资本的构成

商业银行的资本一般由普通资本、优先资本和其他资本三部分组成。

(一)普通资本

普通资本又称为银行的普通股本,是商业银行资本的基本形式。它包括普通股、资本盈余和未分配利润等。

1. 普通股

普通股是银行资本的基本形式,普通股的持有者对银行拥有所有权。因此,普通股也是一种权利证书,这种权利包括盈余分配权和银行控制权。盈余分配权是指普通股股东有权分配和处置银行税后利润。银行控制权是指普通股的股东有权选举董事及对银行各项决策的投票权。因此,可以说普通股股东是银行利益的主要代表者。普通股构成银行资本的核心部分,它不仅代表银行的所有权,而且具有永久性质。

一般可把普通股的特点概括为以下四点:

(1)持有普通股的股东有权获得股利,但必须是在银行支付了债息和优先股的股息之后才能分得。普通股的股利是不固定的,一般视银行净利润的多少而定。当银行经营有方、利润不断递增时,普通股能够比优先股多分得股利,股利率甚至可以超过50%;但赶上银行经营不善的年头,也可能连一分钱都得不到,甚至可能赔掉成本。

(2)当银行因破产或结业而进行清算时,普通股股东有权分得银行剩余资产,但普通股股东必须在银行的债权人、优先股股东之后才能分得财产,财产多时多分,少时少分,没有则只能作罢。由此可见,普通股股东与银行的命运更加息息相关,荣辱与共。当银行获得暴利时,普通股股东是主要的受益者;而当银行亏损时,他们又是主要的受损者。

(3)普通股股东一般都拥有发言权和表决权,即有权就银行重大问题进行发言和投票表决。普通股股东持有一股便有一股的投票权,持有两股便有两股的投票权。任何普通股股东都有资格参加银行最高级会议即每年一次的股东大会,但如果不愿参加,也可以委托代理人来行使其投票权。

(4)普通股股东一般具有优先认股权,即当银行增发新普通股时,现有股东有权优先(可能还以低价)购买新发行的股票,以保持其对企业所有权的原百分比不变,从而维持其在银行中的权益。比如,某银行原有 10 000 股普通股,而股东拥有 100 股,占 1%,现在银行决定增发 10% 的普通股,即增发 1 000 股,那么股东就有权以低于市价的价格购买其中 1%,即 10 股,以便保持其持有股票的比例不变。

2. 资本盈余

资本盈余是指发行在外的普通股与账面价值之间的差额,即一般所说的股票溢价部分。如果股票市场的价格高于股票面值或设定价格,则资本盈余增加,并形成对普通股本的增加;反之,如果低于股票面值或设定价格,则资本盈余减少,并形成对普通股本的扣除。除此之外,资本盈余还包括银行资本的其他增值部分,如接受捐赠、资产重估储备等所增加的资本等。资本盈余是调节银行资本金、制定相关政策的一个重要项目。根据各国有关的法律规定,商业银行可以通过将资本盈余划转股本的方式增加银行资本金,也可以(或者不可以)通过动用适量资本盈余的方式来发放股息。

3. 未分配利润

未分配利润是指尚未动用银行税后利润部分,即银行税后利润减去普通股股息和红利后的余额,是应该分配给股东而未分配的部分,它属于商业银行产权的一部分,是银行所有者权益的一个项目。按留存时间,未分配利润可分为前年度累计留存和当年留存两部分。用留存盈余增加银行资本金,是商业银行较难进入资本市场筹集资金等情况下增加资本金的较好方式。未分配利润的大小取决于商业银行的盈利大小、股息政策、税率以及国家的相关政策,是这些因素综合作用的结果。一般来说,银行盈利能力越大,股息支付率和银行所得税率越低,银行的未分配利润就越大;反之,则越小。

(二)优先资本

优先资本是指商业银行资本中股息分配和资产清偿权优先于普通资本的那部分资本。它包括优先股、资本票据和资本债券。

1. 优先股

优先股是"普通股"的对称,是股份银行发行的在分配红利和剩余财产时比普通股具有优先权的股份。优先股也是一种没有期限的有权凭证,优先股股东一般不能在中途向银行要求退股(少数可赎回的优先股例外)。优先股的主要特征有以下两点:一是优先股通常预先定明股息收益率。由于优先股股息率事先固定,所以优先股的股息一般不会根据银行经营情况而增减,而且一般也不能参与银行的分红,但优先股可以先于普通股获得股息。对银行来说,由于股息固定,优先股不影响银行的利润分配。二是优先股的权利范围小。优先股股东一般没有选举权和被选举权,对股份银行的重大经营无投票权,但在某些情况下可以享有投票权。很多优先股在发行时规定,经过一定时期后,发行银行可以按照事先规定的价格将其赎回。有些优先股还可以在一定条件下转为普通股。

2. 资本票据和资本债券

资本票据和资本债券是指商业银行通过信用形式创造的负债,即利用自己的信用发行的债券,是商业银行的计息债务。它们是商业银行的债务性资本,有明确的利息和期限。债务资本是20世纪70年代起在西方发达国家广泛使用的一种外源资本。从2000年开始,中国各大商业银行也开始尝试发放次级债券补充资本金。这类资本被银行列为补充资本,用来防止银行出现兑现危机,保证银行存款人的利益,属于银行资产负债表中的长期债务项目。债务资本具有特殊性,其所有者的求偿权排在商业银行各类存款所有者之后,并且其原始加权平均到期期限较长。因此,债务资本也称为次级债券。

商业银行用发行资本票据和债券的方式筹集资本的有利之处在于:①可以减少银行的筹资成本。因为银行的这部分债务不必保持存款准备金,银行对资本票据和债券支付的利息要少于对普通股和优先股支付的股息。②这种债务的管理费用低于存款负债。然而,银行用发行资本票据和债券的方式筹集资本时又不可避免地存在缺点,主要由于这部分资本属于非永久性资本,有一定期限,因而限制了银行对此类资本的使用。与普通股相比,商业银行对资本票据和债券利息的支付也缺少灵活性。

(三) 其他资本

有时银行在计算资本时往往把按一定比例从税前利润中提取出来的专门用于应付意外事件或预料中的突发事件的准备金作为预期损失准备金,如按照贷款的一定比例计提的普通呆账准备金和以贷款质量、每笔贷款风险大小为依据按一定比例计提的专项准备金、贷款损失准备金和证券损失准备金等。当实际呆账或贬值发生时就以这种准备金进行补偿,但如果不发生或者补偿后仍有余额留在账上,则作为银行资本的补充。

除此之外,还有一些尚未包括在以上三部分资本内容里,但属于银行资本范畴,可以发挥银行资本作用的资本项目。例如,在某些国家商业银行的资本项目中,包括银行的售后回租、银行控股公司债务等,但这些来源的资本不是商业银行资本的主要形式。售后回租是商业银行资本的来源之一。当银行需要资本时,可以将自己的房地产及其他固定资产售出,由此而获得资金一并充作资本投入经营使用。同时,银行又将已售出的资产从购买者那里租借回来,以便继续使用,由银行定期向出租人支付约定的租金,这样的过程称为"售后回租"。售后回租的优点在于,银行可以不必将资本积压在不产生收益的固定资产上,从而使同量资本发挥更大的作用。通过售后回租的方式,其实其资本总量并未改变,只是将使用在固定资产上的资本置换出来了,使用这种方法要看这部分资本金的净收入是否大于租金,不然代价太大了。银行控股公司债务是指如果一个银行需要增加资本,该银行的控股公司可以以自己的名义发行债券,或者将自己的中长期贷款出售出去。银行控股公司通过这些方式获取资金后,购买附属银行的普通股股票,由此使附属银行的资本得以增加。

三、商业银行资本的功能

由于银行是经营货币信用的特殊企业,从而决定了商业银行资本的主要功能与一般企业资本的功能不同。从经营管理的角度来看,商业银行资本具有三大基本功能,即营业功能、保护功能和管理功能。

(一)营业功能

第一,商业银行要想取得管理当局的营业许可,必须满足一定金额的最低注册资本要求。资本是商业银行开业的先决条件,没有达到规定的资本金数额是不能注册的。第二,资本为商业银行开业提供了启动资金。如开业之前,商业银行建造或租赁营业场所、装备办公用品、雇用管理人员和职员等所需要的资金都只能来自自有资本,而不能用负债来解决。随着先进的通信工具广泛使用,用资本金购置设备的比率将不断上升。第三,资本为商业银行的扩张和银行业务的创新提供了资金,使商业银行得以扩大市场份额。

(二)保护功能

存款是银行赖以生存和发展的基础,银行吸收存款的目的是通过贷款或投资获得利润,但贷款或投资随时都有风险,一旦贷款或投资收不回来,银行资产就要遭受损失。这时银行首先要用日常收益去抵补,收益不够,则要用资本补偿。若银行资产损失超过银行资本所能承受的限度,存款人利益就会受到损害,严重时银行将陷入资不抵债的困境,甚至破产。所以银行资本是保护存款人利益、承担银行经营风险的保障。充足的银行资本金有助于树立公众对银行的信心,使存款人对存入银行的资金有安全感,使借款人在经济不景气时也有能被满足贷款需要的保障感。

(三)管理功能

管理功能是指资本具有满足监管当局要求的功能。由于商业银行的经营活动直接关系到整个社会各阶层民众的利益及社会资金的运行,关系到社会经济的发展,所以各国的金融管理部门普遍对商业银行实行比一般工商企业更加严格的管制,以保证金融安全并维护社会的稳定。尤其在目前,多种因素导致国际性金融风险加大,对商业银行风险管理控制已经成为各国金融监管当局重要的工作。

四、影响商业银行资本需要量的因素

（一）相关的法律制度规定

各国金融监管当局为了加强控制，确保商业银行的稳健经营，一般都以法律的形式对银行资本需要量作出了具体的规定，达不到资本最低限额者，金融部门一般不准予其注册。

（二）经济发展状况

银行资本需要量与一国的经济发展周期有着密切的关系。在经济发展周期的繁荣时期，经济形势良好，市场活跃，银行资金来源充裕，资金周转顺畅，一般不会发生挤兑现象，同时债务人破产可能性小，银行承担风险也较少，银行持有的资本量相对可以少于其他时期；反之，必须保持较充足的资本金需要量。

（三）银行的资产负债结构

从负债结构看，不同的负债流动性不同，因此需要持有的银行资本储备也不同。一般来说，如果银行的负债总量中流动性较强的活期存款比较大时，银行必须保持较多数量资本；反之，银行资本持有量可相对减少。

资产结构实际是指银行资产的质量。如果银行资产质量高，资产提供的收益较多，产生亏损的可能性小，银行收益足以弥补可能发生的损失，则银行可持有相对较少的资本量；反之，银行的资本需要量就要增大。

（四）银行的信誉

如果银行经营有方、信誉高，则银行资金来源充裕，银行可持有较少量的资本金；反之，银行的资本需要量就要增大。

五、商业银行资本金与一般企业资本金的区别

（一）资本金包含的内容不同

企业的资本金等于资产总值减去负债总值的净值，即所有者权益或者产权资本，也可称为自有资金。商业银行的资本金既包括所有者权益部分的资本，也包括一定比例的债务资本，如呆账准备金、坏账准备金在资产负债表中为资产方，以"－"号表示。

（二）资本金在全部资产中所占比例不同，绝对数额相差很大

现代企业都具有负债经营的特点，即经营中都依赖一定的外援资金。但由于企业发展的性质和特点不同，资本金在全部资产中所占比例也就不同。按照国际惯例，一般性企业的负债率在66%左右，即自有资金应保持在34%左右；商业银行作为特殊的金融企业，其80%～90%的资金是从各种各样的客户手中借来的，也就是说，商业银行的资本金占其全部资产的比例一般为10%～20%，因此也就形成了商业银行高负债经营的状况。

(三)固定资产的形成能力与其资本金的数量关联性不同

一般企业的固定资产既可以由其资本金形成,也可以由各种借入资金,包括商业银行的贷款来形成,与资本金的关联性不大。商业银行固定资产的形成能力却与其资本金的数量有着非常明确的关联关系。因为商业银行的固定资产是商业银行形成较好的业务经营能力的必要物质条件,这些设施的资金占用时间较长,只能依赖于自有的资本金。

> 【知识库】
>
> **资本充足水平告急,南京银行140亿元定增夭折**
>
> 近年来不少银行由于资本充足率的问题,都抛出定增方案,比如农业银行、兴业银行,但都无一例外获得通过。而2018年7月30日南京银行发布公告称,该行发行非公开发行股票的申请未获得证监会发审委核准通过。此前,南京银行拟非公开发行募资不超过140亿元。事实上,这是南京银行上市以来规模最大的一次定增融资计划。公司定增被否后,次日,股价闻讯大跌4.21%。
>
> 定增的背后是资本充足率欠缺。2017年末南京银行资本充足率、一级资本充足率和核心一级资本充足率分别为12.93%、9.37%和7.99%,下滑幅度分别为0.78个百分点、0.4个百分点和0.22个百分点。其中核心一级资本充足率接近7.5%的监管红线。从规模上看,南京银行规模在股份制银行中不算大,在快速发展时期,未来空间较大,但在快速发展的同时,就需要相应的资本充足率。
>
> 近几年由于银行业整体在处理坏账,银行业规模和利润都处于增速较缓阶段,对于资本充足率不足的问题并不明显。但随着坏账出清完毕,银行业要想快速发展就必须有充足的资本充足率,不然未来银行业整体快速发展的时候,由于资本充足率不达标,则可能会抑制规模扩张的速度,进而在一定程度上影响净利润。
>
> (资料来源:蔡则祥,曹源芳.商业银行业务经营与管理[M].2版.北京:高等教育出版社,2019.)

第二节 商业银行资本充足性及其测定

一、银行资本充足性及其意义

所谓银行资本充足性,是指银行资本数量必须超过金融管理当局所规定的能够保障正常营业并足以维持充分信誉的最低限度;同时,银行现有资本或新增资本的构成,应该符合银行总体经营目标或所需新增资本的具体目标。因此,银行资本充足性有数量和结构两个层面的内容。

(一)资本数量的充足性

资本量是否充足是银行能否健康、稳定经营的重要标志。资本量不足,往往是由银行盈利性与安全性失衡所致。为追求利润,过度扩大风险资产,盲目发展表外业务等,这些现象必然导致银行资本量相对不足,加大银行的经营风险。然而,商业银行资本量的充足性同时包含资本适度的含义,保持过多的资本是没有必要的。首先,高资本量会带来高资本成本,特别是权益资本成本不能省税,资本的综合成本大大高于吸收存款的成本,由此降低了银行的盈利性;其次,过高的资本量反映了银行可能失去较多的投资机会,缺乏吸收存款和收回贷款的能力。因此,对商业银行而言,资本充足性是资本适度,而非越多越好。

(二)资本结构的合理性

资本结构的合理性是指普通股、优先股、留存盈余、债务资本等应在资本总额中占有合理的比重。就静态而言,资本结构是指企业债务资本与股权资本的比例关系,即企业债务资本在总资本中所占的比重。就动态而言,在完善的资本市场中,企业融资手段有一个基本的排序,即融资方式的选择。合理的资本结构可以尽可能降低商业银行的经营成本与经营风险,增强经营管理与进一步筹资的灵活性。

资本有核心资本和附属资本两类。核心资本包括普通股、不可收回的优先股、资本盈余、留存收益、可转换的资本债券及各种补偿准备金。这些都是银行真正意义上的自有资金。金融管理部门规定的资本最低限额必须由核心资本来满足。因此,核心资本在资本总额中所占的比重直接影响银行的经营风险。规模不同的商业银行其资本结构应该有所区别。小银行为吸引投资者及增强其金融灵活性,可主要以普通股充当资本;而大银行则可相对扩大资本性债券的比例,以降低资本的使用成本。

资本结构还受银行经营情况变动的影响。贷款需求和存款供给是否充足会大大影响资本结构。当贷款需求不足而存款供给相对充分时,银行增资的方式应以增加附属资本为主;反之,应采取增加核心资本的做法。

二、影响银行资本充足性的因素

在现实经济生活中,许多因素都会对银行资本量的确定产生影响。这些因素主要有以下几点。

(一)整个国家及银行所处地区的经济形势

一般认为,市场经济国家经常处于商业循环即周期波动之中,这种周期性循环分为四个阶段,即繁荣、衰退、萧条和复苏。不同的经济波动阶段对银行资本充足度的影响不同。在经济繁荣时期,国内需求增加,工商企业再生产进行顺利,市场交易活跃,银行的存款由于客户资金的充裕和资金周转顺畅而稳定地增长,客户不会突然大规模地提走存款。由于经济形势良好,工商企业破产的可能性较小,银行放款出现坏账的可能性也很小,银行证券投资也因为证券市场的牛市而获益颇丰。由于银行在繁荣时期承担的风险较少,资产质量较高,负债来源较稳定,故在该时期银行可持相对少量的资本。反之,在经济不景气时期,银行则保持较充足的资本以应付各种意外事件的冲击。银行所处地区的经济形势对银行的资本量也有类似的影响。一般情况下,经济比较发达的国家或一个国家内经济发达的地区,金融体系健全,银行业务广泛,银行资金来源充裕。尽管银行资本会因银行的发展而不断增加,但是由于银行存款和其他负债不断扩大,银行资本在银行总负债中的比重会不断下降。也就是说,经济发达国家和经济发达地区的银行,资本需要量就会相对减少。而在经济不发达的国家和地区,由于资金短缺,银行筹集资金比较困难,因此,需要以更多的自有资本来保证银行的正常经营。

(二)银行的信誉

资本量是决定银行信誉高低的重要因素,银行信誉的高低又影响银行应该保持的资本量。如果一家银行的资本基础雄厚,经营有方,信誉较高,社会公众对银行比较信赖,都将富余的资金存放在该银行,该银行就有较充足的资金来源。当经济不景气、金融体系发生危机时,由于该银行信誉较高,存款人不会大规模地提款,甚至会从信誉低的银行提走资金转存至该银行,使该银行资金更充实,于是该银行可持有较少量的资本;反之,如果一家银行的信誉较低,它就不得不保持较多的资本量以应付较大规模的提款风潮。

(三)银行资产的质量

银行获利的重要来源在于资产的收益率,故银行管理者和股东都十分注重资产的质量。资产的质量是指资产提供收益能力的大小和风险的高低。资产质量的好坏决定银行可能发生亏损额的多少,从而影响银行应持资本的数量。如果一家银行资产的质量较高,资产提供的收益较多,产生亏损的可能性较小,银行资产的收益就足以弥补可能发生的小额损失,而不必动用资本来弥补亏损,可以持有相对较少数量的资本;反之,如果一家银行的资产质量较低,资产的收益较少而且容易发生大额亏损,这家银行就应该持有较多的资本储备。

(四)银行负债的期限结构

银行负债的期限结构是决定银行资本数量的另外一个因素。银行不同负债种类的期限不同:银行的活期存款负债客户可随时凭支票提取,银行必须保持较多的资本以满足存款人的提款要求;银行发行的短期融资债券由于债券的到期日较短,银行在短期内仍要保持较多数量的资本;银行的定期存款、储蓄存款负债,由于存款人不能随时提款,该部分资金来源比较稳定,银行可以保持较少的资本;银行发行的长期融资债券由于期限较长,在相当长的时间内可视为波动性较小、资金来源稳定的负债,故银行持有少量资本即可满足这部分负债的还本付息要求。

(五)法律制度因素

有关银行的法律制度不仅直接影响着银行资本需要量,而且有些法律制度对银行资本需要量还有间接的影响。对银行资本需要量具有直接影响的是关于银行登记注册都有比较详细的法律条文规定,如规定银行创办者的资格、开设银行的地域可否设立分支机构等。此外,关于银行注册法规中很重要的一条是规定银行注册资本的最低限额,达不到银行资本最低限额,金融管制当局一般不予注册。除了有关银行注册法规对银行资本量具有直接影响外,许多国家的中央银行法、税法、存款保险制度等都直接或间接影响着银行资本量。

三、银行资本充足性的测定

银行资本充足性评价标准的多样化,使得银行资本充足性的测定成为一项非常复杂的工作。随着银行经营、理财目标的变化以及银行资本管理理论和实践的发展,银行资本充足性的测定指标和方法更趋于合理、科学。

(一)测定指标

比率在评价银行资本充足性方面最直观,同时也是最能为分析测试者所理解和接受的指标。目前,最常见的用于测定银行资本充足性的指标及其测定方法如下。

1. 资本与存款比率

这是最传统的用来衡量银行资本的指标,它表明银行资本对存款的耐力程度。为防止银行出现流动性风险,银行应保持一定的比率。第二次世界大战前,各国银行普遍要求资本与存款比率保持在10%左右。但是,银行的流动性风险来自贷款和投资的变现能力不足,于是,逐渐改用资本与总资产比率来测定银行资本的充足性。

2. 资本与总资产比率

该比率将银行资本量与全部资产挂钩,简洁、明了,能在一定程度上反映银行抵御资产意外损失的能力。该比率一般要求在8%左右。但是,该指标未能虑及资产结构对资本需要量的影响。以短期证券、短期贷款为主体的资产结构,其经营风险远在长期贷款、投资占主导的资产结构之上,其对资本的需求不同。资本与总资产比率无法反映上述差异,因此,很难形成一个公认的资本与资产总量比率。

3. 资本与风险资产比率

随着银行资产结构的变化,银行的风险资产增加,原先的资本与资产比率越来越显示其不足。于是,商业银行家及金融管理当局设计了资本与风险资产比率,以此来说明商业银行的资本是否充足。一般认为,该比率至少要达到15%以上。比率中的风险资产是指不包括商业银行第一、第二级准备金在内的资产。只有这些资产才有必要考虑其保障程度。这一指标将不必用资本给予保障的资产排除在外,较多体现了资本"抵御资产意外损失"的功能,因此指标比前两个指标更具有科学性。

资本与风险资产比率并没有考虑不同类型风险资产的风险差异,不同风险的资产对资本的需要量不同。因此,如果能对不同资产规定出其不同的资本要求比率,则会大大提高资本与风险资产这一简化指标的科学性。

(二)测定方法

1. 分类比率法

考虑到不同资产对资本的要求不同,人们提出了分类比率法。这一方法也称纽约公式。它是在20世纪50年代初,由美国纽约联邦储备银行设计的。该方法根据商业银行资产风险程度的差异,将资产分为六类,并分别对每类资产规定了各自的资本要求比率。

(1)无风险资产。无风险资产包括现金、存放同业、短期国债及第一、第二级准备金等流动性很强的资产。这类资产流动性高,风险极低,不需要资本作保障。

(2)风险较小资产。风险较小资产包括5年期以上政府债券、政府机构债券、安全性较好的信用担保贷款等风险小于一般资产的贷款和投资。这些资产的流动性较高,风险较小,风险权数定为5%,即要求5%的资本保障。

(3)普通风险资产。普通风险资产包括除政府公债之外的证券投资和证券贷款,故也称为有价证券资产。其风险较大,流动性也较差,故风险权数定为12%。

(4)风险较高资产。风险较高资产包括那些对财务状况较差、信用水平较低和担保不足的债务人的贷款。这类资产的风险权数为20%。

(5)有问题资产。有问题资产包括超过偿付期限的贷款和可疑贷款。银行持有的此类资产遭损失的概率很大,故其风险权数为50%。

(6)亏损资产和固定资产。亏损资产是银行投入的因损失而收不回来的资产;固定资产是购置的进行生存、发展、开展业务的物质条件,是被固化了的资本。这类资产应由银行资本金抵偿,因而其风险权数为100%。

银行在以上分类的基础上,利用加权平均法将上述资产额分别乘以各自的资本资产比率要求,并进行加总,即可求得银行最低资本量。

2. 综合分析法

资本充足度不仅受资产数量、结构以及存款数量的影响,还与银行经营管理水平、资产流动性等因素密切相关。20世纪70年代,美国出现了综合分析法。该方法认为影响资本充足度的数量与非数量因素主要有:①银行的经营管理水平;②资产的流动性;③收益及留存收益;④存款结构的潜在变化;⑤银行股东的特点和信誉;⑥营业费用的数量;⑦营业活动的有效性;⑧银行满足本地区现在与将来竞争需要的能力。

综合分析法虽然全面,但在某些方面的判断上不可避免地带有一定的主观性,常常影响分析结论的准确性。因此,在实际工作中,人们常常将综合分析法与资本风险资产比率法结合起来运用。

3.《巴塞尔协议》法

为促进世界各国间的公平竞争,并增强国际金融体系的安全性,1988年,西方12国中央银行在瑞士巴塞尔达成了《关于统一国际银行资本衡量和资本标准的协议》(简称《巴塞尔协议》),规定12个参加国应以国际可比性及一致性为基础,制定各自的对于银行资本的标准及规定。《巴塞尔协议》对银行资本衡量采用了全新的方法:①重新界定了资本,将资本分成两部分:第一级资本称"核心资本",由股本和税后留利中提取的储备金组成;第二级资本称附属资本,由未公开储备、重估准备、普通呆账准备金、长期次级债券所组成。②将银行资产负债表内的资产分为五类,并分别对各类资本规定风险权数,据以计算风险资产。③历史性地将银行资产负债表外的资产纳入监督范围,规定了不同的信用转换系数,据此折算成表内风险资产。④规定了总资本与风险资产比率不得低于8%,而且要求核心资本与风险资产比率不得低于4%。1999年,《巴塞尔协议Ⅱ》进一步保持了原资本充足率的要求和地位。表内风险资产和表外风险资产测算是《巴塞尔协议》法的关键。

(1)表内风险资产测算。20世纪80年代中期前,发达国家的金融管理当局所规定的银行最低资本限额仅与银行的总资产有关,而与银行资产的质量与风险没有直接的联系。1986年,美国金融管理当局首先提出:银行资本数额应反映银行资产的风险程度,银行资本应能够吸收与消化因银行客户违约而产生的损失。根据资本与风险资产对称的规律,银行最低资本限额应建立在资产的风险等级之上。各国在银行表内资产风险类别与风险权数的判断标准上各不相同。比如,美国将表内资产按风险等级区分为四类,其风险权数分别为1%、20%、50%和100%。

1988年7月通过的《巴塞尔协议》对资本充足性规定了国际统一的标准。该协议把表内资产分成四类,其风险权数分别为0、20%、50%和100%。资产风险权数的给定以资产风险大小而定,风险越小的资产,其风险权数越小;反之,则越大。

银行在风险权数给定的基础上,利用加权平均法,将各项资产的货币数额乘以其风险等级权数得到该项资产的风险加权值,然后得到的累加值即为银行表内风险加权资产。它是确定银行资本限额的重要依据之一。表内风险资产的计算公式为

$$表内风险资产 = \sum 表内资产额 \times 风险权数$$

根据《巴塞尔协议》,风险资产的类别及相应的权数如下:

① 0风险权数的资产。

a. 现金;

b. 以本币定值,并以此通货对央行融通资金的债权;

c. 对经济合作与发展组织(OECD)成员国,或对国际货币基金组织达成与其借款总体安排相关的特别贷款协议的国家的中央政府或央行的其他债权;

d. 用现金或者用OECD国家中央政府债券作担保,或由OECD国家的中央政府提供担保的贷款。

② 20%风险权数的资产。

a. 对多边发展银行的债权以及由这类银行提供担保,或以这类银行的债券作抵押的债权;

b. 对OECD国家内的注册银行的债权以及由OECD国家内注册银行提供担保的贷款;

c. 对OECD以外国家注册的银行余期在1年内的债权和由OECD以外国家的法人银行提供担保的、余期在1年内的贷款;

d. 托收中的现金款项;

e. 对非本国的OECD国家的公共部门机构的债权,以及由这些机构提供担保的贷款。

③ 50%风险权数的资产。完全以居住用途的房产作抵押的贷款归入这一类资产。

④ 100%风险权数的资产。
a. 对私人机构的债权;
b. 对 OECD 之外的国家的中央政府的债权;
c. 对公共部门所属的商业公司的债权;
d. 房屋设备和其他固定资产;
e. 不动产和其他投资;
f. 所有其他的资产。

(2)表外风险资产测算。随着银行表外业务的迅速发展及其资产风险的增大,银行资本也应包含和体现这类活动可能产生的损失。但表外业务风险测定非常困难。《巴塞尔协议》建议采用"信用转换系数"把表外业务额转化为表内业务额,然后再根据表内同等性质的项目进行风险加权。

《巴塞尔协议》把银行的表外项目分成五大类,并对前四类表外业务分别给定了信用转换系数,第五类则因其与外汇和利率有关而必须作特别处理。各国可根据其市场业务的做法,在有限的范围内将特定的表外业务划入下面所列的业务之内。

① 100%信用转换系数的表外业务。
a. 直接信用替代工具,如保证和承兑;
b. 销售和回购协议以及有追索权的资产销售;
c. 远期资产购买、超远期存款和部分缴付款项的股票和代表承诺一定损失的证券。

② 50%信用转换系数的表外业务。
a. 某些与交易相关的或有项目;
b. 票据发行融通和循环包销便利;
c. 其他初始期限在 1 年以上的承诺。

③ 20%信用转换系数的表外业务。有自行偿付能力的与贸易有关的或有项目。

④ 0%信用转换系数的表外业务。类似初始期限在 1 年以内的,或可以在任何时候无条件取消的承诺均属此列。

⑤ 与外汇和利率有关的或有项目。商业银行在这类项目的交易中,可能发生的损失仅仅是替换成本,而非交易合同所代表面值的信用风险。为此,《巴塞尔协议》建议利用现时风险暴露法和初始风险暴露法这两种特殊的处理方法。

信用转换系数是表外业务转换为表内资产的前提条件,也是正确计算银行风险加权资产的重要依据。表外风险资产的计算公式为

表外风险资产 = $\sum$ 表外资产 × 信用转换系数 × 表内相对性质资产的风险权数

(3)《巴塞尔协议》的实施要求。在对表内资产风险权数及表外项目的信用转换系数讨论的基础上,可以计算银行资本充足性。《巴塞尔协议》中规定的计算公式为

$$全部资本充足率 = \frac{资本总额}{风险资产总额} \times 100\%$$

$$核心资本充足率 = \frac{核心资本}{风险资产总额} \times 100\%$$

资本总额 = 核心资本 + 附属资本

风险资产总额 = 表内风险资产总额 + 表外风险资产总额 =

$\sum$ 表内资产 × 风险权重 + $\sum$ 表外项目 × 信用转换系数 × 相应表内资产的风险权重

【例2.1】 一家银行的资本规模为100万元人民币,总资产为1 500万元人民币,该行的资产负债表内项目和表外项目见表2.1。请计算该行的资本充足率。

表2.1 万元

资产负债表内项目:	
现金	75
短期政府债券	300
国内银行存款	75
家庭住宅抵押贷款	75
企业贷款	975
资产负债表内总资产	1 500
资产负债表外项目:	
用来支持政府发行债券的备用信用证	150
对企业的长期信贷承诺	300
表外项目加总	450

解:(1)首先计算表外项目的信用对等额。将表外项目转变为对等数量的银行贷款,以衡量银行的风险,见表2.2。

表2.2 万元

表外项目	账面价值	转换系数	对等信贷额
银行提供的备用信用证	150 ×	1.00 =	150
对企业的长期信贷承诺	300 ×	0.5 =	150

(2)然后将表内资产和表外项目对等信贷额乘以相应的风险权数,结果见表2.3。

表 2.3　　　　　　　　　　　　　　　　　　　　　　　万元

风险权重为0类	现金	75
	短期政府债券	300
风险权重为20%类	国内银行存款	75
	备用信用证的信用对等额	150
风险权重为50%类	家庭住宅抵押贷款	75
风险权重为100%类	对企业的贷款	975
	对企业的长期信贷承诺对等额	150

银行风险加权总资产/万元 = (75+300)×0+(75+150)×20%+75×50%+(975+150)×1 = 1 207.5

(3) 计算该银行的资本充足率。

该银行的资本充足率 = 总资本/风险加权总资产×100% = 100/1207.5×100% ≈ 8.28%

【知识库】

《巴塞尔协议Ⅲ》对我国银行业的影响

对于我国银行业而言,归结于银监会长期坚持"资本质量与资本数量并重"的资本监管原则,短期来看,《巴塞尔协议Ⅲ》对中国银行业影响相对欧美银行而言较小,但其长远影响却不容忽视,主要体现在:

(一)信贷扩张和资本约束的矛盾

我国是一个发展中国家,预计在今后很长一段时间内,我国国民经济都将保持一个较快的经济增速。然而我国又是一个以间接融资为主的国家,信贷增长一般为经济增速的1.5~2倍,在某些年份甚至可能更高,如2009年。因此,如果我国保持8%~10%的GDP增速,银行信贷必须达到15%~20%的增速。如此迅速的信贷扩张,势必会大大增加资本补充的压力,尤其是《巴塞尔协议Ⅲ》重视核心资本的补充,这对我国银行业而言无疑更是雪上加霜。

此外,根据《巴塞尔协议Ⅲ》关于二级资本工具在"期限上不能赎回激励、行使赎回权必须得到监管当局的事前批准、银行不得形成赎回期权将被行使的预期"一系列关于赎回的限制性规定,目前国内很多商业银行补充附属资本的长期次级债券都拥有赎回激励条款,因此这将给国内银行业通过发行长期次级债券补充附属资本带来较大的冲击,且为满足《巴塞尔协议Ⅲ》关于流动性的有关要求,长期次级债券的需求预计将会有所下降。

(二)资本补充和估值偏低的矛盾

无论是横向比较,还是纵向比较,我国银行业A股估值都偏低,A股较H股估值平均有10%~20%左右的折价,这其中最为重要的原因就是投资者预期银行业近几年再融资规模较大,如2010年银行业

A股融资规模创历史新高,从而极大影响了银行股A股的估值。因此,一方面因为业务发展需要,银行需要通过发行股份补充核心资本;另一方面,因为再融资又会进一步降低银行业的估值,增加融资成本,从而使银行业陷入一个恶性循环。

（三）满足监管要求和盈利能力增长的矛盾

《巴塞尔协议》重视流动性管理。为满足流动性覆盖比率的要求,商业银行应持有更多的现金和超额准备金等流动性高的资产,如风险加权系数为零的证券,包括主权国家发行或担保的证券、央行发行或担保的证券、政策性银行和中央政府投资的公用企业发行或担保的证券以及多边开发银行发行或担保的证券。但从盈利的角度,公司证券和资产担保证券显然比风险加权系数为零的证券收益要高出不少。因此,与未实行流动性监管标准相比,实行《巴塞尔协议Ⅲ》后,银行会选择倾向于风险加权系数为零的证券,从而导致银行收益下降。然而,为了实现通过再融资补充核心资本,降低融资成本,银行业又不得不尽可能提升盈利能力,从而使银行陷入两难的境地。

（四）负债结构调整与网点数量不足的矛盾

《巴塞尔协议Ⅲ》中净稳定资金比率计算的分母为资金流出与资金流入的差额,在资金流出中,存款流出为重要的一部分。零售存款、中小企业存款、一般企业存款、同业存款的计入资金流出比例依次增大,分别为15%、15%、25%、100%。另一方面,在净稳定资金比率计算的分子中,一年以内的零售存款、中小企业的存款计入可用稳定融资资金来源的比例为70%,而一般企业存款、同业存款的存款计入可用稳定融资资金来源的比例为50%。

因此,为满足监管要求,银行显然愿意持有更多的零售存款、中小企业存款和一般企业存款,而不愿意持有过多的同业存款。然而,对于中小股份制商业银行,尤其是一些城市商业银行而言,因为网点数量不足,其吸收零售存款和中小企业存款能力不足,同业存款是其资金来源的重要组成部分,这无疑会加剧其经营压力。

（五）表外业务发展与业务结构调整的矛盾

《巴塞尔协议Ⅲ》的实施将弱化贸易融资类表外业务、承诺类表外业务的相对优势。从净稳定资金比率来看,零售、一般公司信用承诺计入资金流出比例为10%,保函业务计入资金流出比例为50%,信用证业务计入资金流出比例为20%,保函和信用证在内的或有融资负债占用稳定融资资金的比例为100%,这将使相关贸易融资表外业务的资金流出数值非常大。

因此,为满足监管要求,银行可能会选择减少贸易融资类表外业务和承诺类表外业务。然而,近几年,为了加快业务结构转型和避免同质化竞争,我国很多商业银行,尤其是一些股份制商业银行,均提出要加快贸易融资等业务的发展步伐和结构转型步伐,但《巴塞尔协议Ⅲ》的实施无疑会加剧银行的转型压力。

（资料来源:MBA智库）

第三节 商业银行资本筹集

一、商业银行资本的内部筹集

(一) 内部筹集的方法

1. 增加各种准备金

由于各国金融监管当局对商业银行准备金的提取往往有上限的规定,有的国家还规定准备金仅能打折后计入资本总额,同时提取过多的准备金会影响商业银行的利润总额。因此,获取收益留存是商业银行内部筹集资本的主要手段。

2. 收益留存

商业银行的税后利润在支付优先股股息后,便在收益留存和普通股之间进行分配。这样,留存盈余与股东股息就有一种相互制约、互相影响的关系。在税后利润一定的情况下,保留多少盈余实际上是商业银行分红政策的选择。

(二) 银行资本内部筹集的优缺点

银行资本内部筹集的优点在于:①不必依靠公开市场筹集资金,可免去发行成本,因而总成本较低;②不会使股东控制权削弱,避免了股东所有权的稀释和所持有股票收益的稀释(如果银行发行新股票,则新股东将与老股东分享未来收益)。

银行资本内部筹集的缺点在于:①政府当局对银行适度资本金规模的限制;②银行所能获得的净利润规模的限制;③受到银行股利分配政策的影响。

二、商业银行资本的外部筹集

商业银行资本的外部筹集可采用发行普通股、发行优先股、发行资本票据和债券等办法。

(一) 发行普通股

发行普通股是商业银行资本的基本形式。商业银行以普通股筹集资本的优点在于:①没有固定的股息负担,银行具有主动权和较大的灵活性。②没有固定的偿还期。与其他资金来源相比,普通股提供的资金通常归商业银行永久使用,不须向股东偿还本金,其稳定性较强。③一家银行的普通股数量越多,债权人的保障程度就越高,银行的信誉也就越好,有利于银行筹资。④对股东来说,拥有普通股既可以控制银行,又可参与分红,而且在通货膨胀期间投资不易贬值,这对投资者会产生较大吸引力,从而也有利于银行筹集资本。

商业银行通过发行普通股筹资有以下缺点:①影响原股东的控制权;②影响股票的收益;③发行成本高;④资本成本高。

（二）发行优先股

商业银行以优先股形式筹集资本有以下优点：①不削弱普通股股东的控制权；②由于只按固定的比率向优先股支付股息，商业银行不必向其支付红利，优先股的融资成本是事先确定的；③普通股股东可获得杠杆作用效益。

商业银行以优先股形式筹集资本有以下缺点：①较一般负债成本较高。优先股股息一般比债券利息高，因而增加资本成本。②没有税收的优惠。和利息支付不同，优先股股息在计算公司所得税时不能被扣除，是在税后支付股息。③优先股过多会降低银行信誉。优先股不是主权资本而有借入资本性质，因此对债权人保障程度不高。一家银行优先股比例过高，其信誉会被削弱。

（三）发行资本票据和债券

发行资本票据和债券筹集资本的优点在于：①由于债务的利息可以从银行税前收益中支出，而不必缴纳所得税，因此，尽管长期债务的利息看上去比发行股票的成本高，但考虑税收因素后，长期债务反而更便宜。②在通过投资银行发行股票或债券时，通常发行股票的成本要比发行债券的成本高一些。③可用资金多、筹资成本低。一般而言，附属债务不缴纳存款准备金、不参加存款保险，且其支出的利息，银行可在税前作费用处理，从而使银行的资金成本相对降低。④发行资本票据和债券可以强化财务杠杆效应。由于债务利息固定，债权人一般不能随银行利润增加而增加利息收入，因此可使银行获得财务杠杆效应。

发行资本票据和债券筹集资本的缺点有：①债务资本不是永久性资本，它有一定的期限，到期必须支付。如果到期时银行不能支付本金和利息必然会影响银行的商业形象，甚至可能导致银行破产。②债务资本不同于股东权益，它对增强公众信心的能力不如权益资本，抵御风险的能力自然也不如权益资本。通过发行债务筹集的资金不能用于弥补亏损，因此在银行资本的计量中，核心资本自然不包括资本票据和债券。

【知识库】

短期融资券

短期融资券是指具有法人资格的企业，依照规定的条件和程序在银行间债券市场发行并约定在一定期限内还本付息的有价证券。短期融资券是由企业发行的无担保短期本票。在中国，短期融资券是指企业依照《银行间债券市场非金融企业债务融资工具管理办法》的条件和程序在银行间债券市场发行和交易并约定在一定期限内还本付息的有价证券，是企业筹措短期(1年以内)资金的直接融资方式。

短期融资债券按发行方式分类，可分为经纪人代销的融资券和直接销售的融资券。按发行人的不同分类，可将短期融资券分为金融企业的融资券和非金融企业的融资券。按融资券的发行和流通范围分类，可将短期融资券分为国内融资券和国际融资券。

> 短期融资券的发行程序:(1)公司作出发行短期融资券的决策;(2)办理发行短期融资券的信用评级;(3)向有关审批机构提出发行申请;(4)审批机关对企业提出的申请进行审查和批准;(5)正式发行短期融资券,取得资金。
>
> (资料来源:百度百科)

第四节 中国商业银行的资本金的管理

一、中国商业银行资本管理的规定

(一)1997年中国人民银行的规定

结合《巴塞尔协议》精神,并针对中国商业银行的基本情况,1997年,中国人民银行对商业银行资本充足性管理作出明确的规定,主要内容包括以下几点。

1. 资本构成

规定中国商业银行资本构成分为核心资本和附属资本两大类。

(1)核心资本。核心资本包括实收资本、资本公积、盈余公积、未分配利润等。

①实收资本。实收资本是指商业银行实际收到的由投资者投入的资本金。中国商业银行实收资本的来源与各商业银行形成的途径有密切的联系。四大国有商业银行的实收资本,其来源有两项:一是国家财政拨入的信贷基金,主要是指原由财政拨付给人民银行,随专业银行分设划分给各专业银行的;二是银行自我积累的资金,主要是未分配利润转入的资本金。其他股份制商业银行的实收资本,主要是由普通股所构成,普通股的持有者有地方政府、国有商业银行和企业。公开发行股票上市的商业银行,其实收资本还包括个人投资入股的资本。

②资本公积。资本公积是指银行在筹集资本金过程中,投资者缴付的出资额超出注册资本部分、法定资产重估增值及接受捐赠的资产等原因所增加的资本。资本公积金可按法定程序转增资本金。股份制商业银行的资本公积是股票发行溢价收入。

③盈余公积。盈余公积是指银行按规定每年从税后利润中提取的,是商业银行自我发展的一种积累。其包括:法定盈余公积金(按税后利润10%提取,累计达到注册资本的50%时不再提取),可用于弥补亏损或转增资本金,但转增时,以转增后银行的法定盈余公积金不少于注册资本的25%为限;任意盈余公积金,可按银行章程或股东会议的决议提取和使用。

④未分配利润。未分配利润是历年进行利润分配后剩余部分的累积额。

(2)附属资本。附属资本包括贷款呆账准备金、坏账准备金、投资风险准备金、5年(包括5年)以上的长期债券等。

①贷款呆账准备金。贷款呆账准备金是指按贷款余额一定比例提取,用以弥补可能发生的贷款呆账损失(只能用于核销放款过程中不能收回的本金部分)。

②坏账准备金。坏账准备金是指按应收账款余额的一定比例(0.3%)提取,用于核销商业银行应收账坏账损失。

③投资风险准备金。投资风险准备金是指银行在从事投资业务过程中,为增强抵御风险的能力而提取的投资风险准备金(为加强商业银行承受风险的能力,从事投资业务商业银行每年可按上年末投资余额的3%提取投资风险准备金,年末余额达到上年末投资余额的1%时,实行差额提取)。

④5年(包括5年)以上的长期债券。

(3)应从资本总额中扣除的项目,包括:在其他银行资本中的投资;已在非银行金融机构资本中的投资;已对工商企业的参股投资;已对非自用不动产的投资,呆账损失尚未冲减部分。

2. 风险权数

对资产负债表内的项目,按不同风险程度规定了六级风险权重,即0、10%、20%、50%、70%、100%。

3. 资本充足率

在计算资本充足率时,按期末余额计算,并且有下限。

(1)资本充足率。

$$资本充足率 = \frac{资本净额}{风险加权资产期末余额} \times 100\% \geq 8\%$$

(2)核心资本充足率。

$$核心资本充足率 = \frac{核心资本}{风险加权资产期末余额} \times 100\% \geq 4\%$$

(二)现行《商业银行资本充足率管理办法》的规定

为提高资本监管水平,改变"现行监管法规一直未对资本不足银行规定明确的监管措施"的情况,缩小中国资本监管制度与国际标准的差距,中国银监会参照《巴塞尔协议Ⅱ》对现行的资本规定进行了修改,将新资本协议第二支柱和第三支柱的内容(即监督检查和信息披露)包括在内,强调在满足最低资本监管要求的同时,银行还应该重视改善风险管理。2004年3月1日,正式实施了适合中国国情的资本管理制度——《商业银行资本充足率管理办法》,指出商业银行资本包括核心资本和附属资本。

1. 核心资本

核心资本包括实收资本(或普通股)、资本公积、盈余公积、未分配利润和少数股权。

(1)实收资本。实收资本是指投资者按照章程或合同、协议的约定,实际投入商业银行的资本。

(2)资本公积。资本公积包括资本溢价、接受的非现金资产捐赠准备和现金捐赠、股权投资准备、外币资本折算差额、关联交易差价和其他资本公积。

(3)盈余公积。盈余公积包括法定盈余公积、任意盈余公积以及法定公益金。

(4)未分配利润。未分配利润是指商业银行以前年度实现的未分配利润或未弥补亏损。

(5)少数股权。在合并报表时,包括在核心资本中的非全资子公司中的少数股权,是指子公司净经营成果和净资产中不以任何直接或间接方式归属于母银行的部分。

2. 附属资本

附属资本包括重估储备、一般准备、优先股、可转换债券和长期次级债务。

(1)重估储备。商业银行经国家有关部门批准,对固定资产进行重估时,固定资产公允价值与账面价值之间的正差额为重估储备。若银监会认为,重估作价是审慎的,这类重估储备可以列入附属资本,但计入附属资本的部分不超过重估储备的70%。

(2)一般准备。一般准备是根据全部贷款余额一定比例计提的,用于弥补尚未识别的可能性损失的准备。

(3)优先股。商业银行发行的、给予投资者在收益分配、剩余资产分配等方面优先权利的股票。

(4)可转换债券。商业银行依照法定程序发行的、在一定期限内依据约定条件可以转换成商业银行普通股的债券。计入附属资本的可转换债券必须符合以下条件:①债券持有人对银行的索偿权位于存款人及其他普通债权人之后,并不以银行的资产为抵押或质押;②债券不可由持有者主动回售;③未经银监会事先同意,发行人不准赎回。

(5)长期次级债务。长期次级债务是指原始期限最少在5年的次级债务。经银监会认可,商业银行发行的普通的、无担保的、不以银行资产为抵押或质押的长期次级债务工具可列入附属资本,在距到期日前最后五年,其可计入附属资本的数量每年累计折扣20%。如一笔10年期的次级债券,第6年计入附属资本的数量为100%,第7年为80%,第8年为60%,第9年为40%,第10年为20%。商业银行的附属资本不得超过核心资本的100%;计入附属资本的长期次级债务不得超过核心资本的50%。

二、中国商业银行资本管理存在的问题及解决策略

(一)中国商业银行资本充足状况分析

为了提高中国商业银行的资本充足比率,近年来中国政府已经采取了若干重大的改革和政策措施。

1997年,中国政府调低了国有商业银行的所得税税率,从55%的所得税外加7%的调节税下调至一般工商业的33%的税率,从而提高了国有商业银行自我积累一部分资本金的能力。

1998年,国家财政向中国工商银行、中国农业银行、中国银行、中国建设银行四家国有商业银行补充了2 700亿元资本金,使国有商业银行的资本充足率有了显著提高。

1999年4月,国家决定成立信达资产管理公司,同年10月又成立了华融、长城、东方三家资产管理公司,由它们接收相当一部分由于政策性贷款而形成的不良资产及在转轨期间所形

成的不良资产,使国有商业银行减轻了核销和准备核销不良资产的资本负担。

2003年12月31日,国务院宣布2 005亿美元的外汇储备注资中国银行和中国建设银行,主要用于两家商业银行完善公司治理结构上,促进其进行股份制改革。2005年4月,国务院批准向中国最大的银行——中国工商银行注资150亿美元,对该银行进行重组,并最终让它在海外上市。

对一些股份制商业银行则通过批准其增资扩股,符合条件的批准其上市,通过资本市场集资,扩充资本金。

2004年,商业银行开始在银行间市场发行次级债,补充附属资本,累计发行次级债861亿元,采取了上述举措后,中国商业银行的资本充足比率有所提高,尤其是利用外汇储备注资的三家国有商业银行,至2004年2月底,中国建设银行资本充足为9.39%,中国工商银行的资本充足率也已经接近6%。但是国有商业银行由于资产扩张速度快而效益欠佳,甚至亏损,几乎不可能用经营利润来补充资本金。

2013年1月1日,《商业银行资本管理办法(试行)》正式实施,在大部分商业银行已经满足《商业银行资本管理办法(试行)》规定的资本充足率要求的前提下,为了进一步减缓商业银行实施《商业银行资本管理办法(试行)》的压力,银监会对储备资产要求(2.5%)设定6年的过渡期:2013年末,储备资本要求为0.5%,其后五年每年递增0.4%。2013年末,对国内系统重要性银行的核心一级资本充足率、一级资本充足率和资本充足率的最低要求分别为6.5%、7.5%和9.5%;对非系统重要性银行的核心一级资本充足率、一级资本充足率和资本充足率的最低要求分别为5.5%、6.5%和8.5%。

2014年度监管统计数据显示,中国银行业资本充足率总体维持在较高水平。2014年12月末,商业银行(不含外国银行分行)加权平均核心一级资本充足率为10.56%,较年初上升0.61个百分点;加权平均一级资本充足率为10.76%,较年初上升0.81个百分点;加权平均资本充足率为13.18%,较年初上升0.99个百分点。

2018年末,商业银行核心一级资本充足率11.03%,较上年末上升0.28个百分点;一级资本充足率11.58%,较上年末上升0.24个百分点;整体资本充足率14.20%,较上年末上升0.55个百分点。从资本结构来看,中国商业银行核心一级资本的占比达到77%~78%的水平,总体资本质量比较高,且各项指标也符合资本监管的要求。

(二)提高中国商业银行资本充足比率的措施

1. 分子对策

"分子对策"是针对《巴塞尔协议》中的资本计算方法,尽量提高商业银行的资本总量,改善和优化资本结构。银行的资本计划建立在其管理目标所需的银行资本金数额以及金融管理当局所规定的银行最低资本限额要求的基础之上。当银行的内源资本来源不能满足其资本需求时,银行将寻求外源资本来源。而银行选择哪种资本来源则取决于该资本来源的优点及代价。

2. 分母对策

分母对策在于优化资产结构,尽量降低风险权数高的资产在总资产中所占的比重,同时加强表外业务管理,尽可能选择转换系数较小及相应风险权数小的表外资产。因此,分母对策的重点是减少资产规模,降低商业银行的风险资产额,从而提高资本与风险资产的比重。

"分子对策"和"分母对策"的目的在于减少银行的经营风险与财务风险,提高银行的安全性和流动性。银行可以采用"分子对策"或"分母对策"或同时采用两种对策来满足银行资本充足性要求。然而,盈利性往往与安全性和流动性相悖,因此,不论"分子对策"还是"分母对策",在使用时应注意适度。银行监管的发展方向给中国银行业以极大的启示。中国银行业不能仅仅满足于最低的资本充足率要求,还应将注意力投向信用风险、市场风险以及其他风险的衡量,应根据各种风险规定相应的资本要求。然而,中国国有控股商业银行单一主体的现状还不能适应新框架的具体要求。银行在实施"分子对策""分母对策"时的空间不大,也缺乏风险退出机制。

3. 压缩银行的资产规模

资产规模越大,其对银行资本的需求越强。对一些资本不足的银行则可以通过销售一部分高风险或有问题或市价水平较高的金融资产,以减少银行资产规模,提高资本对资产的比率。就资产管理的目标而言,压缩银行资产规模,适度控制银行资产存量是银行流动性、安全性的要求。与工商企业不同,银行资产构成有其自身的特点:①现金存量较高;②金融债权比例极高;③房产等被固化了的资本相对较少。因此,压缩银行资产规模应在银行资产管理的要求下进行。

银行现金存量受四个方面约束:首先是要满足客户提取存款进行日常交易的要求;其次是满足金融管理当局对法定准备金的规定;再次是必须在央行或其他往来行存有足够现金用以清偿支票;最后应满足其向代理行支付现金以换取服务的需要。银行满足以上四个方面需求的能力大小反映了其流动性的强弱。但是,银行流动性与盈利性往往有矛盾,而与银行的安全性又往往是一致的。银行现金存量的大小应直接满足流动性要求,这是银行现金管理的最基本组成部分。因此,降低现金存量是可行的,也是有效的。

银行金融债权主要包括证券投资和各种贷款,它们是银行收入的基本来源,因此,它们的比例很高。银行证券投资主要包括银行持有的高流动性及低风险的金融证券,银行的该类资产既可满足银行的流动性需求,又能因获取较高利息收入而满足银行的盈利性要求。因此,简单地压缩其规模的做法不是该类资产管理的目标,而应该进行有效的投资组合,以达到降低风险、提高流动性与盈利性的目的。贷款构成了银行资产项目中的主要部分,它是银行资产管理中最重要的管理内容之一。宏观经济环境及银行信用环境的变化会影响银行贷款规模及质量。银行贷款总额的大小一般可用存贷比来衡量(贷款总额与存款总额之比);存贷比的大小往往受经济景气度的影响,如果经济不景气,则通过缩小贷款规模以减少经营风险。

4. 调整资产结构

资产结构调整后,银行可以在总资本额和总资产额不变的情况下,提高资本充足比率。资产结构调整空间较大的部分主要在证券投资与贷款资产上。如前所述,证券投资在银行资产管理中的地位突出,它除了满足银行流动性及盈利性要求外,还为贷款规模的调整提供了余地。证券投资受监管的作用,其投资内容多为信誉等级很高的金融证券。但证券投资有着广阔的空间,它既可以作为货币市场、资本市场的投资工具,也可作为金融创新的投资工具。因此,银行的证券投资并不是投资于单一金融证券,而是投资于不同种类、期限的证券,其目的是通过这样的投资组合来降低投资风险,降低风险资产数量及权数,达到流动性与盈利性的均衡。贷款是银行持有的变现能力差的资产,同时也是风险大的资产。从贷款管理的要求看,银行为减少贷款风险进行贷款组合,通过减少高风险贷款和相应增加低风险资产的办法,以减少风险资产总量。20世纪80年代后,随着贷款总体风险的加大,银行的资产组合不再局限于贷款内部或证券投资内部,而是将贷款与证券投资打通。比如,许多大银行通过购买债券和票据等证券投资来满足因贷款组合减少而剩余的资金。

> **【知识库】**
> **2018年6月末商业银行核心一级资本充足率达到10.65%**
>
> 　　据银保监会网站消息,2018年上半年,商业银行累计实现净利润10.322亿元,同比增长6.37%,增速较上年同期下降1.55个百分点。商业银行平均资产利润率为1.03%,较上季末下降0.02个百分点;平均资本利润率13.70%,较上季末下降0.30个百分点。
>
> 　　2018年二季度末,商业银行不良贷款余额1.96万亿元,较上季末增加1.829亿元;商业银行不良贷款率1.86%,较上季末上升0.12个百分点。商业银行正常贷款余额103.1万亿元,其中正常类贷款余额99.6万亿元,关注类贷款余额3.4万亿元。商业银行贷款损失准备余额为3.5万亿元;拨备覆盖率为178.70%,较上季末下降12.58个百分点;贷款拨备率为3.33%,较上季末下降0.01个百分点。商业银行核心一级资本充足率为10.65%,较上季末下降0.06个百分点;一级资本充足率为11.2%,较上季末下降0.07个百分点;资本充足率为13.57%,较上季末下降0.07个百分点。
>
> 　　　　　　　　　　　　　　　　　　　　　(资料来源:中国银行保险监督管理委员会网站)

本章小结

商业银行资本的内涵不同于一般企业,其内涵较为宽泛,除了包括股本、资本盈余、留存收益在内的所有者权益外,还包括一定比例的债务资本,如资本票据、债券等。商业银行的资本具有双重特点,常将所有者权益称为一级资本或核心资本,而将长期债务称为二级资本或附属资本。1988年在瑞士通过的《巴塞尔协议》统一了银行业的资本衡量和资本标准,确立了商业银行资本双重性的国际规范。

资本充足性是银行安全经营的要求。存款人、社会公众、银行自身均对此有要求。银行持有充分的资本是风险管理的要求,也是在安全经营基础上追求更多利润的保障。银行资本充足性的标准是多样化的,银行资本充足性的测定是一项复杂的工作,常用方法有最为直观的比率分析法和综合诸多因素的综合分析法。

就现代银行而言,银行资本的构成主要有普通资本、优先资本和其他资本三部分。普通资本是商业银行资本的基本形式。

与1988年《巴塞尔协议》相比,《巴塞尔协议Ⅱ》的内容更加复杂,它摒弃了以往"一刀切"式的资本监管方式,提出了计算资本充足率的几种不同方法,供各国选择;除最低资本充足率8%的数量规定以外,新协议提出了监管部门监督检查和信息披露两方面的要求,从而构成了新资本协议的三大支柱。

自测题

一、单项选择题

1. "损失一旦发生,就要用收益抵补,收益不够,则需用资本金弥补。"这句话说的是银行资本金的(   )。
   A. 展业功能   B. 营运功能   C. 保护功能   D. 管理功能

2. 普通股票溢价,捐赠的资产等应属于(   )。
   A. 普通资本   B. 优先资本   C. 其他资本   D. 以上均不是

3. 完全以居住用途的房产作抵押的贷款的风险权数为(   )。
   A. 0   B. 20%   C. 50%   D. 100%

4. 有自行偿付能力的与贸易有关的或有项目信用转换系数为(   )。
   A. 100%   B. 50%   C. 20%   D. 0

5. 1988年《巴塞尔协议》对银行资本的规定是(   )。
   A. 银行的资本与总资产之比不低于8%
   B. 银行的资本与风险加权总资产之比不低于8%
   C. 银行的资本与风险加权总资产之比不低于4%
   D. 银行的资本与总资产之比不低于4%

6. 资本充足率是资本与(   )的比率。
   A. 固定资产   B. 流动资产   C. 总资产   D. 风险加权总资产

7. 计算风险加权资产时,2004年《巴塞尔协议Ⅱ》规定的风险不包括(   )。
   A. 信用风险   B. 市场风险   C. 战略风险   D. 操作风险

8. 中国银行资本监管基本符合1988年《巴塞尔协议》的框架,是在(   )。
   A. 1988年   B. 1995年   C. 2000年   D. 2004年

9. 中国《商业银行资本充足率管理办法》规定的核心资本不包括(   )。
   A. 实收资本   B. 资本公积   C. 优先股   D. 未分配利润

10. 中国银行资本管理中对资产风险权重系数的规定不包括（　　）。
　　A. 0　　　　　　B. 20%　　　　　　C. 50%　　　　　　D. 70%

二、多项选择题

1. 商业银行资本的构成包括（　　）。
　　A. 普通资本　　　B. 优先资本　　　C. 其他资本　　　D. 国际资本
2. 《巴塞尔协议》把资本金分为（　　）。
　　A. 普通资本　　　B. 优先资本　　　C. 核心资本　　　D. 附属资本
3. 商业银行资本的功能主要有（　　）。
　　A. 投资功能　　　B. 营运功能　　　C. 保护功能　　　D. 管理功能
4. 商业银行普通资本包括（　　）。
　　A. 普通股资本　　B. 资本盈余　　　C. 未分配利润　　D. 资本票据和资本债券
5. 盈余是商业银行权益性资本的重要组成部分，主要包括（　　）。
　　A. 资本盈余　　　B. 留存盈余　　　C. 资本准备金　　D. 公积金

三、简答题

1. 简述《巴塞尔协议》关于银行资本构成的规定。
2. 商业银行增加资本金的途径有哪些？
3. 提高资本充足率的分子对策和分母对策各是什么含义？

四、计算题

1. 某银行现在的资本充足率为7.2%，且核心资本充足率为4%，加权风险资产总额为10亿元，现假设未来加权风险资产将增加到12亿元，且要求总风险资本比率要达到8%，核心资本比率不变，那么银行需要增加多少资本？其中核心资本需要增加多少？

2. 某银行现有加权风险资产1亿元，且核心资本比率为4%，总资本风险比率为7.5%。假如银行预计未来风险资产将增加10%，而且要求核心资本比率为4%，总资本风险比率为8%，那么银行需要增加多少资本？其中核心资本需要增加多少？

五、案例题

海南发展银行的倒闭

海南发展银行（以下简称海发行）于1995年在合并5家信托公司的基础上组建。这5家公司在1993年以前的海南房地产热中，已有大量资金积压在房地产上。之后，海发行又引入北方工业公司、中远集团等40余家岛外股东，筹集资金10.7亿元、注册资本金16.77亿元的海发行一开始就背负了44亿元的债务。

但在当时普遍采用高息揽存的情况下，海发行迅速扩张。1997年底，海发行的资金规模发展到106亿元。也就在当年，由城市信用社引发的海南金融问题第一次大规模显现。5月，海口市城市信用社主任陈某作案潜逃，这一事件导致储户恐慌，并出现集中提款现象。随后，支付危机波及全省十几家城市信用社。

1997年12月兼并28家城市信用社的行动,被认为是海发行关闭的导火索。海发行接管的城市信用社总资产为137亿元,总负债却为142亿元,而资产又几乎全是无人问津的房产。

接管之后,那些原以为取款无望的储户很快在海发行营业部的门口排起了长队,这成为当时海南的热门话题。由各种传闻引发的恐慌很快演变成挤兑风潮,海发行只能依靠中国人民银行的再贷款艰难度日。

1998年3月22日,中国人民银行在陆续给海发行提供了40亿元的再贷款后,决定不再给予资金支持。此时,海发行已无法清偿债务。1998年6月21日,为了防止支付危机进一步蔓延,国务院、中国人民银行决定关闭海发行,同时指定中国工商银行托管海发行的债权、债务。

关闭海发行后,海南的11家信托投资公司停业整顿,仅有的1家城市信用社也于2002年进入停业整顿。渣打银行和日本住友银行也于2002年撤出海南,而随着四大国有商业银行风险控制的逐步加强,这些银行的海南省级分行的贷款权限仅为5 000万元,比很多其他地方市一级分行的权限还小。

海南缺少融资,这是不争的事实,特别是中小企业。2004年度,海口中小企业银行贷款新增额只有1.42亿元,仅占海口各银行对外贷款总额的0.2%。海南目前有中小企业20万余家,但每年能够办理"贷款证"并通过年审的只有4 000余家,占全部中小企业总数的1/50。从银行贷不到钱,于是大家只好另谋出路。相对于这些对资金十分饥渴的中小企业而言,电力、石化、海航等集团融资的难度倒并不是很大。

"挽救"海发行仅有愿望是不够的,最终的决定权还取决于银监会的态度。海发行被关闭到现在,资源早已流失殆尽,复活海发行无异于重建一家新银行,银监会必定顾虑重重。

问题一:海南发展银行这家曾迅速扩张的商业银行,为什么会被关闭?

问题二:从海南发展银行被关闭的案例中,你有什么启示?

【阅读资料】

压力测试促商业银行补充资本

银行压力测试是一种以定量分析为主的风险分析办法。银行压力测试通常包括银行的信用风险、市场风险、流动性风险和操作风险等方面的内容。压力测试中,商业银行应考虑不同风险之间的相互作用和共同影响。

压力测试的步骤:确定测试对象,即进行压力测试的机构的资产、负债组合;识别影响该组合的主要风险因子;设计压力情景;计算压力情景下相关指标的可能变动;根据测试结果,有针对性地制定相应政策,制定应急预案。测试要求银行一级资本比率为5%,以及杠杆比率为4%。

压力测试的作用:压力测试是金融稳定性评估的重要工具,在监管机构评估监管资本中有着重要的应用,也是银行自身进行风险管理的重要工具。

(资料来源:百度百科)

第三章 Chapter 3

商业银行负债业务与经营

【学习要点及目标】

通过本章的教学,学生要了解负债的概念和作用,掌握存款的种类、存款的创新、存款的成本管理和商业银行借入资金的管理等内容,并可以灵活运用;运用已学理论分析中国商业银行负债情况。本章的重点和难点是商业银行存款的种类、存款的创新、存款的成本管理和商业银行借入资金的管理。

【导入案例】

2020年,突如其来的新冠肺炎疫情给我国乃至全球经济带来前所未有的冲击。面对充满挑战的宏观环境,我国银行业坚持新发展理念,坚持深化改革开放,向实体经济让利,严守风险底线,大力支持疫情防控、复工复产和实体经济发展,在提升金融服务实体经济的质量和效率的同时,实现了总体平稳运行,资产负债规模快速增长,信用风险整体可控,风险抵补能力充足,改革转型步伐进一步加快。商业银行负债结构变化相对较大,表现为存款占比上升,同业负债持续压降。截至2020年三季度末,37家上市银行存款占比达到75.6%,较2019年末提升0.8个百分点,大型商业银行、股份制银行和区域性银行都有较大提升,区域性银行提升最多。同业负债占比达到11.3%,较2019年末下降0.6个百分点,其中大型商业银行下降最多。此外,应付债券占比为7.0%,小幅下降0.2个百分点,区域性银行下降最多。存款结构中,变化最大的部分在于结构性存款。2019年10月,银保监会发布《关于进一步规范商业银行结构性存款业务的通知》,正式开始整顿结构性存款。2020年,银保监会进一步强化监管,明确要求压降结构性存款规模。截至2020年10月末,中资银行全国性银行结构性存款规模降至7.94万亿元,较2019年10月末减少2.4万亿元,占境内存款之比也从6%降到4%左右。作为高息揽储的代表,过去结构性存款的增长反映了银行间激烈的存款竞争行为,是存款成本刚性并进而导致贷款利率难降的重要原因。结构性存款的大幅压降,意味着银行存款成本压力减轻,利于稳定息差。2020年上市银行半年报数据显示,存款成本已较2019年末有所下降,这一趋势有望进一步延续。

(资料来源:新华财经网站)

第一节 商业银行负债业务概述

一、商业银行负债的概念

商业银行负债业务是商业银行筹措资金、借以形成资金来源的业务,它是商业银行资产业务和其他业务的基础。其构成主要包括存款负债、借入负债和其他负债三大部分,其中存款、派生存款是银行的主要负债,约占资金来源的80%以上。

负债业务的成功与否取决于负债规模和质量结构的优化,二者的有效结合是合理安排资产业务、增加效益的关键。商业银行负债的目的主要有两个:一是维持银行资产的增长率;二是保持银行的流动性。

二、商业银行负债的作用与构成

(一)商业银行负债的作用

1. 负债是吸收资金的主要来源

商业银行自身的资本难以支持其庞大的信贷业务等经营活动。国外商业银行自有资本即股权、盈余、未分配利润等集合而成的产权资本与资产总额的比例以及产权资本与贷款及贴现的比例通常低于10%和20%,而且这一比例存在着下降的趋势。美国商业银行界1960年这两项比例的数据分别为8.4%和17.4%,1970年降至7.8%和13.6%,1980年再降到7%和13.1%,20世纪90年代这一比例更低。按照《巴塞尔协议》的国际标准来看,银行的负债提供了其92%的资金来源,充分体现了商业银行作为现代经济体系中资金集散地中的"集"的功能。

2. 负债业务是银行资产业务的基础

商业银行只有首先发挥"集"的功能,才能为银行的资产活动,即发挥"散"的功能奠定资金基础。没有负债就不可能进行资产的运用,因此,负债业务是商业银行开展资产业务的基础和前提。而且,银行负债的规模结构包括期限结构、利率结构等制约着银行的经营规模和资产结构,当然,资产业务的开展又可以反过来促进负债业务的扩大,如银行的贷款或投资会产生派生存款。

3. 负债是银行同社会各界联系的主渠道

社会所有经济单位的闲置资金和货币收支,都离不开银行的负债业务,银行通过负债业务为社会各界提供广泛的金融投资工具,如存款和金融债券等。与此同时,市场的资金流向、企业的经营活动、居民的货币收支等,随时都反映在银行的账面上,从而有利于为客户提供各种金融服务,如信息服务、咨询服务等。

4. 负债成为推动社会经济发展的重要动力

中国经济的改革和发展,带来居民个人收入迅速上升,收入的不断增加使得国民储蓄倾向随之增强,居民个人的资产负债管理的重要性凸显出来,导致个人货币金融资产需求多元化。而商业银行通过负债业务创新,提供新型的多样化的金融工具,把社会闲散资金聚集起来,一方面满足了居民的资产管理要求,另一方面推动了社会经济的发展。

(二)商业银行负债的构成

商业银行负债结构主要由存款负债、借入负债构成。由于各国金融体制的差异和金融市场发达程度的不同,各国银行的负债结构不尽相同;即使在同一个国家的同一家银行,由于经济发展和金融环境的变化,其负债结构也处于不断变化的过程中。但不管是哪一个国家,存款始终是商业银行的主要负债。

1. 存款负债的种类

以西方国家为例,存款服务主要有交易账户和非交易账户。前者包括活期存款、可转让支付命令账户、货币市场存款账户、自动转账制度等;后者包括储蓄存款、定期存款等。

2. 借入负债的种类

(1)同业拆借。银行间同业拆借是银行获取短期资金的简便方法。在同业拆借市场上,主要的拆借方式有隔夜拆借和定期拆借。利率一般由拆入行和拆出行共同协商确定。

(2)从中央银行的贴现借款。这是指商业银行可以持中央银行规定的票据向中央银行申请抵押贷款,利率由央行规定。

(3)证券回购。银行可以将持有的短期债券用签订回购协议的方式融资。证券回购可以是隔夜回购,也可以是较长时间。

(4)国际金融市场融资。银行可以利用国际金融市场获取资金,最典型的是欧洲货币存款市场。利率有固定的,也有浮动的。

(5)发行中长期债券。这是指商业银行以发行人身份,通过承担债券利息的方式,直接向货币所有者举借债务的融资方式。各国有自己的法规限制。

【知识库】

利率的调节

中国人民银行决定,自2015年10月24日起,下调金融机构人民币贷款和存款基准利率,以进一步降低社会融资成本。其中,金融机构一年期贷款基准利率下调0.25个百分点至4.35%;一年期存款基准利率下调0.25个百分点至1.5%;其他各档次贷款及存款基准利率、人民银行对金融机构贷款利率相应调整;个人住房公积金贷款利率保持不变。同时,对商业银行和农村合作金融机构等不再设置存款利率浮动上限,并抓紧完善利率的市场化形成和调控机制,加强央行对利率体系的调控和监督指导,提高货币政策传导效率。

表 3.1　金融机构人民币存贷款基准利率调整表

项目	调整前利率(2015.08.26)	调整后利率(2015.10.24)
一、城乡居民和单位存款		
（一）活期存款	0.35	0.35
（二）整存整取定期存款		
三个月	1.35	1.10
半年	1.55	1.30
一年	1.75	1.50
二年	2.35	2.10
三年	3.00	2.75
二、各项贷款		
一年以内(含一年)	4.60	4.35
一至五年(含五年)	5.00	4.75
五年以上	5.15	4.90
三、个人住房公积金贷款		
五年以下(含五年)	2.75	2.75
五年以上	3.25	3.25

（资料来源：中国人民银行 2015-10-24）

第二节　商业银行存款业务的经营与管理

一、存款的种类

依据不同的划分标准，商业银行的存款有多种类型。西方国家传统的存款类型主要有以下几种。

1. 活期存款

开立活期存款账户是为了通过银行进行各种支付结算，存户可以随时开出支票对第三者进行支付而不用事先通知银行，因此，活期存款又称为支票账户或交易账户。长期以来，活期存款一直是商业银行的主要经营对象和主要负债。其基本特点是：

（1）活期存款多用于支付和交易用途。

（2）支付方式多样。可使用支票、本票、汇票、电话转账或其他电传手段。其中，使用支票是最传统的提款方式。

(3) 对开设账户的客户一般没有限制。各种公司企业、非银行性金融机构、盈利性个人或社会团体、政府机构之间甚至商业银行之间均可开设此账户。

(4) 银行对存户一般不支付利息甚至收取手续费。因为活期存款是银行资金来源中最具有波动性和最不可预测的部分,客户可以不事先通知银行而将其取走。也正因为不付息,银行在争取活期存款方面存在着竞争。由于现在保留活期存款账户的主要是经营性机构,银行可以通过加快结算速度、降低结算过程的交易费用从而提高自身盈利,以及向开户企业提供贷款承诺等方式争取更多的存款。由于特殊国情所致,虽然利息率目前较低,但中国商业银行一直是对活期存款支付利息的。因此,中国也成为世界上少数对活期存款付息的国家之一。

(5) 从货币供应角度看,活期存款具有很强的派生能力,有利于商业银行增加与客户的联系,从而扩大经营规模,也是各国金融监管当局调控货币供应量的主要操作对象。

(6) 虽然期限较短,但在不断进行的此存彼取的过程中,银行总能获得一个较稳定的活期存款余额,并将其用于各项资产投资业务当中。

2. 定期存款

定期存款是指存款客户与银行事先商定取款期限并以此获取一定利息的存款。原则上,这种存款不准提前支取,或允许提前支取但需要支付一定的罚金或按照活期存款的利率支付利息。因为定期存款期限固定而且比较长,从而为商业银行提供了稳定的资金来源,对商业银行长期放款与投资具有重要意义。定期存款的主要特点包括:

(1) 期限固定,短至一个月、两个月、三个月、半年或一年,长至二年、三年、五年或更长。

(2) 能使持有者获得较高的利息收入。存款期限越长,存款利率越高,给持有者带来的收益就越大。

(3) 银行签发的定期存单虽不能转让,但可以作为抵押品使用。

3. 储蓄存款

储蓄存款是指居民个人和家庭为积蓄货币和取得利息收益而存入银行的款项。其基本特点是:

(1) 开设该账户的客户主要是居民个人和家庭,属于个人性质的存款,也包括一些非营利组织。

(2) 一般为存折或存单形式。目前,银行卡也成为储蓄尤其是活期储蓄存款的重要形式。

(3) 存款期限因品种而异。储蓄存款包括活期储蓄存款和定期储蓄存款两种类型。其中,活期储蓄的存取无期限限制,存款人凭存折或银行卡可以随时提现使用;定期储蓄存款的取款有日期限制,一般不能提前支取或提前支取按照活期存款的利率支付利息。由于其存款利率较高,所以定期储蓄存款是个人获利的重要手段。

长期以来,由于居民的储蓄意愿较为强烈,而金融市场不够发达、金融工具较为缺乏等原因,中国储蓄存款的发展速度一直较快。1999年11月,中国正式对储蓄存款开征利息税,税率为20%;2007年,利息税税率下调为5%;自2008年10月9日起,暂免征储蓄存款利息税。

二、影响商业银行存款负债的因素

影响商业银行存款负债的因素是极为复杂的,而且存款的种类不同,其影响因素也不一样。例如,储蓄存款主要受到个人货币收入水平、商品供求状况、物价水平、社会观念与储户心理动机、消费结构变化、储蓄存款利率水平、储蓄服务质量以及社会集资状况等因素的影响;而企业存款的影响因素主要有经济发展状况、企业收入水平、国家政策变动、企业经营状况、同行业竞争状况、市场供求状况、商业银行结算情况以及商业银行服务状况等。但是,总体来说,影响存款变动的因素有两大方面——外部因素和内部因素。

(一)影响存款负债的外部因素

影响商业银行存款变动的外部因素是指非单个商业银行力量所能左右的因素,主要有一般经济活动水平、国家货币金融政策、金融市场的发达程度和金融资产的种类、税收政策、企业经营发展状况以及居民收入预期与消费信用发展。

1. 一般经济活动水平

一般经济活动水平对商业银行存款的影响主要有两个方面:

(1)一个国家或地区的商品生产或国民经济发展水平所决定的货币信用关系的发展程度,直接影响着商业银行的存款规模。商品经济发达、货币信用程度高的国家或地区,商业银行存款规模要大于经济不发达国家或地区的商业银行存款规模。

(2)一个国家或地区经济周期的不同阶段对商业银行存款也有影响。经济高涨时期,有效需求猛增,社会再生产的循环和周转顺利进行,整个社会资金供应充裕,商业银行存款会大幅度上升;反之,在经济不景气甚至衰退时期,有效需求不足,企业生产不能顺利进行,资金不能顺利回流,工人失业,收入降低,商业银行存款规模将会下降。

2. 国家货币金融政策

在实行紧缩的货币政策下,商业银行的信贷规模缩小,存款扩张能力降低,从而导致企业存款减少;反之,货币政策较为宽松,则银行存贷款能力均有提高,企业存款也随之上升。此外,国家其他金融管理政策,如现金管理政策、结算政策、专用基金管理政策等,也都会直接或间接地反映在企业存款的升降上。

3. 金融市场的发达程度和金融资产的种类

它决定了个人金融资产的构成和选择。目前,中国个人金融资产的构成大致可分为手持现金、储蓄存款、证券投资、保险储蓄等几种。在收入一定的情况下,储蓄存款与其他金融资产存在此消彼长的关系。当人们对证券投资、保险储蓄等金融资产由于观念、风险、收益等原因选择有限时,则随着收入增加,储蓄存款必然增加。

4. 税收政策

一个国家的税收政策对商业银行的存款规模也会产生重要影响,这主要表现在税收种类的设置和税率的高低上。1999年9月,中国政府决定于当年11月1日开始计征利息税,税率为20%,在利息税计征的前后几个月里,居民储蓄增加额大幅下降,甚至出现了负增长,如果今后再开征财产税、遗产税等税种,同样将对储蓄存款产生直接的影响。

5. 企业经营发展状况

企业经营发展状况对存款水平的影响主要有以下三个方面:一是企业规模大小。一般来说,规模大的企业,其存款规模也较大,小企业则存款数额相对较小。二是企业经营内容。工业、商业等不同行业因其经营对象不同,其存款水平也不尽相同。三是企业经济效益。若企业产品有市场,销售收入不断提高,盈利能力较强,则企业存款也会相应增加;反之,若企业经济效益较差,资金积压在产成品阶段,不能实现价值的增值,则企业存款必然下降。

6. 居民收入预期与消费信用发展

收入预期是指人们对未来收入状况的预测和判断。收入预期对储蓄存款的影响主要是通过影响人们的消费行为来实现的。当人们收入预期偏低时,往往压缩即期消费而增加对未来支出的积累,从而必然导致储蓄存款的上升。当然,这与消费信用发展程度也密切相关。如果消费信用较为发达,人们随时可通过银行等机构获得支付能力,就有助于促进即期消费,从而影响储蓄存款的增加。因此,消费信用与储蓄存款呈现一种负相关关系。此外,社会提供的保障越健全,福利越多,则储蓄水平越低;反之,则储蓄水平越高,因为人们不必为将来的某些预防动机而储蓄。

(二)影响存款负债的内部因素

影响商业银行存款变动的内部因素是指通过商业银行自身努力能够产生变化的因素,主要有银行的资本充足率、银行的资产质量和规模、银行是否上市以及银行服务质量。

1. 银行的资本充足率

银行的资本作为亏损的缓冲装置可以对存款者起到一定的保护作用,因此,较高的资本充足率能够增加存款的安全性,从而有利于商业银行吸收存款。

2. 银行的资产质量和规模

如果银行积累了大量不良贷款,意味着其资产流动性降低、盈利能力下降,同时也削弱了银行抗风险的能力。根据国际货币基金组织统计,1980年以来,各成员国由于银行不良资产比率过高引发的金融问题占所有发生金融问题的66%以上,而由于不良资产比率过高引发金融危机的占58%以上。因此,银行较差的资产质量会使存款的安全性降低,不利于商业银行吸收存款。商业银行资产规模大小也是商业银行实力的表现,商业银行的实力则直接影响着它对客户的吸引力。在利率和其他条件基本相同时,客户为了其存款的安全性,愿意选择那些规模大、信誉好的商业银行。

3. 银行是否上市

银行上市被认为能够提高银行的资本充足率,改善资本结构,分散银行的经营风险,提高银行经营状况的透明度,这对银行吸收存款是有利的。

4. 银行服务质量

在金融竞争较为激烈的当今社会,商业银行服务的质量是影响商业银行存款的重要因素,越来越多的商业银行通过提高其服务质量来吸引顾客。例如,便利的贷款、多样的存款种类等。客户的存款动机是多种多样的,不同的客户往往有着不同的需要,存款的种类和形式越多就越能满足客户的需要;扩大业务范围,增加服务种类(如代发工资、代收电话费、办理个人电子汇款等业务的开展,给某些银行带来了极为可观的低成本存款),使商业银行在为客户提供优质服务的同时,扩大了存款规模,提升了企业形象。商业银行应树立自身的良好形象,具有品牌意识,充分利用现代宣传工具,做好广告宣传。

三、商业银行吸收存款的策略

存款营销策略是指商业银行存款业务经营的策划和谋略。它是在对存款市场作出全面、科学分析和研究的前提下所制定的存款营销决策,其目的是不断开拓和稳定存款市场。

1. 加强已有产品的吸引力,提供优质高效服务

商业银行应仔细分析其现有金融产品的质量与特征,针对不同的市场与客户的要求,对这些产品的质量加以改善。例如,银行对个人存款户可以细分为一般的小存户、中等存户及富有的个人存户;还可以将不同种类的个人客户再按年龄与性别进一步加以区别。在此基础上银行便可能较易调整产品对不同种类客户的适用程度。同样,银行可以根据不同的特征对客户加以划分,以便进一步改善其产品质量,满足不同种类客户的具体要求。一般来说,银行对产品分类越详尽,则越能较好地改进其产品质量,吸引各种类型的客户。

对储户的心理分析表明,储户选择银行大体考虑以下因素:利息高低、便利程度、银行信誉和人事关系。在中国实行统一利率制度的条件下,则主要取决于后三个因素,而这三个因素都直接与服务有关。优质高效服务包括的内容很多,如整洁舒适的营业环境、科学合理的营业时间、迅速准确的工作效率、热情亲切的服务态度、安全可靠的资金保障、灵活周到的便民措施等。

此外,要做到服务系列化,也就是说为了吸引更多资金,银行必须在服务范围、服务项目、服务方式、服务态度和服务质量上全面作出改进。每项服务改进措施要将树立形象、获取利润和筹集资金统一起来考虑,并从以下几方面着手实施:

(1)加强柜台服务。柜台是银行的内勤服务,在加强柜台服务方面要做到服务热情、周到;工作效率要高,手续要简便;要减少差错,保证质量。

(2)加强外勤服务和家庭服务。

(3)为客户提供市场咨询,提供保险箱服务、投资服务等。

(4)代发工资、代理发行有价证券、信用担保、信用咨询、计算机服务、代交各种费用和税金。

(5)加强计算机服务,通过存款服务的电子化,实现存款的通存通兑,为客户提供存取上

(6) 培养员工全新的服务意识，树立服务兴行的思想。

2. 发展多样化的存款种类，搞好金融创新

在金融服务市场竞争日益激烈的今天，商业银行需要不断开发新的金融产品才能在急剧变化的市场环境中求得生存和发展。银行在创造新产品的过程中，往往需要付出较高的开发成本，而且还要承担新产品的市场推销失败的风险。因此，任何一种新产品都必须建立在广泛的市场调研、收益与市场分析以及成本与利润分析的基础之上。

从筹措资金的角度出发，金融新产品开发实质上就是如何适应客户、吸引客户的问题。为此，商业银行要很好地研究和分析客户的需要，在分析和研究过程中应注意：

(1) 要善于将客户分类，分析每一类客户的特殊需要是否有某种金融产品予以满足。

(2) 要善于预测和把握客户要求的变化及其趋势，力争抢先一步适应这种变化。

(3) 要会区别现实要求和潜在要求，既要积极准备，又要善于诱发潜在要求转变为现实要求，并予以满足。

(4) 应当充分顾及当时当地客户普遍性的心理倾向，使创新的金融产品更能适合大众的需要，以扩大其用户群体，形成规模经济效益。

3. 提高银行资信水平和贷款便利

银行的资产规模和信誉评级是测度银行实力的两个可信度最高的指标。在利率和其他条件相同或相去不远的情况下，存户总愿意选择大银行。在美国，联邦存款保险制度只对12万美元以下的存款提供充足保险，而对10万美元以上的存款账户和大额可转让存单不能提供充足的保险。为了确保存款的安全，存款账户平均余额较大的企业特别偏好于选择资信水平较高的大银行作为开户行或购买持有由它们发行的大额存单，因为这些大银行破产倒闭的风险较小。

银行要想提高其存款水平，在短期内迅速提高资信水平是不可能的，但在较长的时间里，银行可以战略性地提高银行财务状况，并通过良好经营使其股价维持稳步攀升的势头，从而获得较佳的资信评级。

银行也可通过提供给企业贷款便利来吸引存款，将赋予客户的信贷额度同其支票账户余额联系起来。有些银行建立"贷款要求线"，规定客户的活期存款账户平均余额须维持在客户信贷额度的10%或15%以上。

4. 做好存款产品的宣传推广工作

在金融市场竞争日益激烈的情况下，商业银行必须改变传统被动负债的观念，主动地利用广告宣传、外勤人员、柜台人员和各种公关行为，加大宣传力度，突出本行特色，通过提高本行知名度和市场影响力以扩大储蓄存款市场份额，增大储蓄存款销售量。

通常，银行所运用的促销工具不外乎以下几种：广告、人员推销、公共关系及销售促进。金融广告旨在巩固现有客户和吸引潜在客户，使其意识到银行提供的某种服务将有助于达到他们期望的目标。随着金融产品和服务的日益复杂化和专业化,商业银行采取人员推销的方法,可以使客户了解其产品和服务,促进产品和服务被优先购买。该方法成为商业银行提高客户忠诚度和促进其购买更多金融产品的有效手段之一。公共关系对于银行来说也是非常关键的。银行通过该措施建立良好的信誉和形象,在提高效率的同时争取客户的理解和谅解,这样既可以同老客户保持密切联系,又能吸引更多的新客户。销售促进则是指银行利用各种刺激手段和促销手段,如赠品、有奖储蓄等吸引新的尝试者和报答忠诚的客户。

5. 进行存款的成本管理与控制

存款成本是银行为吸收存款而进行的必要开支,对存款成本的控制是存款管理的主要内容。存款成本由两部分构成:一是利息成本;二是非利息成本。在中国,由于利息管理相对集中,基层商业银行对存款定价的能力不足,因此,在存款管理和存款定价中,营业成本的控制与管理仍是重点。

四、国外商业银行存款负债的创新

存款创新是指商业银行为达到规避管制、增加同业竞争能力和开辟新的资金来源的目的,不断推出新型存款类别的活动。随着社会经济的不断发展,传统的银行存款业务已不能满足社会的需求,银行同业竞争也日趋激烈,这都促使商业银行不断创新存款产品种类。另外,中央银行等政府管理部门过时的管理规定也束缚着商业银行存款创新的步伐,突破这些限制成为历史发展的必然。创新的存款类型很多,以下介绍几种主要的类型。

(一) 可转让支付命令账户

可转让支付命令账户(NOW)是一种计息并允许转账支付的储蓄存款账户,最早出现在1972年,由美国马萨诸塞州的一家储蓄银行所创立,存款对象限于个人和非营利机构。美国1933年《银行法》规定:支票存款不许支付利息,储蓄存款可支付利息但不允许开立支票。这种账户的创立突破了这一规定,深受存款人的欢迎。该账户名义上是储蓄账户,可按规定支付利息,但存款人每月可以开出若干次数的支付命令书,该支付命令书和支票具有同等效力,银行收到命令后给予办理转账支付,因此,这种账户又具备支票账户的部分功能。

(二) 超级可转让支付命令

超级可转让支付命令(Super NOW)是一种计息、允许转账且无转账次数限制的储蓄存款账户,是由可转账支付命令发展而来的,创办于1983年的美国。这种账户和可转让支付命令账户的区别在于没有转账次数限制,利率较高,且有最低存款余额要求。

(三) 货币市场存款账户

货币市场存款账户(MMDAs)也是一种计息并允许转账支付的存款账户,由美国商业银行于1982年推出,目的是以优惠条件吸收货币市场上的游资。该账户的特点是:没有存款最短期限限制;银行计付利息;不限定开户对象;提款需提前若干天通知银行;可使用若干次数的支票;银行不需对这种存款交纳准备金。在规定的限额以上,银行按照较高的市场利率计息;在限额以下,按可转让支付命令账户计息。

(四)大额可转让定期存单

大额可转让定期存单(CDs)是一种面额较大,可以流通转让的定期存款凭证,由美国花旗银行初创于1961年,是对传统定期存款的创新。

它不同于传统存单:一是面额较大且为整数(美国此种存单的面额通常为10万至100万美元),票面上载明息票利率;二是存单采用记名和不记名两种方式发行,不记名存单发行后可以在二级市场流通转让,到期前不允许提前支取;三是利率可固定也可浮动;四是存期较短,一般存期为三个月、六个月、九个月和十二个月不等。大额可转让定期存单兼顾了收益性与流动性,深受存款人的青睐,也为银行增加了长期稳定的资金来源,开辟了银行负债证券化的先河,已成为跨国银行主动负债的一种重要形式。为增加这种存单的吸引力,20世纪80年代美国又推出了"滚动式定期存单",例如,存款者按协议存入五年期定期存款,银行签发的存单上的存款期限只标明六个月,银行按约定把这六个月的存单连续转期10次,存款人可随时出售该存单。

中国曾在1986年由交通银行首发大额可转让定期存单,因其利率高于同期定期存款而颇受欢迎。但是由于没有形成转让市场,且存单的面额较小,大额可转让定期存单的良好特性没有得到充分发挥。

(五)自动转账服务账户

自动转账服务账户(ATS)是一种存款可以在储蓄存款账户和支票存款账户之间按照约定自动转换的存款账户,开办于1987年,是在电话转账服务账户的基础上发展起来的。与电话转账服务账户的不同之处在于,存款在账户间的转换不需要存款人电话通知,而由银行按约定自动办理。与电话转账服务账户一样,存款人需要在银行开立两个账户,即支票存款账户和储蓄存款账户,支票存款账户只保持1美元的余额,此外均存在储蓄存款账户上。当存款人收进1笔款项时,银行先存入支票存款账户,然后马上转入储蓄存款账户,支票存款账户始终保持1美元的余额。银行收到存款人的支付命令后,立即将所需金额从储蓄存款账户转入支票存款账户办理转账。这一存款创新的主要目的是增加银行资金来源,同时规避储蓄存款不能开立支票、支票存款不许支付利息的规定。

(六)协定账户

协定账户是一种存款按照约定可以在储蓄存款账户、支票存款账户和货币市场互助基金账户之间自动转账的账户。存款人开立账户时与银行达成一项协议,协议规定:存款人在银行同时开立3个账户即储蓄存款账户、支票存款账户和货币市场互助基金账户,其中支票账户保持在1美元,储蓄存款账户保持一个较低的余额水平,其余存款全部存入货币市场互助基金账户。当存款人需要开出支票时,银行主动把所需资金从储蓄存款账户中转入支票存款账户,然后再从货币市场互助基金账户划入储蓄存款账户相应金额,以补足约定余额;储蓄存款账户余额高于约定余额时,银行主动将多余部分划入货币市场互助基金账户。货币市场互助基金账户的收益率高于储蓄存款的利率,故协定账户保证了存款人获得尽可能多的收益。可以看出,协定账户是银行对自动转账服务账户的进一步创新发展。

(七)个人退休金账户

个人退休金账户是专为工资收入者开办的储蓄养老金的账户,由美国商业银行于1974年创办。如果存款人每年存入2 000美元,可以暂时免税,利率不受Q条例(即美联储关于限定存款利率的Q字条例)限制,到存款人退休后,再按其支取金额计算所得税。这种存款存期长,利率略高于储蓄存款,是银行稳定的资金来源,也深受存款人的欢迎。

五、商业银行存款成本管理

负债的成本对于银行管理人员来说是至关重要的。它一方面关系到银行的整体利益,另一方面也关系到银行在激烈的负债竞争中能否取胜。如果成本核算准确,银行就可以对各种可供选择的资金来源价格进行比较,从而确定合理的资产价格,以弥补资金成本以及支付给股东所需的收益率。

银行在进行负债成本管理时,经常使用的成本概念主要有利息成本、营业成本、资金成本、可用资金成本和有关成本等。

(一)利息成本

这是商业银行以货币的形式直接支付给存款者或债券持有人的报酬,利息成本的高低依期限的不同而不同。利息成本的计息方式有两种:一是以不变利率计息;二是按可变利率计息。前者是指在负债发生时规定的利率,以后不再调整。利息额按负债余额乘以既定的利率得出。可变利率计息指负债发生时不规定具体的利率,而是确定一个基点,例如以市场上不断变化的某种利率,如国库券利率为基点,加上某一具体数额(如0.5%或1%),为该项负债的利率。由于市场利率波动频繁,若以固定利率计息,在市场利率下降时,银行负债成本过高,会遭受损失,在市场利率上升时,银行则会受益。或者说,利率波动会给银行负债带来风险。以可变利率计息的负债则可降低银行负债的利率风险,但又给银行成本预测和管理带来困难。

(二)营业成本

这是指花费在吸收负债上的除利息之外的一切开支,包括广告宣传费用、银行职员的工资和薪金、设备计提折旧、办公费用及其他为存款客户提供服务所需的开支等。这些成本有的有具体的受益者,如为存款提供的转账结算、代收代付以及利用计算机的自动化服务等所需的开支,它实际上代表银行为了吸纳存款性负债而支付的除利息之外的报酬;有的则没有具体的受益者,如广告、宣传费用等。近年来,西方商业银行在巨大的竞争压力下,越来越重视利息之外的报酬形式——服务,因此尽可能地将服务成本和利息成本区分开来,以便更加灵活地开展竞争。服务成本因负债的种类或形式不同而有很大区别。活期存款支付的利息少,这种存款的服务成本高一些;而大额可转让定期存单和一些短期借款一般不需要提供服务,只需花费一些广告促销费用。

(三) 资金成本

资金成本包括利息在内的花费在吸收负债上的一切开支,即利息成本和营业成本之和。它反映银行为取得负债而付出的代价。用资金成本除以吸收的资金数额,可得

$$资金成本率 = \frac{利息成本+营业成本}{吸收的资金}$$

资金成本率可以分为某一类负债或资金来源的资金成本和总资金成本两种。资金成本率是一项重要的成本分析指标,既可以用来比较银行不同年份的吸收负债成本,考察其发展趋势,也可以在银行同业,尤其是规模相同、条件相近的银行之间进行比较,从而明确其在目前竞争中的地位。

(四) 可用资金成本

所谓可用资金,是指银行可以实际用于贷款和投资的资金,它是银行总的资金来源中扣除应交存的法定银行准备金和必要的储备金后的余额,即扣除库存现金、在中央银行的存款、在关联行或往来行的存款及其他现金项目之后的资金。可用资金成本是指相对于可用资金而言的银行资金成本。将资金成本与可用资金数额相比可得到可用资金成本率。这个比率既可以用于各种存款之间的对比,分析为得到各种可用资金所要付出的代价,也可在总体上分析银行可用资金成本的历史变化情况,并比较本行与其他银行可用资金成本的高低。

为保证流动性和安全性的需要,银行不可能将吸收来的所有资金都用于贷款和投资,必须保留一部分现金准备。但这部分现金是银行花了代价才得来的,又不能运用其生利,只能靠用于贷款和投资的那部分资金带来的收益作为补偿。换言之,实际用于贷款和投资的那部分资金的成本不仅应包括这部分资金本身的成本,还应包括与之对应的不能用于贷款和投资的那部分资金的成本,因为它们是为了支持可用资金而必须保持的准备金。显然,这一成本概念对于银行选择盈利资产具有十分重要的意义。

(五) 有关成本

有关成本是指与增加负债有关而未包括在上述成本之中的成本,主要有两种:一种是风险成本,指因负债增加引起银行风险增加而必须付出的代价。例如,存款总额的增长会增加银行的资本风险(因为提高了负债对资本的比率)等。另一种成本是连锁反应成本。这是指银行对新吸收负债增加的服务和利息支出,引起银行原有负债增加的开支。这种成本在银行吸收存款中表现得尤为明显。银行为了争夺更多的存款,往往以增加利息和提供服务的方式来吸引客户,但在对新存款客户支付更多利息和提供更多服务的同时会使原有客户产生"攀比"心理,他们会要求有同样的利息和同样多的服务,这就会加大银行成本开支。

六、存款保险制度

（一）存款保险制度的产生与发展

存款保险制度是指由符合条件的各类存款性金融机构集中起来建立一个保险机构,各存款机构作为投保人按一定存款比例向其缴纳保险费,建立存款保险准备金,当成员机构发生经营危机或面临破产倒闭时,存款保险机构向其提供财务救助或直接向存款人支付部分或全部存款,从而保护存款人利益,维护银行信用,稳定金融秩序的一种制度。

存款保险制度的雏形最早可追溯到19世纪初,中国的票号钱庄已有同业间互助性的安全基金制度。真正意义上的存款保险制度始于美国,由于1929年至1933年爆发的世界性经济大危机,大批量金融机构破产倒闭,民众对银行失去信心,频繁出现挤兑现象,为挽救在经济危机的冲击下濒临破产的银行体系,美国国会1933年通过《格拉斯－斯蒂格尔法案》,成立联邦存款保险公司负责向商业银行提供存款保险。1934年成立联邦储蓄与贷款保险公司,负责为储蓄与贷款协会办理保险。运作历史最长、影响最大的是1934年1月1日正式实施的美国联邦存款保险制度。随着美国存款保险制度的建立,越来越多的国家开始建立存款保险制度来维护银行体系的发展,截至2014年10月,全球共有113个国家建立存款保险制度,大多数国家存款保险制度一开始就是国家层面上的存款保险,而且无论发达国家还是发展中国家强制要求所有存款机构全部加入保险体系的越来越多,并成为主流形式。

（二）存款保险制度的特征

1. 关系的有偿性和互助性

存款保险主体之间的关系,一方面是有偿的,即只有在投保银行按规定缴纳保险费后,才能得到保险人的资金援助,或倒闭时存款人才能得到赔偿;另一方面又是互助的,即存款保险是众多的投保银行互助共济实现的,如果只有少数银行投保,则保险基金规模小,难以承担银行破产时对存款人给予赔偿的责任。

2. 时期的有限性

存款保险只对在保险有效期间倒闭银行的存款给予赔偿,而未参加存款保险,或已终止保险关系的银行的存款一般不受保护。

3. 结果的损益性

存款保险是保险机构向存款人提供的一种经济保障,一旦投保银行倒闭,存款人要向保险人索赔,其结果可能与向该投保银行收取的保险费差距很大。因此,存款保险公司必须通过科学的精算法则较为准确地计算出合理的保障率,使得存款保险公司有能力担负存款赔付的责任。

4. 机构的垄断性

无论是官方的、民间的,还是合办的存款保险都不同于商业保险公司的服务,其经营的目的不在于盈利,而在于通过存款保护建立一种保障机制,提高存款人对银行业的信心。因此,存款保险机构一般具有垄断性。

(三)存款保险制度在中国的发展

中国从1993年开始研究存款保险制度的问题。2015年2月,国务院颁布了《存款保险条例》,5月1日起正式实施,至此,中国成为第114个建立存款保险制度的国家或地区。中国存款保险制度规定各家银行向保险机构统一缴纳保险费,当银行出现危机时,保险机构对存款人提供50万元的最高偿付限额,能够为中国99.63%的存款人提供全额保护。存款保险作为一项基础性金融制度,其建立有利于完善中国金融安全网,建立金融稳定的长效机制,维护金融市场和公众对中国银行体系的信心,有利于进一步理顺政府和市场的关系,深化金融改革,维护金融稳定,促进中国金融体系健康发展,对于更好地保护存款人利益,促进银行业健康发展,进一步提高中国银行业的发展水平和竞争力,提升银行业服务实体经济的水平,都具有十分重要的意义。

【知识库】

商业银行存款产品创新策略

中国商业银行的存款业务品种单调,近年来,虽然开辟了网上银行、电子银行、电话银行等新兴服务渠道,也围绕存款账户增设了代理缴费、银证通、银基通等项目,侧重开展了以代理为主的中间业务,但从整体来讲,仍处于存款产品开发的初始阶段。从存款要素构成来看,仅为利率和期限。在人民银行控制利率的背景下,存款产品也唯一取决于期限,客户对期限选择的确定,也就决定了利率。这种模糊型的定价方式,缺乏对优良客户的优惠条件,无法满足不同客户的个性化需求。

以美国为例,美国商业银行围绕存款的流动性、收益性开发的新型存款账户,使活期存款与定期存款界线更加模糊,为客户提供了有效、便捷、低成本的存款服务。

(一)以市场为导向,通过创新规避法律和联储监管,尽快适应经济环境变化

美国曾经严格管制银行吸储利率。从20世纪60年代起,资本市场快速发展、通货膨胀迅速加剧,银行普遍面临着流动性困难和信贷资金缺乏的局面,迫切需要设计新型的存款产品。可转让大额存单、可转让提款通知书、欧洲美元存款、回购协议等产品都是在这种背景下产生的,为银行带来了丰厚的资金和利润。可以看到,美国银行从市场实际状况出发,进行存款设计,使产品在联储与法律制定的规则框架下,绕过规则的不利约束,带动了监管的创新。

(二)建立与投资渠道的直接联系,引入风险因素

1982年,美国银行设立了货币市场存款账户,不仅可签发支票,享受联邦存款保险公司的存款保险,还把存款与包含国库券、存款订单、商业票据在内的货币市场相联系,使存款者能获得较高利息收入;将风险收益挂钩引入存款产品,开发出投资型存款账户,比较成功的有股价指数联动型存款、外币定期存单等。这些存款账户一产生就让有冒险意识的富人产生很大兴趣,使他们的风险偏好能在存款中得以体现,也就吸收了他们手中的大量资金。

(三)与服务一体化经营

存款与银行服务是一体的,美国银行会围绕存款账户,提供多种复合服务,推销相关金融产品。针对个人存款账户而言,将存款账户与航空、客运、旅游、商贸、饮食等行业捆绑经营,根据客户行为目标设置专门性的存款账户,进行中间业务拓展。就公司客户而言,比较流行的是现金管理服务。银行利用自身的信息优势,向客户进行财务报告与分析,提出现金流的管理建议,并为客户开设专门账户汇总网点资金,将短期闲置资金投资于短期财政证券、商业票据和存单,增加客户收益。

(四)差别式的定价模式

客户提供给银行的资金和消费的金融服务量不同,贡献也就不同,因而要向优良客户提供全方位的优惠与服务,培养优良客户的忠诚度;对不给银行带来收益的客户,通过差别化的利率和手续费率等至少使银行不提供亏损的服务。因此,美国存款产品构成要素一般包括:期限、最低余额要求、日均余额/联合余额、优惠(减免账户管理费,免费签发若干次支票、利率等)、结算限制、惩罚(降低利率)等。正是经过对以上项目的组合实验,确定最优选择,使银行运营成本降低,获取最大利润的同时又可最大限度地满足客户需求。

(五)考虑利率风险管理的需要

美国的利率市场化程度很高,频繁的利率变动给银行经营带来很大风险。银行会运用各种利率风险模型进行模拟、应力测试,选择最合适的存款发展类型,调节银行承受的利率风险水平。在存款的设计上就会考虑调整利率高低、持续期长短、结算限制以及选择是否浮动的利率等存款要素,重点发展符合银行利益的存款品种,降低银行利率风险。

此外,进行存款产品设计会结合银行的品牌营销策略,塑造自己鲜明的形象和特色,尽可能符合目标市场客户的各种品味。

(资料来源:金融界网站)

第三节 商业银行借入资金的管理

商业银行的非存款业务是指商业银行吸收各种非存款资金的业务,也称商业银行的非存款性负债。其主要包括:同业借款、从中央银行或国际金融市场借款、回购协议、金融债券等业务。商业银行的非存款业务常常被称为商业银行的"主动型负债"。非存款业务是商业银行以各种方式从资金市场上获得资金,影响其稳定的因素较多,从而加大了商业银行的经营成本以及经营资产的风险。

各种非存款资金的借入,对于商业银行的业务经营具有以下重要作用:
(1)可以提高商业银行的资金运营和管理效率;
(2)可以增加商业银行的资金来源,扩大经营规模,加强商业银行与外部的联系和往来;
(3)有利于满足商业银行业务经营的各种需要。

一般来说,按期限长短,商业银行的非存款资金被划分为短期借入资金和长期借入资金。

一、商业银行的短期借入资金业务

商业银行的短期借入资金业务是指期限在一年以内的各种银行借款。其目的主要是保持正常的资金周转,满足资金流动性的需要。

(一)商业银行短期借款的方式

1. 同业借款

同业借款是指金融机构之间的短期资金融通活动,主要有银行同业拆借、转贴现和转抵押。

(1)同业拆借。同业拆借是指商业银行从其他金融机构借入短期资金的行为,主要用于支持资金的临时周转。同业拆借往往与银行间资金清算有密切的联系,在进行资金结算轧差后,为了平衡资金,头寸不足的商业银行会从头寸盈余的商业银行拆入资金。同业拆借的资金通常是商业银行在中央银行的存款中超出法定存款准备金的部分,因此其实质是超额存款准备金的调剂。同业拆借的利率通常由双方协商确定,一般以高于存款利率、低于短期贷款利率为限,否则拆借盈亏就不能达到保本的要求。在拆借市场上,拆借的主要方式有隔夜拆借和定期拆借两种。隔夜拆借要求在次日归还,一般不需要抵押;定期拆借时间较长,可以是十几天、几个星期,甚至是几个月,一般有书面协议。

(2)转贴现。转贴现是指商业银行对商业汇票承兑贴现后,若发生临时性资金准备不足,可将已贴现但仍未到期的票据交给其他商业银行或贴现机构,要求给予转贴现,以取得资金的融通。转贴现利率可由双方协商而定,也可以贴现率为基础或参照再贴现率来确定。

(3)转抵押。同业拆借一般都是隔夜拆借,通常不需要抵押,但当它变成循环借款或时间稍长时才要求抵押。转抵押是当商业银行在准备金头寸不足时,可将发放抵押贷款而获得的借款客户提供的抵押品再次向其他银行申请抵押贷款,以取得资金。

2. 从中央银行借款

中央银行是商业银行的最后贷款者,商业银行一旦出现头寸短缺,可以向中央银行申请借款,其途径有以下两种。

(1)再贴现。再贴现是指商业银行在资金紧张、周转发生困难时,可将贴现所得到的未到期商业票据,如商业票据、国库券等,向中央银行申请再次贴现,以获取现款。在进行再贴现时要求比较严格,商业银行必须提供财务报表和其他有关情况,特别是有关票据债务人的情况。中央银行还要审查票据的质量、期限及种类,并通过调整再贴现率、再贴现额度以及其他货币政策给予适当控制。并不是所有的票据都给予再贴现,只限于那些确有商品作为交易对象的短期商业票据。

(2)再贷款。再贷款是指商业银行用自己持有的合格票据、银行承兑汇票、政府公债等有价证券作为抵押品向中央银行取得抵押贷款,其多为解决季节性或临时性资金需求,具有临时融通、短期周转的性质。中国中央银行再贷款通常以信用贷款为主,也称"直接贷款",可以分为年度性再贷款、季度性再贷款和日拆性再贷款三种。中央银行的信用对商业银行是一种优惠，但它并不能无限扩张。

3. 从国际金融市场借款

除了在国内货币市场取得借款以外，商业银行还可以通过从国际金融市场借款来弥补资金的不足。一般来说，国际金融市场由短期资金市场（期限为1年以下）、中期资金市场（期限为1~5年）和长期债券市场（期限为5年以上）三部分组成。商业银行主要是从前两个市场上获得境外借款，以固定利率的定期存单、欧洲美元存单、浮动利率的欧洲美元存款、本票等形式融通资金，同时也通过发行债券的方式从国际资金市场借款。目前，世界上最具规模和影响力的国际金融市场是欧洲货币市场。欧洲货币市场之所以对各国商业银行有较大的吸引力，主要是因为它是一个自由开放、富有竞争力的市场。

4. 回购协议

回购协议也称为证券回购，是指银行在出售有价证券等金融资产时与购买金融资产的一方签订协议，约定在一定的期限后按协议价格购回所售证券。因此，这项业务相当于银行以所售证券为抵押，获取贷款，有价证券卖出与买入之间的价格差可视为贷款利息。证券回购业务大多在银行同业之间进行，中央银行也可以利用公开市场操作进行证券回购交易来调节商业银行的超额准备金，实现货币政策目标。

（二）短期借入款的管理措施

一是控制借贷金额与借贷期限，主动把握负债期限和金额，有计划地将各种非存款性负债的到期时间和金额分散化，以减轻流动性需要过于集中的压力。

二是将非存款性负债的到期时间和金额与存款增长规律相协调，把借款控制在自身承受能力允许的范围之内，争取用存款增长来解决一部分借款的流动性需要。

三是分散非存款性负债的借款对象和金额，通过多头拆借的办法，力争形成一部分可以长期占用的借款余额。

四是要保证到期借款的偿还与衔接，就要准确统计借款到期的时间和金额，事先筹措好资金，以满足对流动性的需要。

二、商业银行的长期借入资金业务

发行中长期债券是指商业银行以发行人身份，通过承担债券利息的方式，直接向货币所有者举借债务的融资方式。银行发行中长期债券所承担的利息成本较其他融资方式要高，好处是可以保证银行的资金稳定。但是，资金成本的提高又促使商业银行不得不去经营风险较高的资产业务，这从总体上增大了银行经营的风险。因此，各国对商业银行发行中长期债券融资进行了法律法规限制，但各国的要求不太相同。在西方国家，通常鼓励商业银行通过发行长期债券来融资，尤其是资本性债券。而中国则对此有非常严格的限制，商业银行通过发行中长期债券获得的融资比例很低。

金融债券是由银行和非银行金融机构发行的债券。在英国、美国等国家,金融机构发行的债券归类于公司债券。在中国、日本等国家,金融机构发行的债券称为金融债券。

(一)金融债券与存款的区别

1. 筹资目的不同

吸引存款是为了全面扩大银行的信贷资金来源总量;而发行债券则着眼于增加长期资金来源和满足特定用途的资金需要。

2. 筹资机制不同

吸收存款是经常性的、无限额的,而且取决于客户的意愿,属于买方市场,商业银行在很大程度上是处在被动地位;而发行金融债券则是集中性的、有限额的,且主动权则掌握在银行手中,属于卖方市场,是商业银行的"主动负债"。

3. 筹资效率不同

由于债券的盈利性高,对客户的吸引力强,所以筹资效率高于存款。

4. 所吸收资金的稳定性不同

金融债券具有明确的偿还期,一般不能提前还本付息,资金稳定性程度较存款高;存款即便是定期存款,也可提前支取,稳定性较差。

5. 资金的流动性程度不同

除可转让存单外,一般存款的信用关系固定在银行和客户之间,不能转让;而金融债券一般不记名,可以流通转让,较银行存款具有更广泛的流动性。

向其他商业银行或中央银行借款所得的资金主要是短期资金,而金融机构往往需要进行一些期限较长的投融资,这样就出现了资金来源和资金运用在期限上的矛盾,而发行金融债券比较有效地解决了这个矛盾。同时,金融机构发行债券时可以灵活规定期限,比如为了一些长期项目投资,可以发行期限较长的债券。因此,发行金融债券可以使金融机构筹措到稳定且期限灵活的资金,从而有利于优化资产结构,扩大长期投资业务。

由于银行等金融机构在一国经济中占有较特殊的地位,政府对它们的运营有严格的监管,因此,金融债券的资信通常高于其他非金融机构债券,违约风险相对较小,具有较高的安全性。所以,金融债券的利率通常低于一般的企业债券,但高于风险更小的国债和银行储蓄存款利率。

(二)商业银行金融债券的种类

1. 一般性金融债券

一般性金融债券是商业银行为了筹集用于长期贷款、投资等业务的资金而发行的债券。包括按债券是否担保的担保债券和信用债券,按债券利率是否浮动的固定利率债券和浮动利率债券等。

2. 资本性金融债券

资本性金融债券是为了弥补银行资本不足而发行的,介于存款负债和股权资本之间的一种债券,《巴塞尔协议》称之为附属资本。在资本性金融债券中,近年来颇受欢迎和广为流行的是可转换债券,即允许持有人可在一定时间内以一定价格向发行银行换取该银行股票的债券,若持有人不想转为股票,则继续持有直到期满,因而给投资者以较大的选择空间。

3. 国际金融债券

国际金融债券是在国际金融市场上发行的面额以外币表示的金融债券。其包括外国金融债券、欧洲金融债券和平行金融债券。外国金融债券是债券发行银行通过外国金融市场所在国的银行或金融机构组织发行的以该国货币为面值的金融债券;欧洲金融债券是债券发行银行通过其他银行或金融机构,在债券面值货币以外的国家发行并推销的债券;平行金融债券是债券发行银行在几个国家同时发行债券,债券分别以各投资国的货币标价,各债券的借款条件和利率基本相同。

(三) 中国金融债券的发行状况

1982年1月,中国国际信托投资公司在日本的东京证券市场以私募的方式发行了100亿日元的金融债券,这是中华人民共和国建立以来中国金融机构首发的金融债券。1984年,中国银行以日本兴业银行为主要信托银行,以AAA级的信誉公开发行200亿日元、期限为10年的"武士债"。1985年,当时的四大国家专业银行开始面向社会,主要是面向个人发行金融债券。其主要功能是为指定用途筹集资金,基本出发点是要解决企业的特种资金需要,缓解信贷资金不足的矛盾。因此,这种金融债券也被称为"特种金融债券"。特种金融债券的发行,为中国银行增加资金筹集方式、改变负债结构单一等问题提供了新的金融工具。根据经济发展需要,金融债券规模逐渐扩大,仅2020年,中国发行金融债券70 414.2亿元。

1993年底,按照国务院发布的《关于金融体制改革的决定》的精神,中国调整了金融债券的发行对象,停止向个人发行金融债券,改为主要由政策性银行向金融机构发行政策性金融债券。所谓政策性银行金融债券(又称为政策性银行债券),是指中国的政策性银行(国家开发银行、中国农业发展银行、中国进出口银行)为筹集信贷资金,经国务院批准,向国有商业银行、区域性商业银行、城市商业银行(城市合作银行)、农村信用社、邮政储汇局等金融机构发行的金融债券。1994年4月,由国家开发银行第一次发行政策性金融债券,当年国家开发银行就发行了7次金融债券,总金额达到758亿元。1999年以后,中国金融债券的发行主体集中于政策性银行,增加幅度较大。截至2020年11月,中国累计发行政策性金融债券376 292.231 7亿元。

与此同时,中国在政策性金融债券的发行方面也进行了一些探索性改革:一是探索市场化发行方式。根据1998年公布的《政策性银行金融债券市场发行管理暂行规定》,政策性银行金融债券的发行必须通过中国银行间拆借市场进行,可以采取招标方式发行,承销商资格由中国人民银行认定。1998年,国家开发银行首次采取招标方式发行。1999年,中国的政策性银行全面采用招标方式发行债券。二是力求金融债券品种多样化。例如,国家开发银行于2002年推出投资人选择权债券、发行人普通选择权债券、长期次级债券和本息分离债券等新品种。2003年,国家开发银行在继续发行可回售债券和可赎回债券的同时,又推出了可掉期国债新品种,并发行了5亿美元外币债券。2020年,中国农业发展银行成功在境外发行首笔人民政策性金融债券,规模为43亿元。

1997年,中国人民银行根据国务院有关文件的精神,批准部分有证券回购债务的非银行金融机构和商业银行发行特种金融债券,用于偿还前几年拖欠的证券回购债务。到1997年底,中国共批准了16家金融机构发行特种金融债券46.6亿元,并要求其发行规模不得超过该金融机构证券回购业务的50%,通过发行特种金融债券筹集的资金必须专户存储,并优先用于清偿场内证券回购债务。特种金融债可用作回购交易。凡具备法人资格的金融机构都可以参与,非金融机构只能委托中国人民银行分行指定的非银行金融机构进行债券交易,个人不得参与债券交易。

近些年来,中国金融债券市场发展较快,金融债券品种不断增加,除政策性金融债券外,中国目前发行的金融债券主要包括:中央银行票据、证券公司债券、商业银行债券、保险公司次级债、证券公司短期融资券等。其中,商业银行债券主要有以下几种。

(1)商业银行次级债券。商业银行次级债券是指商业银行发行的、本金和利息的清偿顺序列于商业银行其他负债之后,先于商业银行股权资本的债券。2004年6月24日,由银监会颁布的《商业银行次级债券发行管理办法》实施。2012年,中国商业银行次级债券共发行2 247.2亿元,2013年共发行2亿元。

(2)混合资本债券。混合资本债券是一种混合资本工具,它比普通股票和债券更加复杂。《巴塞尔协议》并未对混合资本工具进行严格定义,仅仅规定了混合资本工具的一些原则特征,而赋予各国监管部门更大的自由裁量权,以确定本国混合资本工具的认可标准。借鉴其他国家对混合资本工具的有关规定,银监会严格遵照《巴塞尔协议》要求的原则特征,选择以银行间市场发行的债券作为中国混合资本工具的主要形式,并由此命名中国的混合资本工具为混合资本债券。2006年,中国兴业银行和中国民生银行两家商业银行共发行了总额83亿元的混合资本债券。2012年,浙江泰隆商业银行发行了6.5亿混合资本债券。

此外,从金融债券的发行空间看,中国的金融债券既有在国内发行的,也有在国外发行的;从发行金融债券所使用的货币类型看,既有以人民币作为货币单位的,也有以世界通用的货币或所在发行地区及国家的货币为货币单位的。例如,国有商业银行、政策性银行和股份制银行已经先后在欧洲、亚洲及北美洲等发行了以美元计值的债券。而在中国境内,早在1993年,原中国投资银行被批准在境内发行外币金融债券,这是中国首次发行境内外币金融债券。2003年9月19日,国家开发银行又在国内银行间市场发行了5亿美元、5年期固定利率金融债券。特别值得一提的是,2007年6月26日,随着中国人民银行与发改委共同制定的《境内金融机构赴香港特别行政区发行人民币债券管理暂行办法》的公布实施,国家开发银行宣布在香港发行50亿元、票面年利率为3%的2年期人民币债券,从而成为在香港发行第一只人民币债券的境内金融机构。境内金融机构赴香港发行金融债券,进一步扩大了香港居民及企业所持有人民币回流内地的渠道,促进了内地和香港的经济往来;同时为香港金融市场增加了新的市场主体和债券币种,有助于扩大香港银行资产业务范围,增加香港居民及企业的人民币投资选择,从而有利于加强香港的国际金融中心地位。

(四)长期借入资金的管理措施

投资银行主要是通过发行长期债券的方式获得长期借入资金的,发行长期债券的管理要注意以下几点。

1. 根据筹资成本合理安排资金的使用

债券发行银行除向投资者支付利息外,还要承担一定的发行费用,利息加发行费用构成债券的发行成本。尤其是国际金融债券的发行费用较高,商业银行应按照"高进高出"的原则来安排资金的使用方向。

2. 合理确定债券利率和债券期限

债券发行银行应根据利率的变动趋势来确定利率。例如,若预测利率有上升趋势,应采取固定利率的计息方式,并使债券期限尽量长一些;反之,则采取浮动利率计息方式,并使债券偿还期尽量短一些。

3. 选择好债券的发行时机

债券发行银行应选择市场资金供应充裕,利率较低的时机发行债券。

【知识库】

中行成功发行全球首笔金融机构公募转型债券

2021年1月7日,中国银行成功完成境外50亿人民币等值转型债券定价。作为全球首笔金融机构公募转型债券交易,此次债券的成功发行,标志中行积极践行绿色金融战略又迈出重要一步,将助力低碳零碳转型,为中国"碳达峰碳中和"目标贡献金融力量。

转型债券是可持续发展类债券,也是广义绿色金融的组成部分,募集资金将支持传统行业向低碳或零碳转型。中国银行此次债券发行交易包括5亿3年期美元和18亿2年期人民币,募集资金用于支持天然气热电联产项目、天然气发电及水泥厂余热回收项目。

此次债券发行市场认购踊跃,发行价格和订单规模双双刷新纪录。其中,美元发行利率0.93%,发行息差72基点,人民币发行利率2.80%,均为中资商业银行相应债券历史最低水平。此次发行的人民币品种最终订单实现超5倍认购,是近两年来中资金融机构人民币发行最高认购倍数。同时,发行得到境内外高质量和可持续发展类投资人大力支持,主权及超主权类机构在美元品种的投资占比达31%。

此次债券是中国银行公布《转型债券管理声明》后,在该框架下的首次发行交易。2021年初,中国银行公布《转型债券管理声明》,借鉴国际最新气候转型金融经验和建议,积极通过发行转型债券,帮助企业客户实现碳减排目标。

中国银行作为国际资本市场活跃的可持续发展类债券发行人,拥有较为完整的可持续发展类债券管理和产品体系。2016年7月以来,中国银行陆续发行绿色债券、绿色资产担保债券、可持续发展债券、社会责任债券、蓝色债券等,多项交易创下中资机构首发记录。未来,中国银行将持续关注自身运营碳减排,推动传统行业客户向低碳或零碳转型,与倡导绿色低碳的专业组织加强合作,共同推动中国"碳达峰碳中和"目标及《巴黎协定》目标早日实现。

(资料来源:金融界网站)

第四节 中国商业银行负债分析

一、中国商业银行的存款构成

中国商业银行的存款构成见表3.2。

表3.2　中国商业银行存款的构成　（2020年11月）　　　亿元

项目	存款合计	活期存款	定期存款（含保证金存款）	储蓄存款	结构性存款	非存款类机构存款	其他存款	境外存款
存款(1)	1 951 324.17	346 571.99	214 714.36	672 654.01	74 639.96	194 036.95	438 750.12	9 956.78
比重	100%	17.76%	11%	34.47%	3.83%	9.94%	22.49%	0.51%
其中:大型商业银行(2)	979 473.99	174 844.09	81 191.39	354 516.63	29 078.05	71 023.61	262 410.52	6 409.70
比重	100%	17.85%	8.29%	36.2%	2.97%	7.25%	26.79%	0.65%
(2)/(1)	50.2%	50.45%	37.81%	52.7%	38.96%	36.6%	59.81%	64.38%

注:本表机构指本外币资产总量大于等于2万亿元的银行(以2019年末各金融机构本外币资产总额为参考标准),包括工行、建行、农行、中行、国开行、交行和邮政储蓄银行。

（资料来源:《金融机构信贷收支统计》,中国人民银行2020年统计数据）

从表3.2中统计数字可以看出,中国商业银行体系内存款的构成中,储蓄存款占比36.2%,仍占主导地位。占存款比重第二位的是其他存款,占比26.79%,近些年互联网金融的发展加剧了银行竞争,为了提高竞争力,商业银行争相创新,因此引起其他存款的增加。作为高息揽储的代表,近些年结构性存款不断增长,反映了银行间激烈的存款竞争行为,但从统计数据看来,结构性存款较2019年大幅降低,意味着银行存款成本压力减轻,利于稳定息差。从大型商业银行存款占存款总额的比重来看,尽管中小型商业银行抢占了部分存款,但大型商业银行仍处于领先地位,说明大银行比小银行更容易吸收到存款。

二、中国商业银行的负债结构

中国商业银行的负债结构见表3.3。

表 3.3　中国商业银行负债的构成(2020 年 11 月)　　　　　　　　　　　　　亿元

项目	负债总额	各项存款	对中央银行负债	金融债券	卖出回购资产	银行存款类金融机构往来(来源方)	其他负债
商业银行系统(1)	2 710 104.84	1 951 324.17	108 777.88	238 953.96	26 742.12	142 588.61	241 718.10
构成	100%	72%	4.01%	8.82%	0.99%	5.26%	8.92%
其中大型商业银行(2)	1 305 775.86	979 473.99	49 427.95	120 629.59	3 297.87	32 461.81	120 484.65
构成	100%	75%	3.79%	9.24%	0.25%	2.49%	9.23%
(2)/(1)	48.18%	50.2%	45.44%	50.48%	12.33%	22.77%	49.85%

注:本表机构指本外币资产总量大于等于 2 万亿元的银行(以 2019 年末各金融机构本外币资产总额为参考标准),包括工行、建行、农行、中行、国开行、交行和邮政储蓄银行。

(资料来源:《金融机构信贷收支统计》,中国人民银行 2020 年统计数据)

综观中国商业银行的负债结构可以看出,各项存款是支撑商业银行资产运行极为重要的来源,近八成的资金来源于存款,也证明了中国商业银行负结构尚未从依赖被动负债转向主动负债。在这种局面下,商业银行之间的竞争从某种意义上说就是存款的竞争,只有争取到存款,才能维持资产的运营,但相比早些年,非存款类资金来源比重逐步上升。商业银行资金来源渠道单一和对存款的过度依赖并存,二者互为因果,资金来源渠道单一使商业行的资金结构无法实现多元化,不利于商业银行提高抗风险能力,一旦存款发生流失,商业银行可能面临较大的流动性风险。同时商业银行也无法根据资产结构的调整和客户资金需求的改变而主动调整负债结构,但相比 2009 年商业银行发行债券比重为 6%,提高到 8.82%,主动负债的比重有所增加。中国银行业的主动负债市场起步较晚,各种机制还不完善,若干种主动负债类型业务还未得到充分开发,加上大型的商业银行存款规模过大,发展主动负债的动力很小;相反,中小商业银行规模小,活力足,近几年主动负债发展迅速,但是各中小银行在中国银行业的市场份额中的比重还是很小,因此中国银行业的主动负债依然无法与强大的被动负债相抗衡。从主动负债的构成来看,中小银行比大型银行较多地得到了中央银行的支持,获得更多中央银行的贷款,但总体负债比重还是较低。近年来,由于中国银行市场竞争的加剧,大型商业银行垄断程度已明显降低,如 1997 年年末时大型商业银行拥有银行体系负债的份额是 73.6%,2003 年末这一比重为 61.1%,2020 年 11 月为 48.18%,说明中小型商业银行体系在迅速壮大,这对中国银行业效率提高是有利的。

三、影响负债结构变化的原因分析

一直以来,商业银行都有"存款立行,存款兴行"的口号,片面地认为存款越多,银行就越能发展壮大。虽然近年来商业银行已经在一定程度上改变了这种观念，不再片面地追求存款的数量，被动负债有下降的趋势，然而原来存款的基数比较大，导致了存款等被动负债在银行的负债结构中仍然占有绝对优势，而且即使银行已经开始转变观念，存款还是银行资金的主要来源。再加上中国人固有的消费观"先存款，后消费"，人们手中的闲散资金一般都会流向银行，这也是银行的存款数量一直居高不下的一个重要原因。

银行开始主动地寻求广泛的资金来源渠道，而非被动地坐等客户上门存款；同时，主动负债对于银行有利方面的影响也不断地显现出来。主动负债对于商业银行的意义在于：一是有利于保证商业银行的流动性。当商业银行预期到流动性危机时，不必坐等客户上门，对客户存款的依赖性过大，那样并不能有效地解决流动性危机。一旦客户的存款数目大量减少，商业银行将面临更加严重的危机。而主动负债则是银行根据自身的资金需求主动地寻求负债，更加有效地保证了银行的流动性。二是有助于提高商业银行资产负债期限的匹配性，优化负债结构。三是有助于促进中国金融市场的发展。根据分析，在被动负债来源占有绝对主力的时代，商业银行难以有效控制资金来源，因此自主控制业务结构的难度也较高。主动负债地位提高以后，商业银行可以根据自身的相对优势，在市场选择相对有利的主动负债形式，并以此为资金基础发展对应资产业务。所以主动负债的发展可拓宽商业银行差异化经营的空间，商业银行经营差异化加大以后，各商业银行基于优势地位，实现竞争和互补的良好互动关系，提高各自的管理效益和收益水平，促进中国金融市场的繁荣和发展。

对央行的负债率较低的原因：一是中国商业银行的负债总额的增长速度，尤其是存款的增长速度超过了向中央银行借款的速度。二是向央行借款只能用于调剂资金头寸或补充储备资产的不足和资产的应急调整，而不能用于贷款或投资，这样，向央行的借款并不能为商业银行带来盈利，反而会增加商业银行的运行成本。这对具有企业性质的商业银行来说，持有大量的对央行借款是与其盈利性相悖的。因此，在商业银行能够依靠自身力量保证资本的充足性的前提下，一定会逐年减少对央行的借款，且随着经济社会的不断发展以及商业银行自身体制的不断完善，商业银行对央行的依赖性越来越小也成为一种正常的趋势。

【知识库】

我国同业拆借市场存在的主要问题

我国同业拆借市场建立得较晚，其发展历程大致经历了初步建立时期、曲折发展时期和日趋成熟时期三个阶段。目前我国同业拆借市场存在的问题主要有如下几个方面：①经纪人制度不成熟。目前的交易方式为直接交易，即交易双方直接商定拆借的利率和期限，虽然形式灵活，但在缺乏完善的信用评估制度和信息披露制度的大背景下，信息不对称容易导致逆向选择和道德风险，从而大大影响了市场交易规模和市场活跃度。②金融机构以"同业存放"的形式绕开同业拆借监管。由于同业拆借的准入和处罚有较为严格的规定，而同业存放没有明显的要求或管制，因此，金融机构资金短缺时借贷双方会首先考虑不受额度、期限、利率限制的同业存放作为融资的主要方式,形成监管套利。③拆入资金与实际资金运用期限错配。中小金融机构资金来源有限,在同业拆借市场获得资金后一部分用于满足短期资金需求,更多地以短借长用的方式循环拆借,违背了拆借资金只限于短期资金融通的本意,形成期限错配问题,带来流动性隐忧。④市场交易主体缺乏多元化。虽然目前我国同业拆借市场成员涵盖的范围越来越广,但对一些外资银行和非银行金融机构还存在较大的限制,大大降低了市场的活跃性。

(资料来源:马亚.商业银行经营管理学[M].3版.大连:东北财经大学出版社,2018.)

本章小结

依据不同的划分标准,商业银行的存款有多种类型。本章以传统存款和创新存款的划分标准来对存款进行分类。这里需要注意的是,银行一般对单位和个人的存款在叫法上是不一样的,对于单位客户的存款来说称为存款,如活期存款、定期存款等;对于个人客户的存款来说称为储蓄存款,如活期储蓄存款、定期储蓄存款等。

负债的成本对于银行管理人员来说是至关重要的。它一方面关系到银行的整体利益,另一方面也关系到银行在激烈的负债竞争中能否取胜。如果成本核算准确,银行就可以对各种可供选择的资金来源价格进行比较,从而确定合理的资产价格,以弥补资金成本以及支付给股东所需的收益率。银行在进行负债成本管理时,经常使用的成本概念主要有利息成本、营业成本、资金成本和可用资金成本等。

商业银行的非存款业务即商业银行的非存款性负债,又被称为商业银行的"主动型负债"。主动型负债可以分为商业银行的短期借入资金业务和长期借入资金业务。这种主动型负债可以增强商业银行资金的稳定性,减少流动性风险,对提高商业银行的资本充足率也有重要作用,但是目前在中国银行负债中占比尚少。

自测题

一、单项选择题

1. 商业银行的被动负债是指(　　)。
   A. 同业拆借　　　B. 向中央银行借款　　C. 存款类负债　　D. 大额可转让定期存单
2. 同业拆借的利率一般是由(　　)来确定的。
   A. 中央银行　　　　　　　　　　　　B. 拆出银行
   C. 拆入银行　　　　　　　　　　　　D. 拆入行和拆出行共同协商
3. 负债属于商业银行主动负债的是(　　)。
   A. 同业拆借　　　B. 企业存款　　　　C. 结算中占用　　D. 储蓄存款

4. 活期存款和定期存款的客户指的是( )。
   A. 企业　　　　B. 个人　　　　　C. 企业和个人　　　D. 没有区分
5. 金融债券是( ),( )流通转让。
   A. 不记名　可以　B. 不记名　不可以　C. 记名　可以　D. 记名　不可以

二、多项选择题

1. 存款成本由两部分构成( )。
   A. 利息成本　　　B. 非利息成本　　　C. 服务成本　　　D. 经营成本
2. 传统的存款类型包括( )。
   A. 活期存款　　　　　　　　　　　B. 定期存款
   C. 大额可转让定期存单　　　　　　D. 储蓄存款
3. 从中央银行借款包括( )。
   A. 转贴现　　　B. 转抵押　　　　C. 再贴现　　　　D. 再贷款
4. 影响存款负债的微观因素包括( )。
   A. 银行的资本充足率　　　　　　B. 银行的资产质量和规模
   C. 银行是否上市　　　　　　　　D. 银行的服务质量
5. 金融债券区别于存款的特点有( )等。
   A. 筹资目的不同　　　　　　　　B. 筹资机制不同
   C. 筹资效率不同　　　　　　　　D. 资金的稳定性不同

三、简答题

1. 影响商业银行存款负债的因素有哪些?
2. 商业银行存款成本管理有哪些方面?
3. 商业银行借入资金的管理形式有哪些?

四、案例分析

1. 中国人民银行2020年4月3日宣布,为支持实体经济发展,加大对中小微企业的支持力度,降低社会融资实际成本,决定对农村信用社、农村商业银行、农村合作银行、村镇银行和仅在省级行政区域内经营的城市商业银行定向下调存款准备金率1个百分点,于4月15日和5月15日分两次实施到位,每次下调0.5个百分点,共释放长期资金约4 000亿元。

中国人民银行同时决定自2020年4月7日起对金融机构在央行超额存款准备金利率从0.72%下调至0.35%。上次调整是2008年11月。此举可推动银行提高资金使用效率,促进银行更好地服务实体经济,特别是中小微企业。

这是中国人民银行2020年的第三次降准,前两次分别为2020年1月6日全面降准0.5个百分点,以及2020年3月16日实施的普惠金融定向降准,对达到考核标准的银行定向降准0.5至1个百分点。

(资料来源:新浪财经)

问题:定向降准将会对实体经济产生哪些影响?

2. 2020 年以来,金融支持小微企业的举措不断加码,而小微金融债券成为其中重要一环。日前,中国人民银行行长易纲表示,2021 年将继续发挥民营企业债券融资支持工具引领作用,支持银行发行小微专项金融债券,推广供应链票据和应收账款确权,促进企业发债融资。根据 Wind 数据统计,截至 2020 年 12 月底,全年共有 40 家银行合计发行了 51 单小微金融债,发行规模共计 3 732.8 亿元,而 2019 年全年为 2 048 亿元,同比增长 82%。2020 年 5 月 27 日,兴业银行在银行间市场成功发行第二期 270 亿元小微企业专项金融债,其中,3 年期品种 220 亿元,票面利率 2.58%;5 年期品种 50 亿元,票面利率 2.95%。募集资金专项用于小微企业贷款,支持小微企业复工复产,为稳企业保就业保驾护航。此前,兴业银行获批发行不超过 800 亿元小微企业贷款专项金融债券,并在 2020 年 4 月末已完成首期 300 亿元发行。此外,北京银行、平安银行、中信银行等多家银行均发行了小微金融债。部分银行在发行时明确表示,着重将资金投入受疫情影响的企业。如北京银行发行的 400 亿元小微金融债中,明确表示其中不少于 200 亿元(含 200 亿元)将专项用于与疫情防控相关的小微型企业贷款。

(资料来源:金融时报 2021-01-15)

问题:金融机构发行金融债券的作用是什么?文中所提专项金融债发行的主要目的是什么?

第四章 Chapter 4

商业银行的现金资产业务

【学习要点及目标】

通过本章学习,学生要掌握商业银行现金资产的构成,现金资产、库存现金、资金头寸等基本概念;评价现金资产及法定存款准备金的作用;区分法定存款准备金与超额准备金;指出商业银行资金调度的意义;了解现金资产管理的原则;解释或比较基础头寸与可用头寸的不同;列出影响银行库存现金的因素。本章的重点与难点为资金头寸测算及现金资产的管理。

【导入案例】

2020 年初至 5 月 3 次降准释放资金 1.75 万亿元

央行今日发布公告称,2018 年以来,人民银行 12 次下调存款准备金率,共释放长期资金约 8 万亿元。其中,2018 年 4 次降准释放资金 3.65 万亿元,2019 年 5 次降准释放资金 2.7 万亿元,2020 年初至 5 月 3 次降准释放资金 1.75 万亿元。

公告指出,通过降准政策的实施,满足了银行体系特殊时点的流动性需求,加大了对中小微企业的支持力度,降低了社会融资成本,推进了市场化法治化"债转股",鼓励了广大农村金融机构服务当地、服务实体,有力地支持了疫情防控和企业复工复产,发挥了支持实体经济的积极作用。

2020 年 5 月 15 日,金融机构平均存款准备金率为 9.4%。

央行称,2020 年 5 月 15 日,金融机构平均法定存款准备金率为 9.4%,较 2018 年初已降低 5.2 个百分点。降准导致的人民银行资产负债表收缩,不但不会使货币供应量收紧,反而具有很强的扩张效应,这与美联储等发达经济体央行减少债券持有量的"缩表"是收紧货币正相

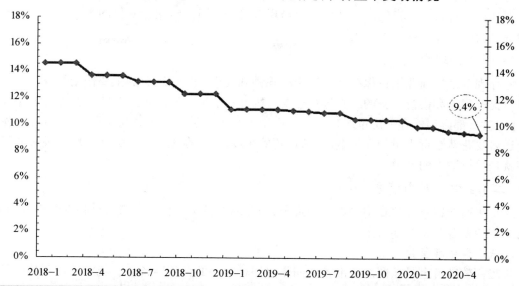

2018年以来金融机构加权平均法定存款准备金率变动情况

反。主要原因是,降低法定存款准备金率,意味着商业银行被央行依法锁定的钱减少了,可以自由使用的钱相应增加了,从而提高了货币创造能力。

(资料来源:人民网 2020-05-26)

第一节 商业银行现金资产的构成与作用

现金资产是指银行可以用来应付现金需要的资产,是银行资产中最富有流动性的部分。它作为银行流动性需要的第一道防线,是非盈利性的资产,从经营的观点出发,银行一般都尽可能地把它降低到法律规定的最低标准。现金资产没有利息收入,只要不造成交易障碍,银行总是尽可能少地保留现金。如果银行把腾出的资金用于别的投资,极可能获得利润收入,因此过量的现金准备具有较高的机会成本,并且随着投资利率水平的上升,机会成本也随之增加。但是,银行现金准备过少,又存在着很大的风险。如果银行手头没有足够的现金满足储户的提款需求,就将丧失储户对银行的信任。同样,一家银行必须在中央银行和其他有业务往来的银行保持足够的存款余额以补充存款的外流。拥有现金资产太少会对清偿能力产生潜在的不利影响,并增加借款成本。故银行现金资产应保持一个合理适度的水平。

一、现金资产的构成

商业银行经营的对象是货币,其资金来源的性质和业务经营的特点,决定了商业银行必须保持合理的流动性,以应付存款提取及贷款需求。直接满足流动性需求的现金资产管理是商业银行资产管理最基本的组成部分。

现金资产是银行持有的库存现金以及与现金等同的可随时用于支付的银行资产。商业银行的现金资产一般包括以下几类。

(一) 库存现金

库存现金是指商业银行保存在金库中的现钞和硬币。库存现金的主要作用是银行用来应付客户提取现金和银行本身的日常零星开支。因此,任何一家营业性的银行机构为了保证对客户的支付,都必须保存一定量的现金。但由于库存现金是一种非盈利性资产,而且保存库存现金还需要花费银行大量的保卫费用,从经营的角度讲,库存现金不宜太多。库存现金的经营原则就是保持适度的规模。

(二) 在中央银行存款

这是指商业银行存放在中央银行的资金,即存款准备金。在中央银行存款由两部分构成:法定存款准备金和超额准备金。

1. 法定存款准备金

法定存款准备金是按照法定准备率向中央银行缴存的存款准备金。规定缴存存款准备金的最初目的,是使银行备有足够的资金以应付存款人的提取,避免流动性不足而产生流动性危机,导致银行破产。目前,存款准备金已经演变成为中央银行调节信用的一种政策手段,正常情况下一般不得动用。缴存法定比率的准备金具有强制性。

2. 超额准备金

超额准备金有两种含义:广义的超额准备金是指商业银行吸收的存款中扣除法定存款准备金以后的余额,即商业银行可用资金。狭义的超额准备金是指存款准备金账户中,超过了法定存款准备金的那部分存款。这部分存款犹如工商企业在商业银行的活期存款一样,是商业银行在中央银行账户上用于日常支付和债权债务清算的资金。超额准备金是商业银行的可用资金,因此,其多少直接影响着商业银行的信贷扩张能力。而中央银行的法定存款准备金率之所以能够作为调节信用的手段,正是因为法定存款准备金率的变化会影响商业银行超额准备金的多少。在准备金总量不变的情况下,它与法定存款准备金有此消彼长的关系。当法定存款准备金率提高时,法定存款准备金增加,商业银行的超额准备金就相应减少,其信贷扩张能力下降;反之,存款准备金率下降,商业银行贷扩张能力就增强。

中国存款准备金制度经历了一定的演变过程。自 1984 年中国中央银行体系确立之后,规定商业银行按存款种类不同向中国人民银行缴存不同比例的法定存款准备金:储蓄存款缴存 40%,农村存款缴存 25%,企业存款缴存 20%,财政性存款缴存 100%。此后,法定存款准备金的缴存比例有所下调。自 1988 年开始,规定商业银行除了向中国人民银行统一缴存 13% 的法定存款准备金之外,还要留足 5%~7% 的备付金,以用于银行间的清算支付。银行实际准备金率高达 18%~20%,而同期美国商业银行准备金比率不高于 10%。从中可以看出,中国的这一比例过高。中国人民银行要求商业银行缴存如此高的准备金比例,显然与当时中央银行对商业银行信贷资金的管理方式相适应。为配合金融宏观调控方式的变革,使商业银行有更大的经营自主权,中国于1998年3月21日起对存款准备金制度进行改革,将各金融机构的法定准备金账户和备付金账户合并为准备金存款账户,法定存款准备金比率由13%下调为8%,此后又进一步下调为6%。

【知识库】

中国存款准备金制度的变革

存款准备金制度改革起源于19世纪中叶的纽约证券基金会。这是银行为防止流动性危机而设立的私人自救措施。1914年美国联邦储备系统(美联储)建立后,正式以法律的形式予以确定,后来其他国家也纷纷效仿。就其起源而言,它首先是一种银行监管手段。后来,在信用货币制度下,它逐渐作为一种政策工具,用来调节货币乘数乃至货币供应量。

1984年以来,中国实行法定存款准备金制度。中国存款准备金制度的初衷是平衡中央银行的信贷收支。中央银行通过高存款准备金率集中部分信贷资金,再以贷款的形式分配给商业银行。商业银行的存款准备金分为法定存款准备金账户和准备金账户。自1989年起,法定存款准备金率为13%(附加准备金率约为20%)。在1998年3月的改革中,这两个账户合并为一个账户,称为存款准备金账户。法定存款准备金由法人缴存。同时,法定存款准备金率由13%下调至8%,并于1999年进一步下调至6%。2003年8月23日,经批准中国人民银行宣布,自2003年9月21日起,将金融机构存款准备金率由6%上调至7%,城市信用社和农村信用社暂执行6%的存款准备金率不变。2004年3月24日,经国务院批准,宣布从4月25日起实行差别存款准备金率制度,对资本充足率低于一定水平的金融机构,上调存款准备金率0.5个百分点。2004年4月25日,法定存款准备金率再次上调0.5个百分点,即从7%上调至7.5%。为支持农业贷款发放和农村信用社改革,暂停农村信用社和城市信用社暂缓执行,仍执行6%的存款准备金率。38家银行实行8%的差别准备金率。近年来,存款准备金作为货币政策工具之一,一直随着中国货币政策的变化而不断变化。

中国法定存款准备金制度与西方国家的通行做法有两大区别:一是西方国家对流动性不同的存款普遍实行不同的法定存款准备金率。例如,活期存款的流动性高于定期存款和储蓄存款。因此,活期存款的法定存款准备金率高于定期存款和储蓄存款,这主要是由于法定存款准备金制度的初步实施是为了防止商业银行过度放贷和流动性不足。在中国,根据商业银行存款的种类,没有不同的法定存款准备金率,而无论活期定期存款还是储蓄存款,都有统一的存款准备金率。二是西方国家的央行一般不对商业银行的准备金存款支付利息。商业银行经常将法定准备金用于贷款或投资。现在由于法定存款准备金率的规定,商业银行不能动用这笔资金,商业银行要想获得这笔资金就必须支付利息,因此这笔税款的数额相当于用法定存款准备金投资商业银行取得的收入(机会成本)加上其利息成本。中国实行存款准备金付息制度。

(资料来源:作者总结)

存款准备金近些年调整见表4.1。

表4.1 中国存款准备金调整(2007—2020年)

公布时间	生效日期	大型金融机构			中小金融机构		
		调整前/%	调整后/%	调整幅度/%	调整前/%	调整后/%	调整幅度/%
2020年01月01日	2020年01月06日	13.0	12.5	-0.5	11.0	10.5	-0.5
2019年09月06日	2019年09月16日	13.5	13.0	-0.5	11.5	11.0	-0.5
2019年01月04日	2019年01月25日	14.0	13.5	-0.5	12.0	11.5	-0.5
2019年01月04日	2019年01月15日	14.5	14.0	-0.5	12.5	12.0	-0.5
2018年10月07日	2018年10月15日	15.5	14.5	-1.0	13.5	12.5	-1.0
2018年06月24日	2018年07月05日	16.0	15.5	-0.5	14.0	13.5	-0.5
2018年04月17日	2018年04月25日	17.0	16.0	-1.0	15.0	14.0	-1.0
2016年02月29日	2016年03月01日	17.5	17.0	-0.5	15.5	15.0	-0.5
2015年10月23日	2015年10月24日	18.0	17.5	-0.5	16.0	15.5	-0.5
2015年08月25日	2015年09月06日	18.5	18.0	-0.5	16.5	16.0	-0.5
2015年04月19日	2015年04月20日	19.5	18.5	-1.0	17.5	16.5	-1.0
2015年02月04日	2015年02月05日	20.0	19.5	-0.5	18.0	17.5	-0.5
2012年05月12日	2012年05月18日	20.5	20.0	-0.5	18.5	18.0	-0.5
2012年02月18日	2012年02月24日	21.0	20.5	-0.5	19.0	18.5	-0.5
2011年11月30日	2011年12月05日	21.5	21.0	-0.5	19.5	19.0	-0.5
2011年06月14日	2011年06月20日	21.0	21.5	0.5	19.0	19.5	0.5
2011年05月12日	2011年05月18日	20.5	21.0	0.5	18.5	19.0	0.5
2011年04月17日	2011年04月21日	20.0	20.5	0.5	18.0	18.5	0.5
2011年03月18日	2011年03月25日	19.5	20.0	0.5	17.0	18.0	1.0
2011年02月18日	2011年02月24日	19.0	19.5	0.5	16.5	17.0	0.5
2011年01月14日	2011年01月20日	18.5	19.0	0.5	16.5	16.5	0.0
2010年12月10日	2010年12月20日	18.0	18.5	0.5	16.0	16.5	0.5
2010年11月19日	2010年11月29日	17.5	18.0	0.5	15.5	16.0	0.5
2010年11月10日	2010年11月16日	17.0	17.5	0.5	15.0	15.5	0.5
2010年05月02日	2010年05月10日	16.5	17.0	0.5	14.5	15.0	0.5
2010年02月12日	2010年02月25日	16.0	16.5	0.5	14.0	14.5	0.5
2010年01月12日	2010年01月18日	15.5	16.0	0.5	13.5	14.0	0.5
2008年12月22日	2008年12月25日	16.0	15.5	-0.5	14.0	13.5	-0.5
2008年11月26日	2008年12月05日	17.0	16.0	-1.0	16.0	14.0	-2.0
2008年10月08日	2008年10月15日	17.5	17.0	-0.5	16.5	16.0	-0.5

续表4.1

公布时间	生效日期	大型金融机构			中小金融机构		
		调整前/%	调整后/%	调整幅度/%	调整前/%	调整后/%	调整幅度/%
2008年09月15日	2008年09月25日	17.0	17.5	0.5	17.0	16.5	-0.5
2008年06月07日	2008年06月15日	16.5	17.0	0.5	16.5	17.0	0.5
2008年05月12日	2008年05月20日	16.0	16.5	0.5	16.0	16.5	0.5
2008年04月16日	2008年04月25日	15.5	16.0	0.5	15.5	16.0	0.5
2008年03月18日	2008年03月25日	15.0	15.5	0.5	15.0	15.5	0.5
2008年01月16日	2008年01月25日	14.5	15.0	0.5	14.5	15.0	0.5
2007年12月08日	2007年12月25日	13.5	14.5	1.0	13.5	14.5	1.0
2007年11月10日	2007年11月26日	13.0	13.5	0.5	13.0	13.5	0.5
2007年10月13日	2007年10月25日	12.5	13.0	0.5	12.5	13.0	0.5
2007年09月06日	2007年09月25日	12.0	12.5	0.5	12.0	12.5	0.5
2007年07月30日	2007年08月15日	11.5	12.0	0.5	11.5	12.0	0.5
2007年05月18日	2007年06月05日	11.0	11.5	0.5	11.0	11.5	0.5
2007年04月29日	2007年05月15日	10.5	11.0	0.5	10.5	11.0	0.5
2007年04月05日	2007年04月16日	10.0	10.5	0.5	10.0	10.5	0.5
2007年02月16日	2007年02月25日	9.5	10.0	0.5	9.5	10.0	0.5
2007年01月05日	2007年01月15日	9.0	9.5	0.5	9.0	9.5	0.5

（三）存放同业存款

存放同业存款是指商业银行存放在代理行和相关银行的存款。在其他银行保持存款的目的，是便于银行在同业之间开展代理业务和结算收付。由于存放同业的存款属于活期存款的性质，可以随时支用，因此可以视同银行的现金资产。

（四）在途资金

在途资金也称为托收未达款，是指在本行通过对方银行向外地付款单位或个人收取的票据。在途资金在收妥之前，是一笔占用的资金，又由于通常在途时间较短，收妥后即成为存放同业存款，所以将其视同现金资产。

二、现金资产的作用

（一）满足法定存款准备金的要求

商业银行在中央银行保留活期存款，主要原因是中央银行要求商业银行保持法定存款准备金，而活期存款可作为法定存款准备金。法定存款准备金的效用在于使中央银行能够控制货币供应量。另外,央行要求商行及其他金融机构在其基层银行开立存款账户,以维持交易账户和定期存款的支付,从而控制信贷供应量,影响整个经济发展。

(二)保持清偿力

商业银行是经营货币信用业务的企业。它与其他任何企业一样,都以利润最大化为目标。这就要求商业银行在安排资产结构时,尽可能持有期限长、收益较高的资产。但商业银行又是一种风险较大的特殊企业,银行的经营资金主要来源于客户的存款和各项借入资金。从存款负债来看,由于它是商业银行的被动负债,其存与不存、存多存少、期限长短、何时提取等主动权都掌握在客户的手中,银行只能无条件地满足客户的需求。如果银行不能满足客户的要求,就有可能影响银行的信誉,引发存款"挤兑"风潮,甚至使银行陷入流动性危机而遭受破产的风险。商业银行借入资金还必须还本付息,否则也会因此而影响银行信誉,严重威胁银行的安全性。因此,商业银行在追求盈利的过程中,必须保有一定数量的可直接用于应付提现和清偿债务的资产,而现金资产正是为了满足银行的流动性需要而安排的资金准备。所以,商业银行保有一定数量的现金资产,对于保持商业银行经营过程中的债务清偿能力,防范支付风险,具有十分重要的意义。

(三)保持流动性

商业银行在经营过程中会面临复杂的经营环境。环境的变化又会使银行各种资产负债的特征发生变化。从银行经营的安全性和盈利性的要求出发,商业银行应当不断地调整其资产负债结构,保持应有的流动性。在保持银行经营过程的流动性方面,不仅需要银行资产负债结构的合理搭配,确保原有贷款和投资的高质量和易变现性,同时也需要银行持有一定数量的流动性准备资产,以利于银行及时抓住新的贷款和投资机会,为增加盈利吸引客户提供条件。

(四)同业清算及同业支付

每家银行都须在央行或其他金融机构保持足够的现金存款余额,用以支付票据交换的差额。另外,在银行间的委托代理业务中,如果银行从其代理行获取服务,也须用现金来支付代理银行的手续费和其他服务费用。

第二节 资金头寸的计算与预测

一、资金头寸及其构成

商业银行的资金头寸是指商业银行能够运用的资金。它包括时点头寸和时期头寸两种。时点头寸是指银行在某一时点上的可用资金;而时期头寸则是指银行某一时期的可用资金。

商业银行的头寸根据层次来划分,可分为基础头寸和可用头寸。

(一) 基础头寸及其构成

所谓基础头寸,是指商业银行的库存现金与在中央银行的超额准备金之和。之所以称其为基础头寸,不仅是因为库存现金和超额准备金都是商业银行随时可以动用的资金,而且还是银行一切资金清算的最终支付手段,无论是客户存款的提取和转移,还是对同业和中央银行的资金清算,都必须通过基础头寸来进行。在基础头寸中,库存现金和超额准备金是可以相互转化的,商业银行从其在中央银行的存款准备金中提取现金,就会增加库存现金,同时减少超额准备金;相反,银行将库存现金存入中央银行准备金账户,就会减少库存现金而增加超额准备金。但在经营管理中,这两者的运动状态又有所不同:库存现金是为客户提现保持的备付金,它将在银行与客户之间流通;而在中央银行的超额准备金是为有往来的金融机构保持的清算资金,它将在金融机构之间流通。此外,这两者运用的成本、安全性也不一样。

(二) 可用头寸及其构成

所谓可用头寸,是指商业银行可以动用的全部资金,它包括基础头寸和银行存放同业的存款。法定存款准备金的减少和其他现金资产的增加,表明可用头寸的增加;相反,法定存款准备金增加和其他现金资产的减少则意味着可用头寸的减少。银行的可用头寸实际上包括两个方面的内容:一是可用于应付客户提存和满足债权债务清偿需要的头寸,一般称之为支付准备金(备付金)。有些国家中央银行为了保证商业银行的支付能力,以备付金比率的形式规定商业银行必须持有的规模,如中国人民银行曾规定商业银行必须持有 5% ~ 7% 的备付金。二是可贷头寸,是指商业银行可以用来发放贷款和进行新的投资的资金,它是形成银行盈利资产的基础。从数量上来看,可贷头寸等于全部可用头寸减去规定限额的支付准备金之差。

$$银行总流动性需求 = 负债流动性需求 + 贷款流动性需求$$

二、资金头寸的预测

商业银行现金资产管理的核心任务是保证银行经营过程中的适度流动性。也就是说,银行一方面要保证其现金资产能够满足正常的和非正常的现金支出需要,另一方面又要追求利润的最大化,为此,需要银行管理者准确地计算和预测资金头寸,为流动性管理提供依据。

对银行资金头寸的预测,事实上就是对银行流动性需要量的预测。流动性风险管理是银行的日常管理。银行的现金资产每日每时都处于变动之中,一旦发生未预料的现金流入或流出的变动,银行应该立即采取防范措施,通过变现资产或筹措资金来防止出现流动性危机。但是,银行不能总是被动地应付风险,应该积极采取措施,对可能的流动性风险作预备。而积极的流动性风险管理首先要求银行准确地预测未来一定时期内的资金头寸需要量或流动性需要量。

在影响商业银行流动性变化的众多业务中,存贷款业务的变化是影响银行流动性的主要因素。银行资金头寸或流动性准备金的变化,归根结底取决于银行存贷款资金运动的变化。

任何存款的支出和贷款的增加都会减少头寸；反之，存款的增加和贷款的减少则会增加银行的资金头寸。表4.2列举了会引起银行资金头寸变化的资金来源和资金运用项目。

表4.2 银行主要资金来源与资金运用

资金来源（增加头寸）	资金运用（减少头寸）
贷款利息及本金	新发放的贷款
变现债券及到期债券	购买债券
存款增加	存款减少
其他负债增加	其他负债减少
发行新股	收购股份

另外，银行的有些资金来源和资金运用的变化，不会影响银行头寸总量的变化，但会引起头寸结构的变化。如向中央银行缴存准备金的变化、收回或增加存放同业存款等。表4.3是某银行资金头寸需要的预测表。银行根据国民经济发展有关信息、时差环境的变化等因素，估计了未来一年中每个月的存款变化情况和应缴准备金变化情况，在此基础上，预测了每个月的头寸（流动性）需要量。

表4.3 某银行资金头寸需要量预测　　　　　　　　　　　　　百万元

月份	存款总额	存款的变化	所需准备金的变化	贷款总额	贷款的变化	头寸剩余(+)或不足(-)
12	593	—	—	351	—	—
1	587	-6.0	-6.0	356	5.0	-10.4
2	589	2.0	0.2	359	3.0	-1.2
3	586	-3.0	-0.3	356	-3.0	-3.0
4	591	5.0	0.5	365	9.0	-4.5
5	606	15.0	1.5	357	-8.0	21.5
6	620	14.0	1.4	345	-12.0	24.6
7	615	-5.0	-0.5	330	-15.0	10.5
8	616	1.0	0.1	341	11.0	-10.1
9	655	39.0	3.9	341	0	35.1
10	635	-20.0	-2.0	361	20.0	-38.0
11	638	3.0	0.3	375	14.0	-11.3
12	643	5.0	0.5	386	11.0	-6.5

注：表4.3中存款准备金是按10%的比率计算的。

从表4.3中可见，该银行在1月预测存款要下降，贷款要上升，从这个月银行出现支出大于现金收入，即出现流动性缺口1 040万元。而在5、6、7三个月贷款下降较多，这几个月出现了较大额的剩余头寸。从 10 月开始,银行贷款的现金支出大量增加,出现支出大于收入的情况,头寸又出现不足,流动性缺口分别达 3 800 万元、1 130 万元和 650 万元。针对头寸预测表中测算的未来银行资金头寸余缺情况,银行管理者应当采取措施,积极地调度头寸。当头寸过剩时,应设法将资金运用出去;而当头寸不足时,应从金融市场上筹措新的资金来满足流动性的需要。

商业银行的资金头寸变化主要取决于存款的变化,因此,银行对头寸的预测主要是预测存款的变化趋势。在存款的变化趋势预测中,由于存款是银行的被动负债,存款变化的主动权更多地掌握在客户的手中,银行无法直接控制存款的变化数量和趋势。但在正常情况下,存款的变化也不是没有规律可循的。通常,可以把存款按其变化规律分为三类:第一类是一定会提取的存款,如到期不能自动转期的定期存款和金融债券,这类存款因为有契约,所以无须预测;第二类可能会提取的存款,如定活两便存款、零存整取存款以及到期可以自动转存的存款等,这类存款有可能提取,但又不能肯定;第三类是随时可能提取的存款,如活期存款等。存款预测的对象主要是第二类和第三类,通常称为易变性存款。

如果把存款的最低点连接起来,就形成了核心存款线,核心存款线以上的曲线为易变性存款线。核心存款稳定性较强,正常情况下没有流动性需求。银行存款的流动性需求通过易变性存款来反映。虽然这一曲线只是大致反映存款的变化,但可以为存款周转金的需要量决策提供一个重要的依据。

商业银行贷款需求的变化不同于存款的波动。从理论上讲,银行贷款的主动权掌握在银行自己手中,银行只能在有头寸的情况下才能发放新贷款。但在实践中,情况往往不是这样。这是因为:首先,贷款能否到期归还,往往不取决于银行,而更多地取决于客户有无还款能力和还款意愿,即使有合同约束,贷款也不一定能够按期归还;其次,对于新的贷款需求,虽然银行有权拒绝,但在金融市场竞争激烈的情况下,银行一般不会轻易地去拒绝一个具有合理资源需要的客户。从某种程度上说,银行贷款对于银行来说也是被动的。正因如此,银行也须对贷款的变化作出预测,以做到有备无患。

贷款变化趋势线由贷款需求的最高点连接而成,它表示商业银行贷款需要量的变化趋势。而波动线则在趋势线以下,表示不同点上贷款需要量变化的幅度和期限。在一定时期内低于上限的贷款数,是商业银行为满足季节性和周期性变化需要而应持有的可贷头寸。除去以上分别对存款和贷款的变化趋势进行的预测外,商业银行还应当综合存款和贷款的变化,进行综合预测。在一定时期,某一商业银行所需要的资金头寸量,是贷款增量和存款增量之差,可用公式表示为

资金头寸需要量 = 预计的贷款增量 + 应缴存款准备金增量 − 预计的存款增量

如果计算的结果为正数,表明银行的贷款规模呈上升趋势,银行需要补充资金头寸;若存款供给量不能相应增加,就需要其他渠道借款筹资。如果计算的结果为负数,则情况恰好相反,表明银行还有剩余的资金头寸,可通过其他渠道把富裕的头寸转化为盈利性资产。

银行在进行中长期头寸预测时,除主要考虑存贷款的变化趋势外,还应该综合考虑其他资金来源和运用的变化趋势,这样才能使头寸预测更准确。预测的公式为

资金头寸量=时点的可贷头寸+存款增量+各种应收债权+新增借入款增量−
法定准备金增量−各种应付债务+内部资金来源与运用差额

测算结果如果是正数,表明预期末头寸剩余,在时点可贷头寸为正的情况下,可增加对盈利性资产的投放额度;若时点可贷头寸为零或负数,则表明预期资金匮乏,即使时点可贷头寸为正,也不可过多安排期限较长的资金投放。

三、资金头寸的调度

(一)头寸调度的意义

商业银行的头寸调度,是指在正确预测资金头寸变化趋势的基础上,及时灵活地调节头寸余缺,以保证在资金短缺时,能以最低的成本和最快的速度调入所需的资金头寸;反之,在资金头寸多余时,能及时调出头寸,并保证调出资金的收入能高于筹资成本,从而获取较高的收益。商业银行经营管理的核心是头寸调度,其原因如下。

1. 头寸调度是银行扩大业务、增强实力的基本手段

头寸作为商业银行的一种资产首先表现为一定的存量,存量要转化为流量,就必须进行调度。在头寸量一定的条件下,善于调度的银行能有效加快资金周转速度,业务规模也相应扩大;反之就会缩小业务规模。同时,头寸是中央银行供给商业银行的基础货币,是派生存款的基础。善于调度头寸的银行不但能有效地扩大基础货币,而且能协调好掌握基础货币的时间,增强派生存款的能力,提高银行的实力。

2. 头寸调度是维护和提高银行信誉的保证

商业银行作为信用中介者,其经营活动表现为一系列的债权债务关系。凡善于调度头寸的银行,都具有较高的清偿力以保证债务的偿还,同时又能有足够的贷款头寸来建立适当的债权债务关系。商业银行通过头寸调度协调债权债务关系,一系列债权债务关系能正常、顺利地不断建立和消除,同时也使银行信誉得到维护和提高,而银行信誉正是银行经营的生命线。

3. 头寸调度是避免和减少银行经营风险的重要手段

商业银行在经营中必然要面临各种风险,如存款提取风险、贷款呆滞和坏账风险、利率波动风险、股价涨落风险等。产生这些风险的原因虽然是多方面的,但大多与银行资金头寸的供给和需求相关。商业银行通过及时、灵活的头寸调度,有效协调资金头寸的供给和需求关系,可以在一定程度上避免和减少经营风险。

4. 头寸调度是商业银行提高经营效益的重要途径

如前所述,有效的头寸调度能扩大银行业务和增强银行实力,进而提高银行的收益水平。能够及时灵活调度头寸的银行能够将非盈利资产降至安全可行的最低水平,使银行总资产中

盈利性资产的比重上升。商业银行盈利基础的提高,则通常表示收益水平的上升。

(二)头寸调度的渠道

头寸调度包括调进和调出两方面,无论是哪一方面,都需要有相应的渠道。商业银行头寸调度的主要渠道有以下几方面。

1. 同业拆借

商业银行灵活调度头寸最主要的渠道是同业拆借市场。任何一家经营有道的银行,都必然建立广泛的日拆性短期融资网络,在头寸紧缺时可及时拆进资金,一旦头寸多余又可随时拆出资金。通过同业拆借既能满足银行短期流动性的需要,又能使银行的日常周转头寸始终保持在一个适当水平。拆出资金的收益和拆入资金的成本大体相当,因此,通过拆借渠道调度头寸已成为银行盈利的主要手段。

2. 短期证券回购及商业票据交易

短期证券尤其是短期国库券和商业票据是商业银行的二级储备,也是商业银行头寸调度的主要渠道。商业银行在现金头寸不足时,可通过出售回购协议方式,暂时卖出证券,调入资金。如现金头寸多余,则可通过购入回购协议,调出资金,赚取利息。商业银行也可通过商业票据的买卖或贴现,来调度资金余缺。

3. 总行与分支行之间的资金调度

中国目前实行商业银行总行一级法人制。存款准备金的缴付与现金头寸的调度由各商业银行总行统一负责管理。因此,各商业银行的分行在现金头寸调度时可以在本地区的货币市场上参与同业拆借和短期证券买卖来调度头寸,也可以向总行借入资金或上存资金。

4. 通过中央银行融通资金

与中央银行的资金往来也是商业银行头寸调度的主要渠道之一。在商业银行资金头寸不足时,可采取再贷款和再贴现的方式向中央银行调入头寸;反之,银行头寸多余则直接反映在超额准备金的增加,可通过贷款和投资的方式调出资金。但向中央银行调入头寸要受中央银行货币政策的影响。一般来说,由于商业银行向中央银行缴存法定准备金,中央银行有义务支持商业银行的头寸调度,但在银根紧缩时,再贴现和再贷款的利率一般要高于货币市场的短期利率。因此,发达国家的商业银行只有在同业拆借和短期证券买卖仍难以弥补头寸缺口时才寻求中央银行的资金支持。

5. 出售中长期证券

债券、股票等中长期证券是一种高盈利性的流动资产,是商业银行流动性的三级储备,而一年内到期的长期证券则视同短期证券而作为二级储备。商业银行的中长期证券买卖,也是一种头寸调度的渠道。当商业银行通过上述渠道弥补资金缺口时,可通过抛售中长期证券的办法调进头寸;而当银行可贷头寸时,则可选择有利的时机购进中长期证券。需要指出的是,证券投资是银行的盈利性资产之一,银行从事中长期证券买卖,卖的主要目的是获取盈利,其头寸调度的功能则处于从属地位,因此,中长期证券买卖不应成为商业银行头寸的主要渠道。

6. 出售贷款和固定资产

当银行突然遇到流动性危机,在上述所有渠道都难以弥补资金头寸的缺口时,银行还可通过出售贷款和固定资产的方法调进头寸。西方国家商业银行对高质量的贷款通常采取回购转让的方式融通资金,对房屋、设备等固定资产则可采用售回租赁的方式以解燃眉之急。遗憾的是,当银行遇到信用危机和经营上的困难时,资金来源明显减少,融资条件苛刻,筹资成本上升,银行以出售贷款和固定资产方式调进资金头寸往往得不偿失。因此,不到万不得已,商业银行的头寸调度通常不利用这一渠道。虽然银行的流动性危机往往是由于客观原因造成的,但商业银行也无法推脱经营管理不善的责任。

【知识库】

"头寸"一词的来源

"头寸"一词来源于近代中国,银行里用于日常支付的"袁大头",十个袁大头摞起来刚好是一寸,因此叫"头寸"。放到现在,头寸是一种市场约定,头寸可指投资者拥有或借用的资金数量。头寸(position)也称为"头衬",就是款项的意思,是金融界及商业界的流行用语,在金融、证券、股票、期货交易中经常用到。比如在期货开户交易中建仓时,买入期货合约后所持有的头寸叫作多头头寸,简称多头;卖出期货合约后所持有的头寸叫作空头头寸,简称空头;商品未平仓多头合约与未平仓空头合约之间的差额就叫作净头寸。只是在期货交易中有这种做法,在现货交易中还没有这种做法。

(资料来源:百度网)

第三节 现金资产的管理

一、现金资产管理的目的及原则

现金资产是商业银行流动性最强的资产,持有一定数量的现金资产,主要目的在于满足银行经营过程中的流动性需要。但由于现金资产基本上是一种无盈利或微利资产,过多地持有这种资产将会失去许多盈利机会,使银行的盈利性下降。因此,银行持有现金资产需要付出机会成本。尤其是在通货膨胀或利率水平上升时期,银行保有现金资产的机会成本也会随之上升。银行现金资产管理的任务,是要在保证经营过程中流动性需要的前提下,将持有现金资产的机会成本降到最低程度,作为银行经营安全性和盈利性的杠杆,服务于银行整体经营状况最优化目标。为此,银行在现金资产的管理中,应当坚持总量适度原则、适时调节原则和安全保障原则。

(一)总量适度原则

现金资产管理的总量适度原则是指银行现金资产的总量必须保持一个适当的规模。这个适当的规模是指由银行现金资产的功能和特点决定的在保证银行经营过程的流动性需要的前提下,银行为保持现金资产所付出的机会成本最低时现金资产数量。总量适度原则是商业银行现金资产管理的最重要的原则。现金资产是一种无利或微利资产,现金资产保留过少,银行就不能应付正常的提现需要和合理的资金需求,最终会导致银行的流动性风险和银行信誉、客户的丧失;反之,现金资产保留过多,银行所付出的机会成本就会增加,使银行的盈利性受影响,如果过多地保持现金资产导致银行的持续亏损,最终也会威胁银行经营安全。只有坚持现金资产的适度规模,才能实现银行经营安全性和盈利性的统一,促进经营总目标的实现。

(二)适时调节原则

现金资产的适时调节原则是指银行要根据业务过程中的现金流量变化,及时调节资金头寸,确保现金资产的规模适度。银行现金资产规模(存量)的变化,取决于在一定时期内银行业务经营过程中的现金流量变化情况,当一定时期内现金流入大于现金支出时,银行的现金资产存量就会上升;反之,当一定时期现金支出大于现金流入时,其现金资产存量就会下降。银行要保持适度的现金资产存量规模,就需要根据现金流量的变化情况,及时地进行资金调度。当现金收大于支而使现金资产存量超过其适度规模时,应及时将多余部分头寸运用出去;现金支大于收而使现金资产存量小于适度规模时,银行应及时筹措资金。因此,适时调节资金头寸是银行实现现金资产规模适度的必要手段。

(三)安全保障原则

商业银行现金资产主要由其在中央银行和同业银行的存款及库存现金构成。其中,库存现金是商业银行业务经营过程中必要的支付周转金,它分布于银行各个营业网点。在银行的业务经营过程中,需要对库存现金进行保管、清点等管理活动。由于库存现金是以钞票的形式存在,就可能面临被盗、被抢、包装差错等风险,以及自然灾害损失的风险。因此,银行在现金资产特别是现金的管理中,必然要健全安全保卫制度,严格业务操作规程,确保资金的安全无损。

二、库存现金的日常管理

银行库存现金集中反映了银行经营的资产流动性和盈利性状况。库存现金越多,流动性越强,盈利性越差。为了保证在必要的流动性前提下,实现更多的盈利,就需要把库存现金压缩到最低程度。为此,银行必须在分析影响库存现金数量变动的各种因素的情况下,准确测算库存现金需要量,及时调节库存现金的存量,同时加强各项管理措施,确保库存现金的安全。

(一)影响银行库存现金的因素

1. 现金收支规律

银行的现金收支在数量上和时间上都有一定的规律性。例如,对公出纳业务,一般是上午大量支出现金,而下午则大量收入现金。如果是回笼行处,下午班收进的现金金额一般大于上午班付出的现金金额;如果是投放行处,情况则正相反。在这种情况下,当天收入的大部分现金只能在第二天上午才能抵用。一般情况下,付出现金的平均日发生额与必要的库存现金量成正比。另外,在一个年度当中,由于季节性因素的影响,有的季节银行现金收入多而支出少,有的季节则支出多收入少。银行可以根据历年的收支状况,认真寻找其规律性,为资金头寸的预测提供依据。

2. 营业网点的多少

银行经营业务的每一个营业网点,都需要有一定的铺底现金。这样,如果银行经营网点越多,其对库存现金的需要量也就越多。因此,从一般情况来说,银行营业网点的数量与库存现金的需要量是成正比的。

3. 后勤保障的条件

银行库存现金数量与银行的后勤保障条件也有密切关系。一般来说,如果银行后勤保障条件好,运输现金的车辆、保安充足且服务周到,则在每个营业性机构就没有必要存放太多的现金,否则就必须在每个营业网点存放较多的现金。

4. 与中央银行发行库的距离、交通条件及发行库的规定

一般来说,商业银行营业网点与中央银行发行库距离较近,交通运输条件较好,商业银行就可以尽量压缩库存现金的规模。而中央银行发行库的营业时间、入库时间规定也对商业银行的库存现金产生重要影响。如果中央银行发行库的营业时间短,规定的出入库时间和次数少,势必增加商业银行的库存现金。

5. 商业银行内部管理

除上述因素外,商业银行内部管理,如银行内部是否将库存现金指标作为工工作业绩的考核指标,是否与员工的经济利益挂钩,银行内部各专业岗位的配合程度,出纳、储蓄柜组的劳动组合等,都会影响库存现金数量的变化。

(二)银行库存现金规模的确定

在实际工作中,要确定一个十分合理的库存现金规模显然是比较困难的。但理论上仍可以作一些定量分析,以便为实际操作提供理论依据或指导。

1. 库存现金需要量的匡算

银行库存现金是其为了完成每天现金收支活动而需要持有的即期周转金。匡算库存现金需要量主要应考虑如下两个因素。

(1)库存现金周转时间。银行库存现金周转时间的长短受多种因素的影响,主要有银行营业网点的分布状况和距离,交通运输工具的先进程度和经办人员的配置,进出库制度与营业时间的相互衔接情况等。一般来说,城市银行网点的分布距离较近,而且交通运输条件较好,库存现金的周转时间就较短;农村银行网点的分布一般比较分散,相互之间的距离较远,而且交通运输条件也较差。这样,其库存现金是分系统按层次供给的,下级行的现金由上级行供给,因此上级行库存现金的周转时间也包含了下级行库存现金的周转时间,因而管理层次多的银行与管理层次少的银行相比,其库存现金周转时间也长一些。

(2)库存现金支出水平的确定。在银行业务活动中,既有现金支出,又有现金收入。从理论上讲,现金支出和现金收入都会影响现金库存。但在测算库存现金需要量时,主要是考虑作支付准备的现金需要量,因此不需要考虑所有的现金收支,而只要防止出现收不抵支或先收后支的问题。所以,银行通常只要考虑支出水平对库存现金的影响。测算现金支出水平,一方面要考虑历史上同时期的现金支出水平;另一方面要考虑一些季节性和临时性因素的影响。在实际工作中,可用以下公式来计算现金支平

即期现金支出水平=前期平均现金支出水平×保险系数×历史同期平均发展速度

其中

$$前期平均现金支出水平 = \frac{前30天现金支出累计发生额}{30}$$

$$保险系数 = 标准差 \times 置信概率度$$

$$标准差 = \sqrt{\frac{\sum(每天现金支出额 - 平均现金支出额)^2}{30}}$$

置信概率度根据要求的数字准确程度来确定。如果要求数字的准确性95%,则置信概率为0.95,以0.95作为$F(t)$查"正态概率表",得$t=1.96$,此t值即为置信概率度。

$$历史同期平均发展速度 = \sqrt[考察年数-1]{\frac{去年同月现金支出累计发生额}{最早年份同月现金支出累计发生额}}$$

求出即期现金支出水平以后,将其与库存现金周转时间相乘,再加减一些其他因素,即为库存现金需要量。

2. 最适送钞量的测算

为了保持适度的库存现金规模,商业银行的营业网点需要经常性地调度现金头寸,及时运送现金。但运送现金需要花费一定的费用,如果这种费用过大,超过了占压较多现金而付出的成本,就将得不偿失。因此,银行有必要对运送成本收益作一个比较,以决定最适合的送钞量。在这个最适合的送钞量上,为占用库存现金和运送钞票所花费的费用之和应当是最小的。现可以运用经济批量法来进行测算,其公式为

$$T = \frac{CQ}{2} + \frac{AP}{Q}$$

其中　T——总成本;
　　　A——定时期内的现金收入(或支出)量;
　　　Q——每次运钞数量;
　　　P——每次运钞费用;
　　　C——现金占有费率;

A/Q——运钞次数；

$Q/2$——平均库存现金量；

AP/Q——全年运钞总成本；

$CQ/2$——库存现金全年平均占用费。

根据以上公式,用微分法来求经济批量的总成本 T 为极小值时的运钞数量 Q,以及以 Q 为自变量,求 T 对 Q 的一阶导数,则

$$T' = \frac{dt}{dQ} = \frac{C}{2} - \frac{AP}{Q^2}$$

令 $T'=0$,则

$$\frac{C}{2} - \frac{AP}{Q^2} = 0$$

$$Q^2 = \frac{2AP}{C}$$

则

$$Q = \sqrt{\frac{2AP}{C}}$$

【例 4.1】 中国工商银行某市分行在距中心库 30 千米处设一个分理处,根据往年有关数据测算,年投放现金量为 1 825 万元,平均每天投放 5 万元。每次运钞需支出燃料费、保安人员出差费约 50 元,资金占用费率为年利率 6.6%,代入公式得

$$Q = \frac{\sqrt{2 \times 1\,825 \times 0.005\,0}}{6.6\%} \approx 16.63$$

即每次运钞 16.63 万元,大约每 3 天送一次,按此计算的总费用为

$$T = \frac{CQ}{2} + \frac{AP}{Q} = 6.6\% \times \frac{16.63}{2} + 1\,825 \times \frac{0.005\,0}{16.63} = 1.097\,5$$

如果每次运钞一次,每次运钞 5 万元,其总费用为

$$5 \times \frac{6.6\%}{2} + 1\,825 \times 0.005\,0 = 1.99（万元）$$

如果每星期运钞一次,每次运钞 35 万元,其总费用为

$$35 \times \frac{6.6\%}{2} + 1\,825 \times \frac{0.005\,0}{35} = 1.416（万元）$$

比较上述方案,显然按经济批量法计算的第一种方案最经济。所以,该银行应当确定大约 3 天送一次,每次运送 16.63 万元的现金。

3. 现金调拨临界点的确定

由于银行从提出现金调拨申请到实际收到现金需要有一个或长或短的过程,特别是那些离中心库较远的营业网点,必须有一个时间的提前量。不能等库存完了以后才申请调拨。同

时,以后为了应付一些临时性的大额现金支出,也需要有一个保险库存量。于是就有一个问题,即应当在什么时候在多大的库存量时调拨现金。这就是一个现金调拨的临界点问题。现可以用以下公式来计算这个临界点

$$现金调拨临界点=平均每天正常支出量×提前时间+保险库存量$$

$$保险库存量=(预计每天最大支出-平均每天正常支出)×提前时间$$

在例 4.1 中,该分理处的最适运钞量是 16.63 万元,提前时间为一天,平均每天正常支出为 5 万元,预计每天最大支出量为 7 万元,则

$$保险库存量/万元=(7-5)×1=2$$

$$现金调拨临界点/万元=5×1+2=7$$

因此,当该分理处的库存现金降到 7 万元时,就应当申请调拨现金 16.63 万元。

4. 银行保持现金适度量的措施

在测算了最适运钞量和现金调拨临界点之后,银行保持适度现金库存已经有了一个客观的依据。但要切实管好库存现金,使库存现金规模经常保持在一个适度规模上,还需要银行内部加强管理,提高管理水平。

(1)应将库存现金状况与有关人员的经济利益挂钩。在对营业网点适度的现金库存规模作出测算的基础上,银行应将网点实际库存状况与适度库存量进行比较,根据其库存掌握的好坏与经济利益挂钩。在实践中,硬性地规定限额指标效果不一定好,比较可行的办法是,给基层营业网点下达内部成本考核指标,并将该指标与相关人员的经济利益直接挂钩。由于现金库存量的大小直接影响到网点内部成本率的高低,所以,这有利于促使有关人员在保证支付前提下,主动压缩规模,实现现金库存的最优化。

(2)应实现现金出纳业务的规范化操作。银行库存现金的大小,在很大程度上取决于对公出纳业务现金收支的规范化程度。因此,银行应尽可能地在对公现金出纳业务中实现规范化操作。首先,银行应尽可能开展业务,将各开户单位的工资直接以存单形式存入本行,避免每月的大量工资性现金支出;其次,要把开户单位发工资日及每天的资金支出金额均匀地排列在每一天;再次,对开户单位发工资和其他大额现金支出实行当天转账、次日付现的预约制度,由会计部门将每天的预约单及其金额通知出纳部门,出纳部门当天配款封包寄存,次日付现。预约起点金额可根据实际情况来决定。额度定得太低,会影响客户的日常经营活动;额度定得太高,又会增大商业银行控制库存现金的难度。掌握了客户发放工资和其他大额提现的时间和金额,就能够事先对银行流动性不会产生大的冲击,又容易调剂。

(3)要掌握储蓄现金收支规律。储蓄业务面对的是广大的个人存款者,可控性差,也难以人为将现金收支规范化。但根据统计资料的分析,事实上储蓄有很强的规律性。只要掌握了这种规律,银行便可以在保证支付的前提下,压缩备用金的库存。

储蓄业务的现金收支一般具有以下规律:一是在营业过程中,客户存取款的概率在正常情况下基本相等。也就是说,在正常情况下,不会出现大量客户取款而很少客户存款的情况,除

非由于社会、经济、政治等特殊事件的发生,或者遇到严重的自然灾害,或本行经营情况严重恶化,客户对本行的安全性产生怀疑,才会出现这种情况。因此,银行应当关心整个社会、经济和政治形势的发展变化,及时发现挤兑存款的苗头。二是在多数情况下,上午客户取款的平均数一般大于下午。其主要原因是人们提取大额现金购买大件商品一般都是在上午取款。这条规律告诉我们,当天的现金收入抵用现金支出具有时差性,银行在每天营业开始必须保留一定数额备用金。三是在一般情况下,每个月出现现金净收入和净支出的日期基本固定不变。由于储蓄资金主要来源于个人的工资收入,通常每月上旬领取工资扣除消费后存入银行,表现为银行的净收入。而每月下旬,一些人需要从银行支取现金,补充消费的不足,表现为银行现金的净支出。

(4)解决压低库存现金的技术性问题。第一,要掌握好现金的票面结构。营业网点不同,对票面结构的要求也不同。如果票面结构不合理也会增加现金库存量。第二,要充分发挥中心库作用。银行的中心库最好与地处中心位置、有大量现金投放网点业务库合二为一。但同时要设专人负责全辖各业务网点的现金余缺调剂,以提高全辖现金抵用率。第三,各营业网点的出纳专柜要建立在当天收现当天清点、消灭主币封包、下班前各档并捆的做法上,尽可能把当天收进的现金全部用来抵用第二天的现金支出。第四,要创造条件,使储蓄所上交的现金在当日入账。第五,要对加收的残破币及时清点上缴,以减少库存现金。

(5)要在压缩现金库存所需增加的成本和所能提高的效益之间进行最优选择。商业银行内部各营业网点现金余缺的调剂主要靠运钞车接送,因此现金调剂成本由运钞车的折旧费、维修费、燃料费、养路费、车船牌照费以及司机、保安人员的工资、福利费用构成。现金库存的压缩效益可以用可能压缩的库存现金金额乘商业银行全部资金的平均利差来表示。在其他因素不变的情况下,随着压缩库存现金带来的效益的提高,压缩现金的库存成本也在提高。所谓进行最优选择就要使压缩库存现金带来的效益的提高大于成本的增加,当然现金库存的压缩是有限度的,所以在增加专门用来调运现金的车辆时,一定要考虑这个问题。

(三)严格库房安全管理措施

从经营角度讲,银行的库存现金显然是最为安全的资产。但事实上,库存现金也有其特有的风险。这种风险主要来自被盗和自然灾害的损失,也来自业务人员清点的差错,还可能来自银行内部不法分子的贪污。因此,银行在加强库存现金适度性管理的同时,还应当严格库房的安全管理,在现金清点、包装、入库、安全保卫、出库等环节,采取严密的责任制度等,确保库房现金的无损。

三、存款准备金的管理

存款准备金是商业银行现金资产的主要构成部分。存款准备金包括两个部分:一是按照中央银行规定的比例上交的法定存款准备金;二是准备金账户中超过了法定存款准备金的超额准备金。因此,存款准备金的管理,包括满足中央银行法定存款准备金要求和超额准备金的适度规模控制两个方面。

(一)法定存款准备金的管理

法定存款准备金是根据商业银行存款余额,按照法定的比率向中央银行交存的准备金。法定存款准备金起初是出于防范商业银行流动性危机的需要而建立的,发展到现代,其目的已不仅限于此。它已作为中央银行调节商业银行的信用规模和信用能力的一项重要工具,纳入货币政策的操作体系。商业银行对于中央银行法定存款准备金要求只能无条件地服从。因此,对存款准备金的管理,首先应满足法定存款准备金的要求。

法定存款准备金管理,主要是准确计算法定存款准备金的需要量和及时上交准备金。在西方国家的商业银行,计算法定存款准备金需要量的方法有两种:一种是滞后准备金计算法,主要适用于对非交易性账户存款准备金的计算;另一种是同步准备金计算法,主要适用于对交易性账户存款准备金的计算。

1. 滞后准备金计算法

滞后准备金计算法是根据前期存款负债的余额确定本期准备金的需要量的方法。按照这种方法,银行应根据两周前的 7 天作为基期,以基期的实际存款余额基础,计算准备金持有周应持有的准备金的平均数。图 4.1 表示的是滞后准备金计算法。

第一周	第二周	第三周
计算基期周		准备金保持周

图 4.1 滞后准备金计算法

如某银行在 2 月 6 日(星期四)至 12 日(星期三)期间的非交易性存款平均余额为 50 000 万元,按照 8% 的存款准备金率,该行在 2 月 20 日到 26 日这一周应保持的准备金平均余额为 4 000 万元。

2. 同步准备金计算法

同步准备金计算法是指以本期的存款余额为基础计算本期的准备金需要量的方法。通常的做法是:确定两周为一个计算期,如从 2 月 4 日(星期二)到 2 月 17 日(星期一)为一个计算期,计算在这 14 天中银行交易性账户存款的日平均余额。准备金的保持期从 2 月 6 日(星期四)开始,到 2 月 19 日(星期三)结束。在这 14 天中的准备金平均余额以 2 月 4 日到 17 日的存款平均余额为基础计算。

按照滞后准备金计算法计算出来的准备金需要量与按照同步准备金计算法计算出来的准备金需要量的总和,就是银行在一定时期需要交纳的全部存款准备金。这个需要量与已交纳的存款准备金余额进行比较,如果余额不足,银行应当及时予以补足;如果已有的准备金余额已超过了应缴准备金数,则应及时从中央银行调减准备金,增加银行的可用头寸。

（二）超额准备金的管理

超额准备金是商业银行在中央银行准备金账户上超过了法定存款准备金的那一部分存款。超额准备金是商业银行最重要的可用头寸，是银行用来进行投资、贷款、清偿债务和提取业务周转金的准备资产。商业银行在中央银行的超额准备金虽然也能获得一定的利息收入，但与其他盈利资产和投资相比，属于微利资产。因此，银行在超额准备金账户保留的存款不宜过多。银行超额准备金管理的重点是要在准确测算超额准备金需要量的前提下，适当控制准备金规模。

1. 影响超额准备金需要量的因素

（1）存款波动。商业银行的存款包括对公存款和储蓄存款。一般来说，对公存款的变化主要是通过转账形式进行的，如本行客户对他行客户付款，会导致对公存款下降，同时本行超额准备金流出；本行客户收取他行客户支付的货款，则会使本行存款增加，同时超额准备金也增加。对个人的储蓄存款和部分对公存款的变化则主要是通过现金收支来表现的。当存款增加，首先表现为现金增加，银行将现金交存中央银行，最终引起超额准备金的增加；反之，存款下降，银行现金支出增加，这时需要从中央银行提取现金，进而导致超额准备金减少。银行在分析存款波动对超额准备金需要量的影响时，应重点分析导致存款下降的情况，因为只有在存款下降的情况下，才会导致超额准备金需要量的增加。存款下降一般取决于近期因素和历史因素，即受到临近若干旬的存款下降幅度和历史同期存款下降幅度的双重影响。如果以一旬为分析的区间，近期因素可以定为3旬，历史因素可以定为历史上某一年中以该旬居中的3旬。如果以一个月作为区间分析，近期因素可以定为3个月，历史因素可以定为以该月居中的3个月。但在实际匡算中，还必须扣除其他一些特殊因素，如企业贷款的收回，它同时使存款余额下降，但这种下降对超额准备金不产生影响。对存款变化的预算，可以用下面的方法计算

每月（旬）关键性存款降幅 = 月（旬）中累计存款下降额 - 其他因素（如贷款回收）

$$\text{前3旬（月）平均关键性存款降幅} = \frac{\text{前3旬（月）累计关键性存款降幅}}{3}$$

保险系数 = 标准差 × 置信概率度

$$\text{标准差} = \sqrt{\frac{\sum(\text{每旬关键性存款降幅} - \text{前3旬平均关键性存款降幅})^2}{3}}$$

$$\text{历史同期发展速度} = \sqrt[\text{考察年数}-1]{\frac{\text{去年同期关键性存款降幅}}{\text{最早年份同期关键性存款降幅}}}$$

其中同期是指从考察旬或月居中的3个月或旬。

本旬（月）存款波动准备金周转金需要量 = （前3旬平均关键性存款降幅 + 保险系数）× 历史同期发展速度

（2）贷款的发放与收回。贷款的发放与收回对超额准备金的影响主要取决于贷款使用的范围。如果贷款的使用对象是本行开户的企业，本行在中央银行的存款将不会发生变化；如果

贷款发放的对象是在他行开户的企业,或者本行开户的企业在取得贷款后立即对外支付,就会减少本行在中央银行的存款,从而使本行的超额准备金下降。此时,银行就需要准备足够的超额准备金。

同理,贷款的收回对超额准备金的影响也因贷款对象的不同而有所不同。他行开户的贷款企业归还贷款,会使本行超额准备金增加,而本行开户的贷款企业归还贷款不会影响超额准备金的需要量。由此,贷款发放对超额准备金需要量的计算公式是

贷款发放对超额准备金的需要量=用于对他行支付的贷款+(用于对本行支付的贷款-已回收贷款)×法定存款准备金比率

(3)其他因素对超额准备金需要量的影响。除了存贷款因素外,其他一些因素也影响到商业银行超额准备金的需要量。这些因素主要有以下几点:一是向中央银行借款的因素。当分析期商业银行的借款数大于归还中央银行借款数时,商业银行的超额准备金会上升;反之,如果在分析期中,商业银行归还借款的数额大于向中央银行借款的数额,其超额准备金数额就会下降。二是同业往来因素。当银行在分析期中同业往来科目是应付余额,表明在这一时期内,该银行要向他行归还到期拆入款大于应该收回的拆出款,该行的超额准备金就会下降;反之,如果在分析期内,银行同业往来科目为应收余款,表明该行到期应收回的拆出款大于应归还的拆入款,该行的超额准备金就会上升。三是法定存款准备金因素。当分析期内需要调增法定存款准备金时,就会从超额准备金中解缴法定准备金,从而减少超额准备金余额;而当分析期内可以调减法定存款准备金时,调减的部分自动增加商业银行的超额准备金。四是信贷资金调拨因素。当分析期内需要调出信贷资金时,会减少商业银行的超额准备金;当可以调入信贷资金时,就会增加超额准备金。五是财政性存款因素。财政性存款的上缴,会减少商业银行的超额准备金。

根据以上各种因素,就可以测算在一定时期内,商业银行超额准备金的需要量。

2. 超额准备金的调节

商业银行在预测了超额准备金需要量的基础上,应当及时地进行头寸调度,以保证超额准备金规模的适度性。当未来的头寸需要量较大,现有的超额准备金不足以应付需要时,银行就应当设法补足头寸,增加超额准备金;而当未来头寸需要量减少,现有超额准备金剩余时,则应及时地将多余的超额准备金运用出去,以寻求更好的盈利机会。

四、同业存款的管理

(一)同业存款的目的

除了库存现金和在中央银行的存款外,大多数商业银行还在其他金融机构保持一定数量的活期存款,即同业存款。这是因为任何一家银行,由于业务特点和人力、物力的限制,都不可能在其业务触及的每一个地方都设立分支机构,它在没有分支机构的地区的一些金融业务

就需要委托当地的银行等金融机构来代理。那些较大的银行一般都是双重角色,一方面它作为其他银行的代理行而接受其他行的存放同业款;另一方面,它又是被代理行,将一部分资金以活期存款形式放在代理行。这就形成了银行之间的代理行业务。银行之间开展代理业务,需要花费一定的成本,商业银行在其代理行保持一定数量的活期存款,主要目的就是为了支付代理行代办业务的手续费。代理行可以将同业存入款用于投资,并以投资的收入补偿他们的成本并获利。由于这部分存款也随时可以使用,与库存现金和在中央银行的超额准备金没有什么区别,因此也成为商业银行现金资产的组成部分。按照银行现金资产管理的原则,同业存款也应当保持一个适度的量。同业存款过多,会使银行付出一定的机会成本,而同业存款过少,又会影响银行委托他行代理业务的开展,甚至影响本行在同业之间的信誉。因此,银行在同业存款的管理中,需要准确地预测同业存款的需要量。

(二)同业存款需要量的测算

商业银行在同业的存款余额需要量,主要取决于以下几个因素。

1. 使用代理行的服务数量和项目

如前所述,银行将款项存放同业的主要目的是为了支付代理行代理本行业务的成本。因此,本行使用代理行服务的数量和项目,就成为影响同业存款需要量的最基本的因素。如果使用代理行服务的数量和项目较多,同业存款的需要量也较多;反之,使用代理行服务的数量和项目较少,同业存款的需要量也就较少。

2. 代理行的收费标准

在使用代理行的服务数量和项目一定的情况下,代理行的收费标准就成为影响同行存款需要量的主要因素。收费标准越高,同业存款的需要量就越大。

3. 可投资余额的收益率

通常情况下,代理行是通过对同业存款的投资获取收益来弥补其为他行代理业务所支付的成本的,因此,同业存款中的可投资余额的收益率的高低,也直接影响着同业存款的需要量。如果同业存款中可投资余额的收益率较高,同业存款的需要量就少一些;否则同业存款的需要量就多一些。

表 4.4 是某银行同业存款需要量的测算表。假设该银行在一个月中需要购买代理行的以下一些业务:支票清算 10 540 笔,每笔收费标准是 0.045 元;电子转账 28 笔,每笔收费标准是 1.50 元;证券保管 7 笔,每笔收费标准为 3.00 元;另外,代理行还为本行提供数据处理和计算机软件服务,其获得本行手续费 100 元;如果代理行同业存放款的准备金率为 12%,平均浮存(即托收未达款)为 7 200 元;可投资余额的年收益率为 8%。在该表中,代理行为本行提供的服务的总成本是 637.30 元,代理行已经通过现金方式收取了本行 100 元的计算机服务手续费,为达到收支平衡,代理行还需要从同行业存款的投资中获得 537.30 元的收益。但不是所有的同业存款代理可以用来投资,它还需要扣除浮存和应提准备金,这样,通过上述公式的计

算,银行需要在其代理行存放至少 100 059 元的存款。

表 4.4　同业存款余额需求量测算表

项目	成本/元
1. 某月份代理行提供的服务	
支票清算:10 540 笔,每笔 0.045 元	474.30
电子转账:28 笔,每笔 1.50 元	42.00
证券保管:7 笔,每笔 3.00 元	21.00
数据处理及计算机软件服务	100.00
全月总成本	637.30
2. 代理行收益	
计算机服务手续费	100.00
应从同行业存款中获得的投资收益	537.30
总计	637.30
3. 同业存款余额需要量	
投资收益=投资收益率×30/365(同业存款余额-浮存-应提准备金)	
同业存款余额=100 059 元	

【知识库】

GPS 在银行运钞车中的作用

1. 加强运钞安全性。
2. 保证国家财产安全。
3. 便于优化管理,净化社会治安环境。

基于 GPS 卫星定位技术实现的银行运钞车辆保安监控系统,经过了多年的实践和完善,已经成为保障运钞安全的重要手段。对银行运钞车实施 GPS 车辆及时监控和调度,可以及时地对运钞车进行监控,及时得到车辆的位置、状态、速度、时间、方向和运行轨迹,遇到堵塞情况,可以优化运钞车的行驶路线;并对以上监控数据进行记录,需要时可对车辆的历史运行进行回放,包括车辆的位置、状态、速度、方向和运行轨迹等,具有高效的防抢、防盗功能,极大地提高了车辆运行的安全性和调度的便捷性。星软 GPS 系统采用了当前最先进的全球卫星定位技术和数字通信技术,能够随时随地知道每辆运钞车的准确位置和行驶情况,在押运的整个过程保安部门的值班人员也可以和押运人员通话联系。运钞车上非常隐蔽地装有报警按钮,如遇到紧急情况而又不能够喊话报警时,押运人员可以触发报警按钮。此时值班室有警铃响起,同时监视屏幕上显著标有报警运钞车的当前位置并跟踪其去向。值班人员能够对已报警运钞车采取遥控熄火或其他防抢措施。熄火以后的车辆只能由值班人员予以恢复才能点火启动。如果运钞车装运现钞的设备是固定于车上,则罪犯无法取走现钞而且也无法盗走运钞车,国家财产得到了绝对的保护而万无一失。

(资料来源:中国新闻网)

本章小结

现金资产是银行持有的库存现金以及与现金等同的可随时用于支付的银行资产。商业银行的现金资产一般包括库存现金、在中央银行存款、存放同业存款、在途资金。现金资产具有满足法定存款准备金的要求、保持清偿力、保持流动性、同业清算及同业支付的作用。

商业银行的资金头寸是指商业银行能够运用的资金。它包括时点头寸和时期头寸两种。时点头寸是指银行在某一时点上的可用资金,而时期头寸则是指银行某一时期的可用资金。

商业银行的头寸根据层次来划分,可分为基础头寸和可用头寸。

商业银行的资金头寸变化主要取决于存款的变化,因此,银行对头寸的预测主要是预测存款的变化趋势。在存款的变化趋势预测中,由于存款是银行的被动负债,存款变化的主动权更多地掌握在客户的手中,银行无法直接控制存款的变化数量和趋势。但在正常情况下,存款的变化也不是没有规律可循的。

银行在现金资产的管理中,应当坚持总量适度原则、适时调节原则和安全保障原则。

影响库存现金的因素有现金收支规律、营业网点的多少、后勤保障的条件、与中央银行发行库的距离、交通条件及发行库的规定、商业银行内部管理等。

银行库存现金是其为了完成每天现金收支活动而需要持有的即期周转金。匡算库存现金需要量主要应考虑如下两个因素:库存现金周转时间和库存现金支出水平的确定。

法定存款准备金管理,主要是准确计算法定存款准备金的需要量和及时上交准备金。在西方国家的商业银行,计算法定存款准备金需要量的方法有两种:一种是滞后准备金计算法,主要适用于对非交易性账户存款准备金的计算;另一种是同步准备金计算法,它主要适用于对交易性账户存款准备金的计算。

除了库存现金和在中央银行的存款外,大多数商业银行还在其他金融机机构保持一定数量的活期存款,即同业存款。银行在同业存款的管理中,需要准确地预测同业存款的需要量。

自测题

一、单项选择题

1. 满足贷款需求的流动性属于(　　　)。
   A. 基本流动性　　　B. 充足流动性　　　C. 一般流动性　　　D. 重要流动性
2. 以下不属于商业银行可用头寸的是(　　　)。
   A. D 库存现金　　　B. 法定存款准备金　　C. 超额存款准备金　　D. 同业存款
3. 下列属于现金资产管理原则的有(　　　)。
   A. 适度存量控制原则　　　　　　　　　B. 适时流量调节原则
   C. 安全性原则　　　　　　　　　　　　D. 财务原则

4. 商业银行调节超额准备金最常用的方式是(　　)。
   A. 同业拆借　　　B. 向央行融通资金　　C. 回购协议　　　D. 资产变现
5. 央行上调存款准备金对商业银行的可能影响有(　　)。
   A. 法定准备金减少　B. 超额准备金不变　C. 超额准备金增加　D. 超额准备金减少

二、多项选择题

1. 商业银行现金资产的作用有(　　)。
   A. 保持清偿力　　　　　　　　B. 获取收益
   C. 二级准备　　　　　　　　　D. 操持流动性
   E. 分散风险
2. 下列哪些属于现金头寸(　　)。
   A. 库存现金　　　　　　　　　B. 在途资金
   C. 存放同业　　　　　　　　　D. 债券资产
   E. 在央行存款
3. 存放同业存款目的在于(　　)。
   A. 方便同业之间的结算收付　　B. 商业银行向同业发放贷款
   C. 支付代理业务的手续费　　　D. 向中央银行归还再贷款
4. 影响银行库存现金的因素(　　)。
   A. 现金收支规律　　　　　　　B. 营业网点的多少
   C. 后勤保障的条件　　　　　　D. 商业银行内部管理
5. 资金头寸的调度渠道有(　　)。
   A. 同业拆借　　　　　　　　　B. 短期证券回购及商业票据交易
   C. 总行与分行之间的资金调度　D. 通过中央银行融通资金
   E. 出售中长期证券

三、简答题

1. 商业银行现金资产由哪些构成？其主要作用是什么？
2. 法定存款准备金的最初目的与当前目的有何不同？
3. 基础头寸及可用头寸各由哪些内容构成？
4. 商业银行现金资产管理的原则是什么？
5. 同业存款的目的是什么？测算同业存款需求量都有哪些影响因素？

【阅读资料】

历史上五轮通胀周期发生了什么？

20世纪90年代以来，按照物价水平达到相对高位来判断，共有五轮通胀周期，分别在1992—1997年、2003—2005年、2006—2008年、2009—2012年、2015—2018年。就高点来看，第一轮的20世纪90年代，高点

103

出现在1994年10月,CPI最高为27.7%;第二轮的2003—2005年,CPI最高点为2004年7月的5.3%;第三轮的2006—2008年,CPI最高点为2008年2月的8.7%;第四轮的2009—2012年,CPI最高点为2011年7月的6.5%;第五轮的2015—2018年,此轮的通胀表现为PPI显著波动、CPI相对平稳,PPI最高点为2017年2月的7.8%。

图1:历史上五轮通胀周期的划分

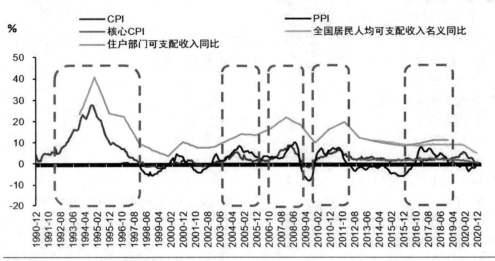

资料来源:Wind,中信证券研究部

第一轮通胀周期:改革开放新阶段的需求高涨(1992—1997年)

20世纪90年代之后改革开放进入新阶段,实体经济需求旺盛带来经济高速增长与高通胀。彼时,投资规模扩张过快、货币信贷过度扩张,导致宏观经济领域的严重通胀。1992年和1993年间M2(反映货币供应量的重要指标)的增速分别为31%和37%,信贷也出现了30%左右的高增长。这期间固定资产投资分别为录得44.4%和65.5%的高增长,1994年也持续在33%左右,同期社会消费品零售总额也出现了30.5%的高速增长。1992年和1993年的实际GDP增速也达到了14.2%和13.9%的高增长,是改革开放以来的历史较高增速。在高涨的需求推动下,物价持续走高,从1992年底的8.8%一路飙升到1994年10月的最高点为27.7%。

产业政策+货币政策多管齐下治理过热。1993年6月发布的《中共中央、国务院关于当前经济情况和加强宏观调控的意见》,采取16条措施对通胀进行综合治理,主要包括三个方面:规范利率借贷市场、总量从紧的原则下保证重点需求和企业的贷款供应、开办保值储蓄回笼货币。1993年一年期存款基准利率上升至10.98%,为1990年以来最高点。1994年实行分税制改革,强化增值税、消费税的调控作用。之后实行财政政策和货币政策双紧配合。1996年年底,通胀得以控制,国民经济实现"软着陆"。

经济快速发展显著拉升预期,股市一度泡沫积聚。市场经济体制改革大大释放了生产效率,实体经济需求短期内大量爆发,居民对经济增长和社会发展的预期不断推升。同时,中国的资本市场建设也在该阶段渐渐起步,居民对股票市场的热情高涨,股票市场自身发展因素叠加实体过热带来的高预期促使股指也达到了历史阶段性的顶点。上证指数在1993年2月达到阶段性高点,前后两个月的涨跌幅分别高达92%和13.7%。1994年迎来第一波熊市,在1994年7月证监会发布3项救市政策,引发8月到9月初的2~3倍暴涨,但持续一个月后再次回到持续至 1996 年的熊市走势。

表 1:《中共中央、国务院关于当前经济情况和加强宏观调控的意见》多管齐下治理过热

文件名称	措施内容
中共中央国务院关于当前经济情况和加强宏观调控的意见（1993 年 6 月）	一、严格控制货币发行,稳定金融形势。
	二、坚决纠正违章拆借资金。
	三、灵活运用利率杠杆,大力增加储蓄存款。
	四、坚决制止各种乱集资。
	五、严格控制信贷总规模。
	六、专业银行要保证对储蓄存款的支付。
	七、加快金融改革步伐,强化中央银行的金融宏观调控能力。
	八、投资体制改革要与金融体制改革相结合。
	九、限期完成国库券发行任务。今年发行国库券的利率,随着银行再次提高利率而相应提高。
	十、进一步完善有价证券发行和规范市场管理。
	十一、改进外汇管理办法,稳定外汇市场价格。
	十二、加强房地产市场的宏观管理,促进房地产业的健康发展。
	十三、强化税收征管,堵住减免税漏洞。
	十四、对在建项目进行审核排队,严格控制新开工项目。
	十五、积极稳妥地推进物价改革,抑制物价总水平过快上涨。
	十六、严格控制社会集团购买力的过快增长。

资料来源:中国政府网,中信证券研究部

第二轮通胀周期:中国加入 WTO 后的一轮过热(2003—2005 年)

入世后经济已经逐步出现过热的迹象,突如其来的"非典"掩盖了经济过热的表现,"非典"疫情下的货币政策扩张缓解经济创伤,疫后经济快速反弹带来需求旺盛下的高通胀。2001 年底中国加入世贸组织,伴随而来的是国内生产力快速爬坡。尤其是制造业投资的增长速度最快,2003 年一度达到 62.2% 的历史最高。与此同时,外贸景气也不断向好,进出口增速从 2002 年开始较先前显著上台阶,达到 20%~40% 的高增长。经济呈现出高景气的状况。但在 2003 年,"非典"疫情突发,对短期经济产生了较大的冲击。货币政策扩张以缓解危机对经济的冲击。2003 年上半年 M2 平均增速为 20% 左右,较前一年上升 5 个百分点左右,信贷余额同比增速也维持在超过 20% 的高增长。宽松的货币政策带动经济快速回升,2004 年 2 月固定资产投资完成额的累计同比从前一年的 28.4% 快速上升到峰值 53%;社会消费品零售总额的增速也从 2003 年的 9.1% 上升到 2004 年的 13.3%。CPI 和 PPI 在 2002 年初前后先后从低位不断攀升,CPI 在 2004 年 7 月达到高点,PPI 在随后的 10 月达到高点。

货币政策快速收紧、各类产业政策为过热的经济降温。实体经济过热的情况引起了货币政策的担忧,在通胀数据达到高点前,货币政策先行进行收紧的操作。根据 2004 年央行货币政策运行报告,2004 年 3 月分别提高再贷款利率 0.63 个百分点,再贴现利率 0.27 个百分点;2004 年 4 月央行将存款准备金利率提高 0.5 个百分点;2004 年 10 月一年期存、贷款利率上调 0.27 个百分点等操作为过热的经济降温。其他政策部门也纷纷出台政策,2004 年 3 月,发改委叫停三部门新建企业和新建生产项目,对钢铁、电解铝和水泥行业的投资

项目严加把控。4月29日,国务院决定用半年时间集中整顿土地市场,要求各地各部门在一个半月内清理在建、拟建固定资产投资项目。

各类资产价格均出现一定涨幅,股票市场价格最先反映货币政策转向。在经济不断向好的背景下,资产价格也不断高涨。上证指数在2004年的3月达到高点,前三个的月内的涨幅高达92%。伴随着货币政策收紧,股票也开始转跌。在此期间,地产景气大幅上升,一方面是国内经济高增的带动,当然还有地产本身的行业发展变化的因素。2002年5月国土资源部下发了《招标拍卖挂牌出让国有土地使用权规定》,开启了"土地招拍挂"。据中国社科院蓝皮书报告中的数据,1998—2003年的5年间,全国商品住房每平方米的价格总计增加了343元。而到2004年,每平方米的房价就比上年涨了352元。

图2:入世对经济增长的带动前所未有,制造业投资尤为迅速

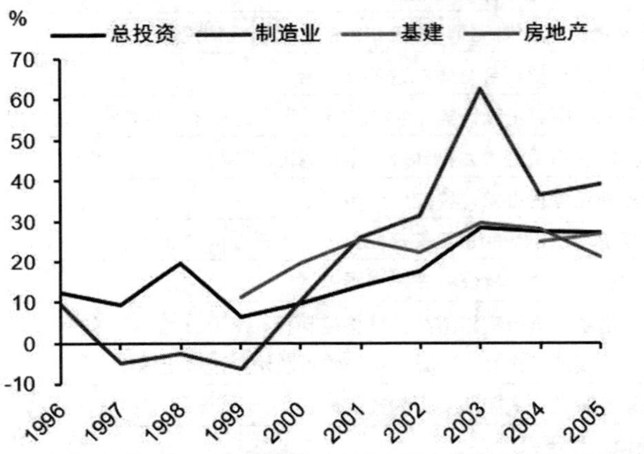

资料来源:Wind,中信证券研究部

图3:股票市场价格最先反映货币政策转向

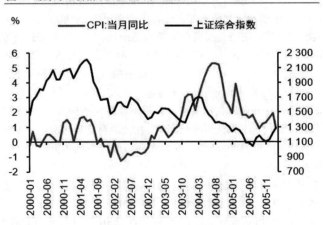

资料来源:Wind,中信证券研究部

第三轮通胀周期:投资出口双轮驱动的经济"易热难冷"(2006—2008年)

投资出口双轮驱动的经济"易热难冷",实体经济需求过热推升物价进入高增长阶段。2004年开始政策全方面对经济进行降温调控,短期效果显著,固定资产投资增速从2004年年初的53%垂直回落,年底回落到27.6%。但短期的调节没有实质性的改变经济运行的特点。当2004年这轮的宏观经济调控逐步退出后,实体经济开始再次呈现出过热的情况。2004年开始中国对外贸易顺差大幅攀升,外汇占款显著高增,通过外汇占款渠道被迫向国内增加了货币投放。宽松的货币环境叠加旺盛的实体需求,经济增长再次出现过热的迹象。2006年和2007年的实际GDP增速分别为12.7%和14.2%,成为中国入世后经济增长的最高水平。随着2007年经济增长超预期,生产品价格和消费品价格普遍上涨。此外,2005年前后我国南方生猪主产区爆发蓝耳病疫情,猪肉价格在2006年下半年开始出现大幅攀升;2008年年初的冰雪灾害又进一步推升了蔬菜价格,整体食品项的变化也是CPI上行的主要推动。2007—2008年,CPI最高点出现在2008年2月的8.7%,PPI最高点出现在随后的8月,为10%左右。

出于对高通胀的担忧,货币政策多次快速操作,希望缓解过热情况。央行2007年先后10次提高存款准备金利率,共5.5个百分点;先后6次提高存贷款基准利率,一年期存贷款利率分别累计上调1.62个百分点、1.35个百分点。2008年1月存款准备金率再次上调0.5个百分点。2008年上半年5次上调存款准备金率。但随着2008年进入9月以后,全球经济危机呈现蔓延扩散的势头,我国货币政策再次转向宽松操作,5次下调存贷款基准利率,4次下调存款准备金利率,并伴随着对实体经济的刺激性产业政策,这也为2011年的第四轮高通胀埋下了伏笔。

各类资产价格在此期间均出现了冲高后回落的情况。和之前经济过热后资产价格的表现类似,各类资产的价格均出现了一定程度的冲高回落。其中上证指数在2007年10月达到高点,三个月内上涨了20%,随后的三个月中下跌了13%。十年期国债利率受到通胀的影响2007年11月上行到阶段性的最高点,房价、艺术收藏品等资产价格均出现了相似的变化。

图4:开放初期经济易热难冷,固定资产投资2005年开始再次冲高

资料来源:Wind,中信证券研究部

图5：该阶段货币政策对存款准备金率的提升力度和速度都是历史之最

资料来源：Wind，中信证券研究部

第四轮通胀周期：前期刺激政策后遗症+输入性高通胀阶段(2009—2012年)

"四万亿"刺激政策带来实体经济需求高涨，国际油价大涨带来输入性的通胀压力。2009年上半年经济数据实现了"V型回升"。但宽松的货币政策一直持续到2009年底才出现逐步回收。前期力度较大、持续时间较长的刺进政策带来经济的高增长，也从2011年中开始，逐步推升了实际的物价水平。在国内经济本身逐步呈现过热的状况下，2010年开始海外经济体陆续从金融危机中恢复，带来全球需求共振复苏的预期。叠加中东北非事件，特别是2011年初爆发的利比亚战争导致实际原油价格短期内的快速上行，输入性通胀压力引致国内高通胀。CPI最高点出现在2011年7月，为6.45%，同期PPI也站上最高点，为7.54%左右。

货币政策先行而动，收紧节奏呈现小幅快走。央行2011年前三季度6次上调提高存款准备金率，累计上调3个百分点；3次提高人民币存贷款基准利率，1年期存贷款基准利率均累计上调0.75个百分点；2011年第四季度受海外主权债务危机影响，我国央行12月下调存款准备金率0.5个百分点；2012年上半年政策趋于稳健，2月、5月两次下调存款准备金率0.5个百分点。

资产价格早于通胀数据一个季度左右见顶，基本上同步于货币政策转向的时点。与前两轮通胀下的资产价格表现类似，股票和债券的转折点基本上先于通胀数据一个季度左右见顶，和货币政策的转向时间基本同步。货币政策从2010年年初已经开始逐步上调存款准备金率，并在2011年通胀预期快速上行的同时进一步小幅多次地调高了存款准备金率和贷款利率。上证指数的月度均值在2011年4月达到高点，高点前两个月内的涨幅为4.3%，高点后两个月内的跌幅为9.6%。十年期国债月均利率在2011年2月上行到阶段性的高点，之后两个月内出现了15bps(基点)的回落。

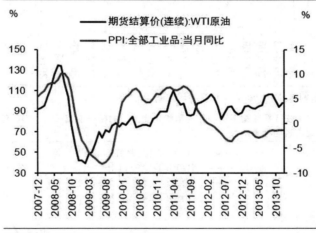

图6:2009年前后四万亿的刺激下,货币信贷环境也大幅宽松

资料来源:Wind,中信证券研究部

图7:全球复苏预期强烈带动原油价格大幅飙升推升国内PPI

资料来源:Wind,中信证券研究部

第五轮通胀周期:供给侧改革下工业品价格"单侧通胀"(2015—2018年)

"三去一降一补"带来产能出清,工业品价格进入快速增长阶段。2006—2008年经济过热阶段带来的产能过剩的问题在随后全球金融危机的冲击下被掩盖,而危机后新一轮"四万亿"的刺激更加剧了供需失衡的矛盾。2014年下半年开始,受到前期刺激性政策的影响,经济中产能过剩的问题在2014年开始逐步凸显,即供给远大于需求,PPI大幅走低。从2015年年底中央提出供给侧结构性改革,特别是"三去一降一补"政策思路,工业领域对产能扩张的严格控制和存量产能的清理,带来了工业品价格的大幅上涨,PPI在2017年2月达到阶段性的高点7.8%。

去产能伴随着去杠杆,货币政策并非针对通胀现象进行收缩,而是针对实体经济、资产价格泡沫、企业债务过度扩张等多重因素进行整体性的调整。2015年年底开启的"去产能和去杠杆"均为针对当时经济中存在的多重问题,去产能、去库存、去杠杆多管齐下对经济结构进行调整和瘦身。工业品价格在这样的背景下的大幅走高并非政策的主要考虑因素。从货币政策的表述来看,货币政策收紧的主要目的是防范金融风险,防范影子银行、打击银行监管套利和资金空转等,并非紧盯 PPI 变化进行操作。而且,2017 年开始,虽然 CPI 表现较为平稳,但经济也确实出现了比较小幅的、阶段性过热,主要是受全球需求恢复的带动以及国内房地产市场景气较高的拉动。

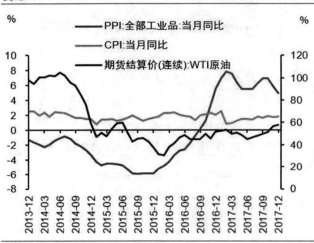

图 8:本轮高通胀主要来自工业品领域去产能,CPI 和油价均无显著变化

资料来源:Wind,中信证券研究部

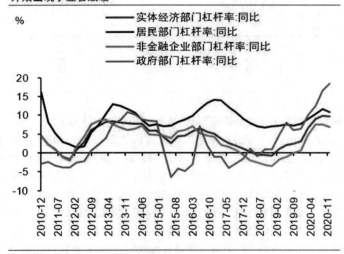

图 9:去杠杆政策下宏观杠杆率和企业部门的杠杆率增长从 2016 年开始出现了显著放缓

资料来源:Wind,中信证券研究部

资产价格变化更多受到经济运行状态的影响,经济进入结构化增长阶段,资产价和物价指标的相关性下降。由于经济进入结构化增长的阶段,此轮通胀 CPI 变化平稳,PPI 大幅波动。但从资产价格的表现来看,股票市场的走势在 2015 年年初呈现出先上行后回落,大幅回调之后就开始进入缓步上行的节奏,在 2017 年年底至 2018 年年初,国债到期收益率见顶的时间点,股债迎来了切换。这一轮通胀周期的表现相对最为特殊,一方面它与前面几轮不同的是,没有 PPI 和 CPI 的同步变化,另一方面它在经济运行中还有很多独特的逻辑,比如国内"三去一降一补"带来的结构变化,国际上美联储进入了一轮货币政策收紧周期,等等,是研究过去几轮通胀周期的比较与众不同的案例。

五轮通胀周期带来的启示

回顾历史周期和资产价格的表现情况,我们有三个主要的启示:

启示一:如果通胀反映出了经济过热,那大概率要出现货币政策收缩。对于货币政策的变化而言,物价上升是必要条件,并非充分条件。当我国经济进入中低速增长阶段之后,全面过热出现的可能性逐渐变小,货币政策的决策变量正在超越单纯的实体通胀指标。回顾过去五轮通胀周期的经济状态,前四轮主要是实体经济运行出现了明显变化,如改革开放新阶段带来的实体经济活力释放、入世以后中国快速融入全球市场等,进一步体现为物价指标包括 CPI 和 PPI 在一定时期内均达到较高的水平。在这样逐步过热的经济状态下,政策也对应出现收紧操作。这四轮主要体现为"经济过热在前,政策调控在后"。而第五轮以 PPI 实现较高水平为代表,供给侧改革在前,行业出清是因,价格上涨是果,这一轮的特点是"政策调控在前,伴随产生了 PPI 高企"。综合考虑这之后 PPI 和 CPI 反复出现的剪刀差变化以及货币政策的应对,其背后的逻辑在于:如果通胀反映出了经济过热,那大概率要出现货币政策收缩,否则要进一步评估通胀的成因和其他相关变量。对于货币政策的变化而言,物价上升是必要条件,并非充分条件。在我国经济进入新常态之后,伴随着中低速的经济增长和结构性的调整转变,经济出现全面过热的可能性逐渐变小,因此我们认为货币政策的决策变量正在超越单纯的实体通胀指标,而是更多考虑实体经济各方面的数据来分析实体运行的状态。

启示二:货币政策转向收紧的时间点与资产价格最高的时间点并非同步出现。资产价格更多表现为对实体经济和货币政策变化的预期,实际情况各有差异。回顾历史上五轮通胀周期中 CPI、PPI 达到高点的时间点以及各类资产价格高点的时间点来看,前四轮高通胀时期,资产价格的高点都是先于物价指标高点到来的。这是因为资产价格更多反映对实体经济和政策变化的预期。例如,按照月均数据来计算,CPI 在 2004 年的 7 月、2008 年的 2 月以及 2011 年的 7 月达到了高点,而上证指数分别在 2004 年 3 月、2007 年 10 月以及 2011 年的 4 月达到高点,上证指数领先 CPI 高点约 3～4 个月的时间,正好也是政策先行反应出现转向的时间点。但第五轮通胀周期中,由于政策并不以 PPI 高点为变化的参依据,因此资产价格的变化也更多参考实体经济、政策以及市场其他变量,相对走势更为独立和复杂。

启示三:利率走势更多取决于通胀背后的实体经济运行情况以及货币政策的变动,同时受到经济结构的影响,2013 年前 CPI 与利率更相关,2013 年后 PPI 与利率更相关。在 2013 年前实体经济呈现周期性的过热,而这种过热的状态会先从 CPI 中反映出来,因此 CPI 也是货币政策观察的主要指标之一,利率的变化与 CPI 走势更加一致。2013 年后,经济呈现出结构性的分化,整体性的经济过热难见,CPI 在反映实体需求变化的过程中逐步钝化。但经过前期经济过热叠加政策刺激后很多行业出现了过剩产能,因此工业品价格的变化能够更加灵敏地捕捉到实体需求的边际变化,也成为政策参考的重要内容之一。因此我们在当前经济增速中长期趋势性下行叠加结构性变化显著的经济背景下,更多关注 PPI 的变化对利率的指导意义。当然,如前所述,债券收益率的走势更多关注的是实体经济的运行状态和货币政策的变化,而货币政策的决策变量正在超越单纯的是实体通胀指标,而是更多考虑实体经济各方面的数据来结合分析。

图10:2013年前与国债收益率与CPI走势一致性较高

资料来源:Wind,中信证券研究部

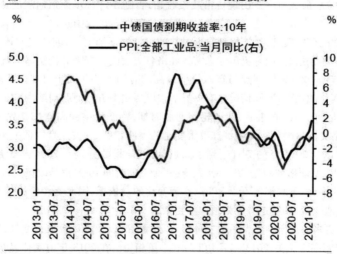

图11:2013年后与国债收益率走势与PPI一致性较高

资料来源:Wind,中信证券研究部

(资料来源:财联社官网)

第五章
Chapter 5

商业银行贷款业务与管理

【学习要点及目标】

通过本章学习,学生要了解商业银行贷款的种类、贷款政策的内容、贷款价格的构成和影响贷款价格的因素;掌握几种主要贷款的操作要点、银行贷款信用风险管理的方法和贷款管理制度的主要内容,并能应用贷款定价方法、信用分析方法、贷款风险分类方法及不良贷款损失的控制与处理方法。

【导入案例】

万亿信用卡市场迎新规 银行是否会调整信用卡透支利率

时隔四年,银行信用卡透支利率管制政策迎来调整一事在近期引起业内广泛关注。今年1月1日起,央行取消信用卡透支利率上限和下限管理,为信用卡业务强力解绑。信用卡透支利率放开区间限制后,银行是否会调整利率,这一政策对信用卡市场、银行、持卡人有何影响,对互联网信贷市场又是否会有所搅动颇受公众关注。

利率区间管制为何取消

据央行官网1月8日发布的信息显示,央行于2020年12月31日发布《关于推进信用卡透支利率市场化改革的通知》(以下简称《通知》)。《通知》指出,为深入推进利率市场化改革,央行决定,自2021年1月1日起,信用卡透支利率由发卡机构与持卡人自主协商确定,取消信用卡透支利率上限和下限管理(即上限为日利率万分之五、下限为日利率万分之五的0.7倍,测算年化利率区间为12.775%~18.25%)。

信用卡的盈利模式是"利息+手续费"。持卡人刷卡后在免息期内还款就无须支付任何利息(最长约50天),但超过免息期后,持卡人不全额还款选择透支就会产生透支利率。一般透支利率比同期银行贷款高得多。北京商报记者查询多个银行官网发现,当前银行信用卡透支利率基本采取万分之五的日息计算,即测算为年化利率18.25%。

央行为何取消信用卡利率区间管制也引起业内关注。北京商报记者注意到,早在2016年4月15日,央行发布关于信用卡业务有关事项的通知,于2017年1月1日起施行,其中取消了当时统一规定的信用卡透支利率标准,转而对信用卡透支利率实行上限、下限区间管理,透支利率上限为日利率万分之五,透支利率下限为日利率万分之五的0.7倍。央行有关负责人同时明确表示,"待时机成熟再全面实施市场定价"。

业内人士认为,在近年来,我国利率市场化改革持续推进的背景下,取消信用卡透支利率区间限制,属于利率市场化改革的必要步骤。零壹研究院院长于百程指出,如今,各类个人互联网信贷产品不断发展,信用识别和定价能力不断上升,其在利率等方面已经更加分层和市场化。但实际上,个人互联网贷款产品与信用卡透支模式是比较类似的,此前信用卡透支利率的区间设置,并不利于信用卡业务的进一步创新。因此,此次央行取消信用卡透支利率上限和下限管理,是贯彻利率市场化方向的举措,为信用卡业务差异化发展解绑。

在信用卡资深研究人士董峥看来,此次《通知》的突然出台并紧急实施,可以视为在2020年年底,针对网络小贷市场清理整顿之后,再为信用卡业务强力解绑,彻底放开了信用卡在透支利率上的束缚,反映了央行重塑信用卡业务在消费金融领域中地位的强烈决心。

银行会否调整利率

值得一提的是,2020年8月20日,最高人民法院发布关于修改《关于审理民间借贷案件适用法律若干问题的规定》(以下简称《规定》),自当日起施行。《规定》明确以一年期贷款市场报价利率(LPR)的4倍为标准确定民间借贷利率的司法保护上限(目前一年LPR 4倍为15.4%)。可以发现,当前的银行信用卡透支利率高于民间借贷利率上限。对于上述《规定》是否适用于银行等持牌金融机构,业内一直存在争议。

在这样的背景下,信用卡透支利率放开区间限制后对银行有什么影响,银行是否会调整透支利率颇受市场关注。对此,东吴证券银行业首席分析师马祥云表示,放开利率区间管制后,考虑信用卡市场竞争激烈,预计商业银行不会大范围提高利率,但可能对部分风险表现较差的客户提价,以实现风险与收益匹配。反之亦然,部分银行可能会对优质客户降价,突破此前的利率下限,但优质客户的生息资产比例更低,所以实际影响预计有限。总体上,头部零售银行能够对信用卡业务更灵活定价,更受益利率市场化。

于百程进一步指出,后续信用卡业务在银行内的创新性将会增强,各家之间以及银行内部不同客户的信用卡透支利率都会体现出更大的差异性,在利率上看,总体上下降的可能性大,"后期不同银行透支利率会各不相同,各家银行也会根据风控水平进行动态调整,持卡人将会优先选择利率低的信用卡进行透支"。

对信用卡市场有何影响

从1985年我国第一张信用卡诞生以来,我国信用卡产业得到了长足发展。根据央行披露的数据，截至2020年9月末，我国人均持有信用卡和借贷合一卡0.55张，信用卡应偿信贷余额为7.76万亿元，环比增长3.54%。

那么，《通知》的下发将如何影响未来的信用卡市场和持卡人，对互联网信贷市场又是否会有所搅动？

在于百程看来，信用卡透支利率放开，提升了信用卡吸引力，有利于信用卡存量用户的进一步激活，也会与其他个人互联网信贷产品形成竞争。

"《通知》的发布正是让信用卡业务重新获得市场主流地位的重要举措。现在流行的互联网信用消费产品的透支利息也为日利率万分之五，信用卡可以灵活定价后，以利于信用卡业务在信用消费领域，与其他互联网信用消费产品的对手展开正面交锋中占得有利位置。"董峥如是说。

不过，董峥也同时指出，客观地说，信用卡透支利率市场化只是信用卡业务重新回归市场的充分条件之一，毕竟经常借助透支利率的用户总体来说仍为少数。透支利率高低对于全额还款的用户影响不大，因此这项政策影响范围也是有限的人群。而信用卡业务能否借助《通知》重整旗鼓，重新夺回已失去的市场位置和空间，更多还是取决于发卡银行在信用卡业务经营策略实现与时俱进的调整，提升自身业务实力，以及提升产品的市场竞争力。

（资料来源：北京商报2021-01-11）

第一节　商业银行贷款业务概述

一、商业银行贷款政策

所谓商业银行贷款，是指商业银行为实现其经营目标而制定的指导贷款业务的各项方针和措施的总称，也是商业银行为贯彻安全性、流动性、盈利性三项原则的具体方针与措施。

在进行贷款之前，商业银行必须首先确定自己的贷款政策，即了解自身经营的内外环境及影响贷款的各种因素，确定贷款所要达到的基本目标。

商业银行制定贷款政策的目的，首先是为了保证其业务经营活动的协调一致。贷款政策是指导每一项贷款决策的总原则。理想的贷款政策可以支持银行作出正确的贷款决策，对银行的经营作出贡献。其次是为了保证银行贷款的质量。正确的信贷政策能够使银行的信贷管理保持理想的水平，避免风险过大，并能够恰当地选择业务机会。此外，贷款政策是一种在全行建立的信用诺言。通过明确的政策建立的信用诺言是银行共同的信用文化发展的基础。计划经济向市场经济转轨的过程中，贷款政策主要来自货币管理当局。但随着政府金融管制的放松，商业银行必须制定自己的贷款政策。贷款政策的科学性、合理性及实施状况，必然会影响到商业银行的经营绩效。

（一）影响贷款政策的因素

影响贷款政策的因素有：①商业银行自身对待风险的态度。②资本的充足性。贷款政策应对银行资本状况有所反映。③存款状况。存款是商业银行贷款的基础。④其他的获取收益的机会。⑤商业银行自身的业务习惯和特点。⑥宏观经济状况。⑦市场利率状况。⑧地区经济环境。

（二）贷款政策的主要内容

一般说来，贷款政策应包括以下主要内容。

1. 贷款业务发展战略

银行贷款政策首先应当明确银行的发展战略，包括开展业务应当遵循的原则、银行希望开展业务的行业和区域、希望开展的业务品种和希望达到的业务开展的规模和速度。

在银行的贷款政策文件中都开宗明义地指出，贷款业务的发展必须符合银行稳健经营的原则，并对银行贷款业务开展的指导思想、发展领域等进行战略性的规划。

贷款业务发展战略，首先应明确银行开展贷款业务须遵循的基本方针。在明确了银行贷款应遵循的经营方针的基础上，还必须根据需要和可能，确定银行贷款发展的范围（包括行业、地域和业务品种）、速度和规模。

2. 贷款工作规程及权限划分

为了保证贷款业务操作过程的规范化，贷款政策必须明确规定贷款业务的工作规程。

贷款工作规程是指贷款业务操作的规范。

贷款程序通常包含三个阶段：

第一阶段是贷前的推销、调查及信用分析阶段。这是贷款科学决策的基础。

第二阶段是银行接受贷款申请以后的评估、审查及贷款发放阶段。这是贷款的决策和具体发放阶段，是整个贷款过程的关键。

第三阶段是贷款发放以后的监督检查、风险监测及贷款本息收回的阶段。这一阶段也是关系到贷款能否及时、足值收回的重要环节。

3. 贷款的规模和比率控制

评判银行贷款规模是否适度和结构是否合理，可以用一些指标来衡量。其主要有以下指标：

（1）贷款/存款比率。这一指标反映了银行资金运用于贷款的比重以及贷款能力的大小。《中华人民共和国商业银行法》规定银行的这一比率不得超过75%。

（2）贷款/资本比率。该比率反映了银行资本的盈利能力和银行对贷款损失的承受能力。中国人民银行根据《巴塞尔协议》规定的国际标准，确定商业银行资本总额与加权风险资产之比不得低于8%，核心资本与加权风险资产之比不得低于4%。

（3）单个企业贷款比率。该比率是指银行给最大一家客户或最大十家客户的贷款占银行资本金的比率,它反映了银行贷款的集中程度和风险状况。中国人民银行规定,商业银行对最大客户的贷款余额不得超过银行资本金的15%,最大十家客户的贷款余额不得超过银行资本金的50%。

(4)中长期贷款比率。这是银行发放的一年期以上的中长期贷款余额与一年期以上的各项存款余额的比率。它反映了银行贷款总体的流动性情况,这一比率越高,流动性越差;反之,流动性越强。根据目前中国人民银行的规定,这一比率必须低于120%。

4. 贷款的种类及地区

贷款的种类及其构成,形成了银行的贷款结构。而贷款结构对商业银行信贷资产的安全性、流动性、盈利性具有十分重要的影响。因此,银行贷款政策必须对本行贷款种类及其结构作出明确的规定。

贷款地区是指银行控制贷款业务的地域范围。银行贷款的地区与银行的规模有关。大银行因其分支机构众多,在贷款政策中,一般不对贷款地区作出限制;中小银行则往往将其贷款业务限制在银行所在城市和地区,或该银行的传统服务地区。

5. 贷款的担保

在贷款政策中,应根据有关法律确定贷款的担保政策。贷款担保政策一般应包括以下内容:

(1)明确担保的方式。如《中华人民共和国担保法》规定的担保方式有保证人担保、抵押担保、质押担保、留置以及定金。

(2)规定抵押品的鉴定、评估方法和程序。

(3)确定贷款与抵押品的价值的比率、贷款与质押品的比率。

(4)确定担保人的资格和还款的能力的评估方法与程序等。

6. 贷款定价

在市场经济条件下,贷款的定价是一个复杂的过程,银行贷款政策应当进行明确的规定。

银行贷款的价格一般包括贷款利率、贷款补偿性余额(回存余额)和对某些贷款收取的费用(如承担费等),因此,贷款定价已不仅仅是一个确定贷款利率的过程。

在贷款定价过程中,银行必须考虑资金成本、贷款风险程度、贷款的期限、贷款管理费用、存款余额、还款方式、银行与借款人之间的关系、资产收益率目标等多种因素。

7. 贷款档案管理政策

贷款档案是银行贷款管理过程的详细记录,体现银行经营管理水平和信贷人员的素质,可反映贷款的质量,在一些情况下,甚至可以决定贷款的质量。一套完整的贷款档案管理制度通常应包括以下内容:

(1)贷款档案的结构及其应包括的文件。

(2)贷款档案的保管责任人。

(3)明确贷款档案的保管地点,对法律文件要单独保管,应保存在防火、防水、防损的地方。

(4) 明确贷款档案存档、借阅和检查制度。

8. 贷款的日常管理和催收制度

贷款发放出去之后，贷款的日常管理对保证贷款的质量尤为重要，故应在贷款政策中加以规定。同时，银行应制定有效的贷款回收催收制度。

9. 不良贷款的管理

对不良贷款的管理是商业银行贷款政策的重要组成部分。贷款发放以后，如果在贷后检查中发现不良贷款的预警信号，或在贷款质量评估中被列入关注级以下贷款，都应当引起充分的重视。

二、贷款程序

商业银行发放贷款时遵循既定的程序制度，目的是保障贷款的安全性、盈利性和流动性，使贷款政策得到最恰当的执行。

（一）贷款程序

1. 对贷款的审核与检查

这主要由贷款权力归属部门负责执行，目的在于保持贷款政策执行的客观性，其标准在于：确定贷款是否符合管理方针和法令规定；批准贷款的主管人员是否按照银行贷款政策办事；信贷档案是否齐全；贷款申请书是否说明抵押品的种类和金额；全部必要的债券利息是否完整无缺；还款来源是否像清单所列明的那样足以清偿贷款。

具体而言，对贷款的审核与检查包括对借款申请书的审查和对贷款项目本身的调查。前者要说明：①借款的目的和用途，银行通常要审查借款人的借款目的是否与贷款方针的要求相符；②借款的数额，银行要审查借款人的借款数额是否与实际需求相符，是否超过法定的贷款限额；③借款期限；④还款的方法及来源；⑤担保的方法，银行通常愿意接受市场价格稳定、易销售的财产作为抵押品。后者的目的在于确定：①该项贷款对整个社会经济发展或地区经济发展是否有利；②贷款的利益；③借款人的资信能力；④合法代理人；⑤放款规模。

2. 签订贷款合同

如果银行信贷部门对借款人和贷款项目本身审查合格，则依双方协商内容最终将订立法律文本，以明确各自的权利和义务，该合同书也是未来有关纠纷和贷款具体执行的法律依据。这一合同包括：①贷款总则，总则中规定贷款数额、利率、期限和还款方式等贷款的基本要素；②贷款条件，银行为了保证贷款能够安全收回，对贷款企业的资金运用、生产管理、投资方向、投资数额等生产条件；③担保品的选择；④财务报告，为了准确掌握借款方的财务状况和贷款的使用情况，银行在贷款合同中通常要求借款企业在使用贷款期间，提供各种与贷款有关的财务报告和统计资料；⑤违约条款，主要是解决拖欠贷款或破产时的债务清偿问题；⑥还款方法，银行可能要求借款人一次全部还清贷款，也可能同意分期摊还；⑦承诺费的收取和计算方式；

⑧贷款人受托支付方式下双方的权利义务;⑨各类账户的设立要求以及账户监控内容,并将项目及借款人基本情况、贷款存续期间的财务指标约束作为合同附件。

3. 放款的偿还

这一环节涉及的结果有按期、提前、延期偿还和无力清偿四种状况。后两种情况将涉及银行对借款者资信的评价和利息惩罚等问题,前两种情况可能会有相应的奖励措施。

4. 有问题贷款的催收和注销

其主要是涉及上述的后两种情况,银行应该采取补救措施。情况不良征兆的显现,要依靠银行对有关报警信号的敏感反应能力和既定应急方案。这些报警信号诸如:收到财务报表、支付报表或其他文件时间的不正常推延;来自其他金融机构有关借款者的意外贷款需要;借款者态度的变化(即拒绝回电话或经常不在办公室);当地经营环境的变化(即大企业关门或加入新的竞争者);借款者的不负责行为(即旷工或过度的酗酒);透支额增加;借款者的企业发生罢工或其他停工事件;违法行为被揭发;对借款者的意外判决(即侵权赔偿或税款留置)。银行贷款管理者一旦发现这种潜在的违约风险,必须尽快采取行动使损失最小,任何拖延都会使损失增加。处理逾期账户总的原则是:争取借款人的最佳合作,抢先接管抵押品,主动与借款人合作使贷款得以偿还。对于确认无法回收的贷款应提留呆账准备金,但这并不意味着催收的停止。需要强调的是,尽管贷款政策和程序规定了有关银行贷款业务的明确做法,但过分僵化的刚性规定不利于员工创造力的发挥。因此,银行应该鼓励有关员工对贷款业务的积极参与,具体贷款政策和程序也应在保持稳定性的同时,根据实际情况不断修正,尤其是在银行内外部环境变动的情况下。

(二)中国人民银行《贷款通则》规定的贷款程序

根据中国人民银行《贷款通则》的有关规定,贷款具体程序如下。

1. 贷款申请

借款人向贷款人申请贷款必须填写包含借款金额、偿还能力、还款方式等主要内容的《借款申请书》,并提交证明其支付事项真实存在的交易资料(一般情况下为借款人与其交易对象签订的商品/劳务合同或发票)。

2. 对借款人的信用等级进行评估

贷款人可根据借款人的领导者素质、经济实力、资金结构、履约情况、经营效益和发展前景等因素对借款人进行等级评估,要做到客观、公正、科学。

3. 贷款调查

贷款人受理借款人申请后,应当对借款人的信用等级和借款人的合法性、安全性、盈利性等情况进行调查。在贷款发放前需要对借款人的支付事项进行逐笔审核,确保其支付对象与提交的交易资料一致,与约定的贷款用途一致,并应根据情况主动分析其支付事项是否为贷款项目所需,是否与约定的贷款用途一致。在贷款发放前必须确认该笔支付已经过审核同意,因为在贷款人受托支付方式下,不同意支付则意味着不能发放。如果是担保贷款,还应核实抵押物、质物、保证人情况,并测定贷款风险度。

4. 贷款审批

对经过审查评估符合贷款条件的借款申请,银行应按照审贷分离、分级审批的贷款管理制度进行贷款审批。为了保证贷款决策科学化,凡有条件的银行都应当建立贷款审查委员会,进行集体决策。

5. 借款合同的签订和担保

借款申请经审查批准后,必须按《中华人民共和国经济合同法》和《借款合同条例》,由银行与借款人签订借款合同。借款合同的文本由银行拟定,报中国人民银行审定后自行印刷。对于保证贷款,保证人须向银行出具不可撤销担保书或由银行与保证人签订保证合同;对于抵押贷款和质押贷款,银行须与借款人签订抵押合同或质押合同。需办理公证或登记的,还应依法办理公证和登记手续。

6. 贷款发放

借款合同生效后,银行就应按合同规定的条款发放贷款。在发放贷款时,借款人应先填好借款借据,经银行经办人员审核无误,并由借贷部门负责人或主管行长签字盖章,送银行会计部门,将贷款足额划入借款人账户,供借款人使用。贷款的发放方式为实贷实付和实贷实存两种。

7. 贷后检查

贷款发放后,银行要对借款人执行借款合同的情况即借款人资信状况进行跟踪调查和检查。检查的主要内容包括:借款人是否按合同规定的用途使用贷款;借款人资产负债结构的变化情况;借款人还款能力即还款资金的落实情况等。对违反国家有关法律、法规、政策、制度和借款合同规定使用贷款的,检查人员应及时予以制止并提出处理意见。对问题突出、性质严重的,要及时上报主管领导直至上级采取紧急措施,以尽量减少贷款的风险损失。

8. 贷款归还

借款人应当按照合同的规定,按时足额归还贷款本息,否则,应当按规定加罚利息。贷款人应当在贷款到期前的规定日期向借款人发出还款通知单。

【知识库】

催收高利贷最高可判3年,2021年3月1日实施!

高利贷被严打后,催收高利贷也遭遇史上最严惩戒。2021,再见高利贷,再见暴力催收。

高利贷横行的背后,少不了暴力催收充当"保护伞"。法院、检察院、警方多方联动打击高利贷,依附在高利贷链条上的暴力催收、非法催收也被严惩。

2020年年底,十三届全国人大常委会第二十四次会议表决通过《中华人民共和国刑法修正案(十一)》,该修正案当中明确对催收高利贷定性,将采取暴力、软暴力等手段催收高利放贷等产生的非法债务的行为规定为犯罪。

根据修正案,有下列情形之一,催收高利放贷等产生的非法债务,情节严重的,处三年以下有期徒刑、拘役或者管制,并处或者单处罚金:

(一)使用暴力、胁迫方法的;

(二)限制他人人身自由或者侵入他人住宅的;

(三)恐吓、跟踪、骚扰他人的。

近两年,高利贷等黑灰产业被监管严格监控,警方、法院等部门也在加大打击力度,使高利贷犯罪成本增加。特别是2019年315晚会之后,714高炮被点名,遍布线上线下的高利贷团伙被打掉。

高利贷、套路贷整治过程中,相关的暴力催收公司也被警方陆续端掉,催收行业一时陷入风雨飘摇。然而,在国家明令禁止暴力催收后,仍有不少非法催收机构不收手,打着科技公司的幌子继续为高利贷催收。

根据警方公示的信息,2020年永康警方将一个从事暴力催收的犯罪团伙移送起诉,该犯罪团伙23名犯罪嫌疑人全部被抓,5 000万元资金遭冻结,另外还被警方扣押手机60余只、电脑23台。

这家位于湖北武汉的暴力催收公司主要服务对象为网络借贷,在催收手段上冒充黑恶势力,通过电话语音、短信、微信等方式恐吓、威胁借款人。当逾期贷款收回时,他们能获得高额提成。

借款人易陷入高利贷和暴力催收,归根结底在于消费金融和民间借贷的用户较多集中在下沉市场,金融知识薄弱,缺少对信贷消费合理规划和安全意识。一些高利贷团伙利用消费者的金融知识漏洞,设计出多种多样的套路贷陷阱坑害消费者。

当借款人债台高筑放弃还款时,便又被暴力催收团伙缠身。有借款人反映,2017年在一家网络贷款平台上借款4万元,借款期限36个月,每个月还2 063元。但合同签订后,被贷款平台以服务费等费用名义扣除数千余元,贷款综合息费远超36%。还了20期后,借款人决定暂不还款,随后被暴力催收公司恐吓威胁,甚至"抄家"。

疫情暴发以来,部分地下高利贷平台卷土重来,加之信贷领域坏账激增,为催收市场创造了空间。一些非现金贷平台大幅增加借款人融资成本,利用信息不对称盘剥借款人,一旦借款人无法清偿债务,高利贷平台就会通过外包的暴力催收机构进行催收。

2020年以来,高利贷被严厉整顿。我国首次从立法层面禁止高利贷、砍头息。从高利贷和砍头息被写入民法典,可以看出国家从严整治高利贷的态度,这对规范信贷行业具有比较重要的意义。

同时,为了从源头斩断套路贷、高利贷乱象,最高人民法院发布民间借贷利率受保护的上限调整为一年期LPR(贷款市场报价利率)的四倍,以现行一年期LPR报价3.85%为例,按照3.85%的4倍计算为15.4%。该利率相比传统的两线三区,降幅明显,超出15.4%即为高利贷。

对于消费者而言,该政策能有效杜绝高利贷等乱象,部分现金贷平台通过服务费、评估费、担保通道费等附加收费项目增加借款综合成本的做法,明显行不通了。

近年来,通过缴纳手续费、保证金、解冻金等噱头,以正规平台的形式,对借款人实施精准诈骗的案件层出不穷,据统计,这一数据占全部电信诈骗发案数近35%。套路贷在实质上就是高利贷,套路贷横行增加暴力催收隐患。

随着打击套路贷、高利贷专项活动推进,这些犯罪团伙及其背后的技术服务商、数据服务商、支付服务商、暴力催收机构都会一一浮出水面。套路贷、高利贷是因,暴力催收是果,想彻底清理暴力催收,必须先捣毁套路贷。

> 公安部有关负责人表示，公安机关将继续保持对此类犯罪的严打高压态势，依法严厉打击非法放贷、非法催收犯罪团伙，严肃查处由此滋生的倒卖公民个人信息、提供技术支持、资金支付渠道等违法犯罪行为。
>
> 如今，禁止放高利贷、催收高利贷面临判刑罚款，更为严格的惩罚措施将会产生史无前例的震慑作用。一番整治后，一些催收公司对员工进行合规培训，培训内容为催收态度、合规要求等，甚至部分催收公司要求催收员的态度必须按照客服标准来。
>
> "催收机构已经不再敢接高利贷、网贷的催收单子，虽然利润较高，但风险实在太大，一不小心就有坐牢风险。"有催收从业者表示，愿意接高利贷的催收机构一般都会涉及暴力催收，它们本身就是黑灰产的重要一环。
>
> （资料来源：消费金融频道2021-02-15）

第二节 商业银行贷款定价

一、贷款定价的内容

贷款定价是商业银行制定的关于向客户发放贷款的价格条件，包括以下内容。

1. 贷款利率

这是银行贷款价格的主要内容。

2. 承诺费

承诺费是指银行对已经答应贷给客户，而客户又没有实际使用的那部分贷款收取的费用。

3. 补偿存款

补偿存款是借款人应银行要求而保持在银行的一定数量的活期存款和低利率的定期存款。这通常要作为银行同意发放贷款的条件，写进贷款协议中。

4. 隐含价格

这是贷款价格中的一些非货币的内容。

二、影响贷款定价的主要因素

影响银行贷款价格的因素很多，如资金成本、市场利率、贷款期限、贷款种类、借款人的信用状况、借款人与银行的关系、借款人的盈利能力等。一般来说，商业银行在贷款定价时，需要着重考虑以下几个因素：一是借款人的信用状况；二是借款人与银行的关系；三是借款人的盈利能力。

三、贷款定价的风险

（一）信用风险

对这种风险的分析集中在以下 6 个方面(简称 6C)：

（1）品德(character)。品德指个人或企业借款者对其所欠债务是否愿意归还，一般通过考察其过去的资信情况，了解谁介绍他来借款以及通过与借款人面谈来作出判断。

（2）能力(capacity)。能力主要是通过审查借款人的财务报表，看其资金的流入流出是否正常，以及经营业绩怎样。

（3）资本(capital)。资本指借款人财务报表上的总资产总负债情况、资本结构、资产负债相抵后的净值，即借款人的财富状况。

（4）担保品(collateral)。担保品指借款人用作借款担保品的质量。

（5）经营环境(condition)。经营环境指借款人在经济衰退及其他事件中的脆弱性，或者在最糟糕的情况下的还款能力。

（6）事业的连续性(continuity)。事业的连续性指借款人能否在日益竞争的环境中生存与发展。

此外，借款人的财务报表对银行来说是至关重要的，但要注意，这些报表毕竟是反映企业的过去，因此应用时要作信用调查，以得出正确的结论。近几十年来，还发展了许多观察企业经营的方法。如 1977 年由阿尔曼等人提出的 Z 分析模型，使用了 5 个比率：X_1 为营运资金与总资产比率；X_2 为留成利润与总资产比率；X_3 为支付利息及税款前的收益与总资产比率；X_4 为股票的市场价与总负债值比率；X_5 为销售收入与总资产比率。因此

$$Z = a_1 \times X_1 + a_2 \times X_2 + a_3 \times X_3 + a_4 \times X_4 + a_5 \times X_5$$

其中　　Z——企业经营状况；

　　　　a——各项资产的信用权数(或系数)。

利用统计方法求出系数后，有

$$Z = 1.2X_1 + 1.4X_2 + 3.3X_3 + 0.6X_4 + 1.0X_5$$

若 $Z<2.675$，则该企业将有很大问题；若 $Z \geq 2.675$，则说明企业经营良好。

（二）利率风险

目前，防止利率风险的方法，主要是采取浮动利率，定期调整。

（三）搭配不当的风险

一是利率与时间搭配不当，短借长用，形成损失；二是币种搭配不当，形成汇率风险。对国外放款，常常涉及不同货币的汇率风险。近年来，国际金融市场的远期交易为抵消此种风险提供了可能。

贷款定价的目标在于确保预期收益率的实现。为此，银行贷款管理者必须考虑发放贷款

的预期收入、给借款者提供资金的成本、管理和收贷费用以及借款者的风险等级。下列简单公式可以说明这些因素之间的关系

$$税前产权资本预期(目标)收益率 = \frac{贷款收益 - 贷款费}{应摊产权成本}$$

其中

$$应摊产权成本 = 银行全部产权资本对贷款的比率 \times 未清偿贷款余额$$

若贷款收益低于目标比率,那么,该笔贷款或该类贷款将不得不重新定价。

贷款重新定价的主要方法是调整放款利率。此外,还有其他几种方法:

(1)吸收被偿存款,即借款者同意把存款存入放款银行。

(2)提取承诺费或留置费,是指在确定贷款额度或订立贷款协议时,对借款者所收取的费用。这些费用通常表现为贷款承担额或贷款额度的某一百分比。使承诺费对实际收益的影响复杂化的因素之一,是这些付款的时间安排。

(3)收取其他服务费,包括贷款的开户、手续处理、服务和收贷等方面所收取的费用。

(4)差额定价,是以高于借入资金成本加成来决定贷款利率,差额定价并不考虑补偿存款额、各种服务费,或者与顾客有关系的其他方面。此外,贷款价格的制订是根据应摊股本可实现的目标收益。

(5)优惠加数与优惠乘数。目前,商业银行间一种普遍的做法是,在优惠利率的基础上,为不同风险等级的客户制订不同的贷款利率。

(6)交易率计算法。采用这种办法时,申请借款超过某一最低限额的借款者,可以在几种基础(交易)利率中选择,以决定该笔贷款的利率和到期期限。最通用的基础利率是国库券利率、定期大额存单利率或同业拆借利率。

四、贷款定价方法

(一)成本加成的贷款定价方法

成本加成定价法也称为成本相加定价法,是指银行从单独一笔贷款的角度出发,在考虑这笔贷款的成本与其利润的基础上确定其贷款价格。其前提是:假定银行能够精确知道各种成本,如筹资成本、经营成本、承担拖欠风险的补偿费用、每笔贷款的适当利润等。这时,银行可以运用成本加成的方法来计算贷款的价格。这种办法的优点是计算简便、实用,是最简单的银行贷款定价模型。其缺点是不考虑市场竞争因素,不考虑其他银行的定价对自己的影响。

例如:某企业申请贷款 500 万元。如果银行以 10% 的利率在货币市场发行存款单筹集资金;发放和管理这笔贷款的经营成本为 2%;银行信贷部建议以贷款的 2% 补偿银行面临的拖欠风险,并且,银行对扣除以上成本后 1% 的净利润表示满意。则这笔贷款的利率将为

$$10\% + 2\% + 2\% + 1\% = 15\%$$

(二) 价格领导模型

价格领导模型是指银行在进行贷款定价时,以若干个大银行(价格领导型银行或有资格报价的银行)统一的优惠利率(基础利率)为基础,考虑到违约风险补偿和期限风险补偿后,为贷款制订的利率。这里所说的价格领导型银行一般是指处于货币中心的大银行。其基本公式为

$$贷款利率 = 基础利率(各种成本与银行预期的利润) + 加成部分$$

1. 基础利率

基础利率也称为基准利率或优惠利率,它包括价格领导型银行对优质客户发放贷款的资金成本、贷款的经营管理成本和银行的预期利润。基础利率由价格领导型银行根据市场资金的供求状况定期公布,如美国的基准利率被认为是由定期公布贷款利率的 30 家货币中心确定的。

伴随着市场、经营环境等方面的变化,近年来在基础利率的确定方面发生了一些变化。例如,随着商业票据、大额可转让存单等金融工具以及有关市场的发展,金融市场在利率决定中的作用越来越明显。伦敦同业拆放市场的拆借利率逐渐成为取代价格领导型银行的基础利率,且成为银行在确定贷款价格时的主要参考利率。

2. 加成部分

加成部分即风险加息率,是价格领导模型贷款定价中较难确定的一部分。它主要由两部分构成:一是由非基准利率的借款人支付的违约负担,一般根据借款人的信用评级状况来确定,信用等级越高,风险越小,反之则越大;二是因贷款期限较长形成的期限风险损失,由长期贷款的借款人承担。

随着世界金融市场的利率由原来的固定利率形式发展到浮动利率形式,加成部分的加成方式也发生了一些变化。例如,银行可以采用两种方式:一是基准利率相加方法(也称为优惠利率加数方式),二是基准利率相乘方法(也称为优惠利率乘数方式),来计算贷款的加成部分。

(三) 成本收益贷款定价方法

成本收益贷款定价方法旨在使银行贷款利率能够完全补偿其成本和风险。基本的计算步骤是:

(1) 在多种利率和费用的情况下估算贷款将产生的全部收入。

(2) 估算银行必须对借款人交付的可贷放资金净额,应扣除补偿余额,加上其(补偿余额)法定存款准备金要求。

(3) 估算贷款的税前收益。

$$估算贷款的税前收益率 = \frac{估算的贷款收入}{借款人实际可用的可贷放资金净额}$$

例如:某客户申请 500 万元的信用额度,贷款利率为 15%,客户实际可使用的资金额为

500万元,则

$$估算贷款的税前收益率=\frac{500\times 15\%}{500}=15\%$$

【知识库】

关于存量贷款转换为LPR这12个问题你一定要知道

1. 什么是贷款市场报价利率(LPR)?

答:LPR由具有代表性的18家报价行,根据本行对最优质客户的贷款利率,以公开市场操作利率(主要指中期借贷便利利率)加点形成的方式报价,由中国人民银行授权全国银行间同业拆借中心计算得出,为银行贷款提供定价参考。LPR包括1年期和5年期以上两个品种。自2019年8月起,每月20日(遇节假日顺延)中国人民银行授权全国银行间同业拆借中心公布LPR,公众可通过全国银行间同业拆借中心网站和中国人民银行网站查询。

2. 什么是定价基准?

答:浮动利率贷款一般需要参考一个定价基准,定期调整其执行利率。以前,浮动利率贷款的利率多表示为"贷款基准利率×倍数"(例如,7折的倍数就是0.7,上浮1.1倍的倍数就是1.1),其中的贷款基准利率就是定价基准。转换为参考LPR定价后,利率的表示方式将变为"LPR±点差",其中的LPR就是定价基准。

3. 为什么要将存量浮动利率贷款定价基准转换为LPR?

答:目前大部分新发放贷款已将LPR作为定价基准,但存量浮动利率贷款的定价基准仍主要是贷款基准利率。2015年10月以来,贷款基准利率一直保持不变。相比贷款基准利率,LPR的市场化程度更高,能及时反映市场利率变化,2019年8月以来已多次下降。为保护借贷双方权益,特别是让借款人享受利率下行带来的好处,中国人民银行明确自2020年3月1日开始,推进存量浮动利率贷款定价基准转换。

4. 什么贷款需要转换定价基准?

答:需要转换定价基准的贷款要同时满足几个条件:一是2020年1月1日前已发放,或已签订合同但未发放;二是参考贷款基准利率定价;三是浮动利率。固定利率贷款、已参考贷款市场报价利率(LPR)的浮动利率贷款等无须转换。已处于最后一个重定价周期的存量浮动利率贷款可不转换。公积金个人住房贷款不需要转换,但组合贷款中的商业性个人住房贷款也要转换定价基准。

5. 什么是重定价日和重定价周期?如何确定贷款是否已经处于最后一个重定价周期?

答:当您的贷款是浮动利率贷款时,贷款的实际执行利率会按照合同约定的时间定期进行调整。重定价日,就是您与银行约定的利率调整的日子。个人房贷的重定价日一般是每年的1月1日,或者每年与贷款发放日对应的日期(简称"对应日")。重定价周期,就是从本次重定价日到下次重定价日之间的时间长度。若个人房贷利率一年一变,那么重定价周期就是一年。如果一笔浮动利率贷款,已经过了最后一次重定价日,这笔贷款就已经处于最后一个重定价周期。而在2020年3月之前,以及2020年3~8月,进入最后一个重定价周期的贷款,都可以不转换定价基准。但双方协商一致的情况下,也可转换。

6. 所有符合条件的存量贷款都必须转换基准吗?

答:存量贷款定价基准转换遵循市场化、法治化原则,尊重银行和客户的自主选择权。是否转换,转换为 LPR 加减点还是固定利率,这些都可由借贷双方协商确定。

7. 银行会不会故意提高 LPR 报价?

答:LPR 报价机制已尽可能保证报价行真实报价,使公布的 LPR 具有公允性。18 家 LPR 报价行都是同类型银行中具有较强影响力、公信力和定价能力的银行,且需要根据本行对最优质客户的贷款利率报价,也就是说,报价行的报价都是有真实交易作为支撑的。同时,中国人民银行和利率定价自律机制对各报价行的报价行为进行严格监督,定期考核评估其报价质量,并根据考核情况对报价优胜劣汰。

8. 为什么转换后的贷款利率要在 LPR 基础上加减点,而不是继续沿用浮动倍数的定价方式呢?

答:过去参考贷款基准利率一定倍数浮动时,贷款基准利率的变动,会对贷款执行利率产生放大/缩小的不对称效应。例如,如果两笔贷款利率分别为贷款基准利率的 0.8 倍和 1.2 倍,则贷款基准利率上升/下降 0.1 个百分点时,这两笔贷款实际执行利率将分别上升/下降 0.08 个和 0.12 个百分点,影响效果明显不相同。

而转换后贷款利率在 LPR 基础上加减点定价,符合国际惯例。更重要的是,可确保未来 LPR 变动时,对所有贷款利率的影响都是同向同幅的。例如,LPR 每上升/下降 0.1 个百分点,所有按照 LPR 加减点方式确定的贷款利率都会同样上升/下降 0.1 个百分点,更加公平。

9. 有观点认为,用 LPR 加减点的方式,而不是浮动倍数,银行会占便宜,对吗?

答:用加减点还是浮动倍数方式定价,只是计算方式略有区别。未来 LPR 变动时,对借款人和银行的影响是对等的,不存在谁占便宜的问题。

简单讲,对于借款人来说,如果现执行利率比 LPR 高,未来 LPR 上升时,加减点方式更有利;LPR 下降时,浮动倍数方式更有利。如果现执行利率比 LPR 低,则未来 LPR 上升时,浮动倍数方式更有利;LPR 下降时,加减点方式更有利。如果现执行利率等于 LPR,则两种方式没有区别。对银行的影响与上述情况相反。

例如,如果一笔贷款当前的利率水平为 3.24%(小于 LPR),则按 2 月份 1 年期 LPR 为 4.05% 计算,使用加减点方式定价,应为"LPR+(−0.81%)";使用浮动倍数定价,则为"LPR×0.8 倍"。假设未来 1 年期 LPR 下降为 4%,则使用加减点和浮动倍数计算的利率水平分别为 3.19% 和 3.2%,使用加减点方法更有利于借款人;但如果未来 1 年期 LPR 上涨为 4.1%,则使用加减点和浮动倍数计算的利率水平分别为 3.29% 和 3.28%,使用浮动倍数方式更有利于借款人。其他情况也可类似分析得出。

10. 个人房贷利率转换为 LPR 还是固定利率更好?

答:两种转换方式各有优势,具体如何选择取决于您自己的判断,特别是对未来利率走势的判断。如果您认为未来 LPR 会下降,那么转换为参考 LPR 定价会更好;如果认为未来 LPR 可能上升,那么转换为固定利率就会有优势。

举个例子,如果您目前的个人房贷利率是在 5 年期贷款基准利率上打 9 折,那么按照目前 5 年期贷款基准利率计算,您的实际执行利率水平为 4.41%(=4.9%×0.9)。根据中国人民银行〔2019〕30 号公告,个人房贷转换前后利率水平保持不变。

(1)如果您选择转为固定利率,那么您的个人房贷在整个合同剩余期限内,都将执行 4.41% 这个利率。

(2)如果您选择转为参考 LPR 定价,您的个人房贷利率水平将按照"5 年期以上 LPR+(−0.39%)"确定。其中,−0.39 是固定加点点差,根据当前实际执行利率(4.41%)与 2019 年 12 月公布的 5 年期以上 LPR(4.8%)之间的差确定。转换后到第一个重定价日前,您的房贷利率还是 4.41%,但计算方式变成了"LPR4.8%+(-0.39%)";从第一个重定价日起,您的房贷利率就会变成"当时最新的 5 年期 LPR+(-0.39%)";以后每个重定价日都以此类推。

对比上述方式,很明显,如果您判断未来 5 年期以上 LPR+(-0.39%)>4.41%,即 5 年期以上 LPR>4.41%+0.39%=4.8%,也就是说未来的 LPR 比 4.8% 高,就可选择第(1)种;反之,如果您判断未来 LPR 比 4.8% 低,就可选择第(2)种。

11. 是否可以选择任意时间作为贷款的重定价日?对于部分原合同重定价周期短于一年的个人房贷,是否可以保持原合同约定不变?

答:重定价日和重定价周期等要素,可由借款人与银行协商约定。根据近期主要银行发布的公告,个人房贷重新约定的重定价日一般为每年的 1 月 1 日或贷款发放日的对应日,重新约定的重定价周期最短为一年。对于原合同重定价周期短于一年(如按季度、按半年重定价)的贷款,可不重新约定重定价周期,继续按原合同重定价周期执行。

12. 对于对公贷款、个人经营贷款等其他贷款,也需要像房贷一样保持转换前后利率水平不变吗?是不是也要以 2019 年 12 月的 LPR 计算加点点差?

答:对于除商业性个人住房贷款以外的其他存量浮动利率贷款,包括但不限于企业贷款、个人消费贷款等,可由借贷双方按市场化、法治化原则协商确定具体的转换条款,包括参考 LPR 的期限品种、加点数值、重定价周期、重定价日等,或转为固定利率。

(资料来源:经济日报 2020-03-06)

第三节 商业银行贷款的种类和创新

一、商业银行贷款的种类

贷款种类是银行制定贷款政策时的主要考虑因素。这种划分因标准不同而有差异,其中最重要的有两类:一是按不同用途分批发贷款和零售贷款,前者是为了经营企业的目的,后者主要是对个人。这类划分将在确定贷款定价时显示其作用。二是根据贷款规定或条件划分为信用贷款和担保抵押贷款。

(一)按贷款期限分类

1. 活期贷款

活期贷款又称为通知贷款,通常用于商业银行分支机构之间或总分行之间的资金调剂,也用于其他金融机构之间的资金往来。

2. 定期贷款

有固定偿还期限的贷款,按偿还期限长短分为:短期贷款——期限在 1 年以内;中期贷款——期限在 1~5 年;长期贷款——期限在 5 年以上。

3. 透支

透支是指客户按照合同向银行透支的款项。

(二) 按贷款保障方式分类

1. 信用贷款

信用贷款是指还款仅凭借款人的信用,不需要任何担保或保证人担保的贷款。

2. 担保贷款

担保贷款指由借款人或第三方依法提供担保而发放的贷款,包括保证贷款、抵押贷款和质押贷款。

3. 票据贴现

它是指银行应客户的要求,以现款或活期存款买进客户持有的未到期的商业票据的方式发放的贷款。

(三) 按贷款的偿还方式分类

1. 一次性偿还贷款

一次性偿还贷款是指借款人在贷款到期日一次性还清本金,其利息可以分期支付,也可以在归还本金时一次性付清。

2. 分期偿还贷款

分期偿还贷款是指借款人按规定的期限分次偿还本金和支付利息的贷款,到还款期结束时,刚好还清全部款项的贷款。这种贷款的期限通常按月、季、年确定。

(四) 按贷款的对象分类

1. 消费者贷款

消费者贷款指用于个人消费目的的贷款。

2. 工商业贷款

工商业贷款是用于补充工业和商业企业的流动资金的贷款。

3. 农业贷款

农业贷款是商业银行发放的与农业生产有关的贷款。

4. 金融机构贷款

金融机构贷款是商业银行对网络银行、投资银行、外国银行、财务公司或其他金融机构发放的贷款。

(五) 按银行发放贷款的自主程度分类

1. 自营贷款

自营贷款是指银行以合法方式筹集的资金自主发放的贷款。

2. 委托贷款

委托贷款是指由政府部门、企事业单位及个人等委托人提供资金,由银行(受托人)根据委托人确定的贷款对象、用途、金额、期限、利率等代为发放、监督、使用并协助收回的贷款。

3. 特定贷款

特定贷款在中国是指经国务院批准并对可能造成的损失采取相应的补救措施后,责成国有商业银行发放的贷款。

(六)按贷款风险程度分类

1. 正常贷款

正常贷款指借款人能够履行合同,有充分把握按时足额偿还本息。

2. 关注贷款

本息损失的概率≤5%,或逾期90~180天的贷款。

3. 次级贷款

本息损失的概率在30%~50%(含)之间,或逾期181~360天的贷款。

4. 可疑贷款

本息损失的概率在50%(不含)~70%之间,或逾期361~720天的贷款。

5. 损失贷款

本息损失的概率在95%~100%之间,或逾期720天以上的贷款。

二、商业银行贷款的创新

(一)贷款承诺

贷款承诺是指银行承诺客户在未来一定的时期内,按照双方事先确定的条件,应客户的要求,随时提供不超过一定限额的贷款。贷款承诺主要以下几种方式提供给客户:

(1)信用额度——非正式协议。

(2)备用信用额度——不可撤销的正式协议。

(3)循环信用额度——不可撤销的正式协议。

(二)票据发行便利

这是一种中期的(一般期限为5~7年)具有法律约束力的循环融资承诺。

具体做法:客户在协议期内用自己的名义以不高于预定利率水平发行短期票据筹集资金,银行承诺购买客户未能在市场上出售的票据,或向客户提供等额的银行贷款。

票据发行便利的票据属于短期信用形式,多为3个月或6个月以上,这些票据可以循环发行,以保证借款人在中期内得到连续的短期资金融通。

(三)贷款合同转让

贷款合同转让是指银行把已发放的贷款合同转让给其他银行,从其他银行获得让渡的信贷资金,提前收回贷款的一种业务。

通过贷款合同转让,在提高商业银行贷款资产流动性的同时,也为银行流动性管理提供了新的手段,改善了银行资产结构。

（四）贷款证券化

贷款证券化是指商业银行或其他金融机构将性质相同、未来有稳定现金流的各种贷款和应收债权汇集在一起,并以这些资产为担保发行证券出售给投资者的过程,从而实现贷款债权的流动化和市场化。

（五）保理业务

保理业务是指商业银行以购买票据的方式购买借款企业的应收账款,并在账款收回前提供融通资金之外的各项服务,如信用分析、催收账款、代办会计处理手续、承担倒账风险等。

保理业务有无追索权和有追索权两种方式。无追索权保理业务是指银行将销售商的应收账款买断后,如果该账款到期无法收回,银行对销售商无追索权,只能向购买方追索。有追索权保理业务是指银行在销售商出具回购承诺后,将其应收账款收购,每笔应收账款到期后,由销售商自行回购,如该账款到期无法收回或未被回购,银行既可以对销售商进行追索,又可以向购买方追索。

【知识库】

住房抵押贷款证券化的主要操作步骤

住房抵押贷款证券化是指金融机构(主要是商业银行)把自己所持有的流动性较差但具有未来现金收入流的住房抵押贷款汇聚重组为抵押贷款群组,由证券化机构以现金方式购入,经过担保或信用增级后以证券的形式出售给投资者的融资过程。

主要操作步骤:

(1)确定证券化资产并组建资产池。发起人一方面要对自己的融资需求进行分析,一方面要按照证券化的要求选择用以证券化的资产。一般选择未来现金流量稳定的资产。

(2)设立特殊目的机构(SPV)。目的是为了最大限度地降低商业银行的破产风险对证券化的影响。

(3)"资产"的真实出售。只有"真实出售"才能实现证券化的资产和商业银行之间的"破产隔离",从而有效地保护投资者的利益。

(4)信用增级。提高所发行证券的信用级别,使证券在信用质量、偿付的时间性与确定性等方面能更好地满足投资者的需要。

(5)信用评级。信用评级机构通过审查各种合同和文件的合法性及有效性,给出评级结果。信用等级越高,表明证券的风险越低,从而使发行证券筹集资金的成本越低。

(6)发售证券。

(7)向发起人支付资产购买价款。当证券出售后,承销商将发行款项划归发行人SPV,发行人再按照约定向承销商支付发行费用,有助于住房抵押贷款证券化市场的长期稳定及证券化产品期限结构的合理化。

(8)管理资产池,实现证券化交易的规模经济。SPV聘请专门的服务商对资产池进行管理。服务商一般由商业银行担任,这是因为商业银行已经熟悉基础资产的情况。

> (9)清偿证券。按照证券发行时说明书的约定,在证券偿付日,SPV将委托受托人按时、足额地向投资者偿付本息。
>
> (资料来源:康波财经网站)

第四节 商业银行贷款信用分析

一、信用分析概述

信用分析是对债务人的道德品格、资本实力、还款能力、担保及环境条件进行系统分析,以确定是否给予贷款及相应的贷款条件。对客户进行信用分析是银行管理贷款信用风险的主要方法。

西方商业银行对客户的信用分析基本上是采用"5C"评级法,即对借款人的品质(character)、资本(capital)、能力(capacity)、抵押(collateral)及经营条件(condition)这五个方面进行认真的考察和分析,评定借款人的信用风险级别。

从银行的角度来看,通过对企业进行客观分析,了解企业发展历史和轨迹,把握企业的财务指标状况,评价企业的偿债能力和风险水平,从而对其未来发展前景作出合理预测。

二、财务分析

信用分析的方法包括定量分析和定性分析两个方面。

定量分析主要是财务分析,即根据借款客户的资产负债表、损益表和现金流量表,对借款人的财务状况及经营成果进行静态和动态相结合的比较分析,据以评价借款人的偿债能力及发展趋势。

定性分析则根据有关借款客户的资信情况和档案资料,依靠信贷人员的工作经验和水平,对其他无法量化的因素作出判断。

(一)财务报表分析

1. 资产负债表分析

资产负债表是反映企业在某一时点财务状况的财务报表,涉及资产、负债和所有者权益三方面的内容,因此资产负债表分析具有很强的综合性。

2. 损益表分析

损益表也叫作利润表,是表示企业在一定会计时期内经营业绩、成本费用及亏损情况的财务报表。它反映了企业过去和现在的盈利状况和获利能力,是银行信贷人员评估企业未来现金支付能力和偿债能力的重要数据来源。

3. 财务状况变动表分析

财务状况变动表是表示在一定会计时期内,企业的资产、负债和股东权益的变动情况。银行应密切关注借款人在资产、负债、股东权益方面的大的变动。

4. 现金流量表分析

现金流量表分析是根据现金流量表提供的信息,分析企业在报告期内经营活动、投资活动和筹资活动的现金流量,并结合资产负债表和利润表来完整地评估企业的获利能力与偿债能力。银行在对企业的财务状况和经营状况进行分析评估时,都很注重对企业的现金流量进行分析。

(二)财务比率分析

财务比率分析是对企业财务状况的进一步量化分析。银行用来进行信用分析的财务比率通常有以下四类。

1. 流动性比率

流动性比率包括流动比率、速动比率和现金比率。

2. 盈利能力比率

盈利能力比率包括销售利润率、资产收益率、普通股收益率、股票市盈率。

3. 结构性比率

结构性比率包括负债比率、股东权益比率和偿还能力比率。

4. 经营能力比率

经营能力比率包括资产周转率、固定资产周转率、存贷周转率和应收账款周转率等。

三、非财务分析

有一些对借款人信用水平有重要影响的因素无法用数据或财务指标来计量,这时银行对借款人进行非财务因素的分析就显得十分必要。这样可以更加全面、动态地分析影响借款人资信状况,从而降低银行信贷风险。

非财务分析的因素需重点分析的有行业分析、借款人经营管理分析、产品分析及自然社会因素分析。

【知识库】

信用 5C 分析法

5C 分析法就是通过"5C"系统来分析顾客或客户的信用标准,5C 系统是评估顾客或客户信用品质的五个方面:品质、能力、资本、抵押和经营条件。

(1)品质(character):指顾客或客户努力履行其偿债义务的可能性,是评估顾客信用品质的首要指标,品质是应收账款的回收速度和回收数额的决定因素。因为每一笔信用交易都隐含了客户对公司的付款承诺,如果客户没有付款的诚意,则该应收账款的风险势必加大。品质直接决定了应收账款的回收速度和回收数额,因而一般认为品行是信用评估最为重要的因素。

(2)能力(capacity):指顾客或客户的偿债能力,即其流动资产的数量和质量以及与流动负债的比例,其判断依据通常是客户的偿债记录、经营手段以及对客户工厂和公司经营方式所做的实际调查。

(3)资本(capital):指顾客或客户的财务实力和财务状况,表明客户可能偿还债务的背景,如负债比率、流动比率、速动比率、有形资产净值等财务指标等。

(4)抵押(collateral):指顾客或客户拒付款项或无力支付款项时能被用作抵押的资产,一旦收不到款项,便以抵押品抵补,这对于首次交易或信用状况有争议的顾客或客户尤为重要。

(5)经营条件(condition):指可能影响顾客或客户付款能力的经济环境,如顾客或客户在困难时期的付款历史、顾客或客户在经济不景气情况下的付款可能。

(资料来源:百度百科)

第五节 商业银行贷款的风险管理及其分类

一、商业银行贷款的风险管理

贷款是商业银行最主要的资产,防范和降低贷款风险,保证贷款安全已成为商业银行业务经营中面临的重大课题。经过长期的摸索,国际商业银行已经建立起一套行之有效的贷款风险管理系统。

(一)贷款风险的含义

风险源于事物的不确定性,是一种导致损失产生的可能性,它包含了损失和不确定性两个非常重要的因素。贷款风险是指银行不能按期收回贷款本息,造成信贷资金损失的可能性。它是风险的一种,既具有风险的一般属性,又具有自己的特性。信贷资金运动是一种资金使用和所有权暂时相分离的特殊价值运动。银行发放贷款只是资金使用权的一种暂时让渡,而所有权仍归属银行。根据贷款合同约定的时间,到期后银行要收回贷款。但是,由于贷款的发放和收回在时间上存在一定的间隔,在此期间内,由于各种因素的影响,很可能导致借款人经营失败,造成银行不能按期足额地收回贷款,使贷款风险由可能性转变为现实性。此外,贷款一经发放还面临着自然灾害、市场变化、经济政策改变等风险因素的变化,这些都大大地增加了贷款的风险。

(二)商业银行贷款风险的特征

1. 商业银行贷款具有客观性和普遍性

贷款风险的客观性是指贷款的风险是客观存在的,是消灭不了的。认识贷款的客观性,就是商业银行要正确地对待风险,积极地认识风险、防范和控制风险,将贷款风险降到最低程度,实现商业银行经营目标。贷款风险的普遍性是指任何贷款都具有风险,只是风险程度大小不同。

2. 商业银行贷款风险的作用力具有传导性

金融全球化条件下的银行同业之间债权债务关系错综复杂,同时各国金融监管的放松也为风险传递创造了条件。所以,现代金融风险的爆发往往能够"牵一发而动全身",具有十分广泛而强烈的破坏性。

3. 商业银行贷款风险具有较强的隐蔽性和潜伏性

商业银行贷款风险总会经历一个从小到大、由少到多的过程,当风险积聚到一定程度时才会爆发。因此,经济繁荣时期这种风险会被掩盖,不易察觉;而一旦经济环境动荡,问题和矛盾就容易被激发,从而影响到整个社会经济体系的运行。

4. 商业银行贷款风险具有可测性

商业银行贷款风险可以通过相应的量化指标和必要的定性分析加以测量。量化管理是通过一定的数理技术手段,将风险的可能性进行量化,得到由于某些风险因素而导致在给定收益条件下损失的数额或在给定的损失条件下收益的数额的过程。而一些无形风险的估计则必须依赖于定性分析。

5. 商业银行贷款风险具有可控性

虽然商业银行贷款风险具有客观性、不确定性,但并不是说在风险面前我们只能束手无策。在具体的实践活动中,我们可以通过构建各种风险管理机制和管理措施,识别、评估和控制风险。

（三）贷款风险的种类

1. 按贷款风险本身的性质划分

按贷款风险本身的性质划分,贷款风险可分为静态风险与动态风险。静态风险是指由于自然灾害和意外事故使借款人遭受重大损失而使其无法按期归还贷款的可能性。其基本特征是:①静态风险只有风险损失而没有风险收益;②银行可以通过大数定律对其造成的后果加以估计,并通过保险制度进行社会化的分担;③风险承担主体只能被动防御。

动态风险是指由于银行决策失误或经济环境改变和市场行情的波动等原因引起借款人不能按期归还贷款的可能性。其基本特征是:①动态风险既可带来风险损失,又可带来风险收益;②银行无法对其造成的后果进行估测,但通过各种风险控制手段,可尽量减少风险损失;③风险承担主体可以决定是否承担或转移风险。

2. 按贷款风险形成的原因划分

按贷款风险形成的原因划分,贷款风险可分为直接贷款风险与间接贷款风险。直接贷款风险是指由于银行决策失误而使贷款遭受损失的可能性。直接贷款风险按引起贷款决策失误的原因又可分为被动决策风险和主动决策风险两种。被动决策风险是银行在决策时对贷款的外部环境和内部条件考虑不周所引起的,由于信息透明度与传播速度差异的存在,被动决策风险是客观存在的,银行应尽量控制其于最小范围之内。主动决策风险是银行在决策时明知风险较大,但为了取得较高收益或发展新的贷款关系有意主动作出带有高风险的贷款决策而给贷款造成的风险。

间接贷款风险是指银行的客户在经营中所面临的各种风险因素,通过资金运动传递到银行,给贷款带来的风险。这种风险源于社会经济活动的不确定性,主要包括:①自然风险;②社会风险,即社会变动的不确定因素引起风险的可能性,如战争、政治动乱、经济政策变化、经济萧条等情况发生都有可能导致社会风险的产生,其通过作用于借款人而给贷款造成风险;③经营风险,即由于借款人经营失误引起的贷款风险。

3. 按贷款风险作用强度大小划分

按贷款风险作用强度大小划分,贷款风险可分为高度贷款风险、中度贷款风险和低度贷款风险。贷款风险作用强度取决于两个因素:一是经济前景复杂程度;二是贷款蒙受损失的数量大小。这两者最终是由借款人和贷款本身的行业性质、规模、期限、技术条件及经济前景的预测能力所决定的。

一般而言,短期贷款由于期限短,贷款参与企业生产流通的程度较浅,而且所受的各种风险因素较小,短期内变异的程度不大,可归为低度贷款风险的贷款。中长期贷款由于期限长、金额大,各种变异因素多且复杂,受微观、宏观经济环境影响大,因此这类贷款可归为中度贷款风险贷款。高度贷款风险的贷款集中反映在风险贷款上,这些贷款用于风险大的科研项目、开发项目,失败的可能性很大。

(四)贷款风险管理

贷款风险管理是指银行运用系统的、规范的方法对贷款业务活动中的各种风险进行识别、估计和处理,防止和控制贷款风险,从而保障贷款的安全性、流动性和效益性。强化贷款风险管理是改善银行信贷资产质量状况、提高资产效益的主要途径,也是中国商业银行推进银行业务国际化的一个重要措施。在银行贷款风险管理中,银行从贷款风险识别到贷款风险估计和处理已形成一套规范的管理程序。

1. 贷款风险识别

贷款风险识别就是对贷款预期风险的类型及其根源作出判别,这是贷款风险管理的第一阶段。风险识别正确与否对风险管理成败关系极大。一般来说,正确识别贷款风险将为成功的风险管理奠定基础。相反,如果贷款风险作出错误的识别或判断,或者疏漏一些重大的风险征兆,那么,无论贷款风险管理的后续工作做得多么精细、多么严密,最终将不可避免地导致风险管理失败。贷款风险识别的基本要求包括:正确判断贷款风险类型,找准贷款风险根源。

2. 贷款风险估价

贷款风险估价是对贷款风险发生的可能性及其损失作出评价,这是贷款风险管理程序的第二阶段,也是整个贷款风险管理的重点难点。贷款风险估价的基本要求包括:估计贷款风险发生的可能性,估量贷款风险可能造成的损失规模。其采取的方法应坚持以定量分析为主、定性分析为辅的原则。

3. 贷款风险处理

贷款风险处理是在识别和估价贷款风险之后,采取有效措施对贷款预期风险进行防范以及对贷款风险加以消除,将风险损失降到最低程度,它是贷款风险管理的最终目的。

二、贷款五级分类的方法

贷款五级分类法是银行针对贷款的不同情况,将贷款分为正常、关注、次级、可疑、损失五类分别进行管理,实施贷款风险分类管理办法,以控制贷款损失。

(一)正常类

1. 正常类贷款认定

(1)借款人有能力履行承诺,还款意愿良好,经营、财务等各方面状况正常,能正常还本付息,农村合作金融机构对借款人最终偿还贷款有充分把握。

(2)借款人可能存在某些消极因素,但现金流量充足,不会对贷款本息按约足额偿还产生实质性影响。

2. 正常类参考特征

(1)借款人生产经营正常,主要经营指标合理,现金流量充足,一直能够正常足额偿还贷款本息。

(2)贷款未到期。

(3)本笔贷款能按期支付利息。

(二)关注类

1. 关注类贷款认定

(1)借款人的销售收入、经营利润下降或出现流动性不足的征兆,一些关键财务指标出现异常性的不利变化或低于同行业平均水平。

(2)借款人或有负债(如对外担保、签发商业汇票等)过大或与上期相比有较大幅度上升。

(3)借款人的固定资产贷款项目出现重大的不利于贷款偿还的因素(如基建项目工期延长、预算调增过大等)。

(4)借款人经营管理存在重大问题或未按约定用途使用贷款。

(5)借款人或担保人改制(如分立、兼并、租赁、承包、合资、股份制改造等)对贷款可能产生不利影响。

(6)借款人的主要股东、关联企业或母子公司等发生了重大的不利于贷款偿还的变化。

(7)借款人的管理层出现重大意见分歧或者法定代表人和主要经营者的品行出现了不利于贷款偿还的变化。

(8)违反行业信贷管理规定或监管部门监管规章发放的贷款。

（9）借款人在其他金融机构贷款被划为次级类。

（10）宏观经济、市场、行业、管理政策等外部因素的变化对借款人的经营产生不利影响，并可能影响借款人的偿债能力。

（11）借款人处于停产或半停产，但抵（质）押率充足，抵（质）押物远远大于实现贷款本息的价值和实现债权的费用，对最终收回贷款有充足的把握。

（12）借新还旧贷款，企业运转正常且能按约还本付息的。

（13）借款人偿还贷款能力较差，但担保人代为偿还能力较强。

（14）贷款的抵（质）押物价值下降，或农村合作金融机构对抵（质）押物失去控制；保证的有效性出现问题，可能影响贷款归还。

（15）本金或利息逾期（含展期，下同）90天（含）以内的贷款或表外业务垫款30天（含）以内。

2. 关注类贷款参考特征

（1）宏观经济、行业、市场、技术、产品、企业内部经营管理或财务状况发生变化，对借款人正常经营产生不利影响，但其偿还贷款的能力尚未出现明显问题。

（2）借款人改制（如合并、分立、承包、租赁等）对银行债务可能产生的不利影响。

（3）借款人还款意愿差，不与银行积极合作。

（4）借款人完全依靠其正常营业收入无法足额偿还贷款本息，但贷款担保合法、有效、足值，银行完全有能力通过追偿担保足额收回贷款本息。

（5）担保有效性出现问题，可能影响贷款归还。

（6）贷款逾期（含展期后）不超过90天（含）。

（7）本笔贷款欠息不超过90天（含）。

（三）次级类

1. 次级类贷款认定

（1）借款人经营亏损，支付困难并且难以获得补充资金来源，经营活动的现金流量为负数。

（2）借款人不能偿还其他债权人债务。

（3）借款人已不得不通过出售、变卖主要的生产、经营性固定资产来维持生产经营，或者通过拍卖抵（质）押品、履行保证责任等途径筹集还款资金。

（4）借款人采用隐瞒事实等不正当手段取得贷款的。

（5）借款人内部管理出现问题，对正常经营构成实质损害，妨碍债务的及时足额清偿。

（6）借款人处于半停产状态且担保为一般或者较差的。

（7）为清收贷款本息、保全资产等目的发放的"借新还旧"贷款。

（8）可还本付息的重组贷款。

（9）信贷档案不齐全，重要法律性文件遗失，并且对还款构成实质性影响。

(10)借款人在其他金融机构贷款被划为可疑类。

(11)违反国家法律、行政法规发放的贷款。

(12)本金或利息逾期91天至180天(含)的贷款或表外业务垫款31天至90天(含)。

2. 次级类贷款参考特征

(1)借款人支付出现困难,且难以获得新的资金。

(2)借款人正常营业收入和所提供的担保都无法保证银行足额收回贷款本息。

(3)因借款人财务状况恶化,或无力还款而需要对该笔贷款借款合同的还款条款作出较大调整。

(4)贷款逾期(含展期后)90天以上至180天(含)。

(5)本笔贷款欠息90天以上至180天(含)。

(四)可疑类

1. 可疑类贷款认定

(1)借款人处于停产、半停产状态,固定资产贷款项目处于停建、缓建状态。

(2)借款人实际已资不抵债。

(3)借款人进入清算程序。

(4)借款人或其法定代表人涉及重大案件,对借款人的正常经营活动造成重大影响。

(5)借款人改制后,难以落实农村合作金融机构债务或虽落实债务,但不能正常还本付息。

(6)经过多次谈判借款人明显没有还款意愿。

(7)已诉诸法律追收贷款。

(8)贷款重组后仍然不能正常归还本息。

(9)借款人在其他金融机构贷款被划为损失类。

(10)本金或利息逾期181天以上的贷款或表外业务垫款91天以上。

2. 可疑类贷款参考特征

(1)因借款人财务状况恶化或无力还款,经银行对借款合同还款条款作出调整后,贷款仍然逾期或借款人仍然无力归还贷款。

(2)借款人连续半年以上处于停产、半停产状态,收入来源不稳定,即使执行担保,贷款也肯定会造成较大损失。

(3)因资金短缺、经营恶化、诉讼等原因,项目处于停建、缓建状态的贷款。

(4)借款人的资产负债率超过100%,且当年继续亏损。

(5)银行已诉讼,执行程序尚未终结,贷款不能足额清偿且损失较大。

(6)贷款逾期(含展期后)180天以上。

(7)本笔贷款欠息180天以上。

(五)损失类

1. 损失类贷款认定

(1)借款人因依法解散、关闭、撤销、宣告破产终止法人资格,农村信用社依法对借款人及其担保人进行追偿后,未能收回的贷款。

(2)借款人已完全停止经营活动且复工无望,或者产品无市场,严重资不抵债濒临倒闭,农村信用社依法对其财产进行清偿,并对其担保人进行追偿后未能收回的贷款。

(3)借款人死亡,或者依照《中华人民共和国民法典》的规定宣告失踪,农村信用社依法对其财产或者遗产进行清偿,并对担保人进行追偿后未能收回的贷款。

(4)借款人遭受重大自然灾害或意外事故,损失巨大且不能获得保险补偿,确实无力偿还的贷款;或者保险赔偿清偿后,确实无力偿还的部分贷款,农村信用社依法对其财产进行清偿或对担保人进行追偿后,未能收回的贷款。

(5)借款人触犯刑律,依法判处刑罚,其财产不足归还所借债务,又无其他债务承担者,农村信用社依法追偿后无法收回的贷款。

(6)借款人及其担保人不能偿还到期债务,农村信用社诉诸法律,经法院对借款人和担保人强制执行,借款人和担保人均无财产可执行,法院裁定终结执行后,农村信用社仍无法收回的贷款。

(7)由于上述(1)至(6)项原因,借款人不能偿还到期债务,农村信用社对依法取得的抵债资产,按评估确认的市场公允价值入账后,扣除抵债资产接收费用,小于贷款本息的差额,经追偿后仍无法收回的贷款。

(8)开立信用证、办理承兑汇票、开具保函等发生垫款时,凡开证申请人和保证人由于上述(1)至(6)项原因,无法偿还垫款,农村信用社经追偿后仍无法收回的垫款。

(9)银行卡被伪造、冒用、骗领而发生的应由农村信用社承担的净损失。

(10)助学贷款逾期后,农村信用社在确定的有效追索期内,并依法处置助学贷款抵押物(质押物)向担保人追索连带责任后,仍无法收回的贷款。

(11)农村信用社发生的除贷款本金和应收利息以外的其他逾期3年无法收回的其他应收款。

(12)已经超过诉讼时效的贷款。

(13)符合《财政部关于印发〈金融企业呆账核销管理办法〉的通知》(财金[2005]50号)规定的被认定为呆账条件之一的信贷资产。

(14)借款人无力偿还贷款,即使处置抵(质)押物或向担保人追偿也只能收回很少的部分,预计贷款损失率超过85%。

2. 损失类贷款参考特征

(1)借款人和担保人依法宣告破产、关闭、解散,并终止法人资格,银行经对借款人和担保人进行追偿后,未能收回的贷款。

（2）借款人遭受重大自然灾害或者意外事故，损失巨大且不能获得保险补偿，或者已保险补偿后，确实无能力偿还部分或全部贷款，银行经对其财产进行清偿和对担保人进行追偿后未能收回的贷款。

（3）借款人虽未依法宣告破产、关闭、解散，但已完全停止经营活动，被县级及县级以上工商行政管理部门依法注销、吊销营业执照，终止法人资格，银行经对借款人和担保人进行清偿后，未能收回的贷款。

（4）借款人触犯刑律，依法受到制裁，其财产不足归还所借贷款，又无其他贷款承担者，银行经追偿后确实无法收回的贷款。

（5）由于借款人和担保人不能偿还到期贷款，银行诉诸法律经法院对借款人和担保人强制执行，借款人和担保人均无财产可执行，法院裁定终结执行后，银行仍然无法收回的贷款。

（6）由于上述（1）至（5）项原因，借款人不能偿还到期贷款，银行对依法取得的抵贷资产，按评估确认的市场公允价值入账后，扣除抵贷资产接受费用，小于贷款本息的差额，经追偿后仍无法收回的贷款。

（7）开立信用证、办理承兑汇票、开具保函等发生垫款时，开证申请人和保证人授予上述（1）至（6）项原因，无法偿还垫款，银行经追偿仍无法收回的垫款。

（8）经国务院专案批准核销的贷款。

三、贷款五级分类的重要性

抓好贷款五级分类工作，一是有利于摸清家底，对信贷资产质量做到心中有数，在摸清风险底数的基础上，进一步调整资产结构，为促进农村经济资源的优化配置奠定基础。二是有利于全面提高风险管理水平。贷款五级分类是信贷管理的重要组成部分，实施贷款五级分类，就是把贷款的真实质量状况认定、划分清楚，并在分类过程中找出本单位贷款管理中存在的问题，从而有力地提高风险管理水平。三是有利于提高信贷人员的综合素质和能力。实行贷款五级分类之后，要求对借款人进行财务分析、非财务分析、担保分析和现金流量分析等，在这一系列过程中，能够促使信贷人员的专业水平和能力得到有效的提高，风险防范的能力明显增强，使整体贷款风险下降。四是体现在农信社信贷管理理念上的新转变。理念转变是关键。通过贷款五级分类，能够统一思想、转变观念，使干部得到很好的锻炼。

【知识库】
消费金融公司监管评级办法（试行）

第一章　总则

第一条　为全面评估消费金融公司的经营管理与风险状况，合理配置监管资源，有效实施分类监管，促进消费金融公司持续、健康、规范发展，根据《中华人民共和国银行业监督管理法》《消费金融公司试点管理办法》等法律法规，制定本办法。

第二条　本办法适用于在中华人民共和国境内依法成立时间超过一个完整会计年度的消费金融公司法人机构的监管评级。

第三条　消费金融公司监管评级是指中国银行保险监督管理委员会（以下简称银保监会）及其派出机构根据日常监管掌握的情况以及其他相关信息，按照本办法对消费金融公司的整体状况作出评价判断的监管过程，是实施分类监管的基础。

银保监会及其派出机构以下统称为监管机构。

第四条　消费金融公司监管评级应当遵循全面性、审慎性和公正性原则。

第二章　评级要素与评级方法

第五条　消费金融公司监管评级要素包括五方面内容，分别为：公司治理与内控，资本管理，风险管理，专业服务质量，信息科技管理。评级要素由定量和定性两类评级指标组成。

第六条　消费金融公司监管评级主要包含以下内容：

（一）评级要素权重设置。各评级要素的标准权重分配如下：公司治理与内控（28%），资本管理（12%），风险管理（35%），专业服务质量（15%），信息科技管理（10%）。

（二）评级指标得分。对各评级指标设定分值及若干评价要点。评级指标得分由监管人员按照评分标准和评分原则评估后，结合专业判断确定。

（三）评级要素得分。评级要素得分为各评级指标得分加总。每一项评级要素满分均为100分。

（四）评级得分。评级得分由各评级要素得分按照要素权重加权汇总后获得。

（五）等级确定。根据分级标准，以评级得分确定消费金融公司的监管评级等级和档次。

第七条　消费金融公司监管评级得分满分为100分，根据具体评级得分，分为1级、2级（A、B）、3级（A、B）、4级和5级，数值越大表示机构风险或问题越大，需要监管关注的程度越高。

监管评级得分在90分（含）以上为1级；70分（含）至90分为2级，其中：80分（含）至90分为2A级，70分（含）至80分为2B级；50分（含）至70分为3级，其中：60分（含）至70分为3A级，50分（含）至60分为3B级；50分以下为4级；无法正常经营的直接评为5级。

第八条　对于发生重大案件、存在严重财务造假、被给予重大行政处罚或监管强制措施的，应区别情形确定是否采取评级下调措施，且监管评级结果应不高于3级。

监管机构认定消费金融公司存在其他重大风险问题、足以影响监管评级结果的，可视情节轻重决定下调措施。

第三章　评级程序

第九条　消费金融公司的监管评级周期为一年，评价期间为上一年度1月1日至12月31日。监管评级工作原则上应于每年4月底前完成。

第十条　消费金融公司监管评级按照银保监会派出机构初评、银保监会复核、评级结果反馈、档案归集的程序进行。

第十一条　银保监会派出机构对辖内消费金融公司进行监管评级初评。初评由派出机构的机构监管部门牵头，其中信息科技管理要素评价由派出机构信息科技风险监管部门完成。初评过程中应征求现场检查和其他功能监管部门意见。

第十二条 初评应当力求广泛地收集评级所需的各类信息,包括但不限于:非现场监管信息、现场检查报告、功能监管部门的专项报告、公司有关制度办法、内外部审计报告、年度经营计划、经营管理文件,以及其他重要外部信息等。

第十三条 初评对每一项评级要素的评价应当分析深入、理由充分、判断客观,准确反映消费金融公司的实际状况,并形成评级工作底稿,必要时可以就有关情况进行现场核查、确认。对于消费金融公司不能提供或者无法证实的信息,应视为对机构不利的信息。

第十四条 按照属地监管原则,银保监会省级派出机构负责审定所辖消费金融公司的监管评级初评结果,并于每年4月10日前将监管评级报告报送银保监会。

第十五条 银保监会对监管评级初评结果进行复核。复核完成后,银保监会将监管评级最终结果以书面形式反馈相应省级派出机构。

第十六条 银保监会派出机构应当将消费金融公司的最终评级结果以及存在的主要风险和问题,通过会谈、审慎监管会议、监管意见书等途径通报消费金融公司董事会、监事会和高级管理层,并提出整改要求。

第十七条 评级工作结束后,银保监会派出机构应将评级信息、评级工作底稿、评级结果及反馈等文件资料存档。

第四章 评级结果运用

第十八条 消费金融公司的监管评级结果应当作为监管机构衡量公司经营状况、风险管理能力和风险程度,以及在此基础上制定监管规划、配置监管资源、采取监管措施和行动的重要依据,还应作为消费金融公司市场准入事项的参考因素。

第十九条 监管人员应当根据消费金融公司的监管评级结果,深入分析风险及其成因,制定每家消费金融公司的综合监管计划,明确监管重点,确定非现场监测和现场检查的频率、范围,督促公司对问题及时整改并上报整改落实情况。

监管评级为1级的消费金融公司,是各方面较为健全的机构,发现的问题较为轻微,能够在正常运营中解决。主要通过非现场监管定期监测各项监管指标和业务数据,一般不需采取特殊的监管行动。

监管评级为2级的消费金融公司,在不同程度上存在一些问题或风险,须引起监管关注。对2A级的公司,针对问题加强非现场监测,进行窗口指导,督促开展自查;对2B级的公司,应加强非现场监管分析,适当增加与董事会和高级管理层的监管会谈频度。对2级的公司,可保持一定的现场检查频率,原则上每三年至少开展一次现场检查。

监管评级为3级的消费金融公司,表明存在的问题较多或较为严重,整体风险管控能力较弱。对3A级的公司,应重点关注公司存在的薄弱环节,进行监管提示或通报,督促公司采取措施改善经营管理;对3B级的公司,应给予持续监管关注,提高现场检查频率和深度,并可视情况对业务活动依法采取一定限制措施,积极化解风险。对3级的公司,原则上每两年至少开展一次现场检查。

监管评级为4级的消费金融公司,表明存在非常严重的问题和风险,甚至危害公司的生存能力。监管中应给予密切关注,增加监管会谈的频率,原则上每年至少开展一次现场检查,督促公司采取有效措施改善经营状况、降低风险水平、补充资本金,必要时可依法采取限制高风险业务活动、限制股东权利、限制分配红利、责令调整董事或高级管理人员等监管措施。

监管评级为 5 级的消费金融公司，表明风险程度超出公司控制纠正能力，公司已不能正常经营，应责令提交合并、收购、重组、引进战略投资者等救助计划，或依法实施接管；对无法采取措施进行救助的公司，可依法实施市场退出。

第二十条　在对监管评级整体情况进行分析的同时，还应关注单项评级要素得分情况，重点针对存在较大问题、得分较低的要素评级情况进行分析，及时采取针对性措施，督促公司改善管理，降低风险水平。

第二十一条　消费金融公司监管评级结果原则上仅供监管机构内部使用，不得对外公布；必要时，监管机构可以采取适当方式向有关政府或监管部门通报，但应要求其不得向第三方披露。消费金融公司不得将监管评级结果用于广告、宣传、营销等商业目的。

第五章　附则

第二十二条　消费金融公司监管评级指标和评价标准由银保监会另行制定。银保监会根据消费金融公司的风险特征变化情况和监管重点，可于每年开展监管评级工作前对相关评级指标及评价要点进行适当调整。

第二十三条　对于在监管评级工作结束后发现消费金融公司存在重大风险或重大问题的，银保监会派出机构可向银保监会提出下调监管评级结果的建议，银保监会复核后采取相应调整措施。

第二十四条　本办法由银保监会负责解释。

第二十五条　本办法自印发之日起施行。

（资料来源：中国政府网）

本章小结

所谓商业银行贷款，是指商业银行为实现其经营目标而制订的指导贷款业务的各项方针和措施的总称，也是商业银行为贯彻安全性、流动性、盈利性三项原则的具体方针与措施。而且在不同的国家和一个国家的不同发展时期，按各种标准划分出的贷款类型也是有差异的。

影响贷款政策的因素有很多，主要因素为：商业银行自身对待风险的态度；资本的充足性；贷款政策应对银行资本状况有所反映；存款状况；其他的获取收益的机会；商业银行自身的业务习惯和特点；宏观经济状况；市场利率状况；地区经济环境。

商业银行发放贷款时遵循既定的程序制度，目的是保障贷款的安全性、盈利性和流动性，使贷款政策得到最恰当的执行。

信用分析是对债务人的道德品格、资本实力、还款能力、担保及环境条件进行系统分析，以确定是否给予贷款及相应的贷款条件。对客户进行信用分析是银行管理贷款信用风险的主要方法。

商业银行贷款的风险管理是指银行运用系统和规范的方法对信贷管理活动中的各种贷款风险进行识别、预测和处理，防范和降低风险损失的发生，以获取最大的贷款收益的信贷调控行为。

自测题

一、单项选择题

1. 本息损失的概率在30%~50%之间,或逾期181~360天的贷款为（　　）
   A. 正常贷款　　　　B. 关注贷款　　　　C. 次级贷款　　　　D. 损失贷款
2. 某企业向商业银行贴现票据,票据面额100万元,还有60天到期(每年按360天计),年贴现率为10%,商业银行应向该企业支付(　　)万元。
   A. 98.33　　　　　B. 99.33　　　　　C. 97.33　　　　　D. 96.33
3. 中期贷款的时限是(　　)。
   A. 1~5年　　　　 B. 5年　　　　　　C. 5~10年　　　　D. 5年以上

二、多项选择题

1. 商业银行贷款质量的五级分类包括(　　)。
   A. 正常　　　　　B. 关注　　　　　C. 次级　　　　　D. 可疑
   E. 损失
2. 贷款定价的方法包括(　　)。
   A. 成本相加定价模式　　　　　　　B. 基准利率加点定价模式
   C. 客户盈利分析模式　　　　　　　D. 目标收益定价模式
3. 商业银行贷款的种类包括(　　)。
   A. 按贷款期限分类　　　　　　　　B. 按贷款保障方式分类
   C. 按贷款的偿还方式分类　　　　　D. 按贷款的对象分类
   E. 银行发放贷款的自主程度分类　　F. 按贷款的质量(或风险程度)分类

三、简答题

1. 商业银行贷款定价的原则是什么?
2. 商业银行在信用分析中如何对企业的财务报表进行分析?
3. 商业银行贷款风险管理指什么?

四、案例分析

如果分别出现下面两种情况,该笔贷款是否应该发放:(1)银行规定借款人的补偿余额为借款余额的12%;(2)银行对该笔贷款收取0.6%的承诺费。

某商业银行对某一企业以8%的年利率发放一笔20万元人民币的贷款,借款人使用的资金净额的银行成本为6%,银行全部产权资产占贷款的比重也为6%,手续费和服务费总共为400元人民币。假定借款人所使用的贷款资金净额等于未归还的贷款余额(20万元人民币),银行的所得税率为25%。假定该银行发放该笔贷款的目标税后收益率为25%,则该笔贷款是否应该发放?

【阅读资料】

银监会解读"三办法一指引"

一、出台贷款新规的意义

贷款新规是我国银行业综合监管制度的一部分,也是银监会实施依法监管的重要组成部分。出台贷款新规,主要基于以下几方面的考虑:

首先,有利于银行贷款风险监管制度的系统化调整与完善,促进贷款业务的健康规范发展。改革开放以来,我国银行业金融机构的风险管理理念得以更新,风险管理工具也得到应用,基本建立和逐步完善了信贷风险管理制度。从近几年的金融实践看,银行业金融机构贷款经营管理取得了一些较好的经验和做法,需要通过立法形式予以明确和提升。同时,我国银行业金融机构信贷管理模式在经济市场化转型的过程中还存在一些相对粗放的地方,信贷文化还不够健全,尤其是贷款支付管理较为薄弱,在实际贷款活动中存在贷款资金不按照约定用途使用的情况,不仅直接影响借款人的合法权益,而且可能诱发系统性风险,影响到我国银行体系的稳定与安全,需要进行立法加以引导和改善。面对近年我国金融资产显著增长,信贷资产规模迅速扩张的状况,如何保障贷款资金的安全,有效防范信用风险,已经成为银行日常经营和银行监管的重要责任。为履行好这些责任,银监会自成立以来就以系统化、规范化为指导致力于逐步建立健全各类风险监管制度规章,贷款新规是一揽子贷款业务监管法规修订与完善的重要组成部分。

其次,有利于银行业金融机构实现贷款的精细化管理,促进公平竞争和科学发展。贷款新规借鉴了境外银行贷款业务的通行做法,从加强贷款全流程管理的思路出发,要求将贷款管理各环节的责任落实到具体部门和岗位,并建立贷款各操作环节的考核和问责机制,实现贷款经营的规范化和管理的精细化。同时,以贷款资金向交易对象支付的"受益人原则"为抓手,重点强调贷款资金交易的真实性,防范和杜绝贷款用途的虚构和欺诈。此外,贷款新规力求适应我国基本国情、市场特点、法律环境和交易习惯等,在充分考虑公众接受和公众利益的基础上,尽量兼顾银行业金融机构的管理差异和经营实际,鼓励和尊重银行业金融机构依法创新和科学发展。

第三,有利于规范和强化贷款风险管控,保护广大金融消费者的合法权益,支持实体经济又好又快发展。银监会成立以来,倡导以风险为本的监管理念,明确监管工作的目的就是通过审慎有效的监管,保护广大存款人和消费者的利益,增进市场信心。贷款新规的出台,将有利于银行业金融机构不断更新风险管理理念,应用先进风险管理技术,逐步建立和完善信贷风险管理架构体系,进一步提升贷款风险管理水平,优化信贷结构,提高信贷管理质量,保障贷款业务安全运行和长远发展。同时,贷款新规通过必要的操作流程及内部控制等手段,规范商业银行贷款支付行为,确保贷款资金按借款合同约定用途使用,防止借款人资金被挪用,有效保护金融消费者的合法权益,促进贷款资金真正流向实体经济,发挥金融支持实体经济发展的作用。此外,新办法在广大生产者和消费者获得快捷、方便的银行金融服务方面也不会造成任何影响。

二、《流动资金贷款管理暂行办法》有哪些主要内容?

《流动资金贷款管理暂行办法》(以下简称《流贷办法》)共分八章四十二条,包括总则、受理与调查、风险评价与审批、合同签订、发放和支付、贷后管理、法律责任和附则等,主要从贷款业务流程规范的角度对银行业金融机构提出监管要求,是对现行流动资金贷款监管法规的系统性修订和完善。《流贷办法》的核心内容,一方面是要求银行业金融机构合理测算借款人的营运资金需求,审慎确定借款人的流动资金贷款的授信总额及具体贷款的额度,并据此发放流动资金贷款,不得超过借款人的实际需求超额放贷。另一方面,强调对流动资金的支付和贷后管理,加强对回笼资金的管控,要求银行业金融机构针对借款人所属行业及经营特点,通过定期与不定期现场检查与非现场监测,分析借款人经营、财务、信用、支付、担保及融资数量和渠道变化等状况,掌握各种影响借款人偿债能力的风险因素等。

三、《流贷办法》的起草思路、主要规定和测算方法?

对流动资金贷款进行需求测算是《流贷办法》的核心指导思想。这主要是考虑流动资金贷款支付频繁,周转速度快,支付管理控制的成本较高,但影响企业流动资金占用的因素相对较为明确,流动资金需求可进行合理测算等因素,同时实践中流动资金贷款挪用也多是源于贷款人发放的流动资金贷款金额超出借款人实际流动资金需求。所以,《流贷办法》的规范重点之一定位为银行业金融机构应贴近借款人实际,合理测算借款人的流动资金需求,进而确定流动资金贷款的额度和期限,防止超额授信。《流贷办法》希望通过对流动资金贷款的合理测算,做到既有效满足企业正常经营对流动资金贷款的需求,同时又有效防止因超过实际需求发放贷款而导致的贷款资金被挪用。

基于以上考虑,《流贷办法》主要从以下方面对流动资金贷款资金需求测算提出要求:一是要求贷款人应合理测算借款人营运资金需求,审慎确定借款人流动资金贷款的授信总额及具体贷款的额度,不得超过借款人的实际需求发放流动资金贷款。二是在尽职调查环节上,要求贷款人应调查借款人营运资金总需求和现有融资性负债情况,以及应收账款、应付账款、存货等真实财务状况等要素。三是在贷款风险评价与审批环节上,要求贷款人应根据借款人经营规模、业务特征及应收账款、存货、应付账款、资金循环周期等要素测算其营运资金需求,综合考虑借款人现金流、负债、还款能力、担保等因素,合理确定贷款结构,包括金额、期限、利率、担保和还款方式等。四是在贷后管理上,要求贷款人应评估贷款品种、额度、期限与借款人经营状况、还款能力的匹配程度,作为与借款人后续合作的依据,必要时及时调整与借款人合作的策略和内容。

为了进一步明确流动资金贷款需求的测算方法,《流贷办法》附有《流动资金贷款需求量的测算参考》,明确流动资金贷款需求量主要是基于借款人日常生产经营所需营运资金与现有流动资金的差额确定。在实际估算过程中,总的思路是首先考虑借款人用于日常经营的营运资金需求量,再扣除其现有融资和能够投入到日常经营的自有资金,缺口即为新增流动资金贷款需求量。在估算营运资金需求量过程中,还要结合借款人实际情况和未来发展状况,合理预测各项资金占用;同时考虑小企业融资、季节性生产、订单融资等情况。总之,充分体现了银行业金融机构要根据客户实际提升金融服务水平和控制金融风险的要求。

四、在对流动资金贷款进行合理测算的基础上,《流贷办法》对流动资金贷款支付和贷后管理有什么要求?

在对借款人流动资金贷款需求进行合理测算的基础上,《流贷办法》对流动资金贷款支付作出了有针对性的规定,同时严格对贷款资金使用的监控,加强贷后管理。主要要求体现在:

首先,《流贷办法》明确贷款的具体支付方式和标准主要由当事人约定。《流贷办法》规定由借贷双方在合同中约定贷款资金的支付方式和贷款人受托支付的金额标准,要求贷款人应根据借款人的行业特征、经营规模、管理水平、信用状况等因素和贷款业务品种,合理约定贷款资金支付方式及贷款人受托支付的金额标准。特别地,对与借款人新建立信贷业务关系且借款人信用状况一般、支付对象明确且单笔支付金额较大,以及贷款人认定的贸易融资等其他情形,《流贷办法》要求原则上应采用贷款人受托支付方式。

其次,《流贷办法》进一步严格支付管理的相关要求。一是采用贷款人受托支付的,贷款人应根据约定的贷款用途,审核借款人提供的支付申请所列支付对象、支付金额等信息是否与相应的商务合同等证明材料相符。审核同意后,贷款人应将贷款资金通过借款人账户支付给借款人交易对象。二是采用借款人自主支付的,贷款人应按借款合同约定要求借款人定期汇总报告贷款资金支付情况,并通过账户分析、凭证查验或现场调查等方式核查贷款支付是否符合约定用途。三是贷款支付过程中,借款人信用状况下降、贷款资金使用出现异常的,贷款人应与借款人协商补充贷款发放和支付条件,或根据合同约定变更贷款支付方式、停止贷款资金的发放和支付。

第三,《流贷办法》加强对流动资金贷款的贷后管理要求,要求贷款人应动态关注借款人经营、管理、财务及资金流向等重大预警信号,及时采取提前收贷、追加担保等有效措施防范化解贷款风险;要求贷款人应评估贷款品种、额度、期限与借款人经营状况、还款能力的匹配程度,作为与借款人后续合作的依据,必要时及时调整与借款人合作的策略和内容。

特别需要注意的是,《流贷办法》要求贷款人通过合理设定贷款业务品种和期限、设立专门资金回笼账户、协商签订账户管理协议等方式,加强对回笼资金的管控:一是要求贷款人应根据借款人生产经营的规模和周期特点,合理设定流动资金贷款的业务品种和期限,以满足借款人生产经营的资金需求,实现对贷款资金回笼的有效控制。二是要求贷款人应在借款合同中约定由借款人承诺,贷款人有权根据借款人资金回笼情况提前收回贷款。三是规定贷款人应通过借款合同的约定,要求借款人指定专门资金回笼账户并及时提供该账户资金进出情况。贷款人可根据借款人信用状况、融资情况等,与借款人协商签订账户管理协议,明确约定对指定账户回笼资金进出的管理。贷款人应关注大额及异常资金流入流出情况,加强对资金回笼账户的监控。

五、《流贷办法》对流动资金贷款用途有何限制?

鉴于目前实践中存在流动资金贷款被挪用于固定资产投资等其他用途的情况,为强化贷款用途管理,《流贷办法》明确规定,贷款人应与借款人约定明确、合法的用途,流动资金贷款不得用于固定资产、股权等投资,不得用于国家禁止生产、经营的领域和用途。同时,流动资金贷款不得违规挪用,贷款人应按照合同约定认真检查、监督流动资金贷款的使用情况。

六、《流贷办法》如何防范超额授信风险?

为防止超额授信,消除贷款资金挪用隐患,《流贷办法》在防范超额授信风险方面,要求贷款人应根据经济运行状况、行业发展规律和借款人的有效信贷需求等,合理确定内部绩效考核指标,不得制订不合理的贷款规模指标,不得恶性竞争和突击放贷。同时,明确了贷款人以降低信贷条件或超过借款人实际资金需求发放贷款的法律责任,银监会可以按照《中华人民共和国银行业监督管理法》的相关条款对其进行处罚。

七、《个人贷款管理暂行办法》有哪些主要内容?

《个人贷款管理暂行办法》(以下简称《个贷办法》)共分八章四十七条,包括总则、受理与调查、风险评价与审批、协议与发放、支付管理、贷后管理、法律责任和附则等,主要从贷款业务流程规范的角度提出监管要求,是对现行个人贷款类监管法规的系统性完善,以促进商业银行提高个人金融服务质量,同时,审慎控制相关金融风险。其要点集中在以下几个方面:一是强化贷款的全流程管理,推动商业银行传统贷款管理模式的转型,提升商业银行个贷资产管理的精细化水平。二是倡导贷款支付管理理念,强化贷款用途管理,提升商业银行风险防范与控制能力,同时,防范借款人资金被挪用。三是强调合同的有效管理,强化贷款风险要点的控制,营造良好的信用环境。四是强调加强贷后管理,提升信贷管理质量;五是明确贷款人的法律责任,强化贷款责任的针对性,构建健康的信贷文化。

八、《个贷办法》对个人贷款用途有何要求?

《个贷办法》明确规定,个人贷款用途应符合法律、法规规定和国家有关政策,贷款人不得发放无指定用途的个人贷款。个人在提出贷款申请时,应当有明确合法的贷款用途。同时,贷款人应就借款人的借款用途进行尽职调查,有效防范个人贷款业务风险。

九、《个贷办法》对个人贷款面谈面签制度是如何规定的?

《个贷办法》要求执行贷款面谈面签制度。一方面,贷款人应建立并严格执行贷款面谈制度,对通过电子银行渠道发放的低风险个人质押贷款的情形,贷款人可以不进行贷款面谈,但至少应当采取有效措施确定借款人的真实身份。同时,除电子银行渠道办理的贷款,贷款人应要求借款人当面签订借款合同及其他相关文件。

强调面谈面签,主要是为了核实个人贷款的真实性,防止出现个人被不法分子冒名套取银行贷款,或借款人的信贷资金被他人冒领挪用,以切实保护借款人的合法权益。

十、《个贷办法》在支付管理方面有什么要求?

这是《个贷办法》的核心内容。《个贷办法》明确规定,除特殊情形外,个人贷款资金应当采用贷款人受托支付方式向借款人交易对象支付,即由贷款人根据借款人的提款申请和支付委托,将贷款资金支付给符合合同约定用途的借款人交易对象。并要求贷款人应在贷款资金发放前审核借款人相关交易资料和凭证是否符合合同约定条件,在支付后做好有关细节的认定记录。

《个贷办法》关于采用贷款人受托支付的例外情形,主要包括:一是借款人无法事先确定具体交易对象且金额不超过三十万元人民币。二是借款人交易对象不具备条件有效使用非现金结算方式。上述个人贷款,经贷款人同意可以采取借款人自主支付方式。此外,考虑个体经营贷款与个人消费贷款在实践中存在一些差别,个体经营户在商品生产和交易过程中,通常事先不确定交易对象且现买现付。对此,《个贷办法》作出以下特别规定:一是明确贷款资金用于生产经营且金额不超过50万元人民币的,可以采用借款人自主支付方式。二是规定个体工商户和农村承包经营户申请个人贷款用于生产经营且金额超过50万元人民币的,可以按贷款用途适用相关贷款管理办法的规定。这样规定,可以满足农村经济和个体商户的实际发展需要。

十一、《个贷办法》的出台,是否会影响个人贷款的申请与使用?

《个贷办法》就贷款流程等方面所作的一些监管要求,没有抬高个人获得贷款的门槛,不会影响个人贷款的申请。同时,《个贷办法》提出的贷款人受托支付管理理念,已是目前广大银行业金融机构的通行做法,符合我国的实际情况,是现行做法的制度化,因此,不会影响到借款人的资金使用。此外,《个贷办法》针对一些特殊情况,已就贷款人受托支付作了一些例外规定,小额个人贷款和个体经营贷款的申请和使用也不会受到影响。

需要强调的是,《个贷办法》不仅不会给金融消费者增添麻烦,相反,其中的一些规定还有利于金融消费者权益的保护,如"贷款人对未获批准的个人贷款申请,应告知借款人""借款合同采用格式条款的,应当维护借款人的合法权益,并予以公示"等条款,都体现了保护金融消费者利益的理念。总之,通过对个人贷款业务的规范管理,可以进一步巩固我国银行业金融机构个人贷款经营管理的良好基础,为个人贷款业务长远可持续发展提供制度保障。

十二、《流贷办法》《个贷办法》是否适用于非银行金融机构?

《流贷办法》规范的贷款人主体,是指中华人民共和国境内经中国银监会批准设立的银行业金融机构。

对《个贷办法》,消费金融公司、汽车金融公司等非银行金融机构要参照执行。这主要基于以下两方面的考虑:一是消费金融公司、汽车金融公司等非银行金融机构提供的个人贷款业务,其产品特征和业务运作模式和银行业金融机构的个人贷款业务类似。二是消费金融公司等非银行金融机构在组织、技术、管理上存在客观困难，难以全面执行《个贷办法》中的部分规定要求。

十三、贷款新规实施贷款支付管理是否会影响银行业金融机构和借款人的成本？

贷款新规在起草过程中，多方征求意见，反复论证和讨论修改，充分考虑了境内外做法和各方意见。特别是在设计支付方式、确定支付标准等有关规定时，在综合考虑借款人特点、承受能力等因素基础上，由部分银行业金融机构进行了实际业务测算。结果表明，贷款新规的贷款支付管理规定能够保证借款人的正常用款需求，也能够保障贷款资金的及时有效支付，还能够降低借款人的利息支出，节约借款人的财务成本。对银行业金融机构来说，可能从单笔业务上看会增加某些环节的操作成本，但实际上由于贷款挪用风险的减少，整体贷款质量会得到提高，银行业金融机构的整体效益也将得到提高。

十四、银监会如何保证贷款新规的贯彻落实，有什么具体的工作计划安排？

银监会今年将按照中央经济工作会议的有关要求，把推动落实贷款新规作为工作重点之一，督促银行业金融机构真正实现发展方式的转变，树立"实贷实付"理念，建立全流程的精细化信贷管理模式，注重从源头上控制信贷资金被挪用风险，为贷款资金流向实体经济提供制度保障。

首先，银行业金融机构要提高认识，准确理解贷款新规的监管要求。银行业金融机构要全面、准确地理解和把握贷款新规的规定，规范、统一地遵循贷款新规的要求，制定管理细则和操作规程，做好组织架构、信息系统、合同文本修订等准备工作。银监会将加强督促引导，按照已确定的实施时间表，及时严格推进各银行业金融机构"齐步走"，防止不公平竞争，并结合有关业务的现场检查，加强对落实贷款新规情况的检查，以检查促落实。

其次，我们将严格要求各银行业金融机构按照贷款新规开展业务，做好对客户的宣传和解释工作。贷款新规实施后，银监会将跟踪银行业金融机构对贷款新规的执行情况，针对出现的问题及时采取相应的监管措施，有效提高银行业金融机构的贷款管理水平。银监会将把各银行业金融机构执行贷款新规的情况作为监管评价的重要参考。对执行不积极、不到位造成重大负面影响的银行业金融机构，银监会将按照有关法律法规和审慎监管要求，严格追责。

第三，进一步加大宣传与培训力度，主动加强与有关部门联系沟通，努力使贷款新规深入人心。银监会将通过多种途径，对贷款新规进行充分辅导和说明，争取银行业金融机构和广大金融消费者的理解与支持，为贷款新规的深入贯彻落实创造良好的内外部环境。特别是要让广大客户知晓贷款新规对保护其利益的好处，提高执行贷款新规的自觉性。

（资料来源：金融界网）

第六章
Chapter 6

商业银行证券投资业务与经营

【学习要点及目标】

通过本章的学习,学生要了解商业银行证券投资的种类与内容;理解商业银行证券投资的收益率、证券投资所面临的风险及收益与风险的关系;掌握商业银行证券投资组合的策略。本章重点及难点是商业银行证券投资的收益、风险及组合策略。

【导入案例】

中国金融市场尚处于初级阶段,证券种类不完善;银行证券投资业务范围较小、法律不够完善、银行业务经营模式不够成熟,使得中国商业银行证券投资收入比例低。目前,中国商业银行大多数都在投资银行业务探索上先试先行并取得显著进展。商业银行开展证券投资业务不仅提高了银行收益、增加了银行流动性,同时对证券市场健康运行有重要的促进作用。

在证券投资业务中,商业银行需要采取一系列的投资策略和方法,以确定证券组合的规模、持有证券的类型、质量,以求尽量减少风险和增加收益。商业银行对各种证券进行选择而形成相对固定的若干投资品种,以达到在一定约束下实现投资收益最大化的基本目标。在遵循安全性、流动性和收益性三原则的前提下,商业银行采用不同的证券投资组合策略,以期达到收益最大化的基本目标,主要包括分散投资组合策略、期限分离组合策略、计划投资组合策略、趋势投资组合策略等。

银行业在中国金融业中处于主体地位。近年来,中国银行业改革创新取得了显著的成绩,整个银行业发生了历史性变化,在经济社会发展中发挥了重要的支撑和促进作用。

(资料来源:人民网)

第一节 商业银行证券投资概述

一、商业银行证券投资的功能

商业银行证券投资是指银行为了获取一定收益而承担一定风险,对一定期限有价证券进行买卖的业务活动。商业银行作为经营货币资金的特殊企业,其总体经营目标是增加收益。但增加收益并不是商业银行进行证券投资的唯一目的,甚至对一些银行来说已经不是主要的目的。商业银行证券投资的功能主要有:增加收益、风险管理、保持流动性、合理避税等。

(一)增加收益

目前,获取收益是中国银行管理证券投资组合的主要目的。商业银行的主要业务是吸收存款、发放贷款以获得存贷款之间的差额利润。当经济繁荣或国家采取宽松的货币政策和积极的财政政策时,贷款成本和风险较低、收益较高,贷款需求量大,银行的资金主要用于贷款。当经济萧条或国家采取收紧的经济政策时,贷款成本和风险较高、收益较低,贷款需求量相应较小。同时,由于银行间激烈的竞争,包括内资银行和外资银行的竞争、国家控股银行和其他股份制银行的竞争等,导致银行有时无法找到合适的贷款对象,这样银行就必然有一部分资金暂时闲置出来。为了实现这些闲置资金的优化配置,弥补资金利息支付的损失,银行必须为它们找到新的出路以获取总收益的最大值。证券投资就是使剩余资金产生效益的好办法,银行从事证券投资,对其闲置资金进行充分利用,实现了增加收益的目的。从这种意义上说,银行证券投资就是在贷款收益较低或风险较大时为保持或提供银行利润的一种选择。

证券投资收益主要包括利息收益和资本收益。利息收益是指银行购买一定量的有价证券后,依证券发行时确定的利率、票面金额从发行者处取得的利息。利息收入有两种形式:一种是根据证券上标明的利率、票面金额,计算利息收入。比如,现有票面金额为 10 000 元,票面利率为 8% 的某债券 100 张,则银行每年可得利息 80 000 元(100×10 000×8% = 80 000)。二是通过贴现方式,如某银行购买了政府发行的 1 年期国债 100 000 元,贴现率为 4%,当银行购进该种国债时,价格是 96 000 元[100 000×(1−4%) = 96 000],1 年后到期收回本金 100 000 元,其中 4 000 元就是利息收入。以贴现方式获得利息的通常是短期证券。资本收益是指银行购入证券后,在出售时或偿还时收到的本金高于购进价格的余额。例如,银行购买 10 000 000 元的证券,持有一段时间后,证券价格升高,该银行以 12 000 000 元的价格出售,这其中的差额 2 000 000 元就是证券增值收入。银行证券投资的收入在扣除资金成本和投资经营成本后就是银行证券投资利润。

(二)风险管理

风险管理是美国等西方发达国家银行管理证券投资组合的首要目的。商业银行资金运用中的一个重要问题是使资金分散化、降低风险或把风险控制在一定的限度内。所谓资金分散化,是指银行不将全部资金放在某一个资产上,而是同时持有多种资产,以此来分散风险,确保收益。证券投资为银行在贷款之外找到了一个新的资金运用途径。如果贷款收不回来,但是证券投资业务获得收益,则可与贷款的损失相互抵消,银行将免遭损失或少受损失。证券投资风险比贷款风险小,更有利于资金运用。与贷款相比,证券投资的选择面广,覆盖面宽,不受地域、国家限制,银行可以购买全国甚至全世界的证券,也不受投资数额的限制,小笔资金同样能够进行投资,而贷款则要受地域的限制。另外,证券投资比较灵活,可以根据需要随时买进卖出。一旦银行发现某种证券风险增加或某类证券过于集中,可以将证券转卖出去。贷款则不然,一笔贷款投放出去后,往往要等到期后才能收回,提前收回和中途转让的很少。因此,证券投资在分散投资风险方面有其特殊的作用。

(三)保持流动性

保持一定比例的高流动性资产是银行保证其资产业务安全性的重要前提。商业银行现行二级储备制度,一级储备为库存现金、在中央银行的存款、存放同业存款以及托收未达款等。一级储备的比重不能过大,因为它们不能盈利,如果所占比重过大,商业银行的资产收益率必会受到影响。即使是适度的准备,在信用紧缩或某些特殊时期也未必能满足客户提现和贷款的要求。因此,银行仍然需要二级储备以补充一级准备的不足。所谓二级储备,就是指银行的短期证券投资。由于短期证券可以迅速变现,而且在变现时损失较小,一旦银行遇到大量客户提现或有大量放款需求时,如果一级储备不足以应付,则二级储备可以满足要求。西方国家商业银行短期证券往往要占银行购入证券的25%左右。

(四)合理避税

中国税法规定购买国债的利息收入不缴纳所得税。银行直接向国家(一级市场)认购的国债利息收入,可用于抵补以前年度的亏损,抵补以前年度亏损有结余的部分也免征企业所得税,故银行可以利用证券组合达到避税的目的,使收益进一步提高。

二、商业银行证券投资的种类

(一)西方商业银行证券投资种类

纵观当今西方发达国家的金融体制改革历史,混业经营是一个重要的趋势。欧洲国家如德国、法国、瑞典等一直奉行混业经营模式。以"全能制"为代表的德国,允许其商业银行投资于股票。英国、美国则是在20世纪50年代之后,在金融创新和自由化浪潮的不断激励下,逐步突破投资限制。1999年,美国颁布了《金融服务现代化法案》,完全废除了《格拉斯-斯蒂格尔法案》的限制,为商业银行全面开展证券投资业务扫清了道路。西方商业银行证券投资业务的种类主要包括政府债券、公司债券、公司股票和商业票据。

1. 政府债券

政府债券包括三种形式：中央政府债券、政府机构债券、地方政府债券。

（1）中央政府债券。中央政府债券又称为国家债券或国家公债券。其目的通常是弥补国家财政赤字、进行大型工程项目建设、偿还旧债本息等。按其发行对象可以分为公开销售债券和指定销售债券。公开销售债券向社会公众销售，可以自由交易；指定销售债券向指定机构销售，不能自由交易和转移。商业银行投资的中央政府债券一般是公开销售债券。

中央政府债券的发行者是中央政府，由国家承担偿还本息的责任，没有违约风险，被投资者誉为"金边债券"，具有较高的安全性。政府债券交易活跃、价格稳定、流动性强。它可以全部在证券交易所上市，也可以在到期前用作抵押贷款的担保品，抵押代用率高。由于以上特点，中央政府债券是商业银行投资的主要对象。

中央政府债券按期限长短可以分为短期国家债券、中长期国家债券，但各国的划分标准不尽一致。美国和日本等国家以1年以下的债券为短期国家债券，又称国库券。国库券期限短、流动性高，因此很受商业银行的欢迎，一般占银行持有的政府债券的1/3左右。商业银行可以通过直接从财政部和中央银行购买或从其他持有者手中购买的方式持有，一般是贴现债券。1年以上10年以下的债券为中期国家债券，10年以上的债券为长期国家债券。中长期债券由于期限较长，因而收益率高，获利是银行购买这些债券的主要目的。中长期债券的销售方式包括拍卖和认购，多为附息债券。在西方国家，政府一般在商业银行保有存款账户，当商业银行购买政府中长期债券时，可以用增加政府在银行存款数额的方式支付款项。

（2）政府机构债券。政府机构债券是指除中央政府以外其他政府部门和有关政府机构发行的借款凭证。例如在美国，联邦住宅放款银行、联邦存款保险公司、联邦国民抵押协会、联邦中期信贷银行等机构发行的债券，都属于政府机构债券。政府机构债券的特点与中央政府债券十分相似，违约风险很小，因此在二级市场上的交易十分活跃。政府机构债券通常以中长期债券为主，流动性不如国库券，但它的收益率比较高。它虽然不是政府的直接债务，但通常也受到政府担保，因此债券信誉比较高，风险比较低。政府机构债券通常只需缴纳中央所得税，不用缴纳地方政府所得税，税后收益率比较高。

（3）地方政府债券。地方政府债券又称为市政债券，指某一国家中有财政收入的地方政府地方公共机构发行的债券，一般由州、市政府以及其附属机构如教育、水利部门发行。按照用途不同，地方政府债券可分为普通债券和收益债券两种类型。普通债券一般用于提供基本的政府服务，如交通、通信、住宅、教育、医院和污水处理系统等地方性公共设施的建设，由地方政府的税收作担保。收益债券用于政府所属企业或公益事业单位的特定公用事业项目，本息完全依赖于融资项目的收益状况，组织发行单位并不保证还本付息，因此安全性不如普通债券高。按照发债主体不同，地方政府债券可分为地方政府直接发债和中央发行国债再转贷给地方两种。

地方政府债券除了一些信用较高的可以在全国范围内发行并流通外，绝大数集中在本地，流动性没有国家债券强。地方政府债券为附息债券,投资地方政府债券可以免缴投资收益中的中央所得税和地方所得税,因此地方政府债券的税后收益率比较高,备受西方商业银行的青睐,所占商业银行投资的比重日益扩大。

2. 公司债券

公司债券是企业为筹措资金而发行,向持有人承诺在指定时间还本付息的一种债务凭证。公司债券分有多种分类:按是否记名可分为记名公司债券和不记名公司债券;按持有人是否参加公司利润可分为参加公司债券和非参加公司债券;按是否可提前赎回可分为可提前赎回债券和不可提前赎回债券;按发行债券的目的不同可分为普通公司债券、改组公司债券、利息公司债券、延期公司债券;按发行人是否给予持有人选择权可分为附有选择权的公司债券和未附选择权的公司债券;按是否有抵押可分为抵押债券和信用债券。公司债券的信誉没有政府和金融机构高,投资风险相对较高。但由于企业每次发行债券都有明确的目的和资金用途,其发行债券额度要受企业财务状况、资金实力等因素的限制,发行要经过有关证券监管部门的审核、批准,并严格按规定程序进行,债券持有者对破产企业有债务优先受偿权等,所以公司债券一般来说也是比较安全的。尽管如此,商业银行对公司债券的投资还是比较有限的,主要是因为:①公司债券的收益必须缴纳中央和地方所得税,税后收益比政府债券低;②安全系数大大低于政府债券;③期限较长,流动性差。

3. 公司股票

股票是股份公司(包括有限公司和无限公司)在筹集资本时向出资人发行的股份凭证,代表着其持有者(即股东)对股份公司的所有权。这种所有权是一种综合权利,如参加股东大会、投票表决、参与公司的重大决策、收取股息或分享红利等。同一类别的每一份股票所代表的公司所有权是相等的。每个股东所拥有的公司所有权份额的大小,取决于其持有的股票数量占公司总股本的比重。股票一般可以通过买卖方式有偿转让,股东能通过股票转让收回其投资,但不能要求公司返还其出资。股东与公司之间的关系不是债权债务关系。股东是公司的所有者,以其出资额为限对公司负有限责任,承担风险,分享收益。

股票的种类很多,按股东权益的不同分为普通股和优先股;按股息是否可以累计分为累计性股票和非累计性股票;按是否记名分为记名股票和不记名股票;按股票是否表明金额分为票面金额股票和无票面金额股票;按投资者的不同可分为法人股、社会公众股和个人股等。股票的市场价格受多种因素的影响,不仅取决于预期的股息率,还受到股份公司的经营状况、国家的政治局势、政府的经济政策和投资者的心态等多种因素影响。

商业银行购买股票的目的有两个:一是作为公司的股东,参与控制公司的经营活动;二是作为证券投资的工具或手段,通过股票的买卖赚取利润。目前,由于工商企业股票的风险比较大,因而大多数西方国家在法律上都禁止商业银行投资公司股票,只有德国、奥地利、瑞士等少数国家允许。但随着政府管制的放松及商业银行业务综合化的发展,商业银行也在采取各种方式向企业渗透,如通过其信托部门购买公司股票。越来越多的国家正逐步采取开放这一业务的政策。

4. 商业票据

商业票据是指由金融公司或某些信用较高的企业开出的无担保短期票据。商业票据的可靠程度依赖于发行企业的信用程度,可以背书转让,但一般不能向银行贴现。商业票据的期限在9个月以下,由于其风险较大,利率高于同期银行存款利率,商业票据可以由企业直接发售,也可以由经销商代为发售,但对出票企业信誉审查十分严格,因此具有相对的安全性,信誉卓越的大公司发行的商业票据甚至比企业贷款的安全性要高。目前,较为发达的商业票据是欧美市场,其较高的利率吸引了不少银行投资。

商业票据可分为本票、汇票两种形式。本票是债务人向债权人签发的,保证即期或定期或在可以确定的将来的时间,对某人或其指定人或持票人支付一定金额的无条件书面承诺。商业本票是由债务人本人签发的,无须承兑(票据到期前,付款人承诺在票据到期日支付票据金额的行为。具体做法是:付款人在票据上标明"承兑"字样和承兑日期并签章)。汇票是由债权人(出票人)签发的,要求债务人(付款人)立即或定期或在可以确定的将来的时间,对债权人、指定人或持票人支付一定金额的无条件与书面支付命令书,往往由商品交易的卖方签发。商业汇票是由债权人签发的,必须经过承兑才能具有法律效力。根据承兑人不同,商业汇票可以分为商业承兑汇票和银行承兑汇票,由债务人承兑的汇票称为商业承兑汇票,由银行受债务人委托承兑的汇票称为银行承兑汇票。

(二)中国商业银行证券投资种类

改革开放以来,中国金融市场的发展速度和开放程度得到空前提高。《中华人民共和国商业银行法》第三条规定,中国商业银行可以"买卖政府债券、金融债券"。第四十三条规定:"商业银行在中华人民共和国境内不得从事信托投资和证券经营业务,不得向非自用不动产投资或者向非银行金融机构和企业投资,但国家另有规定的除外。"中国商业银行证券投资种类主要包括以下几种。

1. 国债

中国政府除了有规律地发行适度规模的普通国债以外,还不定期地发行一定数量的特别国债。

(1)普通国债。普通国债主要分为凭证式国债、记账式国债和无记名(实物)国债三种。凭证式国债是一种国家储蓄债,可记名、挂失,以"凭证式国债收款凭证"记录债权,可提前兑付,不能上市流通,从购买之日起计息。记账式国债以记账形式记录债权,通过证券交易所的交易系统发行和交易,可以记名、挂失。投资者进行记账式证券买卖,必须在证券交易所设立账户。由于记账式国债的发行和交易均无纸化,所以效率高,成本低,交易安全。无记名(实物)国债是一种实物债券,以实物券的形式记录债权,面值不等,不记名,不挂失,可上市流通。

(2)特别国债。特别国债又称为特种债券,是由国库券派生而来的。它是指为实施某种特殊政策在特定范围内或为特定用途而发行的国债。特别国债的发行对象为经济条件较好的全民所有制企业、集体所有制企业、私营企业、金融机构、企业主管部门、事业单位和社会团体以及全民所有制企业职工退休养老保险基金管理机构、待业保险基金管理机构、交通部车辆购置附加基金管理机构。其主要有定向债券、特别国债和专项国债等。经第八届全国人大常委会第三十次会议审议批准,财政部于1998年8月向四大国有商业银行发行了2 700亿元长期特别国债,所筹集的资金全部用于补充国有商业银行资本金。经第九届全国人大常委会第四次会议审议通过,财政部于1998年9月面向中国工商银行、中国农业银行、中国银行和中国建设银行4家国有商业银行发行了1 000亿元、年利率为5.5%的10年期附息专项国债,专项用于国民经济和社会发展急需的基础设施投入。目前,国内商业银行每年持有的国债总额约占证券投资总额的20%左右。

2. 中央银行债券(中央银行票据)

中央银行票据是中央银行为调节商业银行超额准备金而向商业银行发行的短期债务凭证,期限最短为3个月,最长为3年。中央银行发行的央行票据是中央银行调节基础货币的一项货币政策工具,目的是减少商业银行可贷资金量。商业银行在支付认购央行票据的款项后,其直接结果就是可贷资金量的减少。中央银行票据是央行调节货币供应量和短期利率的重要工具。2003年4月22日,中央银行改变以往回购国债回笼货币的做法,改为在公开市场操作中首次直接以贴现形式发行期限为6个月的中央银行票据。2007年10月23日发布公开市场业务公告,决定自2007年10月24日起央行票据在全国银行间债券市场上市交易,交易方式为回购,同时作为公开市场业务回购交易工具。目前,国内商业银行每年持有的央票在证券投资总额中约占30%。

3. 金融债券

金融债券是由银行和非银行金融机构发行的债券。由于银行等金融机构在一国经济中占有较特殊的地位,政府对它们的运营又有严格的监管,因此,金融债券的资信通常高于其他非金融机构债券,违约风险相对较小,具有较高的安全性。所以,金融债券的利率通常低于一般的企业债券,但高于风险更小的国债和银行储蓄存款利率。国内商业银行每年持有的政策性金融债券总额约占证券投资总额的20%左右。

【知识库】

中国工商银行证券投资概况

中国工商银行股份有限公司(以下简称"工商银行")面对复杂多变的外部环境,主动适应全球金融监管变革要求,融入中国经济转型发展大局,把加快发展方式转变放在更加突出的位置,坚定不移调整结构,脚踏实地促转变,巩固了全球市值最大、客户存款第一和盈利最多的大型上市银行地位,拥有优质的客户基础、多元的业务结构、强劲的创新能力和市场竞争力。工商银行积极应对宏观环境变化,加快经营结构调整,推进公司金融业务转型。合理配置信贷资源,推进信贷结构调整,保持市场领先优势。

加强商业银行与投资银行业务互动,发展投融资顾问、债务融资工具承销、银团贷款业务,满足客户多元化融资需求。加快现金管理、资产托管、养老金和对公理财等业务发展,优化公司金融业务结构。支持中资企业"走出去"项目,拓展海外业务市场,加快发展跨境人民币业务,提升全球服务能力。

2019年7月,工商银行入选2019《财富》世界500强,排名26。2019年12月,工商银行入选2019中国品牌强国盛典榜样100品牌。2019年12月18日,人民日报发布中国品牌发展指数100榜单,工商银行排名第9位。2020年1月4日,工商银行获得2020《财经》长青奖"可持续发展效益奖"。2020年3月,工商银行入选2020年全球品牌价值500强第6位。2020年8月《财富》世界500强排行榜发布,工商银行排名第24位。2020年9月28日,工商银行入选2020中国企业500强榜单,排名第五。

在投资银行业务方面,工商银行加快投资银行产品结构调整,推动投资银行业务快速发展。创新推出股权投资基金主理银行业务,拓宽企业股权融资渠道。拓展债券承销业务,稳居境内市场第一。投资银行业务品牌影响力持续提升,蝉联《证券时报》"最佳银行投行"称号。

(资料来源:人民网)

第二节 商业银行证券投资的收益与风险

一、商业银行证券投资的收益

证券投资的收益主要来自两个部分,即利息收益和资本利得。因此,商业银行通常考虑两方面的因素,用实得收益来计算证券收益的大小。

(一)证券收益率的计算

证券的收益率的计算主要有以下几种。

1. 票面收益率

债券的名义收益率指债券票面上注明或发行时规定的利率。其公式为

$$年票面收益率 = \frac{每年的利息收入}{债券面值} \times 100\%$$

比如,2008年第六期记账式国债为10年期固定利率附息债,票面年利率为5.68%,即若票面面值为100元,则每年可以获得利息收益5.68元。

这种收益率的计算是建立在按照票面购买了债券并持有到期日收到本息的前提下。该计算方法并没有考虑到购买价格可能和债券面值不一致的情况,没有考虑中途卖出的情况,也没有考虑物价波动的情况、现值的情况等,所以它只是一种名义收益率。

2. 当期收益率

这是债券到期前按当前市场价格计算的收益率(当期收益率等于债券年息与其当前市场价格之比),它体现债券市场价格对收益率的影响。其用公式表示为

$$当前收益率 = \frac{票面利息额}{市场价格} \times 100\%$$

比如,某债券面值为 100 元,票面收益率为 10%,如果市场价格为 95 元,则

$$当期收益率 = \frac{100 \times 10\%}{95 \times 100\%} \approx 10.52\%$$

高于票面收益率。如果市场价格为 105 元,则

$$当期收益率 = \frac{100 \times 10\%}{105 \times 100\%} \approx 9.52\%$$

低于票面收益率。

当期收益率考虑了债券当前的市场价格因素,即考虑了购买成本因素,但是收益方面只考虑了利息收益,没有考虑资本利得收益,而且也没有考虑实际和预期的资金现值,因此这种收益率的计算方法也是不完善的。为了全面衡量收益,投资者还必须考虑债券的到期收益率。

3. 到期收益率

到期收益率是指投资者在二级市场上买入证券后,持有一段时间并在该证券未到期之前再出售所获得的投资收益率,是票面收益率、市场利率、票面价格、购买价格及购买成本等因素综合作用而得到的收益率。其计算公式为

$$到期收益率 = \frac{(到期收益 - 市场价格)/持有期限 + 面值 \times 票面收益率}{(面值 + 市场价格)/2} \times 100\%$$

例如,某银行以 950 元的价格购入面值为 1 000 元,票面利率为 10% 的债券,期限为 10 年。当债券到期是,银行收回面值 1 000 元,其到期收益率为

$$到期收益率 = \frac{(1000 - 950)/10 + 1000 \times 10\%}{(1000 + 950)/2} \times 100\% \approx 10.77\%$$

计算到期收益率比较复杂,难以进行十分精确的计算,在实际中往往使用"获益率备查表"查找相应的到期收益率。

(二)证券投资收益曲线

证券投资收益曲线是指证券收益率和投资量变动之间的关系。了解证券投资收益曲线的变动趋势或规律,对于深入把握证券收益的内容,进行正确合理的投资决策具有非常重要的意义。

1. 证券收益率曲线

为解释在整个经济周期中收益率曲线的变化及形状,人们提出了纯粹预期理论和市场分割理论。

(1)纯粹预期理论。该理论认为预期是决定未来利率水平的唯一因素,只要能获得未来利率预期的足够信息和证据,就可以判断收益曲线的形状,即当预期未来短期利率上升时,会有上升的收益率曲线,反之,收益率曲线呈下降态势。可观察的长期利率是预期的不可观察的短期利率的平均值。在风险、流动性、税收特征等方面相同的证券,由于期限不同,收益率也会

不同。

以证券期限为变量的收益率曲线主要有三种:向上倾斜型(图6.1)、平缓型(图6.2)和向下倾斜型(图6.3)。向上倾斜型代表长期利率高于短期利率;平缓型代表长期利率等于短期利率;向下倾斜型代表短期利率高于长期利率。

该理论对证券投资的作用主要表现在三个方面:①收益率曲线对未来利率变动具有预测功能。向上倾斜的收益率曲线反映市场平均预测未来的短期利率上升;向下倾斜的收益率曲线表明预期未来短期利率会下降。②短期内,收益率曲线为银行证券投资提供了有关过度定价证券和定价不足证券的线索。收益率曲线表明每一期限证券的各种收益率,当某一证券的收益率位于某一特殊时点的收益率曲线之上时,说明其收益率暂时比较高或价格被低估,是较好的买入时机;当某证券的收益率位于收益率曲线之下时,说明该证券的收益率暂时较低或价格被高估,应该及时卖出。③收益率曲线的形状决定了银行通过长期证券替换短期证券的额外收益。例如,向上倾斜的收益率曲线,从10年期到15年期证券的收益率上升了200个基点,表明银行通过把10年期证券转换为15年期证券能获得2%的额外收益。

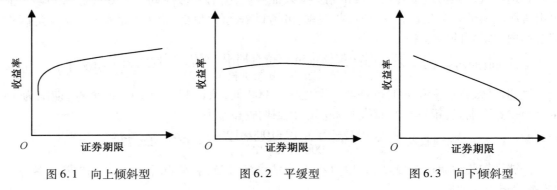

图6.1 向上倾斜型　　　　图6.2 平缓型　　　　图6.3 向下倾斜型

(2)市场分割理论。市场分割理论认为预期理论的假设条件在现实中是不成立的,因此也不存在预期形成的收益曲线。事实上整个金融市场是被不同期限的债券所分割开来的,而且不同期限的债券之间完全不能替代。该理论认为,由于存在法律、偏好或其他因素的限制,投资者和债券的发行者都不能无成本地实现资金在不同期限的证券之间的自由转移。因此,证券市场并不是一个统一的无差别的市场,而是分别存在着短期市场、中期市场和长期市场。不同市场上的利率分别由各市场的供给和需求决定。

证券发行人都想以最小的成本来获得最多的融资,而证券购买者则希望购买的证券能够获得高的收益率,所以某类证券的供求关系决定了其收益率。根据市场分割理论,当市场环境好,市场资金充裕时,需求增加,出现供不应求的局面,证券收益率会降低;反之,如果市场资金紧张,证券需求者减少,出现供大于求的局面,则供给者如果想获得计划的融资资金,就要付出更大的成本,即提高收益率吸引资金,从而使发行量减少,收益率上升。这种相关关系可以通过投资收益曲线（IR）加以体现，如图 6.4 所示。

证券投资收益曲线一般向右下方倾斜，如果证券信用较好或市场具有一定的广度，倾斜度会小些，如果证券信用不高或市场狭窄，倾斜度会大些。有的证券如国债，信用等级高，市场广大，可在保持最低利率的同时不影响发行规模，其发行量不受利率影响，与横轴完全平行。

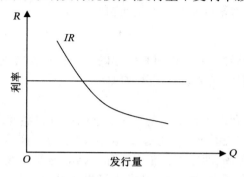

图 6.4　证券收益率与证券发行量关系曲线

2. 投资品种资金配置

银行在进行证券投资时，可以选择的投资品种很多，因此在资金量一定的情况下，银行需要将资金量在不同种类的证券之间进行合理的分配。为了达到这个目的，就要把待投资的每种证券的收益曲线放在一个坐标轴上来综合考虑。

如图 6.5 所示，IR_a、IR_b、IR_c 三条收益曲线分别表示投资于证券 I_a、I_b、I_c 的收益率。如果仅从证券投资收益角度考虑，应首先投入 OA 数量于证券 I_a，然后再投入 OB 于 I_b，最后如果资金有剩余就投入 I_c。这里应遵循的原则是，投入 I_a 证券的资金数量不应超过 OA，否则 $IR_a<IR_b$，投资于 I_b 证券的数量不能超过 OB，否则 $I_b<I_c$。

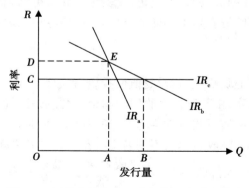

图 6.5　证券收益率与证券投资组合关系曲线

二、商业银行证券投资的风险

商业银行要获得证券投资的收益,就必须承担相应的投资风险,银行了解和规避风险是银行证券投资业务的基础,可以说成功的投资是建立在低风险、高收益的基础上的。商业银行投资证券所面临的风险主要有系统风险和非系统风险。

(一)系统风险

系统风险是由某种全局性、共同性因素引起的证券投资收益下降的可能性,无法通过证券多样化组合消除或回避,因此又称为不可分散风险。

1. 市场风险

市场风险是指由空头和多头等市场条件所引起的投资收益变动中的相应部分。证券市场行情普遍看涨,延续时间较长的大升市是多头市场,即牛市。证券市场行情萎靡不振,交易萎缩,指数一路向下是空头市场,即熊市。单个证券价格必然受市场总体行情影响,随着市场行情的变化而变化,由此产生了市场风险。证券市场之所以会有熊市和牛市的情况,是由经济周期的波动导致的,市场风险是经济周期变动的一种表现,同时又先于经济本身。经济周期往往包括复苏、高涨、衰退、萧条四个阶段。牛市往往从萧条开始,经复苏到高涨;熊市往往从高涨开始,经衰退到萧条。因此,根据经济周期的不同阶段,选择证券投资的买入和卖出点,对于证券投资的收益具有至关重要的意义。

2. 利率风险

利率风险是指由于市场利率变动影响证券价格从而给商业银行证券投资带来损失的可能性。市场利率和证券价格呈反方向变动,即当市场利率高的时候,证券的价格低,当市场利率低的时候,证券的价格高。因此,当商业银行投资固定利率债券时,利率上涨证券价格下降,如果出售,在价格上将会遭受损失,如果不出售,又失去了获得更高利率的机会。同时,利率的变动对于不同期限的债券影响程度是不一样的,对于短期债券往往影响较小,对于长期债券影响较大。

3. 通货膨胀风险

通货膨胀风险是指因通货膨胀、货币贬值使投资者实际收益水平下降的风险。对于投资固定利率债券的投资者而言,由于其将来收回的本金和利息是以货币计量的,如果出现通货膨胀,货币贬值,其将来获取的实际收益就会降低,通货膨胀率过高时,甚至出现亏损,所以商业银行应该密切关注债券的实际收益率而不是名义收益率。二者之间的关系是

$$实际收益率 = \frac{名义收益率 - 通货膨胀率}{1 + 通货膨胀率}$$

若忽略分母的通过膨胀率,则

$$实际收益率 = 名义收益率 - 通货膨胀率$$

如果名义收益率为10%,通货膨胀率3%,则实际收益率为7%。当名义收益率大于通货

膨胀率时,为正实际收益率;当名义收益率小于通货膨胀率时,为负实际收益率,则固定债券投资则要遭受损失。

假设投资品种为股票。由于股票的实质是所有权的法律凭证,因此在通货膨胀时期,企业的资产也会增值,受益于通货膨胀企业产品价格上涨,也会在短期内带动业绩增长。但如果出现恶性通货膨胀,致使经济出现衰退,则通货膨胀对股价的影响是负面的,会导致投资损失。

(二) 非系统风险

非系统风险又称为可分散风险或可回避风险,是由某一特殊因素引起,只对某些证券的收益产生影响,可以通过分散投资来加以消除的风险。

1. 信用风险

信用风险又称为违约风险,是指交易对手未能履行约定契约中的义务而造成经济损失的风险,即受信人不能履行还本付息的责任而使授信人的预期收益与实际收益发生偏离的可能性。信用风险主要受经济周期和企业自身经营水平等因素影响。一般来说,政府债券信用风险小,特别是中央政府债券,无信用风险可言。而公司证券的信用风险是最大的。证券根据信用等级不同可分为两类:一是投资级证券,即信誉较可靠、信用风险不高的证券;二是投机级证券,是指那些信誉较差、存在较大信用风险的债券。在美国,有两大最著名的证券评级公司,即穆迪投资公司和标准普尔公司,它们向投资者提供各种证券的信用风险评级。

2. 流动性风险

流动性又称变现能力,是指将持有证券迅速变现而代价较小的能力。当商业银行需要资金时,需要把作为二级储备的证券变现,这就需要所持证券具有一定的流动性。流动性强的债券,如政府债券、热门股票等都可以很快变现,而冷门股或一些评级不高的公司债券则不容易迅速变现或者变现需要比较大的折扣或损失,这时银行就要承担证券的流动性风险。

3. 经营风险

经营风险是指商业银行在从事证券投资业务中,由于投资决策失误、规模失控、管理不善、内控不严而使证券投资受到损失的风险。

4. 操作风险

操作风险是指由不完善或有问题的内部程序、员工和信息科技系统以及外部事件所造成损失的风险,包括法律风险,但不包括策略风险和声誉风险。操作风险损失类别主要包括七大类:①内部欺诈;②外部欺诈;③客户、产品和业务活动;④执行、交割和流程管理;⑤就业制度和工作场所安全;⑥实物资产损坏;⑦IT系统事件。其中,执行、交割和流程管理类与客户、产品和业务活动类事件是银行操作风险损失最主要的来源。

5. 声誉风险

声誉风险是指由商业银行经营、管理及其他行为或外部事件导致利益相关方对商业银行负面评价的风险。声誉风险可能产生于银行经营管理的任何环节,通常与信用风险、市场风险、操作风险和流动性风险等交叉存在,相互作用。

三、商业银行证券投资风险与收益的关系

（一）证券投资风险与收益的关系

1. 证券投资风险与收益的正向关系

即证券投资所需承担的风险越大，证券投资预期的收益越高；证券投资所需承担的风险越小，证券投资预期的收益越低。如投资股票风险最大，但收益率也很高，有时可翻几倍；而投资固定收益类证券，如国债和政府债券等的风险相对较小，但收益也非常有限。

2. 证券投资风险与收益的互补关系

证券投资的收益与风险存在一种互补关系，风险增加造成收益减少，风险减少造成收益增加。例如，一项投资使商业银行增加了 100 万元的风险，就意味着这项投资会给银行带来 100 万元的负效益。同理，若银行通过调整头寸，减少了 100 万元的风险，则意味着等于给银行增加了 100 万元的收益。在这里需要注意，风险增加或减少所带来的收益减少或增加并非指实际的收益变化，而只是指风险变动引起的投资者主观估计上的收益变动。

（二）处理收益与风险关系的一般原则

商业银行在进行证券投资时，需要根据风险和收益的变化随时调整头寸。其所应遵循的原则是：在承担既定风险的条件下争取尽可能高的收益，或在取得同样收益的情况下承担尽可能少的风险。根据这个原则，商业银行调整头寸的依据可以有两个：一是与银行同业中条件相同或类似的其他银行进行比较；二是与本银行以往的历史情况进行比较。

收益与风险的变动以及银行采取的相应措施主要有以下几种情况：

（1）风险不变，收益变动。这种情况下，收益或增加或减少，银行应尽量争取前者，避免后者。

（2）收益不变，风险变动。这种情况下，风险或增加或减少，银行应尽量争取后者，避免前者。

（3）收益和风险同时发生变化。上述两种风险和收益不同步变化的情况只是二者关系中的特例，在实际操作中，大多数情况还是收益和风险同时变动，包括：

①收益和风险同时增加。在这种情况下，收益增长快于风险增长或慢于风险增长。银行应尽量争取前者，避免后者。

②收益和风险同时减少。在这种情况下，收益减少快于风险减少或慢于风险减少。银行应尽量争取后者，避免前者。

③收益增加，风险减少。这种情况对银行非常有利，应竭力促成。

④风险增加，收益减少。这种情况是银行最忌讳的，应竭力避免。

【知识库】

风险收益组合调整实例

2018年1月1日,某银行用80万美元投资于短期政府债券、长期政府债券、高级公司债券、中级公司债券各20万美元,各证券收益分别为5.5%、7%、8.5%和9.8%。高级公司债券与政府债券之间的风险差别是1.5%(8.5%-7%=1.5%),即购买高级公司债券所承担的高于政府债券的风险需要用1.5%的收益作为补偿。以此类推,中级公司债券的风险要高于高级公司债券的1.3%,长期政府债券的2.8%。

假定到了2018年6月1日,上述证券收益率发生了如下变化:短期政府债券升为5.7%,长期政府债券升为7.4%,中级公司债券升为10%,高级公司债券维持不变。这种情况下怎样调整证券头寸,才能提高银行投资收益或减少投资风险?表6.1给出了几种参考。

表6.1 债券组合分析

	原组合			新组合1			新组合2			新组合3			新组合4			新组合5		
	A	B	C	A	B	C	A	B	C	A	B	C	A	B	C	A	B	C
短期政府债券	20	5.5	1.1	20	5.7	1.14	20	5.7	1.14	30	5.7	1.71	20	5.7	1.14	20	5.7	1.14
长期政府债券	20	7	1.4	20	7.4	1.48	20	7.4	1.48	20	7.4	1.48	30	7.4	2.22	20	7.4	1.48
高级公司债券	20	8.5	1.7	20	8.5	1.7	10	8.5	0.85	10	8.5	0.85	10	8.5	0.85	30	8.5	2.55
中级公司债券	20	9.8	1.96	20	10	2	30	10	3	20	10	2	20	10	2	10	10	1
合计	80	—	6.16	80	—	6.32	80	—	6.47	80	—	6.04	80	—	6.21	80	—	6.17
与1月1日比较 收益	—			增加0.16			增加0.31			增加0.12			增加0.05			增加0.01		
与1月1日比较 风险	—			不变			增加0.13			减少0.3			减少0.15			减少0.13		
与1月1日比较 差额	—			增加0.16			增加0.18			增加0.18			增加0.2			增加0.14		

注:(1)A为债券持有额,单位为万美元;B为证券收益率,单位为%;C为债券收益,单位为万美元。

(2)差额:债券收益率变化时,各种债券的收益和风险变化与1月1日时的对比。计算方法:收益增加-风险增加;风险减少-收益减少;收益增加+风险减少。

1. 原组合

原组合即2018年1月1日的情况。各种债券持有量和收益率如前所述,假定各债券的收益率用于补偿风险,即收益率之差等于风险之差。如短期政府债券与长期政府债券之间的收益率之差为1.5%,就意味着后者比前者的风险要高1.5%。

2. 新组合1

假定到了2018年6月1日,短期政府债券、长期政府债券和中级公司债券收益率均有所提高,高级公司债券的收益率不变,银行各种债券持有量保持不变。在这种情况下,银行承担的风险不变,但收益从1月1日的6.16万美元增加到6月1日的6.32万美元,净增0.16万美元。这个组合表明,由于债券收益率普遍提高,银行即使不对证券头寸进行调整,收益也会相应增加。但如果对债券的头寸加以调整,收益和风险将有新的变化。

3. 新组合2

增加10万美元的中级公司债,减少10万美元的高级公司债。假定6月1日,证券收益率发生变化，银行对所持证券头寸进行调整。在这种情况下，银行债券收益可从 6.16 万美元增加到 6.47 万美元，净增加 0.31 万美元。但增加中级公司债的同时增加了银行承担的风险

$$风险增加额/万美元 = (9.8\% - 8.5\%) \times 10 = 0.13$$

因此应当用 0.13 万美元的收益作为对增加风险的补偿，故银行实际增加收益为增加收益 0.31 万美元扣除增加的风险 0.13 万美元，等于 0.18 万美元。

4. 新组合 3

增加 10 万美元的高级公司债，减少 10 万美元的中级公司债。在这种情况下，银行收益从 1 月 1 日的 6.16 万美元减少到 6.04 万美元，减少 0.12 万美元的收益。但与此同时，银行收益从风险相应降低

$$风险减少额/万美元 = (8.5\% - 5.5\%) \times 10 = 0.3$$

减少 0.3 万美元的风险相当于增加 0.3 万美元的收益，与减少的 0.12 万没有收益相抵消后，剩余 0.18 万美元。这个组合表明，银行调整债券头寸虽然使银行收益减少，但风险的减少额多于收益减少额，与组合 2 相比，收益增加风险增加相抵后的 0.18 万美元收益效果完全一样。与组合 1 相比，效果更佳。

5. 组合 4

减少 10 万美元高级公司债，增加 10 万美元长期政府债券。在这种情况下，银行收益从 6.16 万美元增加到 6.21 万美元，净增加 0.05 万美元。同时，承担的风险相应减少

$$风险减少额/万美元 = (8.5\% - 7\%) \times 10 = 0.15$$

减少 0.15 万美元风险，等于增加 0.15 万美元收益，收益与减少的风险相加差额达到 0.2 万美元，比组合 2、3 的效果又更胜一筹。

6. 组合 5

前面几个组合都是将高级债券中的一部分资金转移到其他收益有所增加的债券中，使银行债券组合的收益增加或风险减少。如果不做这样的调整，而是将其他投资在收益率有所增加的证券上的资金转到高级公司债券这种收益未增加的证券上，就会增加投资组合的风险，或降低投资组合的收益。在这种情况下，减少 10 万美元中级公司债，增加 10 万美元高级公司债。这时收益为 6.17 万美元，较 1 月 1 日的 6.16 万美元增加 0.01 万美元。与此同时，风险相应减少

$$风险减少额/万美元 = (9.8\% - 8.5\%) \times 10 = 0.13$$

风险减少 0.13 万美元，意味着收益增加 0.13 万美元，增加收益加上减少风险形成差额为 0.14 万美元。与 1 月 1 日的情形相比，效果更好，但与 6 月 1 日证券收益率变化后的几种情况相比，效果都差。因为即使不调整头寸，即新组合 1 的情况，也有 0.16 万美元的差额。所以这种调整实质上是使证券组合收益减少 0.02 万美元。

在几种投资组合的选择问题上，看银行追求何种投资目标。如果银行的目标是争取尽可能多的收益，可选择新组合 2 的方式，即增加 10 万美元中级公司债，减少 10 万美元高级公司债，这样银行获得的收益将增加 0.31 万美元。如果银行的目标是追求稳定，可选择新组合 4，即增加 10 万美元长期政府债券，减少 10 万美元高级公司债，这样银行可获得收益 0.05 万美元，尽管与债券头寸不调整的组合 1 相比，收益 0.11(0.16-0.05) 万美元，但相应的银行少承担 0.15 万美元的风险。两者相比，银行会获得 0.04(0.2-0.16) 的差额。也就是说，在收益略有减少的条件下，减少了更多的风险。

（资料来源：中国金融网）

第三节　商业银行证券投资的一般策略

商业银行从事证券投资时,需要采取一系列的投资策略和方法,以求在充分控制风险的前提下追求利益最大化,这里介绍几种常见的证券投资策略。

一、分散化投资法

分散化投资法是商业银行进行证券投资时普遍采用的策略,即银行不应当把资金全部用于购买一种证券,而应当在多种证券上进行分配,才能在降低投资风险的基础上,保持收益的稳定性。证券分散投资包括以下几个方面。

(一)品种分散法

品种分散法就是商业银行在进行证券投资时,将资金分布于不同种类证券的一种策略。如进行政府债券、金融债券、公司债券、股票的投资组合,至于各品种所占的比重则要视商业银行的收益、风险目标和操作风格而定。若为保守投资,想追求持续稳定获利,需适当提高政府债券等固定收益证券的资金配置;若为激进投资,想追求较高资金回报,则需加大股票等证券的投资力度。对于同一种类的证券,也尽量不要集中在一个行业上,而要分散于不同的行业,选取行业中的多个企业。

(二)阶段分散法

宏观经济环境的变化、政府经济政策的变化等会导致证券行情有所波动和起伏,很难判断最佳的买入时机或最低的买入价位。这就需要采取阶段分散的策略,选取一个适宜的建仓阶段,分步逐渐完成购入活动,这样可避免由于投资时机过于集中或把握不准而带来的风险。

(三)地区分散法

商业银行证券投资不受地域、国家的限制。只有持有本国不同地区乃至于国际金融市场上发现的各国证券,才能在避免由于某一地区政治、经济动荡而出现投资损失的基础上,分享全球经济增长的成果。

(四)投资期限分散法

证券投资期限分散法主要是指通过投资期限分散,使证券价格的上升与下跌相互抵消,从而使银行避免损失。下面对期限分散法的主要方法——梯形投资法加以简要介绍。

梯形投资法就是将全部投资资金平均投放在各种期限的证券上的一种组合方式。其具体的做法是买入市场上各种期限的证券,每种期限购买数量相等,当期限最短的证券到期后,用所兑现的资金再购买新发的证券,这样循环往复,投资者始终持有各种到期日证券,并且各种到期日的数量都是相等的。这种情况反映在图形上,形似间距相等的阶梯,故称"梯形投资法"。例如,某银行投资1 000万元,分散投资于1~10年期的政府证券上,平均每种期限的证券投资100万元。在1年期证券到期后,收回资金100万元,银行用这笔资金再购买新发行的10年期政府证券。此时原有证券的期限都向前提前了1年,即原有的2年期证券变为1年,3年期证券变为2年,依此类推。从1~10年,即原有的2年期证券仍保持100万元。

梯形投资法具有以下优点:①对于银行证券投资者来说,它简便易行,易于掌握。②不必对市场利率进行预测,也无须因为市场利率的变化调整对策,始终采取同样的对策,从而避免了许多麻烦和由于预测失误造成的损失。③采用这种投资方法可以保证银行获得平均的收益率,因为证券价格的上升或下降往往能够互相抵消。

梯形投资法的缺点是:①缺少灵活性,当有利的投资机会出现时,不能及时把握,丧失获利的机会。②当银行由于资金短缺,需要及时变现时,这种方法往往不能满足要求,因为短期债券(国库券)只占投资总额的1/10,如果银行在此时没有其他资金来源时,只好出售长期债券。相对来说,由于长期债券流动性较差,要迅速变现,往往不能及时找到转让对象,如果大幅度压低价格,则银行会遭受折价损失。由于存在以上缺陷,采用这种方法进行投资时,必须采取灵活的态度,当市场短期证券利率上升、短期证券价格较低时,银行收回资金就不能投资到长期债券上,而应利用有利时机继续购买短期证券。如果在收回资金时,短期证券利率下降、价格上升,则应出售短期证券,收回资金购买长期证券。这样,梯形结构并未改变,而银行却因灵活地掌握运用这一方法,获取一部分收益。此外,银行为保持较强的流动性,也可把短期比重加大,以应付临时变现的需要。

二、期限分离法

期限分离法与分散法正好相反。该方法是把资金全部投放在一种期限的证券上,若银行投资证券的价格大幅上涨,银行就会获得厚利;反之银行则会遭受损失。在执行期限分离策略时有以下几种不同方式。

(一)短期投资法

短期投资法是指银行把其所有投资资金全部投放于短期证券上,不购买任何其他期限的证券。这种投资方法具有高度的流动性和灵活性,银行需要现金时,可以迅速地把短期证券卖出。采用这种投资方式的银行,一般都面临着流动性需求比较高的状况。至于这种投资的收益高低,则取决于金融市场上利率的变化情况。如果在银行购买证券后,市场上短期利率普遍下跌,短期证券的价格迅速上涨,银行由此会获得资本利得的好处。在这种情况下,银行投资账户的收益率是很高的。反之,如果在此期间市场短期利率上升,导致短期证券价格下降,银行投资账户的收益率将会减少,在很多情况下会出现净额损失。

(二)长期投资法

长期投资法是银行将全部投资资金都用来购买长期证券,不持有任何其他期限的证券。这种投资方式的好处是收益率较高,因为长期证券的收益率要高于其他期限证券的收益率。

由于长期利率的变化不是非常频繁,长期证券的价格波动较小,资本利得或资本损失不太明显。这种投资方式的缺点是流动性和灵活性较低,银行需要现金时不能通过证券的出售迅速地获取。

(三)杠铃投资法

杠铃投资法常见于债券基金,是债券基金的主要投资策略之一。它将投资集中到短期证券和长期证券两种工具上,对中期证券一般不予考虑,并随市场利率变动而不断调整资金在两者之间的分配比例,使用这种方式投资反映在图上,就形成一个两头大中间小的杠铃。如图6.6所示,反映了一家银行将主要资金集中在1~5年和15~20年的证券上。

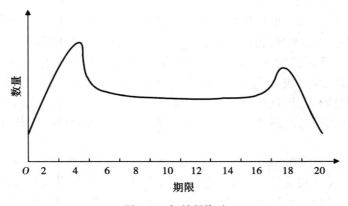

图6.6 杠铃投资法

杠铃的支点实际上是市场利率水平,它是衡量资金分布的砝码。投资分布是建立在对未来利率走势判断的基础上的,当预计长期利率上涨、长期证券价格趋于下降时,应出售长期证券,增加短期证券的持有量;反之,则增持长期证券。这种投资方法,长短期证券的选择由银行自己决定,有的把期限在1年以内的证券称为短期证券,有的则把期限为1~3年的证券界定为短期证券;有的把期限为15~20年的证券称为长期证券,还有的银行则把期限为15~30年的证券称为长期证券。当然,这种方法并不是排除中、长期证券,而只是比例非常小而已,一般情况下还是集中在长、短两头。

根据长、短期证券在投资组合中所占的比重不同,杠铃投资法可分为前端装载法和末端装载法。前端装载法是在银行的证券投资组合中,短期证券所占的比重大于长期证券。后端装载法则相反,在投资组合中,长期证券的比重大于短期证券。选择何种方法要视银行的流动性状况和收益率曲线的水平和形状而定。

从理论上讲,杠铃投资法能使银行证券投资达到灵活性、流动性、收益性的高效组合。银行可根据市场利率的变化、证券行情的涨跌对证券组合经常进行调整;短期证券可为银行提供较高的流动性,能使长期证券保证较高的收益率(即使收益率曲线向下倾斜,长期证券的利息率下降,但证券价格的上涨会带来资本利得)。短期证券和长期证券在投资组合中所占比例的调整,为银行操作提供了灵活性。杠铃投资法不失为一种灵活有效的投资方法。采用这种方法,只要商业银行对市场利率的动向预测准确,就会获得较高的投资收益,但客观上对商业银行及证券管理人员的素质提出了更高的要求,增加了银行投资管理的难度。因为只有在商业银行具备了较高的投资分析水平,能准确地把握市场利率的变化趋势,具有丰富的投资经验的前提下,才能获得较好的投资效果。一旦判断预测失误,与实际情况发生偏离,则会使银行遭受较大的损失。

三、灵活调整法

银行在构造投资组合时,根据收益率曲线的水平和形状的预期变化来配置资金。其具体操作是:当收益率曲线相对较低和向上倾斜时,购买短期证券,随着利率在未来几个月(或几年)内出现上升,证券不断地续期为较高收益证券,如果银行有额外流动性需求,也可以提供额外的流动性;当收益率曲线处于相对高水平时,预期利率会下降,银行转向长期债券,这样银行可获得最大的利息收入,而且在未来一段时间内,如因流动性需求而出售长期证券,也可获得资本利得;当认为利率已经达到最低点时,就出售长期证券,并将本金和资本利得转投资于短期证券。

假设某银行购买了 1 000 000 美元的 3 年期债券,年收益率为 12%。持券两年以后,根据市场价格,投资经理发现相应的一年期证券的收益率是 10%。如果预期收益曲线将继续处于向上倾斜的状态,而且投资政策允许延长证券的平均期限,那么"运用收益曲线"是一个可行的方法。即根据上述情况,投资经理把原来持有的证券转成另一种 3 年期证券。这样,银行实现的资本收益等于旧证券售价(1 049 728 美元)减去收益率为 12% 的 3 年期债券买价(1 000 000 美元),一般利息收入仍然是每年 120 000 美元。

但是,使用这种方法在实际操作中存在一些问题:①可操作性差。该策略建立在利率呈周期性变动的基础之上,但利率往往受多种因素的影响和制约,如出现不规律的波动,商业银行就无法实行。②风险性大。该策略要求银行对市场利率变动方向有准确的预测,具有超越市场的投资眼光,这在现实中是很难做到的,如果预测方向出现偏差或失误,银行证券投资将损失惨重。③市场时机较难把握。运用这一策略,选择转换的市场时机非常重要。例如,当银行在收益率曲线处于相对高水平时(此时预期利率将会下降),将短期证券转化长期证券,如利率继续上升,则为了满足流动性需求,银行将被迫以较高成本获取资金,或出售长期证券而蒙受资本损失或承担交易成本。因此,在投资管理中不应单独使用策略,与其他策略相互配合使用效果更佳。

四、证券调换法

证券调换法是指银行在投资过程中,不断地卖出某一种证券,购入另一种证券,以获取较高的收益率,或者承担较低的风险。银行投资管理人员应当随时留心可能出现的证券调换机会和套利机会。其一般原理是在利率周期的上升阶段,借款需求大、债券价格低,银行投资经理应该采取措施弥补纳税损失和延长证券期限。为此,可以把到期证券的收入再投资于长期证券,或(和)把短期证券在到期之前出售,把销售所得再投资于较长期限的证券,或(和)调换期限类型,获取收益差异之利。高利率调换方法的指导原则是在意识到将有损失时延长期限。使用这种方法,银行在利息率下降时不仅能弥补资本损失,而且还能有所盈利。当利率处于低水平,收益曲线向上倾斜时,投资经理应该集中精力减少利率风险。要做到这一点,可以把短期证券的到期收入用于再投资,以及把未到期的长期债券的销售收入用于购买短期债券。

(一)替换掉期

在利率周期的某些阶段,具有相同特征的证券在短期内交易,收益也不尽相同。替换掉期是指银行用一种债券去交易另一种债券,两种债券在息票率、期限和信用质量方面类似,但后者能提供更高的收益率。一般认为,在一个有效的市场上,证券价格反映了所有公开的信息,但市场总会由于某种原因而出现暂时的失衡,致使证券价格出现扭曲,导致某证券收益率位于某一特殊时点收益率曲线之上,这时证银行经理用"不和谐"的证券替代现在持有的证券,可以从这些差异中获利。假设某银行所持有的有价证券中,有一张收益率为12%的5年期A债券。银行的投资经理发现,另一张名义收益相等、风险特征相同的5年期B债券,本期收益率为12.25%。银行出售手头的收益率为12%的A债券,购买B债券,可以增加债券收益率。收益主要来源于两个方面:一是利息收入。因为收益率为12.25%的债券,市场售价低于票面价格,而收益率为12%的债券是按面值出售。所以,出售一张收益率为12%的原有证券,可以购买一张以上收益率为12.25%的债券。二是资本利得。其他的市场参加者觉察到这种收益差异后,会进行相似的调换从而提高了B债券的价格,这时,银行可以取得资本收益。

(二)组合转换

组合转换又称债券掉期。该方法是售出低收益率的证券,转而投资高收益率的证券。其具体操作方法是:当商业银行在低利率时购买了证券,随着利率逐步上升,银行的资金成本也相应上升。当证券收益与平均利息成本之间出现负利差时,银行可以出售原有证券,所造成的资本损失可以通过税收扣减弥补。原有证券出售之后,银行可以用收入和节约的税金购买收益率较高的证券。这样可以使银行在利率水平变化的情况下,仍然保持较高的收益。

例如,某商业银行按面值购买了100万美元的5年期政府机构债券,年利率为6%。另外,初期的平均存款成本是3%,两年之后利率上升,达到5%,假设应计营业支出为1.5%,该银行每年的利息收入均为6万美元,应计营业支出为1.5万美元,前两年的存款支出为3万美元($100×3\%=3$),而后3年的存款支出升高为5万美元($100×5\%=5$),前两年债券净利润为1.5万美元($6-3-1.5=1.5$),后3年债券转为亏损,亏损额为0.5万美元($6-5-1.5=-0.5$)。但如果运用组合转换法,情况则会完全不同。现在第3年出售这一债券。利率上升使债券的价值减少到 95 万美元,假设商业银行的边际税率为 30%,则因资本损失而节约的税金为 3.5 万美元[$5×(1-0.3)=3.5$]。因此,银行可以将 98.5 万美元($95+3.5=98.5$)投资于按面值出售和票面利率为 8% 的 3 年期政府机构债券。这样,商业银行在后 3 年的利息收入为 7.88 万美元($98.5×0.08=7.88$),债券净利润为 1.38 万美元($7.88-5-1.5=1.38$),虽然比前两年的 1.5 万美元少 0.12 万美元,但比没调整时的收益增加了 1.88 万美元[$1.38-(-0.5)=1.88$]。

(三)赋税调换

商业银行证券投资业务具有提高收益、增强流动性、分散风险、合理避税的功能,其核心是要解决好盈利性、流动性、安全性三者之间的最优配置问题。虽然银行投资工具主要集中于政府证券、政府机构证券、地方政府证券以及高等级公司债券,信用风险相对较低,但由于各种证券的偿付来源不同,发行者的实力与条件不同,而存在着明显的风险差异。尤其是政府机构债券和地方政府债券的偿付,取决于地方经济发达程度、财政收入水平和征税能力,有时与公共建设项目收入的可靠程度有关,投资风险的差异较大。正因为如此,有的国家通过立法允许对市政债券实行税赋优惠,以减轻地方财政负担,鼓励地方经济发展。然而税赋的差异,使作为投资者的银行获得了合理避税的条件,银行利用缴税证券与免税证券的组合,使投资收益率进一步提高。因此,银行证券投资管理中最重要的决策之一,就是确定缴税证券与免税证券的组合比例。

赋税调换策略的具体操作是:当证券投资利息收入不同,且不同债券出现税前收益率与税后收益率不一致时,商业银行应在投资组合中尽量利用税前收益率高的缴税证券,以税前收益率高的缴税证券的利息收入弥补融资成本,并将剩余资金投资于税后收益率高的减免税证券上,从而提高证券组合的整体收益。缴税证券与免税证券组合的最佳比例,取决于银行的缴税收入、质押、流动性需要以及经营的多样化。

例如,假设某银行在两年前购买了 100 万美元的 20 年期债券,息票利率为 12%。又假设市场利率此时已经升高,使得 18 年到期的证券收益率为 14%。如果银行出售手中持有的 18 年到期债券,销售收入为 871 000 美元,损失 129 000 美元。如果税率是 50%,则税后损失增加 64 500 美元。但是,把销售收入(871 000 美元)再投资于同一种债券,到期时税后损失减少 64 500 美元。此外,在出售证券的当年,银行另外还有 64 500 美元的税后现金收入,这笔钱可以再投资于更高收益的证券。所以,使用这种方法可以增加有价证券的总收益。但只有在银行具有能力承受短期收益减少的情况下,这种做法才适用。

【知识库】

赋税组合的实际应用

假定市政债券的税后收益高于缴税证券,且充分满足银行在上税收入、质押和流动性方面的要求。某银行计划发行1 000万美元大额存单,利率为8.5%,并对该存单保持4%的法定准备金。所筹集资金既可购买收益率为10%的上税证券,也可购买收益率为8%的市政债券。

表6.7 某银行证券投资收益组合

	全部缴税证券	全部免税证券	最优组合
证券构成:			
上税证券	960	0	850
免税证券	0	960	110
利息收入:			
上税证券利息收入	96	0	85
免税证券利息收入	96	76.8	8.8
合计	96	76.8	96.8
利息支出:			
大额存单利息	85	85	85
利息净收入	11	−8.2	11.8
所得税(34%)	3.74	0	0
税后净收入	7.26	−8.2	11.8

(1)组合1。

1 000万美元扣除准备金后的960万美元全部投资于缴税证券。缴税证券利息收入为96万美元(960×10%=96)。扣除大额存单利息支出为85万美元(1 000×8.5%=85),所得净利息收入为11万美元(96−85=11),缴纳所得税为3.74万美元(11×34%=3.74),税后净收入为7.26万美元(11−3.74=7.26)。

(2)组合2。

1 000万美元扣除准备金后的960万美元全部投资于免税证券。免税证券利息收入为76.8万美元(960×8%=76.8)。扣除大额存单利息支出为85万美元(1 000×8.5%=85),所得净利息收入为−8.2万美元(76.8−85=−8.2)。

(3)组合3。

银行将850万美元投资于缴税证券,110万美元投资于免税证券,此时银行的证券投资收益达到最大值。投资比例设定的方法是,以筹资成本额除以缴税证券收益率,即为缴税证券投资额为850万美元(85÷10%=850),剩余110万美元免税证券的利息收入为11.8万美元,组合投资收益为96.8万美元,组合投资税后收益为11.8万美元。

所以,组合3利用税赋调换策略成功避税,获得投资最高收益,是最优的投资方案。

(资料来源:王梅.商业银行业务与经营[M].中国金融出版社,2014.)

本章小结

商业银行证券投资业务是商业银行提高收益、规避风险的重要途径和手段。商业银行证券投资业务与银行的储蓄和贷款业务有所区别,其具有增加收益、风险管理、提高流动性、合理避税等功能。对于投资品种和对象,外国和中国的规定有所不同。外国商业银行的投资品种主要以国债、地方政府债券、政府机构债券为主,兼顾公司债券、公司股票、商业票据等。中国商业银行的投资品种目前仅限于国债和金融债。

凡是投资就必须考虑收益和风险,商业银行证券投资也不例外。其投资收益主要包括利息收入和资本利得两部分。收益率的计算方法有票面利率法、当期收益法、到期收益法等。根据纯粹预期理论和市场分割理论,其收益率曲线的画法也有所不同。收益对应着一定的风险,有系统风险,如利率风险、市场风险、通货膨胀风险等;非系统性风险,如信用风险、流动性风险、经营风险等。商业银行证券投资的原则是在充分控制风险的前提下,追求收益最大化。

商业银行从事证券投资活动,最终是要追求安全、流动、收益,这需要商业银行在不同的投资环境和投资背景下善于运用对自己有利的投资方法,包括分散化投资法、期限分离法、灵活调整法、证券调换法等。在实际操作中,商业银行应该综合运用多种投资方法,运用投资避税组合技术,尽可能提高自身的收益水平。

自测题

一、单项选择题

1. ( )是我国商业银行进行证券投资的主要目的。
   A. 风险管理　　　　B. 增加收益　　　　C. 提高流动性　　　　D. 合理避税

2. 某银行以105元的价格购入面值为100元,票面利率为10%的债券,期限为3年,剩余年限为2年,到期前不付利息,则这笔投资的到期收益率为( )。
   A. 10.9%　　　　B. 11.1%　　　　C. 11.9%　　　　D. 11.5%

3. ( )就是商业银行在进行证券投资时,将资金分布于不同种类证券的一种策略。
   A. 期限分散法　　　　B. 阶段分散法　　　　C. 品种分散法　　　　D. 地区分散法

4. 银行在投资过程中,不断地卖出某一种证券,购入另一种证券,以获取较高的收益率,或者承担较低风险的投资策略是( )。
   A. 灵活调整法　　　　B. 杠铃投资法　　　　C. 证券调换法　　　　D. 分散投资法

5. 下列证券投资风险最低的是( )。
   A. 政府债券　　　　B. 股票　　　　C. 金融债券　　　　D. 公司债券

二、多项选择题

1. 我国法律规定,商业银行证券投资的对象只能是( )。
   A. 股票　　　　B. 商业票据　　　　C. 国债　　　　D. 金融债券

2. 非系统风险包括(　　)。
   A. 利率风险　　　　B. 信用风险　　　　C. 流动性风险　　　　D. 经营风险
3. 杠铃投资法主要将投资集中在(　　)和(　　)两种工具上。
   A. 短期证券　　　　B. 中期证券　　　　C. 中长期证券　　　　D. 长期证券

三、简答题

1. 简述商业银行证券投资的功能。
2. 简述商业银行证券投资的系统风险。
3. 简述梯形投资法的优缺点。

四、案例分析题

美国政府当前的市场收益率按期限分布如下：

3 个月短期国库券 = 7.79%　　　　6 个月短期国库券 = 7.39%
1 年期中期国库券 = 7.78%　　　　2 年期中期国库券 = 7.80%
3 年期中期国库券 = 7.81%　　　　5 年期中期国库券 = 7.82%
7 年期中期国库券 = 7.85%　　　　10 年期长期国库券 = 7.86%
30 年期长期国库券 = 7.9%

1. 根据题中数据画出上述证券的收益曲线。
2. 某银行投资组合中 75% 是 7 年期、有 30 年原始期限的长期国库券，25% 是到期日在 1 年以内的美国政府短期证券。假设你是投资经理，将向银行管理层提出什么建议？
3. 根据你的投资建议计算投资组合的收益。

第七章
Chapter 7

商业银行中间业务与表外业务

【学习要点及目标】

通过本章学习,学生要了解商业银行中间业务和表外业务的产生和发展;了解中间业务和表外业务的作用和意义;掌握中间业务和表外业务的联系和区别;掌握商业银行中间业务和表外业务的定义及种类。

【导入案例】

根据2020年中报的数据,银行中间业务收入表现一般。以工行和建行来看,2020年上半年,工行中间收入889亿,相比2019年上半年增长仅4亿;建行中间收入800亿,相比2019年上半年的767亿,增幅仅4.3%。中间业务类型众多,但各银行财报统计归口不一,根据业务逻辑主要分为七个类型:银行卡、代理、理财、结算清算、资产托管、投行咨询业务、担保及承诺。根据上市银行年报数据统计,七大类中间业务收入中,银行卡业务收入占比最高约为35%左右,代理和理财收入业务不分伯仲在13%~14%区间,结算、托管、投行咨询收入位居第三梯队占比不足10%,担保及承诺收入占比接近6%。

(资料来源:腾讯网)

第一节　商业银行中间业务

一、商业银行中间业务概述

商业银行中间业务从形式上看是独立于商业银行资产业务和负债业务之外的业务,实质上是与商业银行的资产业务和负债业务相伴而生并长期依存的中介业务,在经营各项银行业务或提供金融服务时,均以中间代理人的身份或服务者的身份出现,从而提供全方位的金融中介性服务。由于银行信用中介职能的发挥,单位与个人等经济主体都和商业银行建立了信用关系,因而商业银行可以为单位和个人的各项资金清算办理技术性的金融服务,利用其联系面广、信息灵通、电子化程度高和员工整体素质较好的优势和特殊地位,为广大客户提供全方位的理财服务。如信息服务、咨询服务、代发工资、代理支付各项费用、代保管贵重物品,为企业和个人提供多种信托服务和理财业务,从而形成了商业银行的中间业务。

中间业务有狭义和广义之分。所谓广义的中间业务,是指商业银行利用自己的人力资源、市场信息和现代电信技术与设备,替广大客户办理各项收付,进行担保和其他委托事项,提供各项金融服务,并收取手续费的中介业务。它包括两大类:不形成或有资产或有负债的中间业务(即一般意义上的狭义的中间业务)和形成或有资产或有负债的中间业务(即一般意义上的表外业务)。本书所指的中间业务为狭义的中间业务。

二、商业银行中间业务的种类

(一)结算业务

单位、个人在社会经济活动中因商品交易、劳务供应、资金转移等原因引起的货币收付,通常使用票据、信用卡、汇兑、托收承付、委托收款等结算方式进行货币给付及资金清算。银行是支付结算和资金清算的中介机构。商业银行结算业务是指通过银行账户的资金转移所实现收付的行为,即银行接受客户委托代收代付,从付款单位存款账户划出款项,转入收款单位存款账户,以此完成经济之间债权债务的清算或资金的调拨。办理结算的原则是恪守信用、履约付款,谁的钱进谁的账、由谁支配,银行不垫款。

1. 结算业务类型

商业银行结算业务按方式的不同,可以分为同城结算与异地结算两种。

同城结算是指同一城市或同一县内各单位之间经济往来的资金结算。同城结算方式包括支票结算、同城委托收款结算、商业汇票结算、银行本票结算及信用卡结算。其中委托收款是收款人委托银行向付款人收取款项的一种结算方式。

异地结算是指不同地区或城市各单位之间经济往来资金的结算。异地结算方式包括商业汇票、信用卡、汇兑结算、汇票结算、托收承付结算、异地委托收款结算及信用证结算。其中汇兑是汇款人委托银行将款项汇给外地收款人的结算方式,分为信汇和电汇两种;托收承付是销货单位根据经济合同发货后,委托银行向购货单位收取货款,购货单位验单或验货后,向银行承付货款的一种结算方式。

委托收款结算在同城结算和异地结算中都可使用。二者的主要区别是:同城委托收款的付款期为 2 天,异地委托收款的付款期为 3 天;同城委托收款结算只能用邮寄划回资金,异地委托收款结算可用邮寄划回资金与电报划回资金。

2. 结算业务流程

银行汇票结算业务流程：①申请人填写银行汇票申请书向开票银行申请银行汇票；②申请人将款项交给开票银行；③开票银行开出银行汇票；④申请人将汇票交给收款人；⑤收款人或者持票人向银行出示汇票要求付款。特别规定：银行汇票的提示付款期限自出票日起1个月，签发现金银行汇票，申请人和收款人须为个人，持票人向银行提示付款时，必须同时提交银行汇票和解讫通知，未填明实际结算金额和多余金额或实际结算金额超过出票金额的，银行不予受理。

商业汇票结算业务流程：①开票人在承兑银行开立单位银行结算账户；②开票人开立汇票；③开票人向收款人支付汇票；④收款人或者持票人向承兑银行出示汇票要求付款；⑤承兑银行收取手续费。

银行本票结算业务流程是由银行签发的承诺，银行在见票时无条件支付确定的金额给收款人或持票人的票据。银行本票分为不定额本票和定额本票两种，在同一票据交换区域的单位和个人的各种款项支付，均可以使用银行本票。银行本票的特点：①银行本票可以用于转账，注明"现金"字样的可以支取现金；②银行本票的提示付款期限自出票日期最长不得超过2个月；③银行本票见票即付；④现金银行本票只适用于个人。

支票结算业务流程：①开票人在银行开立支票存款业务；②开票人签发支票；③开票人向收款人支付支票；④收款人或者持票人向承对银行出示支票要求付款。注意事项：支票的提示付款期限自出票日起10日内，出票人必须预留银行签章或支付密码，不得签发与其预留银行签章不符的支票。

信用卡业务结算流程：单位或个人申领信用卡，应按规定填制申请表，连同有关资料一送交发卡银行，符合条件并按银行要求交存一定金额的备用金后，银行为申领人开立信用卡存款账户并发给信用卡，然后持卡人就可以凭信用卡直接支付结算。

汇兑结算业务流程：①汇款人向银行申请汇兑结算；②银行接收汇款人的款项；③通知收款人所在地的代理行，请它向收款人支付相同金额的款项；④两个银行通过事先的办法，结清两者之间的债权债务。

委托收款结算业务流程：①委托人向托收银行申请委托收款业务；②托收银行通知代收银行收款；③代收银行向委托人的债务人收取款项；④付款人付款。

托收承付结算业务流程：①收款人按照签订的购销合同发货后，委托银行办理托收；②收款人应将托收凭证并附发运凭证或其他符合托收承付结算的有关证明和交易单证送交银行；③收款人开户银行接到托收凭证及其附件后，应当按照托收的范围、条件和托收凭证记载的要求对其进行审查，必要时还应查验收、付款人签订的购销合同；④付款人开户银行收到托收凭证及其附件后，应当及时通知付款人。通知的方法可以采取付款人到银行自取或由银行邮寄给付款人。承付贷款分为验单付款和验货付款两种，由收付双方自行商定选择。验单付款的承付期为 3 天,从付款人开户银行发出承付通知的次日算起,付款人在承付期未向银行表示拒绝付款,银行即视为承付。验货付款的承付期为 10 天,从运输部门向付款人发出提货通知的次日算起,对收付双方在合同中明确规定,并在托收凭证上注明验货付款期限的,银行从其规定。付款人收到提货通知后,应立即向银行交验提货通知。付款人在银行发生承付通知的次日起 10 天内,未收到提货通知的,应在第 10 天将货物尚未到达的情况通知银行。在第 10 天付款人没有通知银行的,银行即视为已经验货,于 10 天期满的次日上午将款项划给收款人。

信用证结算业务流程:①买卖双方在贸易合同中规定使用跟单信用证支付;②买方通知当地银行(开证行)开立以卖方为受益人的信用证;③开证行请求另一银行通知或保兑信用证;④通知行通知卖方,信用证已开立;⑤卖方收到信用证,并确保其能履行信用证规定的条件;⑥卖方将单据向指定银行提交,该银行可能是开证行,或是信用证内指定的付款、承兑或议付银行;⑦该银行按照信用证审核单据,如单据符合信用证规定,银行将按信用证规定进行支付、承兑或议付;⑧开证行以外的银行将单据寄送开证行;⑨开证行审核单据无误后,以事先约定的形式,对已按照信用证付款、承兑或议付的银行偿付;⑩开证行在买方付款后交单,然后买方凭单取货。

(二) 代理业务

代理业务是指商业银行在客户指定的委托范围内代客户办理某些特定业务的一种中间业务。代理业务具有为客户服务的性质,是代理人和被代理人之间产生的一种契约关系和法律行为。商业银行在办理代理业务过程中,不使用自己的资产,主要发挥财务管理职能和信用服务职能。代理业务主要包括以下几种。

1. 代收代付业务

代收代付业务是代理业务中应用范围最广的,它几乎涉及社会生活的方方面面。代收代付业务是指商业银行利用自身结算的便利,接受客户的委托代为办理指定款项收付的业务,如代发工资业务、代扣住房按揭消费贷款还款业务、代收交通违章罚款等。代收代付业务的种类繁多,涉及范围广泛。归纳起来可以分为两大类:一是代缴费业务,就是银行代理收费单位向其用户收取费用的一种转账结算业务,如代收电话费、保险费、交通违章罚款、养路费等;二是代发薪业务,就是银行受国家机关、行政事业单位及企业的委托,通过其在银行开立的活期储蓄账户,直接向职工发放工资的业务。

2. 代理证券业务

代理证券业务就是指银行接受委托办理的代理发行、兑付、买卖各类有价证券的业务,同时还包括代办债券还本付息、代发红利、代理证券资金清算等业务。银证通业务、代理发行、代理兑付、承销政府债券业务等都是银行开办的主要代理债券类业务。

3. 代理保险业务

代理保险业务就是银行接受保险公司的委托代其办理保险业务,属于兼业代理。代理保险业务是目前中国银行保险发展得最为广泛的种类。银行代理保险业务要符合中国保监会2000年《保险兼业代理管理暂行办法》针对满足兼业代理人的条件才可以进行兼业代理活动。

4. 代理政策性银行业务

代理政策性银行业务是指商业银行接受政策性银行的委托,代为办理政策性银行因服务功能和网点设置等方面的限制而无法办理的业务,包括代理贷款项目管理等。

5. 代理中央银行业务

代理中央银行业务是指根据政策法规应由中央银行承担,但是由于机构设置、专业优势等原因,由中央银行指定或委托商业银行承担的业务,主要包括财政性存款代理业务、国库代理业务、发行库代理业务等。

6. 代理商业银行业务

代理商业银行业务是指商业银行之间相互代理业务,主要是指代理资金清算业务,如代理银行汇票业务等。其作用主要体现在以下几个方面:①增加银行的盈利;②促进银行间的竞争;③促进银行资产负债业务的发展。

(三)银行卡业务

在中国,银行卡是指由商业银行(含邮政金融机构)向社会发行的具有消费信用、转账结算、存取现金等全部或部分功能的信用支付工具。

银行卡业务的分类方式一般包括以下几类:

(1)依据清偿方式,银行卡业务可分为贷记卡业务、准贷记卡业务和借记卡业务。贷记卡是指发卡银行给予持卡人一定的信用额度,持卡人可在信用额度内先消费,后还款的信用卡。准贷记卡是指持卡人须先按发卡银行要求交存一定金额的备用金,当备用金账户余额不足支付时,可在发卡银行规定的信用额度内透支的信用卡。借记卡是指发卡银行不给持卡人信用额度,持卡人必须先存款,后消费的银行卡。借记卡必须依托于持卡人的存款账户,具有电子存折的性质,在一定程度上是支票的替代品。借记卡对于持卡人来说,使用起来安全、方便、快捷;借记卡的使用对银行来说没有信用风险,管理方便,成本较低,是一些风险承受能力较弱的中小银行进入银行卡业务领域的切入点。借记卡可进一步分为转账卡、专用卡和储值卡。

(2)依据结算的币种不同,银行卡可分为人民币卡业务和外币卡业务。

(3)按使用对象不同,银行卡可以分为单位卡和个人卡。

(4)按载体材料的不同,银行卡可以分为磁性卡和智能卡(IC卡)。

(5)按使用对象的信誉等级不同,银行卡可分为金卡和普通卡。

(6)按流通范围,银行卡还可分为国际卡和地区卡。

(7)其他分类方式,包括商业银行与营利性机构/非营利性机构合作发行联名卡/认同卡。

交易支付功能是银行卡最基本和最重要的功能,即在交易发生时,银行卡可以代替现金执行支付功能。银行卡是一种"卡基"金融工具,在执行交易支付功能时,转移的是无形的电子货币流而不是银行卡本身。这就决定了银行卡与现金、票据等"纸质"金融工具相比具有以下特点:①由于无形的电子货币流要发生转移,所以银行卡的使用离不开计算机网络,而票据和货币则不需要;②银行卡具有票据和现金不具有的功能,如银行卡可以用于在线支付;③银行卡特别适合大额交易:在大额交易中,由于金额太大,若使用现金很不方便,使用银行卡则具有很大的优势;④银行卡比现金和票据有更大的欺诈风险。此外,银行卡还有消费信贷功能。

(四)其他中间业务

此外,商业银行还开办基金托管类(包括封闭式和开放式证券投资基金托管业务)、咨询顾问类(包括企业信息咨询和理财顾问业务)、其他类(如保险箱业务)等中间业务。

1. 基金托管类业务

基金托管类业务是指有托管资格的商业银行接受基金管理公司委托,安全保管所托管的基金的全部资产,为所托管的基金办理基金资金清算款项划拨、会计核算、基金估值、监督管理人投资运作。其包括封闭式证券投资基金托管业务、开放式证券投资基金托管业务和其他基金的托管业务。与银行的其他基金业务相比,保持银行在托管业务中的中立和诚信是其突出的特点。这就要求商业银行对业务管理进行调整,设计出符合基金业发展方向的业务管理结构和业务处理方式,将投资人的利益始终放在第一位。

2. 咨询顾问类业务

咨询顾问类业务指商业银行依靠自身在信息、人才、信誉等方面的优势,收集和整理有关信息,并通过对这些信息以及银行和客户资金运动的记录和分析,形成系统的资料和方案,提供给客户,以满足其业务经营管理或发展需要的服务活动。

(1)日常咨询服务。日常咨询服务为基本服务,一般按年度收取一定数量的年费。

①政策法规咨询。商业银行利用本行财务顾问网络及时发布与资本运营相关的国家政策、法律法规等,并为企业资本运营提供相关的法律、法规、政策咨询服务,帮助企业正确理解与运用。

②企业项目发布。商业银行利用自身全国性商业银行的资源优势,及时发布各类政府和企业有关产权交易与投融资等资本运营方面的项目需求信息,同时会员客户可以利用商业银行的网络平台进行项目的发布和推介。

③财务咨询。财务咨询为会员客户提升财务管理能力、降低财务成本、税务策划、融资安排等提供财务咨询,推介银企合作的创新业务品种,为客户资金风险管理和债务管理提供财务咨询。

④投融资咨询。当会员客户进行项目投资与重大资金运用时,或者企业直接融资时机成熟以及产生间接融资需求时,商业银行提供基本的投融资咨询服务。

⑤产业、行业信息与业务指南。商业银行利用本行财务顾问网提供宏观经济、产业发展的最新动态以及行业信息和有关研究报告,并为客户提供商业银行业务所涉及的业务指南。

(2)专项顾问服务。专项顾问服务为选择性服务,是在日常咨询服务的基础上,根据客户需要,利用商业银行专业优势,就特定项目所提供的深入财务顾问服务。

①年度财务分析报告。公司财务状况垂直比较分析和行业比较分析;年度财务指标预测和敏感性分析;年度资本运营和经营管理情况分析。

②独立财务顾问报告。为企业(上市公司)关联交易、资产或债务重组、收购兼并等涉及公司控制权变化的重大事项出具独立财务顾问报告。

③直接融资顾问。直接融资顾问包括企业融资和项目融资以及对股权或债权融资方式进行比较、选择、建议和实施。

④企业重组顾问。为企业股份制改造、资产重组、债务重组设计方案,编写改制和重组文件,在方案实施过程中提供顾问服务,并协调其他中介机构。

⑤兼并收购顾问。为企业兼并收购境内外上市公司(或非上市公司)物色筛选目标公司;实施尽职调查;对目标公司进行合理评估,协助分析和规避财务风险、法律风险;协助制订和实施并购方案;设计和安排过桥融资;协助与地方政府、证监会、财政部的沟通和协调,协助有关文件的报备和审批。

⑥管理层收购(MBO)及员工持股计划(ESOP)。管理层和员工持股方案的设计;收购主体的设计和组建;收购融资方案设计和支持;相关部门的沟通和协调,协助有关文件的报备和审批。

⑦投资理财。为企业项目投资提供方案策划、项目评价和相关中介服务;帮助企业进行资本运作和投资理财,实现一级市场和二级市场联动收益。

⑧管理咨询。针对企业的行业背景和发展现状,为企业可持续发展提供长期战略规划和管理咨询;协助企业建立健全法人治理结构,完善内部管理。

【知识库】

商业银行结算业务

1. 企业银行

向企事业单位客户提供的,实现将需求指令自主提交到开户银行,从而实现支付、查询、代发工资等业务需求的服务系统。其主要包括查询类、转账类、代发工资等。

2. 支票

使用方便,手续简便、灵活。支票的提示付款期限自出票日起10天。

3. 银行本票

(1)见票即付,信用度高,使用方便,可背书转让。

(2)银行本票的提示付款期限自出票日起最长不得超过2个月。

(3)银行本票可用于转账,填明"现金"字样的银行本票,可以用于支取现金。

4. 银行汇票

(1) 适用范围广泛,使用灵活,兑现性强,票随人走,凭票购货,余额自动退回,可背书转让。

(2) 银行汇票的提示付款期限自出票日起 1 个月。

(3) 银行汇票可用于转账,填明"现金"字样的银行汇票可以用于支取现金(申请人和收款人均须为个人)。

5. 银行承兑汇票

(1) 付款人为承兑银行,信用度较高。

(2) 银行承兑汇票的付款期限最长不得超过 6 个月。

(3) 可背书转让也可以贴现。

(4) 适用于同城、异地结算。

(5) 适合于流转性较好的企业。

6. 支付系统

支付系统用来处理同城和异地的大额贷记、借记支付业务。其业务包括:汇兑、委托收款划回、托收承付划回等。

7. 银税一体化

为配合国家税收征管工作的改革,向纳税人提供更优秀的金融服务,通过税务局和银行的系统互联,实现一次性的税款入库划解方式。

8. 企业财务报账 POS

企业财务报账 POS 是针对公司客户零现金管理的金融需求而开发的,借助专用 POS 终端,以专为报账开设的中间账户和借记卡为结算工具,完成企事业单位差旅费和零星办公费用的预借和报销的一项业务。核心功能是转账功能。

9. 工商企业入资 e 网通

工商企业入资 e 网通是利用计算机信息技术和现代通信技术独立开发的,用于全面记录和反映入资企业注册信息的电子化服务产品。通过网络连接,与工商部门之间实现入资企业注册信息(包括企业预先核准通知书编号、企业预核准名称、验资银行名称、验资账户、投资人及身份证、出资金额、日期)的快速传递和审核查询,为新注册企业和增资企业提供更加方便、快捷、优质的服务。

(资料来源:西安银行网)

第二节 商业银行表外业务

一、商业银行表外业务的含义及特点

按照巴塞尔委员会的分类标准,商业银行表外业务可分为狭义和广义两种。其中,狭义的表外业务是指商业银行所从事的不计入资产负债表内,不影响资产负债总额,但能改变当期损

益及营运资金的一些业务。而广义的表外业务包括所有不在资产负债中反映的业务。本节介绍的是狭义表外业务。

狭义中间业务和狭义表外业务的联系主要体现在：二者都不在商业银行的资产负债表中反映；二者有的业务也不都占用银行的资金；二者都是商业银行收取手续费的业务。二者的区别主要体现在：中间业务是指不构成表内资产、表内负债，形成银行非利息收入的业务，比如代收电费、电话费，代发工资，代理保险等代理类中间业务，以及银行卡业务、结算类业务等。中间业务风险较小。表外业务是指那些未列入资产负债表，但同表内资产业务和负债业务关系密切，并在一定条件下会转化为表内资产业务和负债业务的经营活动。表外业务更多地表现为创新的业务，风险较大，这些业务与表内业务一般有密切的联系，在一定的条件下还可以转化为表内业务。

表外业务具有以下特点：

（一）灵活性强

所谓灵活性强，是指表外业务的形式多样，受限制较少。银行从事表外业务，既可以期货、期权等方式在交易所内进行场内交易，也可以用互换、远期交易等方式进行场外交易；交易的场所既可以是有形市场，也可以是无形市场；既可以在期权期货、贷款承诺等业务中直接作为交易者进行交易，也可以在互换业务或票据发行便利中充当中介人或安排人。总之，表外业务由商业银行自主安排。

（二）透明度低

所谓透明度低，是指表外业务大多不反映在资产负债表上，许多业务的规模和质量不能在财务报表上真实反映出来，财务报表的外部使用者如股东、债权人、金融管理当局、税收当局难以了解银行的全部业务范围和评价其经营成果，经营透明度下降。同时，银行内部管理人员对表外业务经营的风险也难以作出正确的认识和分析，从而会弱化表外业务活动的有效监督和管理。

（三）高杠杆作用

这是表外业务所具有的重要特征。所谓高杠杆作用，也就是"小本博大利"。例如，衍生金融工具中的金融期货交易。一个债券投资者只要拿出10万美元，便可以在金融界期货市场上买入一份3个月期的100万美元价值的债券期货合约，持有3个月后，如果债券价格如预期的那样升或降，则投资者将赚取数倍原始投资额的利润；当然，如果债券价格没有如预期的那样升或降，则投资者将蒙受数倍原始投资额的亏损。

（四）交易高度集中

由于表外业务的高杠杆作用，每笔交易数额很大，因此从事业务的机构往往也都是大银行和公司，出现交易集中化的趋势。

从本质上看,表外业务可避免风险,但就整个银行体系来看,风险只是被分散或被转移。原先由一方承担的风险现在已被分散给愿意承担风险的人,或者干脆全部转移给另一个愿意承担风险者,所以,风险并没有最终消除。这样,在交易高度集中、交易金额极为庞大的情况下,往往会令许多大银行同时牵涉同一笔交易,被衍生工具相互"套牢",一旦遭遇风险,若其中一家银行突然倒闭或无法履行合约义务,势必引起连锁反应而导致许多银行破产,从而对整个金融体系的稳定性构成威胁。

二、商业银行表外业务的种类

(一)担保类业务

担保类业务是指商业银行接受客户的委托对第三方承担责任的业务,包括商业信用证、备用信用证、承兑汇票等。

1. 商业信用证

商业信用证指进出口业务中最常用的结算方式为跟单信用证,它是银行(开证行)根据客户(进口商)的请求,对受益人(出口商)发出的,授权出口商签发以银行或进口商为付款人的汇票,并保证交来符合条款规定的汇票和单据必定承兑(对于远期信用证)或付款(即期信用证)的保证文件。

商业信用证的划分大体有以下几种:①按照是否跟单,可分为跟单信用证和光票信用证;②按照能否撤销,可分为可撤销信用证和不可撤销信用证;③按照议付方式不同,可分为公开议付、限制议付和不得议付信用证;④按照可否转让,可分为可转让信用证和不可转让信用证等。

商业信用证业务具体操作的过程是,买方请求银行向卖方开出信用证,并将货款交付银行;卖方接到信用证并按其所列条款发货后,将信用证连同证明货已按买方要求发出的有关单据传回开证行;经开证行审核无误后即可付款。在国际贸易中,银行开发此种信用证时,有时进口商须预缴货款的一部分或全部作为保证金。开证行通过出口地联行或代理行,或直接把信用证寄给出口商。该种信用证允许出口商在一定期间和一定金额内,向进口商开发汇票,开证行保证对其承兑、付款;或出口商经向开证行或其联行和代理行开发汇票,由银行自己承兑、付款。商业信用证业务在异地采购中,特别是在国际贸易活动中被广泛使用的一种业务。

2. 备用信用证

备用信用证又称为担保信用证,是指不以清偿商品交易的价款为目的,而以贷款融资或担保债务偿还为目的所开立的信用证。备用信用证是一种特殊形式的信用证,是开证银行对受益人承担一项义务的凭证。开证行保证在开证申请人未能履行其应履行的义务时,受益人只要凭备用信用证的规定向开证行开具汇票,并随附开证申请人未履行义务的声明或证明文件,即可得到开证行的偿付。它是集担保、融资、支付及相关服务为一体的多功能金融产品,因其用途广泛及运作灵活,在国际商务中得以普遍应用。

备用信用证的种类很多,根据在基础交易中备用信用证的不同作用主要可分为以下八类:

(1)履约保证备用信用证。它支持除支付金钱以外的义务的履行,包括对由于申请人在基础交易中违约所致损失的赔偿。

(2)预付款保证备用信用证。它用于担保申请人对受益人的预付款所应承担的义务和责任。这种备用信用证通常用于国际工程承包项目中业主向承包人支付的合同总价10%~25%的工程预付款,以及进出口贸易中进口商向出口商支付的预付款。

(3)反担保备用信用证,又称为对开备用信用证。它支持反担保备用信用证受益人所开立的另外的备用信用证或其他承诺。

(4)融资保证备用信用证。它支持付款义务,包括对借款的偿还义务的任何证明性文件。目前,外商投资企业用以抵押人民币贷款的备用信用证就属于融资保证备用信用证。

(5)投标备用信用证。它用于担保申请人中标后执行合同义务和责任,若投标人未能履行合同,开证人必须按备用信用证的规定向收益人履行赔款义务。投标备用信用证的金额一般为投标报价的1%~5%(具体比例视招标文件规定而定)。

(6)直接付款备用信用证。它用于担保到期付款,尤指到期没有任何违约时支付本金和利息。其已经突破了备用信用证备而不用的传统担保性质,主要用于担保企业发行债券或订立债务契约时的到期支付本息义务。

(7)保险备用信用证。它支持申请人的保险或再保险义务。

(8)商业备用信用证。它是指如不能以其他方式付款,为申请人对货物或服务的付款义务进行保证。

商业信用证和备用信用证相同之处在于:二者均是独立于基础合同之外的独立文件;二者均可凭单付款,开证行承担第一性付款责任。其不同之处在于:①商业信用证多用于贸易结算货款,备用信用证多用于非贸易,或贸易上的担保融资;②商业信用证见证必须付款,备用信用证带有预备性,不是见证必须付款;③商业信用证往往规定全套各种单据和装期、交单期、有效期也就是跟单信用证;备用信用证规定汇票和声明书,只有有效期,没有装期和交单期,接近光票信用证;④适用的法律条文不同,商业信用证的付款条件是受益人的"履约",备用信用证的付款条件是申请人"没有履约"。

3. 承兑汇票

银行承兑汇票是可转让的远期汇票,在国内及国际贸易中经常被使用,在买卖双方进行商品交易时,如果卖方对买方的偿付能力存有疑虑,卖方可以要求买方的开户银行对买方(或卖方)所出的汇票进行承兑。承兑以后,银行负有不可撤销的第一手到期付款的责任。

(二)承诺业务

承诺业务是指商业银行在未来某一日期按照事先约定的条件向客户提供约定的信用业

务,包括贷款承诺等。

贷款承诺是指银行承诺在一定时期内或者某一时间按照约定条件提供贷款给借款人的协议,属于银行的表外业务,是一种承诺在未来某时刻进行的直接信贷。其可以分为不可撤销贷款承诺和可撤销贷款承诺两种。对于在规定的借款额度内客户未使用的部分,客户必须支付一定的承诺费。

贷款承诺主要有以下几种:

1. 信贷额度

即银行愿意在额度范围内满足客户贷款要求,银行在该协议中规定了这种信贷便利的发放时间与各种条件。虽然银行在多数情况下都会满足客户的要求,但银行并没有提供贷款的法定义务,银行一般也不为此收取手续费,因而信贷额度是银行可撤销的承诺。

2. 循环贷款承诺

与信贷额度不同,循环贷款承诺是银行与客户之间的正式协议。根据协议,银行有义务根据约定的条件(包括最高贷款额、期限、利率等)向客户提供贷款。这种协议期限较长,客户随用随还,还了再用,银行为此收取承诺费,作为提供这种优惠的报酬。

3. 票据发行便利

它是银行与客户之间中期(3~7年)的循环融资保证协议,在该期限内,银行保证客户(借款人)可以以不高于预定的利率出售短期可流通的本票,筹得所需资金。如果客户的票据未能在市场上全部售出,银行将购入未售出的部分,或以贷款方式予以融通。

票据发行便利使借款人得到了直接从货币市场上筹得低成本资金的保证,并能按短期利率获得往来银行长期贷款的承诺,银行则不但收取手续费,而且维持了与客户的良好关系,在该业务中,银行实际上充当了包销商的角色,从而产生了或有负债。

作为一项信用工具,贷款承诺一般需要承受两方面的金融风险:一是信用风险。这种风险与潜在借款人的还款能力和意愿直接相关。贷款承诺的信用风险几乎全部来自潜在借款者。二是市场风险。这种风险广泛地与市场条件的不利变化相关,包括利率、汇率及价格变动风险。但是,对于贷款承诺,只有当其中一方拥有正市场价值时,才可能出现违约行为,因为这种价值代表了预期将要发生的损失或现金流出义务。从经济性质上看,一项贷款承诺具有期权特征。

(三)金融衍生交易类业务

金融衍生交易类业务是指商业银行为满足客户保值或自身头寸管理等需要而进行的货币(包括外汇)和利率的远期合约、金融期货、金融期权、互换等衍生交易业务。

1. 远期合约

远期合约是指交易双方约定在未来某个特定时间以约定价格买卖约定数量的资产,包括利率远期合约和远期外汇合约。

2. 金融期货

金融期货是指以金融工具或金融指标为标的的期货合约。

3. 金融期权

金融期权是指期权的买方支付给卖方一笔权利金，获得一种权利，可于期权的存续期内或到期日当天，以执行价格与期权卖方进行约定数量的特定标的的交易。按交易标的分，期权可分为股票指数期权、外汇期权、利率期权、期货期权、债券期权等。

4. 互换

互换是指交易双方基于自己的比较利益，对各自的现金流量进行交换，一般分为利率互换和货币互换。货币互换又分为外汇市场互换和资本市场互换。在外汇市场互换中，双方按照既定的汇率交换两种不同的货币，并约定在将来某一时期按照该汇率换回各自的货币，弱币的一方付一些手续费给强币的一方。这种交易相当于在开始时，每一方分别从对方买入一种货币，在将来某一时间相互回购，实际上是把即期与远期外汇交易合并成一笔交易，这种货币互换不涉及利息的支付。在资本市场互换中，双方同意按一定的汇率交换一定数量的两种货币，在协议到期时（通常为 5～10 年），双方按同样的汇率换回各自的货币。在这期间，双方根据交换的金额相互支付利息。银行通过与客户的互换交易，可以帮助客户减少外汇风险，降低筹资成本。虽然货币互换交易看上去类似于借贷交易，但是这种交易不列入银行的资产负债表。利率互换市场开始于 1982 年，在利率互换协议中，交易双方根据名义的本金金额交换利息（不同性质的利息）支付，但名义本金不发生交换，名义本金只是用来计算利息支付额的参照金额。利率互换有息票互换、基准利率互换、固定利率互换和交叉货币利率互换四种。

西方商业银行表外业务的迅速发展是有其深刻原因的。20 世纪 70 年代中期以后，西方主要国家先后放松了金融管制，商业银行经营的环境发生了两个显著的变化：一是融资证券化吸引了大量的社会资金，资金供需在融资市场上有较多的选择余地，导致银行资金来源减少，银行的生存与发展出现问题；二是银行在保持传统收益的原有水平及增加收益的过程中遇到了障碍。20 世纪 70 年代以后，利率管制逐步放松，银行获得了较大的决定权、贷利率的自主权。但是在通常情况下，由于银行要考虑到资金成本对业务收益的影响，所以银行不可能单纯以大幅度提高存款利率来争夺资金。另外，由于银行从事信贷业务环境的更加复杂化，基于安全性考虑，银行对贷款审查也更加审慎、严格，使得商业银行在保持传统收益的原有水平或增加收益的过程中遇到了障碍。

于是，在愈加激烈的银行经营竞争推动之下，伴随计算机和现代通信技术的发展，整个银行业的金融创新被带动起来，大量传统的金融服务业务开始以创新的面目出现，形成新兴的表外业务并迅速发展起来。各商业银行纷纷利用自己的优势大量经营表外业务以获取更多的非利息收入，其经营带来的收益在银行全部业务经营收益中所占的比例也越来越大。当前西方发达国家的商业银行表外业务已经与表内业务几乎平行发展，甚至超过表内业务量，同时大量业务集中于衍生金融工具的交易上。

银行盈利重点的转移,是经济发展到一定阶段必然出现的一种趋势。随着表外业务在银行总体业务中的比重不断上升,银行的盈利重点也开始向表外业务转移,银行的非利息收入占全部收入的比例呈逐年提高之势。如20世纪80年代初,日本商业银行的非利息收入占总收入的比重为20.4%,80年代中期以后,表外业务量以年平均递增40%的速度增加,到了90年代初,日本商业银行的非利息收入占总收入的比重上升到35.9%;而美国商业银行的表外业务量在20世纪80年代末达到2.2万亿美元,同期的表内业务量为7 800亿美元,资本总和为450亿美元,表外业务量以年平均递增50%的速度增加,商业银行的非利息收入占总收入的比重达到36%,同时大银行所从事的表外业务规模远远超过中小银行。

三、商业银行表外业务的作用

表外业务在银行经营中的地位越来越重要,它的积极作用也越来越明显,并且已经被实践所证实,主要表现在以下几个方面。

（一）规避资本限制,增加盈利来源

商业银行作为特殊的金融企业,具有扩充资产规模的要求,以提高资本的支撑能力。因为资本在一定的条件下,资产规模越大,盈利可能就越多,资本的收益率就越高。但是,资产规模越大,发生损失的可能性也就越大,甚至破产。1988年7月,西方12国签署通过的《巴塞尔协议》起到了保护银行经营安全的作用,使银行不再盲目地或单纯地追求资产规模的扩大,而要重视资产质量的管理;但另一方面,也限制了银行表内资产业务的发展,使银行传统的盈利能力受到限制。商业银行为了维持银行的盈利水平,纷纷设法规避资本的限制,发展起对资本没有要求或资本要求很低的表外业务,使银行在不增加资本金的情况下,仍可以增加收入,提高银行的盈利水平。

（二）为客户提供多样化的服务

客户的存在对银行至关重要。而客户对银行的需求不仅仅局限于借款,同时也对银行的服务提出了更多、更高的要求,他们往往在银行存款或借款的同时,要求银行能为他们提供防范和转嫁风险的方法,使他们能避免或减少因利率、汇率波动而造成的损失。商业银行为了巩固和客户的关系,必须不断增加服务品种,改进服务手段,提高服务质量来满足客户的各种需求,这样才能吸引住客户,留住客户。发展表外业务正是为客户提供一种多元化服务的思路体现。表外业务经营比较灵活,只要交易双方同意,便可达成交易协议。通过发展表外业务,银行的业务范围得以拓宽,满足了客户的需求,同时保持住了市场的占有率,并使银行在社会上的知名度大大提高。

例如,有一客户在未来3个月有一笔100万美元的外汇收入,该客户对未来美元的汇率走势把握不准,为了规避汇率波动的风险,该客户就通过银行卖出3个月的远期100万美元。如果到时美元汇率下跌,该客户就成功地规避了风险。

（三）转移和分散风险

1973年布雷顿森林体系瓦解后,西方国家的货币汇率开始浮动,并形成了浮动汇率制。汇率多变,给各国商业银行的国际业务和外汇头寸管理带来重重困难,银行经营经常要面对汇率变化的风险。同时,进入20世纪80年代后发生的拉美国家的债务危机,也严重地影响了国际商业银行的资产质量和资信,银行的存款来源进一步减少。银行面临着资金缺口扩大、流动性风险增大的问题,这些问题的出现迫使银行寻求新的经营方式和经营策略,以达到分散风险的目的。而表外业务如互换、期货、期权等都有分散风险、转移风险的功能,给银行提供了控制资金成本、套期保值的投资手段。客户同样有此类的要求。如运用金融工具,可达到套期保值的目的；利用票据发行便利工具,票据的发行者能够在整个期限内将信用风险转移给认购者。

（四）增强资产流动性

表外业务中的许多金融工具均具有现金性、流通性和可转让性,从而促进了金融资产的流动性。例如,商业银行可以通过有追索权的贷款债权转让,将流动性较差的贷款证券化后出售,获得新的资金来源,不仅加速了银行资金的周转,而且提高了整个社会经济的资金流动性,银行获得新的资金后,可再用于拓展有关资产业务,扩大业务容量,增加收益,这是在不改变资金总量的条件下实现的。

（五）创造信用,弥补资金缺口

20世纪70年代,商业银行主要通过负债管理,推出新型的存款工具如可转让支付命令账户、大额可转让定期存单来增加存款来源,以弥补资金缺口；80年代,银行弥补资金缺口的重点从负债转向了资产及信用的创造,如企业有资金需求,但银行又不能满足时,银行通过资产证券化、利用贷款出售、发行备用信用证、安排票据发行便利等方式,或使其资金运用转变为资金来源,或以银行自身的信用与信用评估能力满足客户的贷款需求。总之,借助于表外业务,银行大大地弥补了其资金缺口,信用规模扩大了。

（六）提高金融市场的效率

表外业务的发展,尤其是衍生工具的膨胀,使金融市场变得更富有效率、活力,更迅速地反馈各种信息,使资金流向更有效率的领域。国际清算银行总经理克罗克特指出,衍生投资等表外业务在极精密的风险管理下,的确可以增加投资效率。它们也有助于全球资金市场的发展,改善全球储蓄的分配以及促进高水平的投资。

总之,由于表外业务具有众多的功能,发展前景是美好的。银行业务发展表外化的全球化趋势毫无疑问将延续下去。银行经营表外业务品种的多少,表外业务服务水平的高低,已经成为银行经营成功与否的一个主要方面。

提高业银行表外业务的消极作用：在提供避险手段的同时，也给商业银行带来较大的风险，且具隐蔽性，如果不能很好地加以控制，将带来巨大的损失；导致货币供应量反复无常的变化，加大了运用货币政策进行宏观控制的难度；逃避政府管制性质的金融工具创新和垄断势力对市场的操纵，加剧了社会财富的分配不公；衍生金融工具的复杂化，加大了对金融市场进行有效管理的难度。

四、中国银行业表外业务发展现状

在中国银行业发展过程中，表外业务由来已久，但尚处在发展的初级阶段。有关资料显示，从1994年至1998年的5年间，中国四大国有商业银行的表外业务收入占总收入的比重一直在6.7%~9.6%之间徘徊；到1999年，表外业务的收入比重又回落到7.3%；2000年，中国四大国有商业银行表外业务收入占总收入的比重分别是：中国银行17%，中国建设银行8%，中国工商银行5%，中国农业银行4%，平均比重为8.5%。由此可见，中国商业银行尤其是四大国有商业银行表外业务的收入在总收入中所占的比重微乎其微。近几年，尽管存贷利差仍是各家银行的主要收入来源，但所占收入的比例已明显缩小，取而代之的是表外业务的空前增长。2002年，中国工商银行境内表外业务的收益已占到利差收入的9.1%，业务收入50.31亿元，同比增长27.75%；中国建设银行表外业务实现收入48亿元，同比增长36%，占总收入的比例达到14%；中国银行凭借强大的海外业务，中银集团全年总收益的约20%来自表外业务；而在2001年实现整体扭亏为盈的中国农业银行，2002年即实现了利润翻两番。从Wind数据看，2019年国有六大行、九家股份行、上市城商行和农商行的表外业务收入/营业收入分别为16.36%、23.70%、9.96%和4.26%。中国商业银行表外业务的发展逐步加快，其原因一方面是随着利率的调整，利差不断缩小，导致商业银行依靠传统业务增加收益的路子越走越窄；另一方面，中国资本市场发展迅速，直接融资的比重越来越大，银行传统经营模式受到挑战，面临"非中介化"的压力。商业银行不得不进行业务创新，发展表外业务，寻求新的利润增长点。由于外国银行表外业务迅猛发展，其收入占总收入的40%以上，对中国商业银行产生了良好的示范效应。因此近年来，中国各商业银行都把表外业务作为新的效益增长点，越来越受国内商业银行的青睐，逐步成为各商业银行竞争的焦点。

> **【知识库】**
> **国内外表外业务的基本种类及在我国展开的状况**
> 按照国际金融市场上通行的划分方法，商业银行的表外业务包括传统金融产品和近年新创新的金融产品两大类。传统的金融产品包括三部分：一是传统的中间业务，包括信贷业务、租赁业务和代理业务；二是对外担保业务，包括客户偿还贷款、汇票承兑、信用证使用的担保等；三是贷款与投保承诺，包括可撤销的和不可撤销的。而新创新的金融产品包括金融期货、远期利率协议、互换等；但从目前看，可供操作的表外业务有如下几种：

1. 租赁业务产品创新

租赁业务产品创新是指银行出资或贷资购置一定的财产设备、直接或间接地以出租人的名义将设备借给承借人在约定期限内使用,通过租金收回投资并获取收益的一项业务。这项表外业务的种类主要有融资性租赁和服务性租赁。融资性租赁又包括直接租赁、转让租赁、回租租赁和杠杆租赁。租赁业务的特点是所有权与经营权分离、融资与融物结合,以偿还租金的方式偿还本息。它是边缘性金融业务,在经济金融领域的功能有:融资、投资、销售和管理。

2. 对外担保业务产品创新

商业银行对外担保是指以自己的信誉为债务人履行债务,承担责任,并收取一定费用的行为。它主要包括:①提保鉴证业务。如监督付款、保证付款、交纳保证金、投保鉴证等。②保密业务。如投标业务保密、履约保密、预付款保密、付款保密、延期付款保密、租赁保密、补偿贸易保密、来料来件加工保密、借款保密。③备用信用证。它是代替企业签发保证金或保密文本的较为流行的一种银行对外担保业务。④贷款承诺。贷款承诺是银行对其客户提供担保的一种业务,包括备用贷款承诺和循环贷款承诺等。这项业务在中国工商银行及其他银行中部分开展,尤其是在国际业务中运用的较为广泛。

3. 代理业务产品创新

代理业务产品创新主要有代理客户收付款、代理融通资金、代理客户发行和买卖有价证券、代理保管业务、代理组建新公司、代理客户会计事务等。它包括代收代付劳务费、管理费、环保费、水电费、房租费、电话费、交通罚款等。其代保管业务主要是密封保管业务,包括对股票、债券、大额定期存单等有价证券和企业和黄金、白银、珠宝首饰、珍贵文物、契约文件进行保管,这是一种利用银行自身安全设施,向客户收取保管费用的边缘性金融业务。此种代理业务是目前国内各家银行开展的最常见的中间业务。

4. 信托业务产品创新

商业银行信托业按形态可分为财产信托、融资信托、投资信托、职工福利信托、公益信托和事务代理等。但商业银行的表外信托业务多为证券投资信托、财产信托及信托存款、信托投资基金等。它们在市场经济中起着融资投资和社会保障作用。《中华人民共和国商业银行法》明确规定,商业银行不得从事信托投资业务。现在,各大商业银行都已与自办信托公司脱钩,已停办资金信托业务。现可以在国家允许的范围内开展部分财产信托业务和其他信托业务。5. 金融期货市场创新

金融期货具有以下几个基本功能:①套期保值。保值者利用这一功能,通过分别在现货市场和期货市场各建立一个交易部位相反的头寸,就可以使两个市场的盈亏大致抵消,从而达到避免因汇率、利率、股票价格等因素变动而带来的巨大损失,以稳定其资产价值。②杠杆投资,即"以小挣大"。这一功能主要是相对于市场中的投机者而言。在期货市场交易中,投机者只需投入少量的保证金,就可以进行十倍甚至几十倍的交易,同时,期货投资的收益率也远远大于现货市场的收益率,这样就为广大的投机者提供了一个风险大、收益大的投资市场。③价格晴雨表。金融期货价格是通过买卖双方在交易所集中竞价而确定下来的,这一价格反映了广大入市者对未来利率、汇率、股价等因素走势的预期,而且现货价格与期货价格又具有趋同性。

6. 融资方式证券化创新

从国际上看,传统的通过商业银行筹集资金的方式开始让位于通过金融市场,尤其是股票市场、债

券市场、资本市场发行证券的方式。①大力发展资本市场、证券市场。注重股市和债市均衡协调发展，尤其是着重发展长期债券市场以及发展企业债券市场。②大力发展投资基金和机构投资者，把资本市场上以个人散户投资为主改造成为以机构投资为主，从而"集体投资、专家经营、风险分散、收益共享"。设立投资基金账户，由于投资基金是投资于高流动性的金融资产，可随时变现，开放式投资基金又不受时间、数额的限制可以随时进入和退出，并能取得较高的收益，投资基金账户的设立既可满足客户安全性的要求，又可兼顾客户收益性的要求。

（资料来源：赵虹,王鲁平,顾丽文.创新——现代商业银行发展的主旋律——关于工商银行表外业务及中间业务创新的建议[J].中国城市金融,2001(1):44-46.）

本章小结

广义的中间业务是指商业银行利用自己的人力资源、市场信息和现代电信技术与设备，替广大客户办理各项收付，进行担保和其他委托事项，提供各项金融服务，并收取手续费的中介业务。

中间业务的种类包括结算业务、代理业务、银行卡业务、租赁、基金托管类（包括封闭式和开放式证券投资基金托管业务等）、咨询顾问类（包括企业信息咨询和理财顾问业务等）、其他类（如保险箱业务）等。

狭义的表外业务是指商业银行所从事的不计入资产负债表内，不影响资产负债总额，但能改变当期损益及营运资金的一些业务。而广义的表外业务包括所有不在资产负债中反映的业务。

商业银行表外业务的种类有担保类业务、承诺业务、金融衍生交易类业务等。

狭义中间业务和狭义表外业务的联系主要体现在：二者都不在商业银行的资产负债表中反映；二者有的业务也不都占用银行的资金；二者都是商行收取手续费的业务。二者的区别主要体现在：中间业务是指不构成表内资产、表内负债，形成银行非利息收入的业务，如代收电费、电话费，代发工资、代理保险等代理类中间业务，以及银行卡业务、结算类业务等。中间业务风险较小。表外业务是指那些未列入资产负债表，但同表内资产业务和负债业务关系密切，并在一定条件下会转化为表内资产业务和负债业务的经营活动。表外业务更多地表现为创新的业务，风险较大，这些业务与表内业务一般有密切的联系，在一定的条件下还可以转化为表内业务。

自测题

一、名词解释

中间业务　表外业务　贷款承诺　备用信用证　金融期货　金融期权　互换

二、选择题

1. 商业银行融资性租赁业务中,银行不需要支付全部资金购买设备的租赁形式是(　　)。

   A. 直接租赁　　　　B. 杠杆租赁　　　　C. 转租赁　　　　D. 回租租赁

2. 商业银行资产证券化的对象是(　　)。

   A. 流动性大的资产　　　　　　　　　B. 盈利资产
   C. 具有共同特征的、流动性差的盈利资产　D. 不良资产

3. 商业银行的中间业务的特点是(　　)。

   A. 商业银行进行中间业务时需要大量运用自己的资金
   B. 商业银行进行中间业务时不需要运用或较少运用自己的资金
   C. 商业银行以中间人的身份出现
   D. 商业银行提供中间业务的目的是收取手续费
   E. 商业银行不承担中间业务的后果

三、简答题

1. 结合我国实际,谈谈我国商业银行大力发展表外业务的意义。
2. 中间业务和表外业务的内涵及两者的区别。

【阅读资料】

我国商业银行中间业务发展过程

我国商业银行中间业务发展经历了快速增长和增速趋缓两个阶段。

2001—2010 年快速发展期。2000 年前,银行进行中间业务主要是为了维护客户,以便吸收存款。2001 年中国加入 WTO,承诺于 2006 年底全面开放金融业。银行业对于传统信贷业务和客户资源非常自信,但在中间业务上与外资银行相比没有优势。

监管层和行业层皆有追赶动力:2007 年金融创新监管工作会议上提出,要在 10 年内让大中型银行的中收占比达到 40%~50%,城商行则用 5 年的时间提升至 20%。银行业也迫切需要在信贷义务之外寻求新的收入增长点。

十年间,我国银行业中收快速增长,根据银行业协会数据,相比于 2001 年的不足 5%,2010 年大型商业银行中收占比基本达到 20%,中小银行占比依然较低(如青岛农商行不超过 4%)。但距离 2007 年金融监管会议 12 年后的今天,银行中收占比仍未达到监管层当年 40%~50% 的要求,样本银行中最高的兴业银行也未超过 30%。

2010—2018 年增速减缓期。2008 年金融危机爆发后,自 2010 年开始 GDP 增速长期下行的趋势已然显现,中间业务增速显著放缓。一方面规模下滑,经济增速放缓,企业经营出现较多困难,从根本上减少了银行对公服务规模,如跟贸易相关的代理业务、结算业务,跟企业融资相关的投行咨询业务。另一方面费率下降,银行为拉拢客户采取降价策略提高竞争力,主动降低托管业务等收费费率;监管部门自 2012 年开始重点处理

中间业务乱收费的问题,2014年2月14日,银监会、国家发改委公布《商业银行服务价格管理办法》,通过行政命令、窗口指导等方式,逐步降低甚至取消部分基础服务费率,让利于实体。

此外,政策对部分业务模式造成冲击,2018年,《资管新规》和《理财新规》对银行理财产品的期限、投资对象、净值化管理等实现严监管,使得深入人心的银行理财"保本保收益"不再存在,将对银行理财余额和理财收入造成下行压力,对采取"规模*服务费率"的收费模式形成双重打击。

数据证实了这一趋势。根据银行业协会数据,银行业中间业务收入占比在21%左右,和十年前基本持平。具体到六大行,2019年,工行、建行、兴业、招行、北京银行、青农商中间收入占营收比分别为20%、19%、27%、26%、12%、3%,仅工行、兴业和招商中收占比超过20%;且2017年开始,工行、建行、兴业、北京银行中收占比均开始下滑。

(资料来源:腾讯新闻2020-09-07)

第八章
Chapter 8

商业银行国际业务

【学习要点及目标】

通过本章的学习,学生要了解国际业务的具体方式诸如进出口押汇、出口信贷、福费廷等以及离岸金融业务;熟悉外汇买卖业务的操作程序;掌握国际信贷业务的类别。

【导入案例】

2018年1月,交通银行霍尔果斯离岸人民币单元正式启动开展业务,可面向境外银行、境外企业、境外个人和中哈霍尔果斯国际边境合作中心中方区企业等四类主体开展创新离岸人民币业务。2020年7月,交通银行四川省分行与交通银行霍尔果斯离岸人民币单元合作,在四川地区开立首个创新离岸人民币账户,并成功办理四川省内首笔创新离岸人民币业务,为四川自贸区某境外机构客户提供本外币、离在岸一体化跨境金融服务。

(资料来源:新浪财经 2020-07-02)

第一节 国际业务的经营目标与组织机构

银行国际业务是指所有涉及外币或外国客户的活动,包括银行在国外的业务活动以及在国内所从事的有关国际业务。与国内业务相比,国际业务在记账单位、交易对象、业务规模及业务空间等方面均有明显区别。

一、国际业务的经营目标

(一)促进国家之间经济、政治、文化、技术合作与交流的顺利进行

商业银行国际业务起源于国家之间的各种经济、政治、文化、技术的合作与交流,而商业银行国际业务又进一步促进了国家之间的交流与合作。中国正在实施全面改革开放战略,加入世贸组织后,经济已经全面融入了国际化的浪潮中。离开了商业银行的国际业务是不可想象的。

(二)促进银行整体功能的发挥,提高外汇资金使用效益,完善中国金融体系

商业银行从事国际业务,能使国际金融和国内金融结合起来,使人民币资金和外汇资金紧密配合,从而有利于发挥银行的整体功能。商业银行集中经营外汇业务,能改变目前中国外汇资金使用的分散化和多元化、外汇资金缺乏统筹安排的弊病,将有利于管好用好外汇资金,提高外汇资金的使用效益。从事国际业务的商业银行既要积极参与国际金融市场的竞争,客观上又要求开放本国的货币市场和资本市场,发展本国的金融中心和离岸市场,这对规范完善中国金融体系有巨大的推动作用。

(三)提高商业银行的经营效益

商业银行通过积极地开展国际业务,可以充分提高资金使用效益,增加银行收益。自20世纪80年代以来,一些大量从事国际业务的跨国银行,通过国际业务所获取的收益已达到或超过利润总额的50%。商业银行通过在海外设立分支机构,可以扩大自身规模,实现规模经济效应,从而降低经营成本,提高利润水平。设立海外分支机构还可以扩大资金来源,特别是在离岸金融中心设立分支机构,不但可以广揽天下客户,而且可以避开国内一些法律法规的限制,降低融资成本。

二、国际业务的组织机构

(一)国际业务部

国际业务部设在总行,负责经营和管理银行所有国际业务,包括国际借贷、融资租赁和国际市场上的证券买卖等。行内其他国际业务机构的经营情况通过国际业务部上报总行。

(二)国外分行

银行的国外分行是总行的一个组成部分,不是独立法人,但从属于总行的能独立经营业务的分行,其资产、负债等均为总行的一部分。它可以在东道国法律允许的范围为从事存款放款业务、国际结算、贸易融资、证券买卖业务以及各项咨询业务等。国外分行多设在国际金融中心。

（三）国外代表处

国外代表处在不允许开设分行的国家，或认为有必要建立分行但尚没有条件建立的国家或地区，银行可先设立代表处。国外代表处由于不对外经营，各国对设置代表处的限制少。

（四）国外代理行

国外代理行为拓展自身在海外的国际业务，银行必须在海外寻找银行以建立代理关系，签订合约，相互委托业务。代理行按是否开有账户分成两类：一是互有账户关系的代理行，建立这种关系的代理行之间可直接划拨头寸；二是无账户但有印押关系的代理行，这些代理行之间的头寸须通过有账户关系的第三家银行来进行。

（五）国外子银行

国外子银行与其在国内的母行之间的关系是控股与被控股关系。国外子银行经营的国际业务以国际借贷为主，也包括融资租赁、提供信息咨询等。

（六）国际联合银行

它是几个跨国银行一起投资组建的银行，其中任何一家银行都不能持有国际联合银行50%以上的股权。其主要目的是有利于经营辛迪加贷款。目前，该类银行主要以国际货币市场为依托从事欧洲货币贷款。

（七）银行俱乐部

银行俱乐部是一种松散的组织形式，俱乐部成员仅仅是一种国际合作关系。俱乐部成员大多是来自欧洲。其建立的目的是为了协调和促进各成员行间的国际业务，分散各自的经营风险，适应欧洲货币联盟的发展前景，与美国、日本等跨国银行抗衡。

【知识库】

金融科技助力国际业务，招行上海分行落地跨境批量汇款项目

为顺应对外开放趋势，招商银行上海分行积极探索利用线上化手段满足实体企业跨境结算个性化需求，经过近一年努力，近期终于成功解决了某台资企业长期以来在跨境汇款上的痛点，上线了企业跨境批量汇款信息加密上传功能。

某台资电子产品制造企业位于上海松江，由于该企业日常跨境汇出汇款笔数多、时效性要求高，企业希望能够通过网银进行批量汇款，并且在网银系统数据传输过程中所有信息均需加密处理。招商银行上海分行是该企业的主要境外收款行，在了解客户核心诉求后，立即联系总行交易银行部探讨解决方案。经过充分讨论、评估后，招行提出通过开发客户端加密程序实现信息传输全程加密的方案，很快得到客户认可。随后，招行火速成立了专项工作小组，与企业财务和技术人员对接，紧锣密鼓地推动客户端需求收集、加密程序设计、系统测试等工作。

> 经过多次方案调整、沟通测试，7月中旬系统终于顺利完成了240笔跨境汇出汇款业务的批量发起，招行上海分行加班加点，在两个工作日内完成了所有业务的汇出处理，高效的流程得到了客户的高度认可。该模式下，企业只需从系统导出加密汇款文件，在网银端直接上传即可发起批量汇款申请，相关业务信息直达招行，全流程线上化作业，成功解决了客户长期以来在跨境汇款上的痛点。
>
> 此次批量汇款项目的上线，简化了跨境结算流程，减少了人力成本，极大地提升了跨境汇款效率。目前，上海地区存在众多深加工台资企业，跨境付汇规律性强、业务量大且提交时间集中，该方案的落地也为今后招行更好地服务深加工台资企业的国际结算业务奠定了基础。
>
> （资料来源：腾讯网 2020-07-30）

第二节 国际贸易融资

国际贸易融资是围绕国际贸易结算的各个环节所发生的资金和信用的融通活动。商业银行国际贸易融资业务主要包括进出口押汇、打包放款、票据承兑、出口信贷、福费廷等。

一、进出口押汇

商业银行国际信贷活动的一个重要方面，是为国际贸易提供资金融通。这种资金融通的对象包括本国和外国的进出口商人。商业银行为进出口贸易提供资金融通的形式很多，主要有进口押汇和出口押汇。

（一）进口押汇

进口押汇是指进出口双方签订买卖合同后，进口方请求进口地的某个银行（一般为自己的往来银行），向出口方开立保证付款文件，大多为信用证。然后，开证行将此文件寄送给出口商，出口商见证后，将货物发运给进口商。银行为进口商开立信用保证文件的这一过程为进口押汇。

企业（开证申请人）如使用银行授信额度开立信用证，由于单证相符必须承担对外付款责任时，因资金临时周转困难等原因，确实无法在规定付款日前筹措到付款资金的，可在收到银行到期付款通知书后向银行申请叙作进口押汇。一般要求企业应当具备独立法人资格，且经营作风良好，无违规、违法和违约等不良记录；必须在银行开有外汇或人民币基本账户或往来账户，保持经常结算往来，信誉良好；企业应有齐全的财务管理制度和生产销售网络，进口商品有正常、合理的销售渠道和可靠的资金回笼来源，能够按期偿还银行的垫款资金；企业财务状况良好，具备短期偿债能力，如需要，企业应向银行提供经认可的贷款担保或抵押。

进口押汇的流程：①出口单据到达后，开证申请人提出办理进口押汇的要求，并填写《进口押汇申请书》；②开证申请人向银行提供近期财务报表、进口合同、开证申请书等材料；③开证申请人向银行出具信托收据,并在必要时提供保证金等担保措施;④上述手续办妥后,银行向开证申请人发放进口押汇款。

(二)出口押汇

出口押汇指借款单位根据国外开来的信用证发运货物,提供以国外银行或进口商为付款人的商业汇票连同全套单据(包括商业发票、提货单、保险单/证、其他单据)为抵押,向银行办理资金融通的行为。银行从汇票总额中扣减自办理押汇日至预计收妥票款日的押汇利息,将净额按当日外汇牌价折成人民币,付给借款人,待到期日收妥票款归还。

企业如具有进出口经营权并具备独立法人资格,且以信用证作为出口结算的方式,即可凭信用证项下的出口单据向银行申请叙作出口押汇。企业如需向银行申请叙作出口押汇,必须满足以下条件:企业应在申请行开立人民币或外币往来账户,办理进出口结算业务,并在押汇融资业务项下核算一切收支;企业资信良好,履约能力强,收汇记录良好,具有一定的外贸经验;出口的商品应为企业主要出口创汇产品,适应市场需求,国内外进销网络健全畅通,并能取得必要的配额及批文;企业应具有健全的财务会计制度,能按时向银行报送财务报表,接受银行对企业生产经营及财务状况的实时审核。出口押汇款项应用于合理的资金周转需要;开证行及偿付行所在地政局及经济形势稳定,无外汇短缺,无特别严格外汇管制,无金融危机状况,且开证行自身资信可靠,经营作风稳健,没有故意挑剔单据不符而无理拒付的不良记录;信用证条款清晰完整且符合国际惯例,经银行认可无潜在风险因素。转让信用证银行原则上不予办理出口押汇;叙作出口押汇的单据必须严格符合信用证条款,做到单单一致、单证一致。对远期信用证项下的出口押汇,须在收到开证行承兑后方可叙作。

二、打包放款

打包放款是指在国际贸易中,银行凭以该出口商为受益人的信用证为抵押,向该出口商提供的用以生产、备货、装船的贷款。出口商在收到信用证后,向商业银行提出打包放款申请。出口商需要提供近期财务报表及营业执照等材料,再将信用证正本留在银行作为质押品,获得银行贷款。

出口打包贷款属抵押贷款,其抵押品是尚在打包中而暂时还没有达到可以装运出口程度的货物。出口打包贷款的额度,一般是按照外销合同或信用证金额折成人民币计算的。其测算公式为

$$贷款最高限额=信用证外币金额×外汇牌价×80\%$$

或

$$贷款最高限额=外销合同规定出口额×80\%$$

出口打包贷款的期限,一般从贷款之日起到外销货款结汇日,以国外进口商开出的信用证有效期,或以外销合同规定的结汇方式的收汇期为限,一般为6个月,最长不超过1年。出口

打包贷款一般不要求编制借款计划,企业实际需要资金融通时,由借款企业逐笔申请,银行逐笔核贷。

打包放款的基本操作流程:①出口商在收到信用证后,向银行提出打包放款申请;②出口商向银行提供近期财务报表及营业执照等材料;③出口商将信用证正本留在银行作为质押品,获得银行贷款。

三、票据承兑

票据承兑是指汇票的付款人承诺负担票据债务的行为。承兑为汇票所独有。汇票的发票人和付款人之间是一种委托关系,发票人签发汇票并不等于付款人就一定付款,持票人为确定汇票到期时能得到付款,在汇票到期前向付款人进行承兑提示。如果付款人签字承兑,那么他就对汇票的到期付款承担责任,否则持票人有权对其提起诉讼。商业汇票一经银行承兑,承兑银行必须承担到期无条件付款的责任。因此,票据承兑属于银行的一项授信业务。

票据承兑的程序:①在银行开立存款账户并有一定存款及结算往来、资信良好的企业可向银行信贷部门申请,并提交《商业汇票承兑申请书》。②存入一定比例的保证金或提供银行认可的保证人或财产担保。③提交承兑申请书及申请人与保证人双方的企业法人资格和法定代表人资格的证明文件及有关法律文件,如经年检的企业法人营业执照、法定代表人证明书或授权委托书、董事会决议及公司章程(设立董事会的企业提供);与银行承兑汇票内容相符的购销合同;承兑申请人及保证人的近期财务报表;按银行要求提供的其他文件资料。④银行受理客户申请后,银企双方签订"商业汇票承兑协议"。由保证人提供担保的,须由保证人出示。

四、出口信贷

出口信贷是一种国际信贷方式,是一国政府为支持和扩大本国大型设备等产品的出口,增强国际竞争力,对出口产品给予利息补贴、提供出口信用保险及信贷担保,鼓励本国的银行或非银行金融机构对本国的出口商或外国的进口商(或其银行)提供利率较低的贷款,以解决本国出口商资金周转的困难,或满足国外进口商对本国出口商支付货款需要的一种国际信贷方式。

在国际贸易中,卖方同意买方在收到货物后可以不立即支付全部货款,而在规定期限内付讫由出口方提供的信贷。通常将 1~5 年期限的出口信贷列为中期,将 5 年以上列为长期。中长期出口信贷大多用于金额大、生产周期长的资本货物,主要包括机器、船舶、飞机、成套设备等。

出口信贷是垄断资本争夺市场、扩大出口的一种手段。第二次世界大战后,出口信贷发展迅速。20 世纪 70 年代初,主要资本主义国家提供的出口信贷约为 110 亿美元,到 70 年代末已增至 320 亿美元以上。其产品的国际贸易额增长得也最为迅速。例如,1955 年至 1971 年国际贸易总额约增长 2 倍,而机器设备的贸易则增长 34 倍以上。生产和贸易的迅速增长,要求资金融通规模也相应扩大,而市场问题的尖锐化更促使主要资本主义国家加紧利用出口信贷来提高自己的竞争能力。机器设备的国际贸易,除了在发达资本主义国家之间有了很大增长外,发展中国家以及苏联、东欧国家也是机器设备的大买主,它们也都有增加利用出口信贷的需要。因此,出口信贷在战后国际贸易中的作用大为提高。

出口信贷一般分为卖方信贷和买方信贷两种。

（一）卖方信贷

1. 卖方信贷的概念

卖方信贷是指在大型机械设备或成套设备的进出口贸易中,为了解决出口商以延付方式出售设备而遇到的资金周转困难,由出口商所在国银行向出口商提供的优惠贷款。在国家出口信贷发展初期,往往把卖方信贷作为其出口信贷的主要方式,这是因为提供信贷的银行或申请信贷的出口商都在一个国家,操作比较方便。

卖方信贷通常用于机器设备、船舶等出口。由于这些商品出口所需的资金较大、时间较长,进口厂商一般都要求采用延期付款的方式。出口厂商为了加速资金周转,往往需要取得银行的贷款。出口厂商付给银行的利息、费用有的包括在货价内,有的在货价外另加,转嫁给进口厂商负担。因此,卖方信贷是银行直接资助本国出口厂商向外国进口厂商提供延期付款,以促进商品出口的一种方式。

2. 卖方信贷的程序

（1）出口商与进口商签订以延期付款或赊销方式买卖大型机器设备或配套设施的合同。

（2）进口商先支付 10%～15% 的订金,在分批交货、验收和保证期满时再分期付给 10%～15% 的货款,其余 70%～80% 的货款在全都交货后分期偿还,并付给延期付款期间的利息。

（3）出口商根据买卖合同向其所有国的出口信贷机构申请卖方信贷。

（4）出口信贷机构对出口商的申请与其他资料进行审查,如果符合有关条件,即可签订贷款协议,并支付贷款资金。

（5）进口商按合同规定分期偿还货款。

（6）出口商按协议要求分期偿还出口信贷机构的贷款本金与利息。

其具体流程如图 8.1 所示。

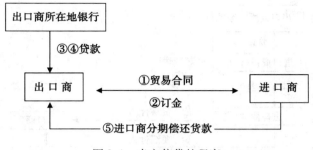

图 8.1 卖方信贷的程序

(二)买方信贷

1. 买方信贷的概念

买方信贷是出口国政府支持出口方银行直接向进口商或进口商银行提供信贷支持,以供进口商购买技术和设备,并支付有关费用。出口买方信贷一般由出口国的出口信用保险机构提供出口买方信贷保险。出口买方信贷主要有两种形式:一是出口商银行将贷款发放给进口商银行,再由进口商银行转贷给进口商;二是由出口商银行直接贷款给进口商,由进口商银行出具担保。贷款币种为美元或经银行同意的其他货币。贷款金额不超过贸易合同金额的80%~85%,贷款期限根据实际情况而定,一般不超过10年。贷款利率参照经济合作与发展组织(OECD)确定的利率水平而定。

2. 买方信贷的程序

(1)直接贷款给进口商的买方信贷。其一般做法是:①买卖双方以即期现汇成交,合同签订后,买方先付相当于货价15%的定金;②买方再与出口方银行签订贷款合同;③85%的货款由出口方银行贷给进口商,用以按即期现汇条件支付给出口商;④进口商按贷款协议分期偿还出口商所在国银行,并支付利息。

(2)由进口商所在国银行转贷款的买方信贷。其一般做法是:①买卖双方以即期现汇成交,合同签订后,买方先付相当于货价15%的定金;②根据进出口银行间签订的贷款合同,由出口方银行直接向进口方银行提供信贷;③进口方银行转贷给进口商使用;④进口商利用这笔贷款向出口商支付现汇;⑤进口商分期向进口方银行偿还贷款;⑥进口方银行按贷款协议分期偿还出口方银行,并支付利息;⑦进口方银行与进口商按双方商定的办法清偿结算。

其具体流程如图 8.2 所示。

3. 买方信贷的优点

目前,买方信贷是国际上采用的出口信贷的主要形式,因为这一方式对进口商、出口商、出口方银行及进口方银行都比较有利。

(1)使用买方信贷对出口商的好处:①可以促成需要长期占用巨额资金的大宗贸易。因为卖方信贷须由出口商向进口商提供延期付款,是建立在商业信用基础上,而商业信用有其自

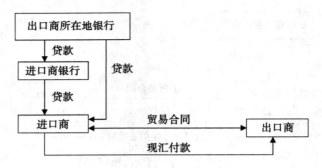

图 8.2 买方信贷的程序

身的周转资金实力上的局限性,那些需要长期占用巨额周转资金的贸易项目,会给出口厂商造成周转资金方面的巨大困难,使得卖方信贷难以实现。而买方信贷则是直接以银行信用为基础的(直接由银行向进口方提供贷款),银行有着雄厚的资金实力,从而可以促成使用卖方信贷难以做成的大宗贸易项目。②风险较小,资金周转较快。利用买方信贷,出口商可以较快收回货款,避免了在卖方信贷下卖方要承担买方到期不付款的风险,同时加快了自己的资金周转。③可以改善资产负债表。利用买方信贷可以减少出口商资产负债表上的应收账款和负债。

(2)使用买方信贷对进口商的好处:①可以得到较真实的货价。②由于不涉及延期付款的加价问题,可以把更多的精力放在对于技术条款的谈判上,避免因价格谈判纠缠不清而分散了注意力。③使用买方信贷的借贷成本通常低于使用卖方信贷的延期付款加价成本。④可以长期借用利率优惠的外国贷款。

(3)使用买方信贷对出口商银行的好处:①发放买方信贷的风险小于卖方信贷。因为贷款给进口地商业银行,然后由其贷给进口商,整个过程都有银行信用作保证,其风险一般小于贷款给国内企业的商业贷款。②发放买方信贷比卖方信贷手续便捷。因为在卖方信贷下,出口商银行需要经常关注出口商的应收货款收回情况甚至其生产经营情况,而在买方信贷下出口商银行只需关注进口商银行的资信情况,相对要省事一些。③买方信贷为出口国银行资金在国外的运用开拓了渠道。

(4)使用买方信贷对于进口商银行的好处:①可以为进口商银行增加信贷业务。②与出口商银行直接打交道,彼此有一定的业务往来,就贷款方面的一些问题,可进一步协商,争取较为有利的贷款条件。

五、福费廷

福费廷是国际贸易中一种特殊的融资方式。福费廷是指在延期付款的大型设备贸易中,出口商把经进口商承兑的、期限在半年以上到5~6年的远期汇票无追索权地售予出口商所在地的银行,提前取得现款的一种资金融通形式,它是出口信贷的一个类型。福费廷具有以下主要特点:①福费廷对出口商或背书人无追索权。②有国外银行担保。③办理福费廷的手续比较简单、灵活。④费用比一般贴现高。

福费廷是一种非常重要的中长期融资业务,融资期限至少是180天,以5~6年的较多,最长达10年。同时,它又是一种以无追索权形式为出口商贴现大额远期票据提供融资并能防范信贷风险与汇价风险的金融服务。第二次世界大战后,瑞士苏黎世银行协会首先开办福费廷业务,1965年以后,从西欧国家开始推行,近些年来尤其在欧洲部分国家及发展中国家的设备贸易中得到发展。据统计,全世界年均福费廷交易量占世界贸易额的2%。福费廷作为一种灵活简便、有效的融资方式,在国际市场上发展非常迅速。对优化中国出口结构,改善企业资金流动状况和加速中国银行国际化的进程都有着重要的作用,是中国贸易融资发展的必然趋势。目前,外资银行也有意把这种业务推广到中国,开始了外资银行与中资银行抢占中国福费廷业务"制高点"的争夺战。

(一)福费廷的当事人

福费廷是属于担保业务的一种类型,是票据担保业务中最常见的形式。当事人主要以下有四个。

(1)进口商。它是福费廷交易的债务人,承担到期支付票据款项的主要责任。

(2)出口商。它是福费廷汇票的卖主,为保护自己不受追索,将有关票据无追索权地售给包买商以提前取得现款。由于远期汇票的期限一般都较长,所以福费廷交易也被称为"中长期出口票据贴现融资"。

(3)担保人。它一般是进口商所在地的一流银行,为进口商的按期支付提供不可撤销的、无条件的银行担保。

(4)包买商。即福费廷融资者,通常为出口地的银行或其附属机构,对出口商持有的由进口商承诺支付并经过担保的远期汇票进行贴现,且对出口商无追索权。

(二)福费廷业务与一般贴现业务的区别

(1)贴现业务中的票据有追索权,而福费廷业务中贴现的票据无追索权。

(2)贴现业务中的票据一般为国内贸易和国际贸易往来中的票据,而福费廷票据则多是与出口大型设备相联系的有关票据,可包括数张等值的汇票(或期票),每张票据的间隔时间一般为6个月。

(3)有的国家规定贴现业务中的票据要具备3个人的背书,但一般不须银行担保,而办理福费廷业务的票据,必须有一流的银行担保。

(4)贴现业务的手续比较简单,而福费廷业务的手续则比较复杂。贴现的费用负担一般仅按当时市场利率收取贴现息,而办理福费廷业务的费用负担则较高,除按市场利率收取利息外,一般还要收取管理费、承担费、罚款等费用。

(三)福费廷业务与保付代理业务的区别

保付代理简称为保理,指卖方在与买方签约并交付货物后,将发票提交保付代理人(保理人),保付代理人相应地付款给卖方,然后按照商务合同的条款,保理人向买方收取应收账款。它是继汇款、托收和信用证之后的一种融资代理业务。

(1)福费廷用于大型成套设备交易,金额大,付款期限长,多在较大的企业间进行;而保付代理用于一般商品的进出口贸易,金额不大,付款期在1年以下,通常在中小企业之间进行。

(2)福费廷的票据要求进口商所在地的银行担保;而保付代理业务中的票据不要求担保。

(3)福费廷业务是经进出口双方协商确定的;而保理业务可由进口商或出口商单边决定。

(4)福费廷业务内容单一,主要用于大型成套设备的出口和结算;而保付代理业务内容比较综合,它包括多种金融服务项目。

(四)福费廷业务对进出口商的作用

对出口商的作用:①对提供的商品和劳务,无追索权地立即付款。因此,出口商能提前融通资金。②可以加速资金周转,不受汇率变化与债务人情况变化的影响,避免了进口方的信誉风险、国家风险、银行风险、汇率风险。③减少信贷管理,票据托收费用与风险都转嫁给了银行。

对进口商来说,办理福费廷业务手续比较简单,但也有不利之处:福费廷业务的利息和所发生的费用要计算在货价之中,因此,货价比较高;要有一流银行的担保,保费高。

【知识库】

广发银行押汇业务——进口信用证/代收押汇

【产品概念】

该产品指进口申请人在向广东发展银行办理进口开证/进口代收业务时,因预计到期付款时资金不能即时到位,而申请以其进口货物物权作质押或以信用担保或其他实物作抵押,广发银行给予资金融通。

【产品特点】

银行给予进口商短期资金融通,代垫信用证/代收项下进口货物货款,进口商待销售货款回笼后,偿还银行资金。该产品减少了进口商的资金压力,但融资期限一般不超过180天。进口押汇的第一还款来源是进口信用证/代收项下进口货物销售收入。

【服务对象】

(1)有进出口经营权的独立法人企业,进口手续完备。

(2)在广发银行开立人民币或外币结算账户,资金往来正常,负债比率合理。

(3)能落实还款来源及保障措施,提供有效的保证、足值的实物抵押或物权质押。

【业务流程】
(1)进口信用证或进口代收项下单据寄达广发银行,广发银行审核无误后通知客户付款赎单
(2)客户交来押汇申请书、还款计划、借款借据、信托收据(如无法提供其他担保时)等文件,要求办理进口押汇。
(3)广发银行审核以上单据,逐级审批,同意给予一定比例的押汇。
(4)广发银行将押汇资金用于支付信用证/代收项下应付货款,并将单据交客户。
(5)客户凭单据提货后,安排生产或销售,并于应收账款回收后,归还广发银行押汇本息。

(资料来源:广发银行网站)

第三节 外汇买卖

一、外汇市场

(一)外汇市场的概念

外汇市场是指经营外币和以外币计价的票据等有价证券买卖的市场。它是金融市场的主要组成部分。

(二)外汇市场的分类

1. 按外汇市场的外部形态分类

按照外汇市场的外部形态,外汇市场可以分为无形外汇市场和有形外汇市场。无形外汇市场也称为抽象的外汇市场,是指没有固定、具体场所的外汇市场。这种市场最初流行于英国和美国,故其组织形式被称为英美方式。有形外汇市场也称为具体的外汇市场,是指有具体的固定场所的外汇市场。这种市场最初流行于欧洲大陆,故其组织形式被称为大陆方式。

2. 按外汇买卖的范围分类

按照外汇买卖的范围,外汇市场可以分为外汇批发市场和外汇零售市场。外汇零售市场是指银行与个人及公司客户之间进行的外汇买卖行为及场所。外汇批发市场是指银行同业之间的外汇买卖行为及其场所,其主要特点是交易规模大。直接的银行间市场是以具有外汇清算交易资格的交易商为主,它们的交易构成总体外汇交易中的大额交易,这些交易创造了外汇市场的交易巨额,也使外汇市场成为最具流通性的市场。

二、外汇交易方式

(一)即期外汇买卖业务

即期外汇交易也称为现汇交易,是指外汇银行与其客户或与其他银行之间的外汇买卖成

交后,原则上于当日或在两个营业日内办理交割(即收付)的外汇业务。理解这个概念需要从以下几个方面来把握:

(1)这里的成交日是指达成买卖外汇协议日,而交割日是指实际办理外汇收付日。

(2)即期外汇交易的交割日包括三种情况:①当日交割,指在成交当日进行交割,如1989年前的香港市场。②隔日交割,指在成交后第一个营业日内交割,某些国家如加拿大由于时差的原因采用这种方式。③标准交割日,指在成交后第二个营业日交割,目前大多数的即期外汇交易都采取这种方式。

(3)在两个营业日间,如果出现假日,则交割日期顺延。不同外汇市场的交割习惯有所不同。例如,伦敦、纽约、苏黎世等欧美外汇市场的惯例是成交后第二个营业日办理交割;东京外汇市场是在成交后第一个营业日办理交割;香港外汇市场对港币与美元的兑换当日交割,对日元、新加坡元、马来西亚元和澳大利亚元次日交割,对其他币种在成交后第二个营业日办理交割。一般而言,居民和旅客的外币现钞、旅行支票及其他小额外汇交易,在当日成交和交割。银行同业间的外汇买卖,在两个营业日内收付。

即期外汇买卖主要有以下几方面作用:一是可以满足临时性的付款需要;二是可以调整各种外汇的头寸比例,以避免汇价带来的风险;三是利用不同外汇市场汇率差进行投机活动。

(二)远期外汇买卖业务

1. 远期交易的概念

远期交易又称为期汇交易,指外汇买卖成交后,根据合同规定,在约定的到期日,按约定的汇率办理收付交割的外汇交易。常见的远期交易时限主要是1个月、2个月、3个月、6个月或1年。

远期外汇交易的出现,给从事外贸交易的客户提供了规避风险的渠道和手段。因为通常从事贸易的进、出口商,在报价完成到实际收付外汇之间,往往需要一段时间,而这段时间的汇率波动带来的风险便需要交易者自行承担。若进、出口商在取得合约时,便与银行作远期外汇锁定汇率,即可规避此汇率风险。

2. 远期外汇买卖的特点

(1)双方签订合同后,无须立即支付外汇或本国货币,而是延至将来某个时间。

(2)买卖规模较大。

(3)买卖的目的主要是为了保值,避免外汇汇率涨跌的风险。

(4)外汇银行与客户签订的合同须经外汇经纪人担保。

此外,客户还应缴存一定数量的押金或抵押品。当汇率变化不大时,银行可把押金或抵押品抵补应负担的损失。当汇率变化使客户的损失超过押金或抵押品时,银行就应通知客户加存押金或抵押品,否则,合同就无效。客户所存的押金,银行视其为存款予以计息。

3. 远期汇率的报价

(1)直接报价。即直接将各种不同交割期限的远期买入价、卖出价完整地表示出来,此种报价方法与即期汇率报价方法相同。银行一般都直接报出即期汇率。

例如:某日伦敦外汇市场欧元兑美元的汇率为:

即期汇率　　1 个月远期汇率　　3 个月远期汇率　　6 个月远期汇率
1.382 7/47　　1.384 7/70　　　　1.387 0/05　　　　1.389 5/30

这种方法通常用于银行对客户的报价上。在银行同业交易中,瑞士、日本等国也采用这种方法。该方法一目了然,但也有其缺陷,如改动比较费事。因此,在银行同业间往往采用另一种方法,即远期差价报价方法。

(2)远期差价报价方法。远期差价报价方法又称为掉期率或点数汇率报价方法,是指不直接公布远期汇率,而只报出即期汇率和各期的远期差价,然后再根据即期汇率和远期差价来计算远期汇率。某一时点上远期汇率与即期汇率的汇率差称为掉期率或远期价差,这种远期价差又可分为升水和贴水两种。

升水表示远期汇率比即期汇率高,或期汇比现汇贵;贴水表示远期汇率比即期汇率低;平价,表示远期汇率与即期汇率相同。升贴水的幅度一般用点数来表示。

例如:某日伦敦外汇市场英镑兑美元的远期汇率为:

即期汇率　　　　　　1.382 7/47
1 个月　　　　　　　20/35
3 个月　　　　　　　60/80
6 个月　　　　　　　175/140

在伦敦外汇市场上,1~3 个月期的英镑远期汇率有升水,这是因为买入汇率的差额点数小于卖出汇率的差额点数。6 个月期的英镑远期汇率有贴水,这是因为买入汇率的差额点数大于卖出汇率的差额点数。知道远期汇率的升水、贴水后,就可以计算出远期外汇的实际汇率。

(三)外汇期权业务

1. 外汇期权的概念

外汇期权业务指商业银行买卖远期外汇权利的交易,是一种货币买卖合约,它赋予期权购买者(或持有者)在规定的日期或在此之前按照事先约定的价格,以支付期权费为代价,购买或出售一定数量某种货币的权利。外币期权交易现已成为防止外汇风险的一种重要手段。

2. 外汇期权特点

(1)外汇期权有更大的灵活性。外汇期权合约的买方购买的是一种权利即选择权。在合约的有效期内,或约定的到期日,如果汇率对合约买方有利,即可行使期权,按约定汇率买进或卖出外汇。如果汇率对合约买方不利,则可放弃期权。因此,外汇期权弥补了远期外汇交易的某些弱点,更具灵活性。

(2)期权费不能收回,且费率不固定。期权费也称权利金、保险费,即外汇期权的价格。期权交易的买方获取选择权,意味着卖方出售了这种权利,所以卖方要收取一定金额作为补偿。期权费在期权交易成交时由合约买方支付给合约卖方,无论买方在有效期内是否行使期权,期权费均不能收回。

(3)外汇期权交易的对象是标准化合约。通常在期权交易中期权合约的内容实现标准化,如货币数量、到期日等。

(4)安全性高。因为在外汇交易不确定的情况下,期权可避免汇率方面的风险。

3. 外汇期权的类型

(1)按履约方式划分,可以分为美式期权和欧式期权。美式期权是自选择权合约成立之日算起,到期日的截止时间之前,买方可以在此期间内的任一时点,随时要求卖方依合约的内容,买入或卖出约定数量的某种货币。欧式期权是期权买方于到期日之前,不得要求期权卖方履行合约,仅能于到期日的截止时间要求期权卖方履行合约。美式期权的买方可于有效期内选择有利的时点履行合约,比欧式期权更具有灵活性。对于卖方而言,所承担的汇率风险更大(期权也可以理解为买方支付一定权利金将汇率风险转嫁给卖方),所以美式期权的权利金比欧式期权高。

(2)按双方权利的内容,可以分为看涨期权和看跌期权。看涨期权也称择购期权、买权,是指期权合约的买方有权在有效期内或到期日的截止时间按约定汇率从期权合约卖方处购进特定数量的货币。这种期权之所以称为看涨期权,一般是进口商或投资者预测某种货币有上涨的趋势,购买期权是为避免汇率风险。看跌期权也称择售期权、卖权,是指期权买方有权在合约的有效期内或到期日的截止时间按约定汇率卖给期权卖方特定数量的货币。这类期权之所以称为看跌期权,一般是出口商或有外汇收入的投资者,在预测某种货币有下跌趋势时,为避免收入减少,按约定汇率卖出外汇以规避风险。

(3)按交易方式划分,可以分为有组织的交易所交易期权和场外交易期权。通常情况下,期权交易在交易所内进行,交易的期权都是合约化的。到期日、名义本金、交割地点、交割代理人、协定价格、保证金制度、合约各方、头寸限制、交易时间以及行使规定都是由交易所事先确定的,参与者需要的只是同意交易中合约的价格和数量。在交易所交易的期权由于已经标准化,因而可以进入二级市场买卖,具有流动性。在场外交易市场(也可称为柜台交易)交易的期权主要是适合个别客户的需要,其合约不像交易所那样标准化,通常通过协商达成,且根据客户的需要可以对期权进行特制。目前,场外交易市场的期权合同也在向标准化发展,其目的是为了提高效率,节约时间。

4. 期权费及其决定因素

作为一种选择权,外汇期权对合约买方而言是非常灵活的。如果汇率对其有利,可以行使期权,按约定汇率买进或卖出外汇;如果汇率对其不利,则可放弃期权。期权合约这种对买方的选择权,对合约卖方而言则不然,只要合约买方需要实现其权利,合约卖方都必须按合约约定价格和数量出售或购买外汇。也就是说,期权合约买卖双方的权利与义务是不对等的。正是这种不对等使得期权合约卖方在卖出期权合约时要向期权合约买方收取取得选择权的代价,即期权费。期权费也称为权利金。

期权费在期权交易中扮演着重要角色,期权费或权利金一般由以下因素决定。

(1)合约的有效期。合约的有效期越长,权利金越高。因为期权合约的有效期越长,期权买方从汇率变动中牟取的机会越多,期权卖方承担的汇率风险越大,需要收取较高的权利金作为补偿。

(2)协议日与到期日的差价。对于看涨期权而言,较低的协议价可能要收取较高的期权费,因为期权本身是合约买方看涨的,并且在合约到期时买方有权执行也有权不执行。如果执行,卖方的损失可能会超过其转卖所得利润;而如果买方不执行,卖方就必须承担汇率风险,即未必能以协议时价位买回合约外汇。当然,较高的协议价格对于看涨期权而言其期权费可能就会少些。对于美式期权,由于买方选择执行合约的日期更灵活、自由,合约买方也就需要支付相对更多的期权费。

(3)预期汇率的波动幅度。如果在有效期内作为标的物的货币价格越不稳定,期权卖方承担的风险越大。当预期波动幅度较大时,权利金越高;当汇率相对稳定时,权利金较低。

(4)期权供求状况。一般而言,外汇期权市场上的供求关系对期权费也有直接影响。期权买方多卖方少,期权费自然收得高些;期权卖方多买方少,期权费就会便宜一些。

(5)期权的约定汇率。买权的约定汇率越低,对买方越有利,卖方蒙受损失的可能性越大,要求较高的权利金作为补偿;反之,买权的约定汇率越高,买方获利的机会越小,所愿意支出的权利金越小,说明买权的权利金与契约价格呈反向变动。卖权的买方在约定汇率较高时,获利较大,卖方所要求的权利金也越高,所以卖权的权利金与期权约定汇率是同向变动的。

(四)外汇期货业务

1. 外汇期货的概念

外汇期货是交易双方约定在未来某一时间,依据现在约定的比例,以一种货币交换另一种货币的标准化合约的交易,是指以汇率为标的物的期货合约,用来回避汇率风险。它是金融期货中最早出现的品种。自1972年5月芝加哥商品交易所的国际货币市场分部推出第一张外汇期货合约以来,随着国际贸易的发展和世界经济一体化进程的加快,外汇期货交易一直保持着旺盛的发展势头。它不仅为广大投资者和金融机构等经济主体提供了有效的套期保值的工具,而且也为套利者和投机者提供了新的获利手段。

2. 外汇期货交易与远期外汇交易的区别

(1)交易者不同。外汇期货交易只要按规定缴纳保证金,任何投资者均可通过外汇期货经纪商从事交易，对委托人的限制不如远期外汇交易，因为在远期外汇交易中，参与者大多为专业化的证券交易商或与银行有良好业务关系的大厂商，没有从银行取得信用额度的个人投资者和中小企业极难有机会参与远期外汇交易。

（2）交易保证金不同。外汇期货交易双方均须缴纳保证金，并通过期货交易所逐日清算，逐日计算盈亏，而补交或退回不足或多余的保证金。而远期外汇交易是否缴纳保证金，视银行与客户的关系而定，通常不需要缴纳保证金，远期外汇交易盈亏要到合约到期日才结清。

（3）交易方式不同。外汇期货交易是在期货交易所公开喊价的方式进行的。交易双方互不接触，而各自以清算所为结算中间人，承担信用风险。期货合约对交易货币品种、交割期、交易单位及价位变动均有限制。货币局限在少数几个主要币种。而远期外汇交易是在场外交易的，交易以电话或传真方式，由买卖双方互为对手进行的，而且无币种限制，对于交易金额和到期日，均由买卖双方自由决定。这在经济不景气时，对方违约风险增大，在交易时间、地点、价位及行情揭示方面均无特别的限制。

三、银行参与外汇买卖的原因

这里的商业银行是指具有外汇业务经营权的银行，包括专营或兼营外汇业务的本国商业银行和其他银行，外国银行设在本国的分支行及其他办理外汇业务的机构。外汇银行是外汇市场的中心，因为任何一笔外汇交易活动都需要通过外汇银行的介入才能完成。

外汇银行进入外汇市场进行外汇买卖的目的主要有三个：一是为满足各类公司、个人和中央银行等客户的要求，在外汇的供给者和需求者之间起中介作用；二是为调节自身资产和负债的外汇头寸，避免汇率风险，这种交易多通过银行间同业交易来完成；三是为谋取投机利润而进行的外汇投机交易。

【知识库】

金华银行外汇业务开办十周年

2020年5月25日，金华银行外汇业务将迎来开办十周年。经过十年的发展，该行外汇业务交易已覆盖全球30余个国家及地区，有1 200余家境内外代理行；已开通美元、欧元、日元、港币、英镑五大交易币种，拥有美元、日元、港币一级清算渠道。

2010年5月25日，该行正式推出外汇业务，设立了国际业务部，不断优化完善金融服务功能。自成立以来，秉承"开拓、用心、聚力、追求"的发展愿景，外汇业务经营模式实现了从集中经营到分级授权，业务规模逐步扩大，产品服务日益丰富。目前，总行营业部、杭州分行、温州分行、义乌分行、兰溪支行5家机构可办理外汇业务。全行产品拥有账户、结算、资金、融资、个人服务和汇率避险类及组合产品40余类，其中包括了周末预约交单、跨境电商贷等特色服务产品。同时，该行建立了完善的SWIFT、CIPS等外汇及跨境人民币清算网络，支持企业网银结汇、汇款申请、个人结算账户直联结汇等线上业务办理，为企业提供优质的服务。

> 十年来,多次获得"外汇业务合规与审慎经营情况考核A类银行"称号;先后获"浙江省银行外汇及跨境人民币业务知识竞赛优胜奖""金华市银行业本外币跨境业务技能竞赛团体一等奖""金华市银行业金融机构跨境人民币业务评估优秀"等多项荣誉。
>
> (资料来源:潇湘晨报2020-05-21)

第四节 离岸金融业务

一、离岸金融业务的含义

离岸金融业务是指银行吸收非居民的资金,为非居民服务的金融活动。这里的非居民主要包括境外(含港、澳、台地区)的个人、法人(含在境外注册的中资企业)、政府机构、国际组织。离岸金融是设在某国境内但与该国金融制度无联系,且不受该国金融法规管制的金融机构所进行的资金融通活动。

离岸金融业务的发展始于20世纪60年代,当时,一些跨国银行为避免国内对银行发展和资金融通的限制,开始在特定的国际金融中心经营所在国货币以外其他货币的存放款业务。在70年代,以美元计价的离岸存款急剧增长。到80年代,随着国际银行业设施和东京离岸金融市场的建立,离岸金融业务将所在国货币也包括进来。其区别在于这种货币存放仅限于非居民。离岸金融业务的发展和离岸金融市场的迅速扩张,促进了国际性银行的发展和国际信贷、国际融资的增长,但由于离岸存款不受各国国内法规的各种限制,它对存款所在国的货币供应量、银行管制与货币政策的实施都产生了一定的影响。离岸金融市场自70年代以来获得迅猛发展,从伦敦、巴黎、法兰克福、苏黎世、卢森堡等欧洲地区扩展到新加坡、巴拿马、巴哈马等地。80年代以来,又在纽约、东京等地出现新的离岸金融中心。到90年代,离岸金融市场已遍布世界各地。

二、离岸金融业务的种类

(一)离岸存款业务

离岸存款业务是商业银行离岸金融业务中最基本的业务之一。它是指境外非居民将外汇存款存放于银行离岸账户的业务。境外非居民是指在境外(含港、澳、台地区)的自然人、法人(含在境外注册的中国境外投资企业)、政府机构、国际组织及其他经济组织,包括中资金融机构的海外分支机构(不包括境内机构的境外代表机构和办事处),它们均可在银行开立离岸账户。

中国商业银行可以接受的外汇品种主要有:美元、英镑、日元、港币、欧元、澳元、瑞士法郎、新加坡元等可自由兑换货币。离岸存款一般只能转账,不接受现钞存款。

(二)离岸汇款业务

离岸汇款业务是指非居民资金汇往离岸账户和离岸账户汇往境外账户以及离岸账户之间的汇款业务。对离岸账户和在岸账户之间的汇款业务,银行将根据结售汇管理规定和贸易进口付汇核销监管规定及出口收汇核销监管规定严格审查,符合规定的方可办理。

离岸汇款方式一般分为票汇、信汇、电汇三种。票汇指银行在收到以银行为付款行的汇票后,经核对印鉴及确定各项内容无误后,即可办理解付手续。客户通过汇款行电汇或信汇到客户在银行的离岸账户时,汇款人在填写收款行时应写明银行离岸业务。

汇出汇款办理时,银行根据客户的申请,在收足保证金后为客户办理汇出汇款业务。在汇款方式上,银行可提供票汇和电汇服务,并可根据客户需要所开出的汇票寄送给客户,银行将根据客户的申请在收足保证金后为客户开出汇票。客户可采用传真加押指示或人到开票。银行根据需要将所开出的汇票寄送给客户,并尽可能选择收款人所在地有账户关系的银行。电汇汇款时银行可向客户提供包括传真加押指示汇款和柜台汇款等服务。

(三)离岸外汇贷款业务

符合银行外汇贷款条件的境外非居民均可向银行申请离岸外汇贷款业务。离岸外汇贷款一般可以分为抵押贷款、担保贷款、按揭贷款和质押贷款等。抵押贷款是以借款人或经同意证实的第三人财产作为抵押发放的离岸外汇贷款。担保贷款是由自身信用好、有担保能力的公司出具保函担保的离岸外汇贷款。按揭贷款是对非居民投资的物业给予一定乘数的离岸外汇贷款。质押贷款是以借款人或第三人的动产或权利作为质押发放的离岸外汇贷款。短期流动资金贷款期限一般在1年以内,固定资产贷款期限在1年以上。贷款利率按同期银行同业拆借利率加一定的百分比计算。对于不能按期归还的贷款,按规定加收罚息。

办理离岸外汇贷款时,借款人应根据不同的贷款种类,向银行提交相应的文件资料,经银行审查和必要的项目评审后,方可向借款人发放贷款。

申办抵押贷款应提供以下文件:

(1)公司成立的有关法律资料。

(2)经认可的会计师核实的近期资产负债表和损益表。

(3)公司同意以其财产抵押的董事会决议。

(4)公司财产的有关证明文件。

(5)公司抵押财产的有关文件

(6)公司向银行申请贷款的董事会决议。

上述材料都必须进行正式性核实,并进行公证。

申报担保贷款时,借款人需要提供以下文件:

(1)公司成立的有关法律资料,如工商局年检证明、营业执照等。
(2)经认可的会计师核实的近年资产负债表、损益表和现金流量表。
(3)公司向银行申请贷款的董事会决议及借款用途说明。
(4)其他银行要求的文件。

担保人需要向银行提供下列文件:
(1)公司成立的有关法律资料,如工商局年检证明、营业执照等。
(2)经认可的会计师核实的近年资产负债表和损益表、现金流量表。
(3)公司同意担保的董事会决议及借款用途说明。
(4)其他银行要求的文件。

申办个人按揭贷款需要提供下列资料:
(1)借款身份证明,包括身份证、护照、居民户口本等。
(2)借款人的工作及收入证明,包括个人存单、银行存款资料、工作单位、收入证明等。
(3)楼宇购买合同及首付款交付收据。
(4)个人通讯方式等。
(5)银行要求的其他资料。

(四)离岸外汇买卖业务

离岸外汇买卖业务是对在商业银行有离岸账户的客户提供外汇买卖的服务,一般包括即期外汇买卖、远期外汇买卖、超远期外汇买卖、外汇掉期买卖、外汇期权买卖等。离岸外汇买卖的币种为各种可自由兑换的货币,单笔交易金额通常不低于等值5万美元,各家银行可根据交易需要具体确定交易限额。

在具体业务操作中,首先由客户提出申请,并缴纳离岸外汇买卖保证金。具体缴纳标准是:即期外汇交易必须预交100%的履约保证金;远期外汇交易、掉期外汇买卖保证金不得低于交易金额的20%~40%,并根据交易的损益情况及时调整保证金。在银行信贷信用保证项下的远期外汇买卖、掉期外汇买卖可凭银行有关部门相应减免保证金,在客户缴纳保证金后,商业银行即可根据客户交易指令,进行离岸外汇买卖,交易操作及清算。

中国非常重视离岸金融建设,早在1989年开始,中国人民银行和国家外汇管理局就批准了招商银行在深圳开办离岸金融业务。1999年受亚洲金融危机的影响,为了保护本国金融体系,央行停办了该项业务,经过近3年的调整,2002年6月又重新开放了7家银行开办离岸金融业务。至2006年6月底,中国银行离岸业务资产总量约达20亿美元,增速17.6%,国际结算业务200亿美元,增加了33.3%,利润为2 200亿美元,增速达到了100%。2006年6月批准天津滨海新区作为离岸金融的改革试点,这表明离岸金融建设已被提上日程。上海、天津、深圳、宁波等保税区也开始积极申请开办离岸金融业务。目前,上海外高桥自贸区已具备离岸金融市场功能。在离岸金融建设推进的同时,国家积极推进人民币国际化。中国人民银行发布的《2020年人民币国际化报告》显示，人民币支付货币功能不断增强，储备货币功能逐渐显现，人民币继续保持在全球货币体系中的稳定地位。截至2020年第三季度，人民币已成为全球第五大储备货币，人民币资产在全球外汇储备中的占比达2.13%。十余年来，人民币国际化进程不断加快，地域上沿着周边化、区域化、全球化的趋势演进，功能上作为结算货币、投资货币、储备货币、计价货币交互推进，使用范围上逐步实现从经常项目到资本项目、从贸易投资到金融交易、从企业到个人的更大范围拓展。中国人民币国际化，将进一步推进离岸金融市场的建设。

但从目前看，离岸金融市场的建立仍面临着困难与障碍。离岸金融市场的建立是把"双刃剑"，中国对此仍持谨慎态度。不可否认，半个世纪以来，离岸金融中心在促进国际资本的流动、推动一些国家的金融管理体制改革，乃至全世界资本流动模式的发展演变等方面，都扮演了非常重要的角色，但是，离岸金融中心的上升势头也给中国带来了相当大的负面影响和潜在风险：成为腐败分子、不良商人侵吞国有资产和公众财产的"有效途径"，成为中国资本外逃的"中转站"，进而推动外逃规模进一步膨胀，对人民币汇率安排和货币政策运作产生重大压力；企业通过虚增资产和虚增经营业绩进行欺诈；外资企业转嫁金融风险。中国金融走上国际舞台尚缺乏经验，国家从金融体系安全考虑，对建立离岸金融市场仍持谨慎态度：一是中国建立离岸金融市场的时机是否成熟还有待于观察。二是政策法规方面还不大成熟。开展离岸银行业务需要有相关法规的配合和支持。在离岸业务方面比较正式的法规有中国人民银行1997年10月颁布的《离岸银行业务管理办法》以及国家外汇管理局1998年5月据此制定的《离岸银行业务管理办法实施细则》，上述法规对离岸金融业务应具备的条件、申报程序、经营范围、账户管理及风险控制等作出规定，但在发展离岸银行业务所需的银行信息保密、税收优惠方面还缺乏完备的法规和政策支持。三是现有开展的离岸金融业务还有很大局限性。中国商业银行离岸金融业务主要为非居民提供境外货币借贷或投资、贸易结算、外汇黄金买卖、保险服务及证券交易等金融业务和服务。从服务的对象看，中国离岸金融客户群单一，主要为港、澳地区的企业和境外的中资企业，其中90%左右的客户集中在香港，而欧美经济发达地区的客户太少。

【知识库】

离岸业务是上海国际金融中心不可忽视的一块拼图

在国际金融领域，一直存在着全球金融中心座次之争。排名靠前的如纽约、伦敦，也会十分在意每一年城中所发生的金融业务总量，因为这些业务量是国际金融中心名次的重要依据。

从金融市场的规模和总量来看，2019年，上海金融市场成交总额达到1 934万亿元，金融市场直接融资额达到12.7万亿元，上海证券交易所年末股票市值全球第四，上海黄金交易所场内现货黄金交易量全球第一，上海原油期货为全球第三大原油期货，上海已经是一个国际金融中心了。

不过，对比上海这个国际金融中心的业务来源，就会发现大部分业务都来自"在岸"业务。相对来说，"离岸"业务就少得多，这是上海和纽约、伦敦、中国香港等排名更靠前的国际金融中心相比的一个显著特点，可能也是未来上海向国际金融中心更高排名进发的潜力空间。

建设任何一个"中心"都需要有周边"腹地"，如果没有广袤的沃野千里为基础，就不可能产生一个以此为腹地的中心城市。历史上城市形成的本源也是因为物流、人流、资金流的汇聚。而随着现代经济的发展，在世界上林林总总的城市中，逐步形成的一些金融中心，也无不是由于其存在广阔的经济腹地，并由本国的经济腾飞而肇始的。但由于全球化的进程，在国际金融中心的建设方面，有一块业务逐渐成为国际金融中心不能或缺的重要组成部分，这块业务，就是所谓的"离岸"业务。

金融业务离不开实体经济，离岸业务一样不只包括离岸的金融业务，还包括离岸国际贸易等业务。国际金融中心的建设需要离岸金融业务的支撑，更需要有离岸贸易等实体经济业务的支撑。

在国际贸易中，有一种贸易形式为离岸转手买卖。举例来说，比如上海有一家大型的离岸转手买卖贸易商，它可以从加拿大购买货物，同时转手卖给位于菲律宾的另一客户。而加拿大原产的货物，可以直接通过远洋运输发往菲律宾，也可以先抵达上海港进入保税区，然后再发往菲律宾。上述这两种贸易方式，前一种为离岸转手买卖，后一种为转口贸易。

转口贸易和离岸转手买卖中，虽然物流本身仅和上海擦肩而过（不经过或不入关），但是在这样的交易中，资金流则是完全通过上海的，卖出货物后收款会到上海，而购买货物时付款也是通过上海付出。国际贸易（经常项下）相关的支付比国际投融资（资本项下）更为频繁，所以，转口贸易或离岸转手买卖这样的离岸贸易业务，也能为一个城市成为国际金融中心，乃至国际航运中心，起到相当大的作用。国际上以国际贸易促进国际金融中心建设的案例有不少，特别是中国香港、新加坡等地，其包括转口贸易和离岸转手买卖在内的离岸国际贸易业务，在历史上都曾极大地促进了它们作为国际金融中心的发展。

由此可见，我国在上海等地的国际金融中心建设如能在离岸业务方面有所发展，将进一步扩大业务范围，提升业务体量，为国际金融中心建设提供新的空间和动能。但同时应该看到的是，离岸业务虽然可观，倒也不是想叫人来人家就来的。

国际金融中心的建设，包括离岸业务的发展，其实也是支持了本地、本国乃至更大区域范围的金融发展，支持了实体经济的建设，因此更是一种双赢。竞争能提高效率，合作有利于共同发展，我们乐见我国如上海等城市早日建成更有竞争力的国际金融中心，也乐见国际上有更多更高效的国际金融中心的建成。

（资料来源：澎湃新闻 2020-06-16）

本章小结

银行国际业务是指所有涉及外币或外国客户的活动，包括银行在国外的业务活动以及在国内所从事的有关国际业务。

进出口押汇是商业银行国际信贷活动的一个重要方面，是为国际贸易提供资金融通。商业银行为进出口贸易提供资金融通的形式很多，主要有进口押汇、出口押汇。

打包放款是指在国际贸易中,银行凭以该出口商为受益人的信用证为抵押,向该出口商提供的用以生产、备货、装船的贷款。

出口信贷是一种国际信贷方式,是一国政府为支持和扩大本国大型设备等产品的出口,增强国际竞争力,对出口产品给予利息补贴、提供出口信用保险及信贷担保,鼓励本国的银行或非银行金融机构对本国的出口商或外国的进口商(或其银行)提供利率较低的贷款,以解决本国出口商资金周转的困难,或满足国外进口商对本国出口商支付货款需要的一种国际信贷方式。

福费廷是国际贸易中一种特殊的融资方式。福费廷是指在延期付款的大型设备贸易中,出口商把经进口商承兑的、期限在半年以上到5~6年的远期汇票、无追索权地售予出口商所在地的银行,提前取得现款的一种资金融通形式,它是出口信贷的一个类型。

离岸金融业务是指银行吸收非居民的资金,为非居民服务的金融活动。这里的非居民主要包括境外(含港、澳、台地区)的个人、法人(含在境外注册的中资企业)、政府机构、国际组织。离岸金融是设在某国境内但与该国金融制度无联系,且不受该国金融法规管制的金融机构所进行的资金融通活动。

自测题

一、名词解释

国际业务　福费廷　进出口融资　银团贷款　离岸金融业务　打包贷款　进出口押汇　套汇

二、多项选择题

1. 商业银行经营国际银行业务的影响因素包括(　　)。

　　A. 地区因素　　　　B. 个人因素　　　　C. 客户因素

　　D. 业务发展因素　　E. 竞争因素

2. 商业银行国际化业务的表现是(　　)。

　　A. 国内商业银行积极开拓在国际上的业务

　　B. 信用卡的使用

　　C. 跨国银行的兴起

　　D. 跨国公司的出现

　　E. 现代电信技术和电脑设备的运用

3. 中国一进口企业三个月后支付10万美元,可以通过(　　)规避将来美元升值的风险。

　　A. 签订即期合同　　　　　　　　B. 签订远期合同

　　C. 外汇期货买卖　　　　　　　　D. 外汇期权买卖

4. 中国商业银行目前可接受的外汇交易品种包括( )。
   A. 美元　　　　　　B. 日元　　　　　　C. 英镑　　　　　　D. 瑞士法郎
5. 即期交易包括( )。
   A. 成交日交割　　　B. 约定日期交割　　C. 标准日交割　　　D. 隔日交割

三、简答题

1. 商业银行的国际业务组织机构有哪些类型？
2. 何谓国际风险？国际上有几种权威的评估国家风险的方法？
3. 商业银行业务国际化的背景及其发展趋势如何？
4. 商业银行借用国际商业贷款应注意什么问题？
5. 哪些因素可能对汇率产生影响？这些因素与汇率的关系如何？
6. 离岸金融业务和在岸金融业务间的区别和联系是什么？
7. 福费廷和保付代理有何区别？
8. 简述银行同业间的外汇交易途径及其原因。

四、案例分析题

材料一：

2019年7月19日，中国银行业协会贸易金融专业委员会发布了《中国贸易金融行业发展报告(2018)》。该报告称，2016年至2018年间，11家商业银行的国际结算量分别为6.9万亿美元、7.2万亿美元和7.6万亿美元，该项业务三年来持续保持稳定增长。同时，2018年建设银行、中国银行、工商银行、农业银行、交通银行在11家机构占比超过80%份额；中信银行、招商银行、民生银行、浦发银行、光大银行和国家开发银行的市场份额不足20%。

报告显示，近年来除了政策型银行、大型国有银行、股份制银行和外资行对贸易金融业务大力推广，不少地区性的城商行和农商行也纷纷跟进。目前，贸易金融业务是各家商业银行的战略业务之一，它基于传统国际结算业务，集结算、融资、担保于一体，能够满足客户各种贸易项下需求，可以增加存款沉淀，提升中间业务收入，扩大客户基础。

(资料来源：中国银行业协会网站2019-07-19)

材料二：

2019年非洲地区国际保理融资占保理融资总量245.62亿欧元的15.7%；亚太地区国际保理融资占保理融资总量6 875.94亿欧元的20.53%；欧洲地区国际保理融资占保理融资总量19 762.39亿欧元的19.40%；中东地区国际保理融资占保理融资总量99.37亿欧元的28.37%；北美地区国际保理融资占保理融资总量867.42亿欧元的7.41%；南美地区国际保理融资占保理融资总量1 320.31亿欧元的3.01%。

各贸易国，2019年中国国际保理融资占保理融资总量4 035.04亿欧元的10%；德国国际保理融资占保理融资总量2 754.91亿欧元的32%；美国国际保理融资占保理融资总量837.57

亿欧元的 6.93%;日本国际保理融资占保理融资总量 494.46 亿欧元的 2.64%;英国国际保理融资占保理融资总量 3 289.66 亿欧元的 7.61%。

(资料来源:金融界网 2020-01-26)

根据资料回答问题:
1. 资料中介绍了哪些商行国际业务?
2. 商行国际业务的积极作用有哪些?

【阅读资料】

招商银行离岸业务代客外汇买卖委托合同

甲方:招商银行股份有限公司
地址:深圳市深南大道 7088 号招商银行大厦
乙方:
地址:
邮编:　　　　　　　　电话:
甲乙双方经充分协商,共同签署以下条款:

一、术语释义。

(1)外汇:指港币、美元、日元等甲、乙双方以书面形式约定的可自由兑换的其他国家货币。

(2)外汇买卖:指甲方根据乙方在《招商银行离岸业务代客外汇买卖委托书》中的指令而执行的具体外汇交易行为。

(3)保证金:是指乙方存入甲方指定账户,作为委托甲方进行外汇买卖履约保证、甲方认可的一定数量的现汇。

(4)追加保证金:是指在外汇市场波动时,外汇买卖发生亏损(包括平仓亏损和浮动亏损),当亏损的金额超过甲方规定的保证金的一定比例时,甲方将要求乙方补足保证金,乙方补足的保证金称为追加保证金。

(5)工作日:是指中华人民共和国境内银行对外营业,并可对有关货币进行外汇买卖的营业日。

(6)起息日:是指外汇买卖实际交割外汇的工作日。

二、甲、乙双方的权利和义务。

(1)乙方必须在甲方开立活期存款账户,并在每笔外汇买卖委托前向甲方发出交易指令,同时在活期存款账户内存入足够量的资金以保证外汇买卖的进行。

(2)乙方确认已收到并仔细阅读了甲方提供的《外汇买卖风险提示书》,对外汇市场的汇率波动风险和甲方代客外汇买卖业务有足够的了解,并承诺承担一切可能发生的风险或损失。

(3)甲方向乙方提供即期外汇买卖、远期外汇买卖等服务。

(4)乙方要求甲方执行具体的外汇买卖,应向甲方提供《招商银行离岸业务代客外汇买卖委托书》,逐笔发出具体指令。以上委托书须加盖乙方在甲方开立的活期存款账户预留印鉴。

(5)甲方根据乙方提供的《招商银行离岸业务代客外汇买卖委托书》的要求叙作交易,甲方不提供任何买卖方向和交易指示。甲方所属任何交易人员向乙方提供的市场信息及观点,不代表甲方意见,甲方对此不承担任何法律和道德上的责任。

(6)除非获得甲方同意或认可,委托指令一经发出,一律不可撤销、撤回或更换。

(7)甲方对乙方的《招商银行离岸业务代客外汇买卖委托书》逐笔发出《招商银行离岸业务代客外汇买卖成交确认书》,乙方需核对外汇交易起息日、币别、数量及成交价格等要素,如有疑义应在收到甲方成交确认书之日起2个工作日内提出,以便查对。如外汇买卖成交后15天未收到甲方传送的《招商银行离岸业务代客外汇买卖成交确认书》,乙方应及时向甲方查询。如外汇买卖成交后超过1个月仍未查询,则该笔交易以甲方的记录为准,甲方亦不再负责补发确认书。

(8)乙方叙作即期外汇买卖委托时,授权甲方在委托当日冻结交易金额100%的资金。

乙方因日常国际结算、贸易融资等银行结算业务所附带产生的即期外汇买卖业务,授权甲方以当时的甲方报价叙作相应即期外汇买卖交易,乙方承担其市场风险及一切法律后果。

(9)乙方叙作远期外汇买卖时,应在委托当日向甲方缴纳交易金额____%的保证金并转入甲方指定的保证金账户。在保证金低于交易金额100%情形下,当市场波动剧烈而导致保证金损失达保证金时,甲方有权要求乙方追加保证金,追加保证金以《追加外汇买卖保证金通知书》(以下简称《通知书》)的形式向乙方发出,乙方必须在《通知书》规定的时限内补足保证金余额,如损失达到保证金的____时,乙方仍然未追加保证金,甲方有权对交易强行加以平仓,由此产生的损失由乙方承担。如因甲方原因通知不到,由此造成的损失由甲方承担。

(10)乙方因自身原因导致其不能按时与甲方办理外汇买卖交割,则必须在交割日的3个工作日前通知甲方。如乙方及时通知甲方的,甲、乙双方可共同协商外汇买卖的平仓时间和价位;如果乙方未能在规定时间内通知甲方,则甲方有权自主选择平仓时间和平仓价位。甲方平仓后所产生的一切损失仍应由乙方承担。

(11)在外汇买卖的交割日,甲方按约定成交的价格向乙方扣收其卖出外汇,同时将乙方买入外汇贷记乙方账户。如起息日为非工作日,则顺延至下一工作日。

(12)每笔外汇买卖交割后,保证金如有余额,甲方将在起息日当日返还乙方账户。

(13)因乙方无法办理外汇买卖交割而产生的一切相关损失及费用,甲方有权要求乙方清偿。

三、违约责任。

(1)合同一方有下述任何一种违约情况发生时,合同对方均有权终止本合同或拒绝执行有关指令。此权利的行使不影响提出终止合同一方的其他权利和对违约方提出索赔,也不解除违约方的违约责任。

①履行其在本合同项下的义务已成为不合法。

②任何一方申请破产或已被其他人申请破产,或其财产被扣押、查封。

③任何一方被其他人兼并、接管。

④任何一方营业陷于停顿,或被注销或吊销营业执照。

(2)在乙方发生下述任何一种违约情况时,甲方有权终止本合同或拒绝执行有关指令。

①不论是否参考市场报价,甲方认为乙方保证金不足,并且乙方未能及时补足保证金。

②乙方无法提供有效交易指令。

③甲方接到乙方发出的对其任何指令或本合同的有效性有争议的通知。

④乙方在本合同中所作陈述或保证不真实。

⑤甲方认为会危及甲方在有关本合同项下权益的其他情形。

四、乙方的声明和保证。

（1）乙方完全明白外汇买卖的风险，乙方发出的所有外汇买卖委托均系根据乙方自己的独立判断作出，风险均由乙方承担。

（2）乙方保证自身委托指令的清楚、明确，由于市场不可抗力因素造成乙方指令无法得到执行而造成的风险由乙方承担。

五、本合同自合同签订之日起生效。

六、除上述违约条款规定外，甲方或乙方如想提前终止合同，必须在1个月前书面通知对方，且应承担由此给对方造成的损失。

七、本合同的修改必须经过甲方与乙方协商一致，并达成书面协议。任何口头或单方面的要求均不构成对本合同的修改。

八、本协议其他未尽事宜，应按甲乙双方签订的《离岸银行业务总协议》执行。

九、本合同的订立、生效、履行及解释，适用中华人民共和国法律。合同履行中如发生争议，双方应进行友好协商；协商不成的，任何一方可向深圳仲裁委员会申请仲裁。

十、本合同一式二份，甲、乙双方各持一份，每份均具有同等法律效力。

甲方有权签字人：　　　　　　　乙方有权签字人：

———————————　　　———————————
（甲方盖章）　　　　　　　　　（乙方盖章）
年　　月　　日　　　　　　　　年　　月　　日

（资料来源：招商银行网站）

第九章
Chapter 9

商业银行资产负债管理

【学习要点及目标】

通过本章的教学,学生要了解资产负债管理理论及其演变过程,理解和掌握资产负债管理方法,并可以灵活运用。本章的重点和难点是资产负债管理方法,以及中国商业银行的资产负债比例管理。

【导入案例】

包商银行股份有限公司于1998年12月28日经中国人民银行批准设立,前身为包头市商业银行,2007年9月28日经中国银监会批准更名为包商银行,成为区域性股份制商业银行,总部设在包头市。2019年5月24日,包商银行因出现严重信用风险被接管。接管组全面行使包商银行的经营管理权,并委托建设银行托管包商银行的业务。2020年5月23日,央行发布关于延长包商银行股份有限公司接管期限六个月,自2020年5月24日起至2020年11月23日止。2020年8月6日,央行发布《2020年第二季度中国货币政策执行报告》,称包商银行将被提起破产申请。2020年11月11日,包商银行接到央行和银保监会《关于认定包商银行发生无法生存触发事件的通知》,央行、银保监会认定该行已经发生"无法生存触发事件"。2020年11月12日,银保监会原则同意包商银行进入破产程序。2021年2月7日,包商银行被裁定破产。包商银行成为中国金融史上继海南发展银行、河北肃宁尚村农信社之后第三家破产的银行,是我国第一家经由司法破产程序完成清算并退出市场的商业银行。包商银行的破产,为今后商业银行的发展敲响一记警钟,做好资产负债管理,做好商业银行合规要求,科学应对市场风险,商业银行才能健康持续发展。

(资料来源:百度百科)

第一节　商业银行资产负债管理理论

商业银行经营管理理论可以分为三个阶段:20世纪50年代末以前,核心研究资产流动性的"资产管理理论";20世纪60~70年代,核心研究资金来源的"负债管理理论";20世纪70年代以来,核心研究资产与负债对称性的"资产负债管理理论"。商业银行的资产管理理论过于偏重安全性和流动性,在一定程度上是以牺牲盈利为代价的;负债管理理论能较好地解决流动性和盈利性的矛盾,但对外部条件的依赖性很大,具有较大的经营风险。在这基础上,西方国家在放松金融管制、银行同业竞争加剧的背景下,银行的经营者开始对资产负债进行全面的管理。

一、资产管理理论

(一)商业性贷款理论

商业性贷款理论又称为生产性贷款理论,受负债决定资产的影响,是一种确定银行资金运用方向的理论。该理论起源于1776年亚当·斯密发表的《国民财富的性质和原因的研究》。商业性贷款理论的主要观点有以下几点。

1. 商业银行的资产业务应该集中于短期自偿性贷款

商业银行的资产业务应该集中于短期自偿性贷款,即基于商业行为而能自动清偿的贷款。具体讲,就是发放短期流动资金贷款,因为这类贷款能够随着商品周转、产销过程的完成,及时从销售收入中得到偿还。其理由是,银行大多数存款是活期存款,客户随存随取,只有发放短期自偿性贷款,才能保证银行资产的高度流动性,从而不致出现挤兑风险。

2. 办理短期贷款一定要以真实的交易为基础

商业银行办理短期贷款一定要以真实的交易为基础,要用真实的商业票据作抵押,以保证银行资产安全。

3. 银行不宜发放长期贷款和消费者贷款

为了防范风险,银行不宜发放长期贷款和消费者贷款,即使十分有必要发放,其数量也应该严格限制在银行自有资本和储蓄存款范围之内。即银行不能将资金投放到政府债券、公司债券和股票,更不能投资于实物资产,因为该项目风险大而且流动性差。

商业性贷款理论为保持银行的流动性与安全性提供了依据。有了这一理论,银行可以减少资金运用的盲目性,从而避免或降低因流动性不足或安全性不够带来的风险。而且,由于这种理论强调以真实商品交易为基础,它使银行信贷资金的投入随商品交易的变化而自动伸缩,即当社会生产扩大、商品交易增加时,银行信贷会自动增加;当生产缩小、商品交易减少时,银行信贷会自动减少。这样既不会产生通货膨胀,也不会产生通货紧缩,因而这种理论对中央银行也具有吸引力。在相当长的时期内,商业性贷款理论一直占据主流地位,成为一些国家的中央银行制定和执行货币政策的基础。

由于商业性贷款理论产生在商业银行发展的初期,时代的背景使它存在着诸多的缺陷。一方面,没有把贷款需求的多样化、存款的相对稳定性、贷款清偿的外部制约条件等因素充分考虑进去,这不仅制约了银行业务的延伸,而且也使短期贷款的清偿机制显得单一;另一方面,商业性贷款理论有可能加剧经济波动,如果银行发放贷款完全依据商品需求而自动变化,在经济景气时,信贷会自动膨胀并刺激物价上涨;反之,在经济不景气时,银行信贷资金自动收缩,这无疑加剧了经济波动的幅度。这与中央银行的逆周期货币政策相悖。

(二)资产转移理论

资产转移理论又称为资产转换理论,是一种保持资产流动性的理论,最早由美国经济学家莫尔顿于1918年在《政治经济学》杂志上发表的《商业银行及其资本形成》一文中提出。转移理论的目的在于使银行的部分资产保持高度的流动性,满足客户的提现需要。其主要观点如下。

1. 保持商业银行资产充分的流动性

保持银行资产流动性的最好办法是购买在市场上随时可以变现的资产,只要银行持有能随时在市场上变现的资产,其流动性就有较大的保证。

2. 商业银行流动性资产的条件

商业银行的流动性资产应该具有四个条件,即信誉高、期限短、流动性强和易于出售。显然,政府发行的短期债券就是符合这些条件的理想的资产。

3. 商业银行可以从事中长期贷款

银行可以将剩余的资金从事高收益的中长期贷款。这一理论与短期证券市场的发展密切相关。以前,西方国家不存在短期证券市场,银行除了依靠现金保持流动性外,还要求贷款方一定的流动性,以满足流动性需要。20世纪30年代的大萧条和第二次世界大战后,一方面各国政府竞相发行短期政府债券;另一方面存户对银行贷款的需求削弱,这就为银行以短期债券代替短期贷款作为资产流动性的主要来源创造了条件。

资产转移理论的重要意义在于找到了保持银行流动性的新方法。根据这个理论,银行购入一部分短期证券来保持流动性,这一方面消除了依靠贷款保持流动性的压力,可腾出一部分资金作长期贷放;另一方面又可减少持有非盈利的现金资产,将一部分现金转为有价证券,这不仅保证了流动性,还增加了银行收益。正因为如此,资产转移理论得到广泛推行。在第二次世界大战后的一段时间内,西方商业银行持有的证券曾一度超过了贷款,成为银行资产的重要支柱。但是,在实践中,银行一方面难以确定短期证券的合理持有量;另一方面银行资产能否变现,证券转让能否实现,要取决于银行之外的市场,即依赖于第三者的购买。如果证券市场需求不旺,转移就成了问题,资产流动性也无法保证。因此,在经济停滞或出现危机时,短期证券市场往往萧条。如果中央银行不出面干预,商业银行的流动性就很难保证。即使证券勉强变现,也要以重大损失为代价。

(三)预期收入理论

预期收入理论是第二次世界大战后的一种资产管理理论。1949年初,美国经济学家普鲁克诺在《定期放款与银行流动性理论》中提出,它是一种银行资产投向选择理论。预期收入理论的主要观点是贷款的安全性和流动性取决于借款人的预期收入。

贷款并不能自动清偿。贷款的清偿依赖于借款者与第三者交易时获得的收益。如果一项贷款的预期收入有保证,即使期限较长,银行仍然可以接受。根据这一理论,商业银行不仅可以发放短期商业性贷款,也可以发放中长期贷款,还可以发放非生产性的消费贷款,只要借款人的预期收入可靠、还款来源有保证,即在借款人的预期收入有保障的情况下,完全可以发放中长期贷款、票据投资;反之,假如借款人的预期收入无法保障,即便是短期贷款也不应该发放。银行在评估贷款质量时,应注意借款人的经济偿还能力,而借款人偿还能力的大小,取决于借款人在未来的预期收入。

预期收入理论深化了对贷款清偿的认识,明确提出了贷款清偿来源于借款人的预期收入,这是商业银行经营管理理论的一个重大突破;同时,预期收入理论促进了贷款形式的多样化,加深了银行对经济的渗透和控制。其最大问题在于,借款人的预期收入是难以把握的,尤其是在中长期贷款中,由于客观经济条件的变化或意外事件,借款人将来的实际收入与现在的预期收入往往有一定的差距,甚至相差甚远。因此,按照这种理论经营贷款,往往会增加银行信贷风险。

预期收入理论的合理性表现在深化了对贷款清偿问题的认识(取决于预期收入),是银行贷款经营理论的重大突破,为促进贷款形式的多样化起到了重要作用;也使银行在贷款有偿还保证的情况下,可以主动安排好银行资金的期限结构,兼顾流动性和盈利性;增强银行参与企业经营活动的意识,提高银行在国民经济中的重要作用。但是,预期收入理论是一种保守和消极的理论。

(四)超货币供给理论

20世纪六七十年代以来,超货币供给理论作为一种新的银行资产管理理论悄然兴起。该理论认为,银行信贷提供货币只是它达到经营目标的手段之一,除此以外,银行应该有多种可供选择的手段。因此,银行资产管理理应超过货币的狭隘空间,提供更多的服务。

根据超货币供给理论,银行在购买证券和发放贷款以提供货币的同时,应积极开展投资咨询、市场调查、信息分析、财务顾问、计算机服务、委托代理等多方面全方位的配套服务,使银行的资产管理达到一个相当的广度和深度。但是,这一理论容易产生两种倾向:一是诱使银行涉足过于宽泛的业务范围,导致集中和垄断;二是加大了银行在不熟悉的领域遭受挫折的可能性。

二、负债管理理论

资产管理理论认为,银行的资金来源主要是存款,而且银行对存款的变动是无能为力的,只能被动地接受存款,并根据既定的来源安排资金运用。但是到了 20 世纪 60 年代,金融创新的成功、货币市场的发展、通货膨胀、激烈的竞争,企业的资金需求急剧扩张,银行也开始积极在金融市场上寻找新的资金来源,并推出许多新的金融工具。如 1961 年美国的花旗银行推出的大额可转让定期存单的 3 个月内,该行的存款来源就增加了 100 多亿美元,满足了贷款市场的需求。许多银行意识到,资金来源不仅仅是传统的被动存款,还有银行可以主动争取的其他存款和借款;流动性不仅可以通过加强资产管理得到,还可以由负债管理提供(只要资金来源广泛而及时,银行的流动性就有保证),银行没有必要保持大量的高流动性资产,而应将它们投入到高盈利的贷款和投资中,甚至可以通过借款来支持贷款规模的扩大。

(一)银行券理论

银行券理论是一种古老的银行负债理论。最初,人们将金币或铸币存入银行,银行开出一张支付凭证,允诺持票人可以取得票面数额的金银或铸币。这种凭证就是银行券,也称为银行钞票,发行的银行券成为银行的负债,但其背后都有贵金属资产作后盾。银行发现,不必以实足的金币资产作后盾,银行券可以多发,持券人一般不会同时来要求兑现的,于是多发行银行券便成为银行获取利润的主要手段,同时银行券也就成为银行的基本负债。

尽管现代商业银行已不再拥有银行券负债,但是银行券理论对于当今的银行负债仍然具有一定的现实意义。一是银行发行的负债凭证,要有真正的货币兑现准备;二是这种兑现准备数额可以大大小于银行发行的负债承诺数额。负债的适度性正是银行券理论的精髓之所在。

银行券理论衍生出来两条关于银行负债管理的政策要求:一是中央银行是通过存款准备金制度来控制货币的,商业银行必须按规定比例缴纳准备金存款。二是银行存款是应当保证按契约要求兑付现金或转账支票的,商业银行必须保持足够的流动性。

(二)存款理论

自从商业银行失去了发行银行券的权利以后,存款理论便成为银行负债管理的主要理论。存款理论的内容涉及存款的意义、存款的内涵、存款利息的支付、存款的安全化和稳定性、原始存款与派生存款的划分等方面。该理论认为:存款是银行最重要的资金来源;存款是存款人放弃货币流动性的一种选择;银行应当支付存款利息;存款者和银行共同关注的焦点是存款的安全性;存款的稳定性是银行经营的客观要求,银行的资金运用必然限制在存款的稳定性沉淀额度之内;存款可以分为原始存款和派生存款。存款理论的最主要特征在于其稳定性,强调依客户的意愿组织存款,对存款进行安全管理,依据存款的稳定性安排贷款,不赞成冒险获取利润。

在这种理论的影响下,产生了一系列银行管理制度,起着促进存款稳定的作用,如存款保险制度、最后贷款人制度、存款利率限制制度等。

(三)购买理论

在 20 世纪六七十年代,西方主要国家面临着通货膨胀的巨大压力,一种与存款理论格调相异的负债理论获得了银行界的普遍青睐,这就是购买理论。购买理论的兴起,标志着银行负债经营战略思想的重大转移。购买理论认为,银行对于负债并非消极被动、无能为力,银行完全可以主动地负债,主动地购买外界资金。变被动存款为主动借款,变消极的付息负债为积极的购买负债,正是购买理论的意义所在。

购买理论的主要内容有:银行购买资金的基本目的是增强流动性,购买对象即资金供应者是十分广泛的,直接或间接地抬高资金价格,是实现购买行为的主要手段;银行奉行购买理论的适宜气候是通货膨胀条件下的实际低利率甚至负利率;购买负债是适应银行资产规模扩张需要的积极行为。

购买理论被人们称为是"银行负债思想的创新"和"银行业的革命"。然而,这种理论的效果其实是双重的:一方面,它使商业银行更加积极主动地吸收资金,有助于信用扩张和经济增长;另一方面,它又刺激商业银行片面扩大负债,盲目竞争,从而加重了债务危机和通货膨胀。正因为如此,购买理论并没有取得像存款理论那样长期而稳固的正统地位。

(四)销售理论

销售理论是20世纪80年代后期的一种银行负债理论,其主要观点是银行应该努力推销金融产品。

销售理论是在金融工程和金融创新风起云涌、金融竞争和金融危机日益加深的形势下产生的。它与以往所有银行负债理论的显著区别在于,它不再单纯地着眼于资金,它的立足点是服务,是创造形形色色、多样化的金融产品,为需求范围广泛的客户提供形式多样的金融服务。银行是金融产品的制造者,银行负债管理的中心任务就是推销这些产品,从中既获得所需的资金,又获得应有的报酬。

销售理论的内容主要有:客户的利益和需要,这是银行服务的出发点和归宿。客户是多种多样的,客户的需求也是多种多样的,因而金融产品也必须多种多样。善于通过服务途径,利用商品和劳务的配合来达到吸收资金目的;金融产品的推销主要是依靠信息的沟通、加工和传播。从负债角度来看,应该适当利用贷款或投资手段的配合来达成资金的吸收,作出"一揽子"安排。

销售理论贯穿着一种市场理念,它要求银行确认:客户究竟需要什么、应当在什么时候、以什么方式告诉客户银行将提供给他们什么样的产品和服务。销售理论反映了金融业和非金融业的彼此竞争和相互渗透,标志着商业银行朝着功能多样化和复合化的方向发展,但也潜伏着许多新的混乱和动荡因素。

三、资产负债综合管理理论

资产负债比例管理在理论上源于资产负债管理理论,是一种协调银行各种业务以实现其经营目标的全面的管理理论,其基本思想是将资产和负债两个方面加以对照,进行对应分析,根据银行经营环境的变化,协调各种不同资产负债在利率、期限、风险和流动性诸方面的搭配,并在确保资金安全性、流动性情况下实现最大的利润。资产负债管理的主要目标是使银行利息收入与利息支出的差额最大化或起码达到稳定化,使银行价值(股票价格)在一定可接受的风险水平上最大化或得到起码的保障。

银行的整体资金是在不断运动的,而构成整体资金的资产和负债项目下各类资金的数额和它们相互之间的配比在运动中不断变化。但总的来说,只有各项资金之间的配比大体保持一种协调关系,才能使银行整体资金正常运转。资产负债的资金之间一般具有同向约束和比例对应运行的特点。从数量上说,资产与负债之间要建立一定的比例关系,如组织的存款只能有一部分运用出去,这一部分在稳定的客观条件下往往就是一个比例。从期限上说,资产与负债之间要建立偿还期对称关系,即资金分配要与资金来源的周转速度相一致。当然,所谓对称,并不是严格要求所有资产和负债的偿还期一一对称,而是一种原则和方向的对称。与期限对称相联系,资产与负债在利率上也表现出一定的对应关系,资产利率要高于负债利率,防止利率倒挂带来经营风险。此外,在资产负债各自内部结构之间,在全额、利率上也会产生若干符合合理性的比例关系。上述各种比例关系都旨在保证银行经营在流动性、安全性和盈利性上的合理协调和最佳组合。

西方银行在长期的经营实践中,曾产生过各类不同的反映资金配比关系的比例,这些比例是银行根据当时的历史条件提出的对经营管理的要求,使银行的资产负债遵循比例管理的轨道运行,又使各项指标在变动中相互依存、相互联动;既可用于监测和考核银行的营运状况和经营成果,也可用于主动调整控制银行资产负债的经营管理。随着银行制度的发展,银行经营管理中提出的各类比例作为银行内部的商业秘密,逐步纳入银行的财务管理之中,成为财务分析和财务控制的对象;同时,这些比例逐渐为银行管理部门所吸收,从而上升为银行监管当局对银行进行监管的基本手段。因此,现在所见到的商业银行实施管理的各项比例往往不体现在商业银行对外公布的信息资料中,而大多数在国家监管银行的种种法规和银行的内部规章制度中。

资产负债综合管理理论的要点在于资产与负债的结构是否合理,可以从以下几方面反映:①资产负债的期限结构对银行的流动性有直接影响;②资产与负债的总量结构对银行的利率管理效果有直接影响;③资产与负债的内部结构是否合理,对银行的资本管理效率有重要影响;④资产收益与负债成本是否协调,直接影响银行的利润最大化目标能否实现。目前,各国实施的资产负债综合管理主要有两种方法:对商业银行的资产负债比例管理和风险管理。

【知识库】
当美国次贷危机波及欧洲短期资金市场时,购买美国次级债不到总资产1%的北岩银行(英国第五大抵押贷款机构)引发英国140年来首次挤兑,2008年2月最终国有化。北岩银行是英国最主要的住房按揭银行之一,向客户提供各种贷款;同时,通过吸存、同业拆借、抵押资产证券化融资并投资债券市场。

> 北岩银行贷款利率低于其他贷款机构是因为它采取了完全依靠全球的金融批发市场及流动性战略。它曾在三四年间被认为是非常成功的方式。但次贷危机后,没有银行愿意向其提供资金,它头寸不足,只能向英格兰银行求助,导致其投资者和储户丧失信心,股价在几个交易日内下跌近80%,同时出现挤提。
>
> 通过2006年北岩银行的资产负债情况可以看出:2006年末北岩银行向消费者发放贷款占比85.5%,加上固定资产等全部非流动性资产占85.9%,而流动性资产占14%,安全性较高的现金和中央银行存款仅占0.946%。非流动性大可以为股东带来更高收益,但一旦融资渠道出现问题,无法以合理价格获得资金,流动性储备无法满足流动性需求时,银行又很难以合理价格出售资产,就会产生流动性不足;北岩银行过于依赖负债流动性管理策略。北岩银行最主要的两个融资渠道为消费者账户和发行债务工具,特别是债务工具的发行占比高达63.651%,充分体现了北岩银行过度依赖货币市场融资的特点。与资产流动性相比,负债流动性管理策略风险更大。一方面,货币市场的利率波动较大,采取这种方式的银行借入资金成本不稳定;另一方面,当银行陷入危机时,其他金融机构处于风险考虑,不愿意向其借款。资产管理的失误往往只造成银行潜在收入的损失,但负债管理策略使用不当,就会使银行陷入破产的境地。
>
> (资料来源:金融界网站)

第二节　商业银行资产负债管理方法

资产负债管理理论在各国商业银行经营管理的实践中表现出多种运用形态和管理方法,主要有资产管理法、负债管理法和资产负债综合管理法。

一、资产管理法

(一)资金总库法

资金总库法是资金分配的一种方法,是指银行将来自各种渠道的资金汇集起来,形成一个资金库,库内的资金被无差别地视为同质的单一来源,然后按照优先次序,确定资金分配到各种资产的先后顺序(图9.1)。

商业银行应首先确定银行的总流动性标准,这一标准主要基于经验、判断和管理者的意图,也可以参考同业银行所公布的财务比率加以确定,然后按照顺序对资金库内的资金进行分配。

1. 一级储备

根据银行所估算的流动性条件,分配用作第一准备金的资金,包括库存现金、在央行存款、在同业存款、托收中的现金等,用来满足强制性的准备金的需要。因为商业银行必须依据相关规定、按照存款的一定比例上缴法定存款准备金、留存备付金,这是强制性的约束;同时,商业银行在日常业务中无论支付还是结算,都需要大量的现金准备,只有留出足够的准备金,才能

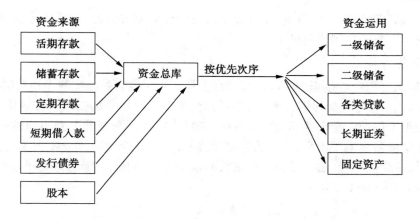

图 9.1　资金总库法示意

抵御意外风险;将资金库中的部分资金分配用作第二准备金,由于,一级储备盈利性很差,因此商业银行的一级储备往往不会太多。

2. 二级储备

第二准备金主要由短期债券构成,如国库券、短期机构债券、银行承兑票据等。第二准备金可以提高银行的盈利能力,也具有较强的变现能力,持有的证券的平均期限由各个商业银行自行确定,互不相同,大多低于一年,且违约风险低,市场价值对利率的敏感性弱。一级储备和二级储备共同为银行提供流动性资金。

3. 各类贷款

贷款是商业银行主要的资产项目,也是主要盈利性资产。银行在有了充足的流动性后,其余资金可以用于满足客户的贷款需要,稳定与客户的关系,当然所有的贷款需求都应在可贷资金限度内解决。信贷的分配反映了银行市场上的经济力量。

4. 长期债券

银行在满足了贷款需求后所剩余的资金,可以用于各种投资,如购买高品质的长期公开证券。投资于证券可以提高盈利能力,取得收入,同时在证券到期时可以补充二级储备,为银行提供流动性保障。

5. 固定资产

商业银行在满足一级储备、二级储备、各类贷款、长期债券之后,可以用剩余的资金进行固定资产的投资。

资金总库法属于早期的资产负债管理方法,偏重于单一的资产管理,管理方法简单、粗放。其特点是资金、分配不受负债期限的限制,仅受负债总量的限制。其主要缺陷有:认为资产的流动性保证仅仅来自资产的运用,忽视了从资金来源的角度分析流动性的取得;对主要盈利资产的管理只偏重总量的管理,忽视了贷款结构对流动性的影响。事实上,不同期限的贷款因为本金和利息不断归还而取得的资金,是补充银行流动性的重要来源,过重考虑流动性,忽视了盈利能力,缺乏有效的盈利控制机制。

(二)资金转换法

资金转换法是指银行按资金来源的流动性强弱来确定资金的分配顺序和数量。其划分资金流动性的标准:一是资金的周转率;二是对其法定存款准备金的要求。在运用资金转换法时,银行要依据不同的资金来源和法定准备金的要求,把银行资金分配到不同的资产项目上。即周转快、法定准备金率要求高、资金的稳定性就差,这类资金就应该分配到流动性较强的资产项目;相反,资金周转慢、法定准备金要求低的资金就比较稳定,应该分配到盈利性强、流动性弱的资产项目上(图9.2)。

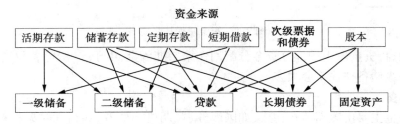

图9.2 资金转换法

由于活期存款的法定存款准备金率最高,周转速度最快,因而主要分配到一级储备和二级储备,少量用于短期贷款。储蓄存款和定期存款稳定性较好,资金周转速度慢,主要用于贷款和长期证券投资。短期借款主要是银行为弥补流动性不足而筹集的资金,少量用于贷款,大部分用作一级储备。次级票据和债券不需要法定准备金,偿还期较长,具有良好的稳定性,可以用于长期贷款、购买长期债券及购置固定资产。股本流动性需求最小,资金周转速度为零,主要用于长期贷款和公开市场购买长期证券投资、购置固定资产。

资金转换法是对资金总库法的一种改进,将银行的各类资金来源予以区分,认为银行的流动资金数量和获得的资金来源有直接的关系,既注重负债对资产在总量上的制约,又强调二者在结构上的平衡。通过对负债、资产的周转速度及流动性的协调,二者在规模和结构上保持一致。这种方法降低了银行持有的流动资金的平均数额,扩大了盈利性资产的运用规模。

二、负债管理法

负债管理法是指银行通过市场借入资金来扩大负债与资产规模的方法。负债管理法主要有储备头寸管理与全面负债管理。

(一)储备头寸管理

储备头寸负债管理使用借入资金满足短期流动性需要,补充一级储备,以满足存款的提取和增加的贷款需求。这一方法可以使商业银行有较高比例的收入资产,提高预期收入。但是,由于借入资金的成本难以确定,资金的借入有一定难度,会产生一定的风险。

(二)全面负债管理

全面负债管理也称为纯负债管理,是指商业银行利用借入的资金持续地扩大资产负债规模。这一方法是以借入资金具有较大的供应弹性为前提,市场要有足够的参与者和资金,单一银行的活动不会影响市场利率的水平。一旦得不到足够的资金,或者中央银行采取紧缩性货币政策,部分小型银行的负债管理结构就可能会崩溃。

三、资产负债综合管理法

商业银行面临的最大挑战就是利率风险,利率的变化既影响银行的资产负债,也影响银行的收入和支出。对于任何一家商业银行而言,都难以决定利率的水平和走势,只能对利率的走势作出预测,通过采取相应的措施,调整银行资产负债的结构,减少利率波动风险,保证银行盈利。利率敏感性缺口管理是围绕回避利率波动风险而进行的,因而其核心是利率管理,主要内容是对利率敏感性缺口的管理和对净利差的管理。

(一)利率敏感性缺口的概念

1. 利率敏感性资产与利率敏感性负债

利率敏感性资产是指利息收入和利息成本对利率变动反应较强的资产。利率敏感性负债是指利息成本对利率变动反应较强的负债。

一般来说,流动性较强的资产或负债,以及实行浮动利率的制度资产或负债,对利率变动的反应最快,如短期存款与短期贷款、短期国债等。而期限很长或实行固定利率制度的资产和负债,对利率变动的敏感性就弱。

2. 利率敏感性缺口

利率敏感性缺口(以下简称缺口)是指银行利率敏感性资产与利率敏感性负债的差额。因此,缺口管理又称为差额管理。缺口可以反映银行资金的利率风险暴露情况,一般以 90 天为划分利率敏感性资产与负债的时间标准。其公式如下

$$利率敏感性缺口 = 利率敏感性资产 - 利率敏感性负债$$

$$缺口率 = \frac{利率敏感性资产}{利率敏感性负债}$$

当缺口率等于 1(零缺口)时,即保持利率敏感性资产与负债的数量相等,利率变动对净利差不发生影响。当缺口率大于 1(正缺口)时,即保持利率敏感性资产的数量大于利率敏感性负债的数量,适用于利率上升期。当利率上升时,由于利率敏感性资产带来的利息收入增加额大于利率敏感性负债所产生的利息支出增加额,因此会扩大净利差,使总利润增加。当缺口率小于 1(负缺口)时,即保持利率敏感性资产的数量小于利率敏感性负债的数量,适用于利率下降期。当利率下降时,由于利率敏感性资产带来的利息收入减少额小于利率敏感性负债所产

生的利息支出减少额,因此会扩大净利差,使总利润增加。

3. 净利差(净息差)

净利差是银行利息收入和利息支出的差额。当利率变动时,缺口的状况会影响银行净利息收入的变动(表9.1),即

净利息收入的预期变化值=(利率敏感性资产−利率敏感性负债)×利率水平预期变动值

表9.1 利率敏感性缺口与净利差的关系

利率敏感性缺口	预期利率变动	利息收入	利息支出	净利息收入变动
正	上升	增加	增加	增加
正	下降	减少	减少	减少
负	上升	增加	增加	增加
负	下降	减少	减少	减少
无	上升	增加	增加	不变
无	下降	减少	减少	不变

【例9.1】 某商业银行的净利差与缺口之间的关系见表9.2。

表9.2 利率敏感性缺口管理

资产和负债项目	7天	30天	31~90天	91~360天	1年以上	合计
资产总额/百万元	1 700	310	440	480	1 170	4 100
负债总额/百万元	1 800	600	450	150	1 100	4 100
利率敏感性缺口/百万元	−100	−290	−10	330	70	—
累计缺口/百万元	−100	−390	−400	−70	0	—
利率敏感性资产负债比率/%	94.4	51.7	97.8	320	106.4	—
银行状况	负债敏感	负债敏感	负债敏感	资产敏感	资产敏感	—
银行净利差缩减因素	利率上升	利率上升	利率上升	利率下降	利率下降	—

假定目前利率敏感性资产的利息收益率为10%,利率敏感性负债的成本为8%,固定利率资产的收益率为11%,固定利率负债的成本为9%。此时,银行的净利息收入和净息差见表9.3。

表9.3 银行的净利息和净息差

	7天	30天	31~90天	91~360天	一年以上
净利息收入	81	79.60	81.90	85.30	82.70
净利差(%)	1.98	1.93	2.00	2.08	2.02

以7天为例:

净利息收入/百万元=10%×1 700+11%(4 100−1 700)−8%×1 800−9%×(4 100−1 800)=83

净息差=83÷4 100≈2.02%

其余各时段依此类推。

假定利率敏感性资产的收益率和负债成本分别上升到12%和10%,则可以得出表9.4。

表9.4 银行的净利息和净息差

	7天	30天	31~90天	91~360天	一年以上
净利息收入/百万元	81	79.10	81.90	85.30	82.70
净利差/%	1.98	1.93	2.00	2.08	2.02

由以上分析可知,当银行利率上调2%时,会使银行90天内到期的资产和负债的净利息收入下降,净利差缩减。而如果利率下降,会使银行91天以上到期的资产和负债的净利息收入下降。因此,银行必须采取相应的对冲措施。

商业银行管理决策层需对以下问题进行分析和选择:管理银行净利差的时期是半年还是一年;净利差管理的目标水平是净利差稳定还是扩大;如何正确预测利率的变化方向及水平;决定持有利率敏感性资产和负债的总额。在恰当地作出以上分析和决策后,商业银行可以借助于利率的被动,实行或扩大净利差。

(二)利率敏感性缺口管理的操作策略

商业银行利用利率敏感性缺口管理防范利率风险的操作策略主要有两种,即进取性策略和防御性策略。

1. 进取性策略

进取性策略指保持缺口存在,利用利率的变动来获取收益。它适用于大银行和投机意识较强的银行。当预期利率上升时,调整资产负债结构,使得利率敏感性资产大于利率敏感性负债,保持正缺口或进一步扩大原有的正缺口,增大利差,获取更多收益。反之,当预期利率下降时,调整资产负债结构,使得利率敏感性资产小于利率敏感性负债,保持负缺口或进一步扩大原有的负缺口,也可以获取更多的收益。当市场旺盛、利率走势持续稳定、利率走势易于把握时,应选择进取性策略。

2. 防御性策略

防御性策略指保守的做法,使缺口为零,利率敏感性资产和负债的总额平衡,以达到最大限度减少利率风险损失的目的。因为对许多小银行而言,无力承担跟踪利率研究、预测利率走势的昂贵成本和费用,无法利用缺口分析避险,可以采取比较保守的方式,使利率敏感性缺口等于零,即利率敏感性资产与利率敏感性负债总额相等,就可以达到最大限度减少利率波动风险的目的。当市场被动大、利率变动频繁、走势不明时,应选择防御性策略。关于利率敏感性管理的操作策略如图9.3所示。

利率敏感性缺口管理模型设计简单,可对不同的决策方案进行选择,使决策的操作简单易行。商业银行随时可以通过对利率走势的分析和预测,调整资产负债结构,变动缺口,达到规避利率波动风险、扩大收益的目的。但是,商业银行要想准确预测利率的走势有较大难度,而且银行在调整利率敏感性缺口方面也缺乏灵活性,客户的选择会影响商业银行的资产负债结构;同时,利率敏感性缺口并不能准确反映资金的流量,影响对净利差的预测;一旦存贷款提前解除合约,利率敏感性缺口分析使银行对提前偿还贷款缺乏应变能力;利率敏感性缺口管理忽

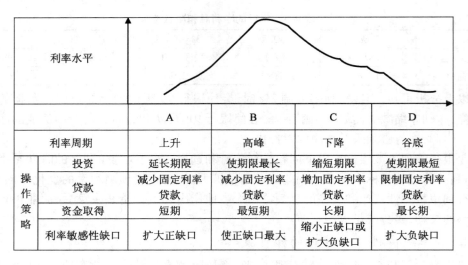

图 9.3 利率敏感性缺口管理的操作策略示意

视了资产和负债的市价变化,只注重损益表中净利息收入的变化,忽略了资产负债表中利率变动对净值的影响,银行净值的市价是股东最关心的问题,因为股东的收益取决于净值的市价,因此可能会引起股东的不满。

【案例 9.2】

银保监会全面加强银行负债管理:不得以创新为名变相逃避监管

2021 年 1 月 22 日,银保监会发布《商业银行负债质量管理办法(征求意见稿)》(下称《办法》),对商业银行负债来源、结构、成本等方面提出监管要求。

《办法》提出,商业银行当重点从六个方面加强负债质量管理:负债来源的稳定性;负债结构的多样性;负债与资产匹配的合理性;负债获取的主动性;负债成本的适当性;负债项目的真实性。

"近年来,随着利率市场化的推进和资本市场、互联网金融、影子银行等金融业态的发展,商业银行负债业务复杂程度上升、管理难度加大。针对商业银行负债业务管理的新形势,客观上需要总结归纳和提炼负债业务的管理评价标准,构建全面、系统的负债业务管理和风险控制体系,持续推动商业银行强化负债业务管理,提高服务实体经济的效率和水平。"银保监会有关部门负责人答记者问时表示。

具体来看,在负债结构多样性方面,《办法》称,商业银行应当形成客户结构多样、资金交易对手分散、业务品种丰富、应急融资渠道多元的负债组合,防止过度集中引发风险;应根据本行情况,建立按行业、客户类型、产品种类等不同维度的负债结构指标管理体系,包括但不限于:最大十户存款比例、最大十家同业融入比例等相关参考指标。

银保监会有关部门负责人表示,《办法》中涉及的相关定量指标口径和相关限额,如净稳定资金比例、核心负债比例、同业融入比例、存款偏离度等与此前监管要求相应指标口径保持一致。

合规经营方面,《办法》要求商业银行应当严格执行存款利率和计结息管理及规范吸收存款行为等有关规定,不得采取违规返利吸存、通过第三方中介吸存、延迟支付吸存、以贷转存吸存、提前支取靠档计息等违规手段吸收和虚增存款。商业银行通过互联网吸收存款的,应当遵守相关监管规定。

业务创新管理机制方面,《办法》要求商业银行应当建立健全负债业务创新管理机制,在引入新产品、新客户、新流程、新技术手段前,应当充分识别和评估其包含的各类风险以及对整体负债质量的影响,并制定相应风险管理措施。引入并运行后,应加强日常监测,定期评估相应措施的有效性,并根据需要及时进行调整。

商业银行开展负债业务创新活动,应当坚持依法合规和审慎原则,确保创新活动与本行的负债质量管理水平相适应,不得以金融创新为名,变相逃避监管或损害消费者利益。

同时,《办法》要求商业银行在引入对负债质量有重大影响的新产品和新业务、负债质量出现重大变动或者负债质量管理存在严重缺陷的情况下,应当采取扩大内部审计范围、增加内部审计频率或启动专项审计等措施。

绩效考评方面,《办法》要求不得设定以存款时点规模、市场份额、排名或同业比较为要求的考评指标。分支机构不得层层加码提高考评标准及相关指标要求,防范过度追求业务扩张和短期利润。

《办法》表示,对负债质量管理监管评估发现有重大缺陷和问题的商业银行,银保监会及其派出机构可以要求其制定整改方案,限期整改。情节严重逾期未整改的,可依据相关法律法规采取进一步监管措施或实施行政处罚。

《办法》适用于中华人民共和国境内设立的商业银行所开展的境内外、本外币各项负债业务。农村合作银行、村镇银行、农村信用社和外国银行分行参照本办法执行。

(资料来源:新浪财经 2021-01-22)

第三节　中国商业银行的资产负债比例管理

一、资产负债比例管理与资产负债管理的关系

资产负债比例管理是通过制定一系列资产负债的比例指标,将银行的经营管理与发展目标加以量化,并通过实现这些比例指标来实现银行的发展战略的资金管理方法。在各国商业银行资产负债管理的实践中,银行管理者往往通过一系列指标来控制风险和确定盈利,进而形成了资产负债比例管理这样一套科学的自律管理方法。在中国目前实行严格利率管制的条件

下，资产负债比例管理尤其适合中国商业银行采用。

资产负债比例管理与资产负债管理之间有着密切的内在联系。二者之间的共同特征是均以安全性、流动性和盈利性为经营目标，不同程度地采用比例指标作为资金管理的依据和手段。它们的不同之处在于：资产负债管理是商业银行内部掌握经营情况、转变经营对策的自律性管理方法，是微观的管理方法；而资产负债比例管理则属于宏观的管理方法，它既便于商业银行了解和掌握自身的经营状况，又是中央银行对商业银行的经营状况实施有效监督的手段之一。另外，与资产负债管理相比，资产负债比例管理更强调商业银行经营"三性"中的"安全性"，更加注重银行清偿能力的提高，进而更加有利于减少银行倒闭的风险，有利于保护存款人的利益。

二、中国资产负债比例管理的历史阶段

1993年12月25日，《国务院关于金融体制改革的决定》颁布，确立了以中央银行为核心、商业银行为主体、商业性业务和政策性业务分离、多种形式金融机构并存的金融体系。为了适应经济体制与金融体制重大改革的需要，1994年2月，中国人民银行总行颁发了《信贷资金管理暂行办法》和《关于对商业银行实行资产负债比例管理的通知》，实行新的信贷资金管理办法，即"总量控制、比例管理、分类指导、市场融通"，简称"比例管理"体制。"总量控制"指中国人民银行主要运用间接的经济手段控制货币发行、基础货币、信贷规模以及金融机构的资产总量，以保证货币信贷的增长与经济发展相适应。"比例管理"指对金融机构实施资产负债比例控制，规定金融机构的资产与负债有关项目之间必须保持一定的比例，保证信贷资金安全性和流动性，促使金融机构加强自我约束，增强资金使用自求平衡的能力，从而为中国人民银行信贷资金管理创造一个良好的微观基础。"分类指导"指在统一的货币政策下，对商业银行、政策性银行、信用合作组织、投资公司、保险公司、证券公司、财务公司、金融租赁公司等不同的金融机构施行有区别管理。"市场融通"指中国人民银行主要通过市场来促使信贷资金的合理配置，商业银行和非银行金融机构通过市场融通，改善资产负债结构。实行"比例管理"体制，使中国商业银行经营管理向国际惯例靠拢。尽管在刚推行资产负债比例管理时，中国商业银行和非银行金融机构的基础条件还不够成熟，但随着经济体制改革和金融体制改革的不断深化，银行的实施环境在不断完善。在试行资产负债比例管理的同时，又反过来促进经济和金融体制的改革，形成更加良好的环境。

（一）贷款限额控制下的资产负债比例管理

1994年到1996年，中国推行商业银行要按照国家金融宏观调控的要求和业务发展需要，对贷款资产和其他资产全面实行期限管理、编制年度信贷资金计划，按季分类组织实施。这里的"贷款限额控制"是一种过渡性的管理办法，要取消贷款限额控制，要求中央银行能够运用其他手段有效控制商业银行贷款规模，使商业银行能够建立起良好的自我约束、自我发展的自律机制。

20世纪90年代中期,在全国范围内全面推行限额管理下的资产负债比例管理制度。在这种信贷资金管理体制下,一方面中央银行根据国民经济发展要求,向各商业银行下达年度信贷规模指标,然后层层分解到各分支机构;另一方面,在不突破信贷限额的条件下,各商业银行对信贷业务实行比例管理,并接受中央银行的监督。但是,贷款规模控制作为货币政策中介目标和政策工具,其有效性必须取决于三个前提:一是制定的贷款增量限额指标必须要有科学、准确的数量依据,能反映适度货币供给的原则;二是贷款规模控制同时能够保证资金配置的效益性,不违背商业银行的商业性经营原则;三是贷款规模控制能够对总需求变动起很大作用。随着经济体制改革市场化进程的深入,贷款规模控制的计划性特征已经使得其越来越不适应经济发展的需要,这三个前提条件由于贷款规模控制本身的局限性很难得到保证,其局限性也越来越明显。贷款规模不能反映实际的经济运行要求,与市场配置资源的机制格格不入,贷款规模控制对社会需求的作用减弱。贷款规模控制的局限性,使得这种信贷资金管理体制不能适应经济体制改革和金融体制改革深入发展的需要,逐渐失去其存在的意义。

（二）资产负债比例管理

回顾中国银行资产负债管理的兴起和发展,各银行普遍试行的各种资产负债管理的方法模式中,基本上都采取了比例管理的思路,即在资产负债管理中,围绕经营的流动性、安全性和盈利性设计各类安全指标体系,约束资金的营运。比例管理法在资产负债管理的试行中取得了较好的效果,逐渐成为比较适合中国目前金融宏观监管水平和商业银行经营管理现状的管理方法和模式。

1994年2月25日,中国人民银行下发了《关于对商业银行实行资产负债比例管理的通知》,规定了商业银行实行资产负债比例管理的暂行监管指标,对资本和资产风险权数作出了暂行规定,对比例管理指标的考核实行区别对待、逐步过渡的办法,鉴于各商业银行的具体情况,对存贷比例指标国有商业银行按增量考核,其他商业银行按存量考核。同时,四大国有商业银行实行贷款限额下的资产比例管理,对于资本充足率和贷款质量指标的提高,由各商业银行根据自身情况制定分步实施计划,但资本充足率的达标最后期限不得超过1996年底,并对如何实行资产负债比例管理提出了具体要求和一些过渡性办法。1996年12月25日,为了切实加强银行业的监管,督促商业银行稳健经营。根据中国银行的实际情况和现行的财务会计制度,并参照国际惯例,中国人民银行对1994年制定的商业银行资产负债比例管理指标及有关规定进行了修订,新的指标分为监控性指标和监测性指标两大体系,并把外币业务、表外业务纳入考核体系,以期真实、完整地反映商业银行所面临的经营风险;对四大国有商业银行实行资产负债比例基础上的贷款限额管理,对其他商业银行实行全面的资产负债比例管理。此项管理办法的下发执行,确立了资产负债比例管理方法是中国商业银行经营管理的要求,反映了现代银行的经营观念和管理方法,资产负债比例管理方法是资产负债管理的基本原理与中国银行实际结合的产物,是具有中国特色的银行资产负债管理方法。从1998年1月1日起,国有商业银行指令性贷款规模取消,中国商业银行开始实行全面的资产负债比例管理,做到

"计划指导,自求平衡,比例管理,间接调控"。要求商业银行在国家计划指导下,做到资金来源和资金运用自求平衡,并逐步达到资产负债比例管理的各类指标要求,对商业银行的调控手段以间接调控为主。商业银行为了减少资产、负债不匹配造成的流动性风险,对存贷比例加以限制,但随着银行资产、负债结构的多元化和复杂化,简单的存贷比指标约束流动性已不再适应银行业务发展的现状和趋势。2014年已经对存贷比指标口径作了调整,包括增加了分子端的贷款扣减项、扩大了分母端的存款计入项。2015年6月24日,实施了20年之久的《商业银行法》迎来了修订,国务院常务会议审议通过《商业银行法修正案(草案)》,将存贷比的考核由法定监管指标转为流动性监测指标。存贷比考核方式变更后,商业银行经营将向更为科学、全面的资产负债管理、更为精细化的方向发展。

三、资产负债管理的指标体系

为了切实加强对银行业的监管,促进商业银行稳健经营,中国人民银行根据中国商业银行的实际情况和现行的财务制度,并参照国际惯例,制定了商业银行资产负债比例管理的指标体系。该指标体系分为监控性指标和监测性指标两大类,并将外币业务、表外项目纳入考核体系当中。

(一)监控性指标

1. 资本充足率指标(本外币合并考核)

(1)资本指标。

$$资本充足率 = \frac{资本净额}{表内、外风险加权资产期末余额} \times 100\% \geqslant 8\%$$

(2)核心资本指标。

$$核心资本充足率 = \frac{核心资本}{表内、外风险加权资产期末余额} \times 100\% \geqslant 6\%$$

其中

$$资本净额 = 资本总额 - 扣减项$$

商业银行的资本包括核心资本和附属资本两大部分。核心资本是指实收资本、资本公积、盈余公积和未分配利润。附属资本是指呆账准备、坏账准备和累计折旧。风险加权资产是根据某项资产所对应的风险权数折算后的资产。扣减项是从资本中扣除不合并列账的银行和财务附属公司资本中的投资、在其他金融机构资本中的投资、待处理流动资产、固定资产净损失、购买外汇资本金等。资本充足率指标是衡量银行资本实力和防御风险能力的指标。该指标值越大,说明银行承受和弥补资产损失的能力越强;反之,该指标值越小,则说明银行承受和弥补资产损失的能力越弱。

2. 贷款质量指标（对人民币、外汇、本外币合并分别考核）

（1）逾期贷款指标。

$$逾期贷款率 = \frac{逾期贷款期末余额}{各项贷款期末余额} \times 100\% \leq 8\%$$

（2）呆滞贷款指标。

$$呆滞贷款率 = \frac{呆滞贷款期末余额}{各项贷款期末余额} \times 100\% \leq 5\%$$

（3）呆账贷款指标。

$$呆账贷款率 = \frac{呆账贷款期末余额}{各项贷款期末余额} \times 100\% \leq 2\%$$

以上反映贷款资产质量的指标值越小，说明贷款资产的质量越好，安全性越高；反之，这些指标值越大，则说明贷款资产的质量越差，安全性越低。

3. 贷款比例指标（本外币合并考核）

（1）单个贷款比例指标。

$$单个贷款比例 = \frac{对同一借款客户贷款余额}{资本净额} \times 100\% \leq 10\%$$

（2）集中贷款比例指标。

$$对最大10家客户贷款比例 = \frac{对最大10家客户发放的贷款总额}{资本净额} \times 100\% \leq 50\%$$

这是反映银行资产风险分散程度的指标。该指标值越小，说明银行资产的风险分散程度越高，安全系数越大；反之，该指标值越大，则说明银行资产风险的分散程度越低，安全系数越小。

4. 备付金比例指标

（1）人民币指标。

$$人民币备付金比例 = \frac{在人民银行备付金存款期末余额 + 库存现金期末余额}{各项存款期末余额} \times 100\% \geq 5\%$$

（2）外汇指标。

$$外汇备付金比例 = \frac{外汇存款同业款项期末余额 + 库存现汇期末余额}{各项外汇存款期末余额} \times 100\% \geq 5\%$$

这是反映银行随时用于支付的准备能力的指标。如果银行的指标值低于规定的指标值，说明银行的支付能力不足；如果银行的指标值过高于规定的指标值，则说明银行存在闲置资金，可能使银行的盈利水平下降。

5. 拆借资金比例指标（仅对人民币考核）

（1）拆入资金比例指标。

$$拆入资金比例 = \frac{拆入资金期末余额}{各项存款期末余额} \times 100\% \leq 4\%$$

(2) 拆出资金比例指标。

$$\text{拆出资金比例} = \frac{\text{拆出资金期末余额}}{\text{各项存款期末余额}} \times 100\% \leqslant 8\%$$

这是一个总量管理指标,用来控制利用拆借资金扩大贷款的行为,防止因过度拆借资金而影响资金总量的平衡。

6. 境外资金运用比例指标(仅对外汇考核)

$$\text{境外资金运用比例} = \frac{(\text{境外贷款}+\text{境外投资}+\text{存放境外})\text{等资金运用期末余额}}{\text{外汇资产期末余额}} \times 100\% \leqslant 30\%$$

这是一个安全性指标,主要用于避免国际金融市场风险,实现商业银行外汇资产的平衡分布,同时促使商业银行的外汇资产更好地为本国经济服务。

7. 国际商业借款指标(仅对外汇考核)

$$\text{国际商业借款指标} = \frac{(\text{自借国际商业贷款}+\text{境外发行债券})\text{期末余额}}{\text{资本净额}} \times 100\% \leqslant 100\%$$

这是用来控制商业银行的过度对外负债,防范因过度对外负债而引致风险的指标。

8. 存贷款比例指标(人民币、本外币合并指标考核)

$$\text{存款比例} = \frac{\text{各项贷款期末余额}}{\text{各项存款期末余额}} \times 100\% \leqslant 75\%$$

自1994年以来,中国监管部门对存贷比率的严格限制,降低了存款和贷款期限错配而产生的流动性风险。但存贷款比例也限制了商业银行的盈利能力。2015年6月24日,《中华人民共和国商业银行法修正案(草案)》,将贷款余额与存款余额比例不得超过75%的规定由法定监管指标转为流动性监测指标。

9. 中长期贷款比例指标

(1) 人民币指标。

$$\text{中长期贷款比例} = \frac{\text{余期1年以上(不含1年期)中长期贷款期末余额}}{\text{余期1年以上(不含1年期)存款期末余额}} \times 100\% \leqslant 120\%$$

(2) 外汇指标。

$$\text{中长期贷款比例} = \frac{\text{余期1年以上(不含1年期)中长期贷款期末余额}}{\text{外汇贷款期末余额}} \times 100\% \leqslant 60\%$$

这是控制银行资金来源和资金运用的期限结构、防止过度短借长用的指标。该指标值越小,说明银行资金的流动性越强;反之,该指标值越大,则说明银行资金的流动性越弱。

10. 资产流动性比例指标

(1) 人民币、本外币合并指标。

$$\text{流动性比例} = \frac{\text{流动性资产期末余额}}{\text{流动性负债期末余额}} \times 100\% \geqslant 25\%$$

(2) 外汇指标。

$$流动性比例 = \frac{流动性外汇资产期末余额}{流动性外汇负债期末余额} \times 100\% \geqslant 60\%$$

流动性资产是指1个月内(含1个月)可变现的资产。流动性负债是指1个月内(含1个月)到期的存款、各项活期存款以及1个月内到期的债券。资产流动性指标是反映银行资产满足客户随时提现能力的指标。该指标值越大,说明银行资产的流动性和支付能力越强;反之,该指标值越小,则说明银行资产的流动性和支付能力越弱。

(二) 监测性指标

1. 风险加权资产比例指标

$$风险加权资产比例 = \frac{表内、外风险加权资产期末总额}{资产期末总额} \times 100\% \geqslant 60\%$$

这是反映银行资产风险程度的指标。如果该指标值小于规定标准,说明银行资产的风险程度较低;反之,如果该指标值大于规定标准,则说明银行资产的风险程度较高。

2. 股东贷款比例

$$股东贷款比例 = \frac{对股东贷款余额}{该股东已缴纳股金总额} \times 100\% \leqslant 100\%$$

对银行而言,股东认缴的股金是银行经营公众资产的保证。如果股东贷款比例过大,股东经营的风险就会转嫁给银行,进而影响银行客户的利益。因此,对股东的贷款应当控制在一定的比例之内,并规定贷款条件不得优于其他客户的同类贷款。

3. 外汇资产比例指标

$$外汇资产比例 = \frac{外汇资产期末总额}{资产期末总额} \times 100\%$$

这是一个安全性指标,不同银行的指标值有所不同。该指标有利于银行注意调整其资产结构,降低因汇率变化等因素而带来的风险。

4. 利息回收率指标

$$利息回收率 = \frac{本期实收利息总额}{到期应收利息总额} \times 100\%$$

该指标值越大,说明银行效益目标的实现越理想;该指标值越小,则说明银行效益目标的实现越不理想。

5. 资本利润率指标

$$资本利润率 = \frac{利润期末总额}{资本期末总额} \times 100\%$$

该指标值越大,说明银行资本盈利水平越高;反之,该指标值越小,则说明银行资本盈利水平越低。

6. 资产利润率指标

$$资产利润率 = \frac{利润期末余额}{资产期末余额} \times 100\%$$

该指标值越大,说明银行资产的盈利水平越高;该指标值越小,则说明银行资产的盈利水平越低。

【知识库】

2020年商业银行主要监管指标情况表(法人)(季度)

亿元、%

时间 项目	一季度	二季度	三季度
(一)信用风险指标			
正常类贷款	1 299 930	1 343 949	1 378 413
关注类贷款	40 545	38 841	38 380
不良贷款余额	26 121	27 364	28 350
次级类贷款	11 469	12 918	13 617
可疑类贷款	10 638	10 653	10 648
损失类贷款	4 014	3 793	4 085
正常类贷款占比	95.12%	95.31%	95.38%
关注类贷款占比	2.97%	2.75%	2.66%
不良贷款率	1.91%	1.94%	1.96%
次级类贷款率	0.84%	0.92%	0.94%
可疑类贷款率	0.78%	0.76%	0.74%
损失类贷款率	0.29%	0.27%	0.28%
贷款损失准备	47 852	49 912	50 998
拨备覆盖率	183.20%	182.40%	179.89%
贷款拨备率	3.50%	3.54%	3.53%
(二)流动性指标			
流动性比例	58.57%	58.19%	58.63%
存贷比(人民币)*	74.94%	74.60%	75.46%
人民币超额备付金率	2.51%	1.90%	1.80%
流动性覆盖率*	151.53%	142.46%	138.67%

续表

项目 \ 时间	一季度	二季度	三季度
(三)效益性指标			
净利润(本年累计)	6 001	10 268	15 142
资产利润率	0.98%	0.83%	0.80%
资本利润率	12.09%	10.35%	10.05%
净息差	2.10%	2.09%	2.09%
非利息收入占比	26.62%	23.73%	22.05%
成本收入比	25.69%	26.93%	28.14%
(四)资本充足指标*			
核心一级资本净额	172 407	169 762	172 354
一级资本净额	189 275	188 271	192 663
资本净额	230 162	230 514	237 854
信用风险加权资产	1 449 752	1 486 682	1 516 282
市场风险加权资产	23 778	24 270	22 370
操作风险加权资产	103 585	103 684	103 747
应用资本底线后的风险加权资产合计	1 584 593	1 622 041	1 650 512
核心一级资本充足率	10.88%	10.47%	10.44%
一级资本充足率	11.94%	11.61%	11.67%
资本充足率	14.53%	14.21%	14.41%
杠杆率	6.86%	6.66%	6.72%
(五)市场风险指标			
累计外汇敞口头寸比例	2.66%	2.75%	2.36%

注:1. 自 2016 年一季度起,存贷比披露口径改为境内口径,与之前年度数据不可比。

2. 流动性覆盖率为资产规模在 2 000 亿元以上的商业银行汇总数据。

3. 2014 年二季度起,工商银行、农业银行、中国银行、建设银行、交通银行和招商银行等六家银行经核准开始实施资本管理高级方法,其余银行仍沿用原方法。

4. 自 2019 年起,邮政储蓄银行纳入"商业银行合计"汇总口径。

从统计数据看来:

(一)商业银行信贷资产质量基本稳定

2020 年三季度末,商业银行不良贷款余额 2.84 万亿元,较上季末增加 987 亿元;商业银行不良贷款率 1.96%,较上季末增加 0.02 个百分点。2020 年三季度末,商业银行正常贷款余额 142 万亿元,其中正常类贷款余额 138 万亿元,关注类贷款余额 3.8 万亿元。

（二）商业银行利润同比下降，降幅收窄，风险抵补能力较为充足

2020年前三季度，商业银行累计实现净利润1.5万亿元，同比下降8.3%，降幅较上半年收缩1.1个百分点。平均资本利润率为10.05%。商业银行平均资产利润率为0.80%，较上季末下降0.02个百分点。

2020年三季度末，商业银行贷款损失准备余额为5.1万亿元，较上季末增加1 086亿元；拨备覆盖率为179.9%，较上季末下降2.52个百分点；贷款拨备率为3.53%，较上季末下降0.01个百分点。

2020年三季度末，商业银行（不含外国银行分行）核心一级资本充足率为10.44%，较上季末下降0.02个百分点；一级资本充足率为11.67%，较上季末上升0.07个百分点；资本充足率为14.41%，较上季末上升0.20个百分点。

（三）商业银行流动性水平保持稳健

2020年三季度末，商业银行流动性覆盖率为138.67%，较上季末下降3.79个百分点；流动性比例为58.63%，较上季末上升0.44个百分点；人民币超额备付金率1.80%，较上季末下降0.11个百分点；存贷款比例（人民币境内口径）为75.46%，较上季末上升0.86个百分点。

（资料来源：中国银行保险监督管理委员会）

本章小结

商业银行经营管理理论可以分为三个阶段：20世纪50年代末以前核心研究资产流动性的"资产管理理论"，包括商业性贷款理论、资产转移理论、预期收入理论、超货币供给理论；60~70年代核心研究资金来源的"负债管理理论"，包括：银行券理论、存款理论、购买理论、销售理论；70年代以来核心研究资产与负债对称性的"资产负债管理理论"。商业银行的资产管理理论过于偏重安全性和流动性，在一定程度上是以牺牲盈利为代价的；负债管理理论能较好地解决流动性和盈利性的矛盾，但对外部条件的依赖性很大，具有较大的经营风险。在这种基础上，西方国家在放松金融管制、银行同业竞争加剧的背景下，银行的经营者开始对资产负债进行全面的管理。

资产负债管理理论在各国商业银行经营管理的实践中表现出多种运用形态和管理方法，其中主要有资产管理法（资金总库法、资金转换法）、负债管理法（储备头寸的负债管理、全面负债管理）和资产负债综合管理法。在资产负债综合管理法里，本章介绍的是利率敏感性缺口的管理。利率敏感性缺口管理是围绕回避利率波动风险而进行的，因而其核心是利率管理，主要内容是对利率敏感性缺口的管理和对净利差的管理。

资产负债比例管理是通过制定一系列资产负债的比例指标，将银行的经营管理与发展目标加以量化，并通过实现这些比例指标来实现银行的发展战略的资金管理方法。在各国商业银行资产负债管理的实践中，银行管理者往往通过一系列指标来控制风险和确定盈利，进而形成了资产负债比例管理这样一套科学的自律管理方法。在中国目前实行严格利率管制的条件下，资产负债比例管理尤其适合中国商业银行采用。

自测题

一、单项选择题

1. 在利率敏感性缺口管理中,资金正缺口的最大值出现在( )。
   A. 利率达到最高点　　　　　B. 利率达到最低点
   C. 保持长期稳定的利率水平　D. 利率即将达到最高点

2. 下列关于资产转移的理论,表述正确的是( )。
   A. 商业银行资产的流动性取决于借款人的预期收入
   B. 商业银行流动性的强弱取决于其资产的迅速变现能力,因此保持资产流动性的最好办法是持有可转换的资产
   C. 该理论是由英国经济学家亚当·斯密首先提出的
   D. 该理论是由美国经济学家普鲁克诺首先提出的

3. 资产管理理论发展经历的几个发展阶段,其产生的先后顺序是( )。
   A. 预期收入理论、资产转移理论、商业贷款理论
   B. 资产转移理论、商业贷款理论、预期收入理论
   C. 商业贷款理论、资产转移理论、预期收入理论
   D. 商业贷款理论、预期收入理论、资产转移理论

4. 认为只要银行的资产在存款人提现时能随时转换为现金,就可以持有,这种理论被称为( )。
   A. 商业贷款理论　　　B. 可转换理论
   C. 购买理论　　　　　D. 销售理论

5. 如果银行的利率敏感性缺口是正值,当预测利率将上升时,银行应( )。
   A. 扩大正缺口　　　　B. 将缺口调整为负值
   C. 将缺口调整为零　　D. 缩小正缺口

二、多项选择题

1. 商业银行的资产管理理论包括( )等。
   A. 商业贷款理论　　　　　B. 负债管理理论
   C. 资产负债综合管理理论　D. 资产转移理论
   E. 预期收入理论

2. 商业银行负债管理理论包括( )。
   A. 银行券理论　B. 存款理论　C. 购买理论　D. 销售理论

3. 资产管理法包括( )。
   A. 资金总库法　B. 全面资产管理　C. 头寸管理　D. 资金转换法

4. 负债管理法包括(　　)。
   A. 储备头寸的负债管理　　B. 全面负债管理
   C. 头寸管理　　　　　　　D. 资金转换法
5. 利率敏感性缺口管理的操作策略包括(　　)。
   A. 进取性策略　　B. 积极性策略　　C. 防御性策略　　D. 防守性策略

三、简答题

1. 简述商业银行经营管理理论的三个阶段。
2. 简述利率敏感性缺口管理的操作策略。
3. 简述资金总库法的资金分配。

四、案例分析题

根据表9.5回答问题。

表9.5　某银行2018年12月31日　　　　　　　千美元

	累计数额				
	3个月	6个月	12个月	利率不相关	合计
资产：					
现金和存放同业存款	0	0	0	13 205	13 205
短期金融工具	1 504	1 504	1 504	0	1 504
证券投资	3 120	4 081	5 731	26 370	32 101
商业贷款	29 930	35 421	38 153	66 411 410	38 817
个人贷款	5 783	11 680	20 731	18 045	32 141
不动产贷款	879	1 703	3 673	6 112	21 718
其他	0	0	560	75 806	6 672
资产总额	41 216	54 389	70 352	—	146 158
负债和股东权益：					
活期存款	0	0	0	31 632	31 632
计息支票账户	9 107	9 107	9 107	0	9 107
存折存款	0	0	0	6 843	6 843
货币市场账户	20 012	20 012	20 012	0	20 012
小额存单	3 426	6 204	10 493	8 845	19 338
大额可转让存单	11 412	19 897	30 630	1 448	32 078
其他存款	1 607	3 014	7 781	3 883	11 664

续表9.5

	累计数额				
	3个月	6个月	12个月	利率不相关	合计
短期借款	3 559	3 559	3 559	0	3 559
其他负债	0	32	167	924	1 091
股东权益	0	0	0	10 834	10 834
负债和资本总额	49 123	61 825	81 749	64 409	146 158

问题

1. 分析这家银行一年内的资金缺口和利率敏感率。
2. 根据表中情况，制定相应的资金缺口调整战略。

【阅读资料】

《巴塞尔协议Ⅲ》关于资本监管的新发展

1. 提高最低核心资本充足率

《巴塞尔协议Ⅲ》提高了核心资本充足率，要求一级核心资本充足率由4%提高到6%，普通股最低标准由2%提高到4.5%。对于非股份制银行将建立合理的标准确保其资产质量，不再符合一级资本金要求的金融工具自2013年开始以每年10%的速度退出。

2. 建立资本留存缓冲和逆周期资本缓冲

在最低资本充足率要求的基础上，《巴塞尔协议Ⅲ》首次提出2.5%的资本留存缓冲和银行可以根据自身情况建立0~2.5%的逆周期资本缓冲的要求。资本留存缓冲是由扣除递延税及其他项目后的普通股权益组成，目的在于使银行在危机有缓冲资金以确保"吸收"损失。逆周期资本缓冲则是作为资本留存缓冲的补充，目的在于防范由于信贷增速过快导致的系统性风险积累。

3. 引入流动性覆盖率和净稳定资金比率

全球银行缺乏流动性监管和统一的流动性监管标准是新一轮金融危机爆发的要原因之一，因此《巴塞尔协议Ⅲ》将流动性监管加入监管的目标体系中，共建立两个新指标来衡量：一是流动性覆盖率，用于衡量机构抵御短期流动性风险的能力。短期流动性风险诸如公共信用评级大幅下调、存款部分流失、无担保融资渠道干涸等严重情况的爆发突然性强，优质的流动性资产可以确保银行机构能坚持运营一个月左右。二是净稳定资金比率，通过度量银行较长期限内可使用的稳定资金来源对其资产业务发展的支持能力，以衡量银行机构在长期内抵御流动性风险的能力。

4. 引入杠杆率

高杠杆倍数是最广受诟病的引起金融危机爆发的原因，因为在高杠杆倍数的情况下，银行仍能保持符合监管要求的资本充足率，掩盖了杠杆倍数过高带来的风险。因此，《巴塞尔协议Ⅲ》提出引入对杠杆比率的监管作为对资本充足率监管的补充，要求各成员国在同一时期对3%的一级杠杆率进行平行测试，基于测试结果，于2017年进行最终调整，并纳入《巴塞尔协议Ⅲ》第一支柱部分。

5. 其他相关内容

除了上述四方面内容外,《巴塞尔协议Ⅲ》为防止银行将大量高风险资产转移到表外业务逃避监管,规定了更为严格的高风险资产风险加权计算方法,将银行表外资产和资产证券化产品按照一定的系数换算成等价信贷产品。此外,《巴塞尔协议Ⅲ》提出"系统重要性银行"概念,将业务规模较大、业务复杂程度较高、发生重大风险事件或经营失败会对整个银行体系带来系统性风险的银行定义为系统重要性银行。相较于其他标准,更大地提高了对系统重要性银行的监管标准,以确保其抗风险能力,降低因系统重要性银行暴露问题而引发大规模金融危机的概率。另外,《巴塞尔协议Ⅲ》还建立应急资本机制,比如应急可转债等,确保当银行濒临倒闭时,可以通过债权人参与共同承担损失,使银行得以继续经营。

(资料来源:马亚. 商业银行经营管理学[M]. 3版. 大连:东北财经大学出版社,2018.)

第十章
Chapter 10

商业银行经营风险管理

【学习要点及目标】

本章阐述了商业银行风险管理的基本原理,介绍了商业银行风险管理的策略和商业银行内控的基本方法和内容。通过本章的学习,学生要了解商业银行经营风险的含义、风险的成因;掌握风险的类别;通过风险类别的识别,掌握风险的防范与预测。

【导入案例】

1995年9月26日,日本大和银行宣布,本行亏损高达11亿美元之多。这一消息震惊了国际金融界。如此巨额亏损竟是由本行纽约分行高级交易员作假账且隐瞒长达11年造成的。井口俊英作为交易部经理起先做比较简单的美国政府债券交易。1984年,他在做美国国债交易时出现了第一笔亏损,被他隐瞒下来。他私下卖掉了大和银行纽约分行持有的债券弥补了损失,并伪造了美国信孚银行签发的对账单。由于他既管前台交易又管后台清算,所以一直没被发现。就这样,井口俊英在11年中陆续做了3万笔假账来弥补亏损。到1995年6月,大和银行纽约分行存在美国信孚银行的证券价值为46亿美元,而实际价值只有35亿美元,亏损11亿美元。在这11年中,日本银行和美国联邦储备系统先后进行两次核查,都没发现问题。后来,大和银行对部门分工作了调整,将证券交易与资金清算分开,井口俊英作假账隐瞒亏损越来越困难了。大和银行为此付出了惨重的代价,变卖了在美国的130亿美元资产,并在全球范围内收缩了国际业务。大和银行巨额亏损暴露了银行内控管理的薄弱。

(资料来源:《世界知识》1995年24期)

第一节 商业银行经营风险

一、商业银行经营风险的含义

商业银行经营风险是指商业银行在经营活动中,因不确定因素单一或综合影响,使商业银行遭受损失的可能性。商业银行风险含义涉及四个基本要素,即商业银行风险承担者、收益与风险的相关度、不确定因素和风险量度。

商业银行经营风险除了具有风险的一般特点外,还具有其自身的特殊属性。其主要表现在以下几方面:

(1)不确定性。风险的出现是一种概率事件,由于概率是无限时间序列的统计结果,一个有限的行为时间是不确定的。一般来说,未来的不确定性越大,意味着风险的可识别性就越差,并且很难度量风险出现的概率。

(2)客观性。金融风险的存在是客观的或不可避免的,只要有金融交易活动的发生就必然存在不同程度的金融风险。

(3)风险中性与风险偏好的不一致性。金融风险中性是指风险只服从其发生的概率分布,它并不选择风险承受者。因此,参与金融交易的各类经济主体都会面临各种风险因素的影响,不可存在侥幸心理。同时,风险常常涉及当事人的价值判断,人们对风险的不同价值判断或者风险态度,便是风险偏好。所以,二者存在不一致性。

(4)可交易性与可控性。风险的可交易性是指人们可以通过市场交易的方式来规避风险。风险的可交易性实际上是在人们关于风险的共同信息条件下,愿意承担风险者与风险规避者之间的交易,为转嫁风险而付出的代价。金融风险的可交易性和可控性,表明了有效的风险管理对于现代金融业的重要意义。

(5)扩散性或传染性。由于金融机构之间以及金融机构与社会各部门、各阶层之间存在着密切而复杂的债权债务联系,金融风险一般不仅仅是一个或几个金融机构自身的局部风险,往往扩散或波及社会的各阶层,具有较强的传染性。

(6)突发性与加速性。金融风险虽然具有累积性的特点,但它一旦爆发则具有突发性和加速性的效应。金融风险的长期积累与叠加将使维系金融运行的信用链条变得十分脆弱,若出现兑付的困难,容易打破人们的信用幻觉,挤兑便不可避免。

(7)体制性。体制性则是经济转型国家商业银行风险固有的特征。它是指在两种体制转轨过程中,由于新旧体制摩擦,深层次矛盾未获根本性解决而产生的金融风险。

二、商业银行经营风险的成因

商业银行经营风险的产生是宏观经济环境综合作用的结果,同时也与其自身的经营管理水平密切相关。也就是说,形成商业银行风险的原因既有客观原因,又有主观原因;既有宏观原因,又有微观原因;既有外部原因,又有内部原因。这是各种原因综合影响的结果,归纳起来主要有以下几种成因。

(一)政策、法律变化因素造成商业银行经营风险

商业银行经营活动都是在既定政策、法律允许范围框架下开展的。随着社会经济金融情况的变化,国家或地方会根据变化了的情况作出新的政策和法律的规定。这些新的政策和法律规定中有部分内容会对原有政策和法律规定有所突破甚至否定,这就使商业银行根据原政策和法律规定有所开展的经营活动存在着政策上或法律上的风险,这种风险尤其表现在经济或金融政策和法律规定的阶段性变动方面。

(二)市场变化莫测因素造成商业银行经营风险

现代商业银行的触角已经深入到市场经济活动的一切领域。商业银行在为商品市场活动主体——企业和消费者提供资金和各种金融服务的同时,它自身又是金融市场活动的主体与参与者。一方面,商业银行运用各种金融工具从金融市场上筹集资金,取得资金来源;另一方面,它又为金融市场提供资金,在金融市场上进行投资活动。因此,商业银行的金融活动与市场有着十分密切的联系。市场经济就是一种竞争的经济,在激烈的市场竞争中,市场的变化是难以预测的,有时甚至是难以控制的。参与市场活动的经济主体,由于受自身经营水平限制以及市场变化的影响,必然会产生一定的经营风险。这种市场变化对商业银行经营风险的影响既来自商品市场的变化莫测,又来自金融市场的变化莫测;既来自国内市场的变化莫测,又来自国际市场的变化莫测。

(三)高额刚性负债经营因素造成商业银行经营风险

商业银行与一般工商企业最大的区别在于,它是以货币和货币资金为经营对象,经营的内容是货币的收付、借贷及各种货币与货币运动有关的或者与之相联系的金融服务,自有资本在其资金构成中仅占很小的比例,大多数资金是商业银行对社会公众、国家机关、企事业单位的负债,负债比例较高。负债具有按期兑现并付息的刚性约束,这种刚性要求对于富有弹性的银行资产来说,可能会造成负债与资产在数量、期限和利率结构方面的矛盾性,使社会公众对商业银行失去信心,形成挤兑风潮。从历史上看,任何一次商业银行的经营危机,都是商业银行富有弹性的资产不能满足刚性负债的要求而形成的风险造成的。

(四)激烈的同业竞争因素造成商业银行经营风险

竞争是市场经济的一般规律,商业银行作为金融企业,是市场经济活动的主体,必然要受市场经济竞争规律的支配,因此商业银行在业务经营过程中必然存在着激烈的竞争。优胜劣汰,适者生存,是竞争的基本特征。在同业市场上,一家商业银行的业务竞争力的强弱,决定着这家银行的经营成果、发展前景及其在整个银行体系中所处的位置,商业银行在这种激烈的同业竞争中必然会有胜利者,也有失败者,胜利者迅速发展,失败者则可能陷入经营困难,甚至破

产倒闭。因此,激烈的同业竞争是形成商业银行经营风险的来源之一。

(五)"三性"(资产的安全性、流动性和盈利性)之间的矛盾因素造成商业银行经营风险

追求盈利是商业银行经营总目标的要求,也是商业银行改进服务、不断开拓业务经营的内在动力,同时也是商业银行增强经营实力、巩固信誉、提高竞争能力的基础。因此,商业银行在经营中会最大限度地追求经营利润。商业银行的盈利主要来源于资产收益。商业银行要提高资产收益,就要在扩大负债规模的基础上,尽量扩大资产规模,合理安排资产结构;在保持资产流动性的前提下,尽量减少非盈利资产,增加盈利资产占用比重,从放款和投资中获得最大限度的收益。但如果商业银行要追求高盈利率,就会使资产的安全性和流动性降低。由于资产的流动性、安全性与盈利性之间的矛盾存在,如果经营协调不好,有可能顾此失彼,因为追求高盈利而降低资产的安全性与流动性,使商业银行产生经营风险。

(六)管理水平限制因素造成商业银行经营风险

商业银行能否在激烈的竞争中保持不败,并实现预期的利润目标,关键在于其经营管理水平的高低。商业银行的管理水平不仅取决于管理者的学识、能力、经验等条件,而且取决于管理者对客观事物的认识与判断的准确与否,也就是取决于人们的主观意识对客观事物的反应程度。商业银行经营管理水平的高低不仅取决于管理者决策水平,同时也取决于各个业务部门在具体经营管理过程中对决策的执行情况以及执行人的素质。如果决策管理水平和执行管理水平较低,则有可能导致商业银行资产损失,经营亏损和影响安全运行,甚至破产倒闭。管理水平限制因素对商业银行经营风险的形成影响不仅表现在商业银行自身管理水平方面,而且也表现在其客户管理水平限制的风险形成影响上。若其客户的经营管理水平不能提高甚至降低,则有可能造成其自身的经营风险,进而影响为其服务的商业银行,导致其产生经营风险。

三、商业银行经营风险的类别

按风险事故可以将风险划分为经济风险、政治风险、社会风险、自然风险和技术风险;按损失结果可以将风险划分为纯粹风险和投机风险;按是否能够量化可以将风险划分为可量化风险和不可量化风险;按风险发生的范围可以将风险划分为系统性风险和非系统性风险。巴塞尔委员会根据诱发风险的原因,把风险分为以下八类。

(一)信用风险

信用风险是指债务人或交易对手未能履行合同所规定的义务或信用质量发生变化,影响金融产品价值,从而给债权人经营带来的风险。信用风险有广义和狭义之分。广义的信用风险是指所有因客户违约所引起的风险,如资产业务中的借款人不按时还本付息引起的资产质量恶化;负债业务中的存款人大量提前取款形成挤兑,加剧支付困难;表外业务中的交易对手违约引致或有负债转化为表内负债;等等。狭义的信用风险通常是指信贷风险。

随着现代风险环境的变化和风险管理技术的发展,传统的定义已经不能充分反映现代信用风险及其管理的性质与特点。其主要原因是传统的信用风险主要来自商业银行的贷款业务,而贷款的流动性差,缺乏如同一般有价证券那样活跃的二级市场,因而银行对贷款资产的价值通常按历史成本的方法衡量,只有当违约实际发生后才在其资产负债表上进行相应的调整,而在此之前,银行资产的价值与借款人的还款能力和可能性并无太大的关系。而从当今组合投资的角度出发,投资者的投资组合不仅会因为交易对手的直接违约而发生损失,而且交易对手履约可能性的变化也会给组合带来损失。一方面,一些影响交易对手信用水平的事件的发生,从而给投资者带来损失;另一方面,现代资产评估和风险衡量技术的发展也使贷款等流动性差的金融产品的价值能得到更恰当和及时的衡量。因此,现代意义上的信用风险应包括交易对手直接违约和交易对手违约可能性变化而给投资组合造成损失的风险。

现代意义上的信用风险与市场风险有重叠的成分。一般将这种由特定的违约时间或其他信用事件而引发的市场风险称为特定风险,而将其他市场一般性原因引发的风险称为一般市场风险或系统性风险。

(二)流动性风险

流动性风险是指商业银行无力为负债的减少或者资产的增加提供融资,即当发生流动性不足时,银行无法以合理的成本迅速增加负债或者变现资产获得足够的资金。流动性风险是威胁商业银行生存的最直接风险。商业银行的流动性分为负债和资产两方面,负债的流动性要求银行能随时满足存款人提现的需求,资产的流动性要求银行能随时满足借款融通资金和正常的贷款需求。

(三)资本不足风险

资本不足风险是指商业银行在资本管理中所面临的不能保持适度资本额的风险。商业银行拥有一定数量的资本是它赖以存在和发展的先决条件。资本数量的多寡不仅是显示商业银行信誉高低的重要标志,而且是衡量商业银行补偿意外损失、维护存款者利益的重要保证。商业银行为提高自身信誉,增强经济实力,保证业务经营活动的正常进行,有效抵御经营风险,就必须拥有充足的资本。如果商业银行不能随着业务规模的扩大和风险资产结构的变化,增加资本数量,保持资本充足,则有可能危及商业银行的信誉,降低商业银行的风险抵御能力,增大商业银行经营风险。

(四)利率风险

利率风险是指商业银行的财务状况在利率出现不利的波动时面对的风险,它是随着金融自由化和利率市场化逐渐产生和发展起来的,并逐渐成为银行面临的主要市场风险。由于银行的大部分金融工具都是以利率作为定价手段,因此当利率发生变动时,银行的表内和表外头寸都将面临该风险。其具体表现为:当未来负债利率趋于上升时,银行将付出更多的负债利息成本;当未来资产利率趋于下降时,银行将损失更多的资产利息收入。

（五）汇率风险

汇率风险是指由于汇率波动而使商业银行在国际业务经营中遭受损失的可能性。随着世界经济的发展，商业银行开展的国际业务范围越来越广泛，业务对象也不断增加。这时，汇率的波动会使商业银行在国际信贷与投资以及外汇买卖等业务中承受相应的损失可能性。其具体表现为：当未来汇率趋于上升时，借入外汇贷款、对外投资、外汇买入均会遭受损失；反之，当未来汇率趋于下跌时，对外放款、外汇卖出均会遭受损失。

（六）操作风险

近年来，操作风险给银行带来了巨大损失，给社会造成了巨大影响，是当前商业银行风险管理最为薄弱的领域之一，得到了各国银行业及监管当局的重视。国际上对于操作风险没有一个统一的标准定义。巴塞尔委员会的定义是由于不健全或者失效的内部控制过程、人员和系统或是外部事件而导致的损失风险，该定义包括了法律风险，但不包括战略风险、声誉和系统风险。操作风险主要是银行内部制造的，它往往和内部管理密切相关，产生于以不当或不足的方式操作业务，并在一定程度上受外部因素的影响。操作风险具体表现为经营混乱、失控、出差错、不当行为或外部事件造成损失等。

操作风险具有不同于其他风险的显著特征，是商业银行的基础性风险，主要表现在以下几个方面。

1. 大部分操作风险具有内生性、可控性和可降低性

从操作风险的引发因素来看，主要是内部因素引发，如内部程序、人员和系统的不完备或失效。因此，操作风险具有很强的内生性，除自然灾害及政治、军事等外部冲击导致的一些不可预测的意外事件外，大部分的操作风险是内生性风险。操作风险的风险因子很大比例上来自银行的内部操作，在银行的可控范围之内，因而大部分的操作风险具有可控性；商业银行通过采取相应的管理措施，可以有效地降低这些内生性的操作风险水平，这就是操作风险的可降低性特征。

2. 操作风险的覆盖范围广

操作风险几乎覆盖了银行经营活动的所有方面。既包括发生频率高、潜在损失相对较低的日常业务流程上的名义风险，也包括发生频率低但潜在损失极大甚至危及银行存亡的大规模欺诈、自然灾害等。有些操作风险与人无关，有些则是人的失误或者蓄意。而且，操作风险事件的影响往往较大，很少会局限于银行的某一范围。风险事件一旦发生，即使只发生在部门或局部层面，也常常会影响整个银行正常经营的能力。

3. 操作风险对应的收益是银行整体的收益

大部分的风险都具有风险和收益的一一对应关系，但操作风险不存在与其一一对应的收益。操作风险本身更多的是不连续的相互独立的事件，操作风险事件的发生是随机的，损失的大小也是随机的，但不会带来随机的收入。操作风险发生的损失一般情况下与回报的产生没有直接关系,因而可以说是一种纯粹的风险。因此,商业银行承担操作风险的代价实际上是银行整体的收益。

4. 操作风险对新业务领域的冲击较大

操作风险的来源无处不在,如内部控制、信息技术、人力资源、法律环境等。新的业务领域往往具有不断趋于成熟的特点,有着更多的操作风险来源和风险因子,也就更加容易爆发操作风险。比如,任何一家银行新的业务开展或新系统上线时,由于规章制度不完善、员工操作经验不足、管理上的漏洞等,都会使操作风险发生的概率较高。

5. 既定业务领域操作风险的发生事件具有周期性特征

对于银行既定的业务领域,操作风险的发生可以用 U 状曲线来描述。对于一项新的业务开展或者新系统上线,开始时操作风险的概率较高;随着业务员和系统逐渐走向正轨,银行的内部控制会越来越完善,员工的操作经验日渐丰富,管理者的能力也会提高,从而降低操作风险的频率;当已有的系统开始老化或现有的环境发生变化后,原有的内部控制和员工的操作经验等的实用性有所降低,此时操作风险会重新上升。操作风险的这种 U 形变化在银行中比较明显。

（七）法律风险

根据巴塞尔委员会《有效银行监管核心原则》的规定,银行承受的法律风险包括:①因不完善、不正确的法律意见、文件而造成同预计情况相比资产价值下降或者负债加大的风险。②现有法律可能无法解决与银行有关的法律问题。③有关某一银行的法庭案例可能对整个银行业务产生更广泛的影响,从而增加银行本身乃至其他或者所有银行的成本。④影响银行或其他商业机构的法律有可能发生变化。⑤在开拓新业务或者交易对象的法律权利未能界定时,银行尤其容易受到法律风险的影响。

（八）自然风险与社会风险

自然风险是指由于自然现象和物理现象所引起的风险,如由于发生地震、雷电、火灾、洪水、台风等自然灾害而使人们的财产遭受一定损失的风险。这些自然现象是客观存在的,不以人们的主观意志为转移,商业银行在经营活动过程中必然会由于这种自然灾害而遭受一定的财产损失,因而存在着自然现象所引起的风险。社会风险是指由于个人或团体在社会上的行为引起的风险。商业银行是国民经济体系中的一个重要部门,是社会经济运行的一个有机组成部分,也是在一定的社会环境中从事经营活动。它的业务与经营能够正常进行,不仅取决于其内部机构的运转效率及彼此之间的配合协调,而且更重要的是有一个稳定、良好的外部环境,而这个外部环境的稳定与否则取决社会、团体及个人的行为,因此社会、团体和个人的行为也会造成商业银行的风险。

【知识库】

中国银监会关于银行业金融机构法律顾问工作的指导意见

银监发〔2016〕49号

各银监局,各政策性银行、大型银行、股份制银行,邮储银行,外资银行,金融资产管理公司,其他会管金融机构:

为贯彻党的十八届四中全会精神,《法治政府建设实施纲要(2015—2020年)》、《中共中央办公厅国务院办公厅印发〈关于推行法律顾问制度和公职律师公司律师制度的意见〉的通知》(中办发〔2016〕30号),落实《中国银监会党委关于贯彻落实〈中共中央关于全面推进依法治国若干重大问题的决定〉的指导意见》(银监党发〔2015〕5号)要求,加强银行业法治建设,提升银行业金融机构法律风险管理水平,促进银行业金融机构合法稳健经营,现就银行业金融机构法律顾问工作提出以下意见:

一、银行业监督管理机构监督、指导银行业金融机构法律顾问工作。银行业金融机构应当按照本指导意见,建立健全法律顾问制度,完善法律风险管理框架,将法律顾问工作纳入全面风险管理体系。

二、银行业金融机构法律顾问,是指在银行业金融机构中从事法律工作的专业人员。在银行业金融机构中担任法律顾问的人员应当具有法律职业资格或者律师资格;在银行业金融机构中已担任法律顾问但未取得法律职业资格或者律师资格的人员,可以继续履行法律顾问职责。

三、银行业金融机构法律顾问享有下列权利:

(一)处理银行业金融机构经营、管理和决策中的法律工作;

(二)列席本机构经营管理决策的相关会议;

(三)对涉嫌损害银行业金融机构合法权益和银行业消费者合法权益,违反法律、行政法规、银行业监督管理机构等部门发布的规章和规范性文件的行为,提出意见和建议;

(四)根据工作需要查阅本机构有关文件、资料,询问有关人员;

(五)独立开展工作,不受其他部门干涉;

(六)法律、行政法规、银行业监督管理机构等部门发布的规章和规范性文件及银行业金融机构授予的其他权利。

四、银行业金融机构法律顾问应当履行下列义务:

(一)遵守法律、行政法规、银行业监督管理机构等部门发布的规章和规范性文件以及银行业金融机构规章制度,恪守职业道德和执业纪律;

(二)维护银行业金融机构的合法权益和银行业消费者合法权益,促进银行业金融机构依法经营;

(三)对所提出的法律意见、起草的法律文书以及从事的其他法律工作的合法性负责;

(四)法律、行政法规、银行业监督管理机构等部门发布的规章和规范性文件以及银行业金融机构规定的其他义务。

五、银行业金融机构应当建立规范的法律顾问工作制度,规定法律顾问的职务序列、考评体系以及处理银行业金融机构法律工作的权限和流程等内容,确保银行业金融机构法律顾问顺利开展工作。

六、各政策性银行、大型银行、股份制银行,邮储银行,金融资产管理公司应当设置专职总法律顾问,专职总法律顾问不得兼任单位内部董事、监事及高级管理层其他职务。外资银行、城市商业银行、农村商业银行、信托公司等银行业监督管理机构批准设立的其他金融机构应当设置总法律顾问。

七、银行业金融机构总法律顾问对行长(总经理)负责。银行业金融机构应当将总法律顾问制度纳入本行规章制度,并建立总法律顾问与董事会进行直接沟通的机制。总法律顾问是否纳入高管人员管理由各银行业金融机构根据经营状况自行确定;如纳入高管人员管理的,应当符合本指导意见、《银行业金融机构董事(理事)和高级管理人员任职资格管理办法》及银行业监督管理机构其他规章、规范性文件对于银行业金融机构高级管理人员的要求。

八、银行业金融机构总法律顾问应当具备下列条件:

(一)熟悉国家法律、行政法规及监管规则;

(二)熟悉银行业金融机构法律风险管理的制度、流程;

(三)熟悉银行业金融机构经营管理;

(四)具有本科以上学历或者通过国家司法考试,并且在金融业法律部门工作6年以上,具有法律工作经验和能力。

九、银行业金融机构总法律顾问作为高管人员管理的,应当通过银行业监督管理机构的任职资格审查。任职资格审查过程中,应当听取银行业监督管理机构法律部门意见。

十、银行业金融机构总法律顾问应独立、客观、公正地开展法律工作并发表法律意见,履行下列职责:

(一)贯彻落实法律、行政法规、银行业监督管理机构等部门发布的规章和规范性文件要求;

(二)负责银行业金融机构法律风险管理工作,统一协调银行业金融机构法律工作;

(三)参与银行业金融机构重大经营决策,并对相关法律风险提出意见;

(四)负责本单位法律工作体系的建立,管理本单位的法律工作部门;

(五)负责指导、协调分支机构的法律工作,对分支机构法律工作负责人的任免提出建议;

(六)负责指导协调银行业金融机构并表管理子公司的法律工作;

(七)其他应当由银行业金融机构总法律顾问履行的职责。

十一、银行业金融机构应当于每年一季度末向银行业监督管理机构法律部门及机构监管部门报送法律顾问工作报告。

十二、银行业金融机构总法律顾问应当每年向行长(总经理)提交法律风险报告。银行业金融机构发生重大法律风险时,总法律顾问应当向行长(总经理)报告,同时报告银行业监督管理机构法律部门及机构监管部门。

十三、银行业金融机构总法律顾问应当参与银行业金融机构的重大决策。在提交决策机构审议的重要事项议案中,应当附有经总法律顾问签字的揭示风险和应对措施的专项法律风险评估报告,总法律顾问有权独立提出法律意见。银行业金融机构总法律顾问有权对银行业金融机构重大关联交易独立提出法律意见。

十四、银行业金融机构法律工作机构是指银行业金融机构设置的专门承担银行业金融机构法律工作的职能部门。法律工作机构负责人向总法律顾问负责。

十五、银行业金融机构应当根据工作需要为法律工作机构配备与其业务规模相适应的法律顾问。银行业金融机构总行(公司)应设置独立的法律工作机构。银行业金融机构分行(公司)应设置独立的法律工作机构或岗位。

十六、银行业金融机构法律工作机构履行下列职责：

（一）起草或者参与起草、审核银行业金融机构重要规章制度；

（二）对章程制定、组织架构设计、管理职能划分等进行法律论证；

（三）起草或审核银行业金融机构合同，制定标准合同文本；

（四）参与银行业金融机构的分立、合并、破产、解散等重大经济活动，处理有关法律工作；

（五）对银行业金融机构产品及其创新、经营行为等进行法律审查，并提出法律意见；

（六）负责银行业金融机构的法治宣传教育和培训工作，组织建立银行业金融机构法律顾问业务培训制度；

（七）对银行业金融机构及分支机构违反法律、行政法规的行为提出意见，协助有关部门进行整改；

（八）负责银行业金融机构商标、专利等知识产权保护工作；

（九）参与银行业金融机构的诉讼、仲裁、调解、行政复议和听证等活动；

（十）加强法治文化教育，负责对职工进行法治宣传教育；

（十一）负责选聘律师，与律师进行沟通，并对其工作进行监督和评价；

（十二）与银行业监督管理机构就重要法律问题进行沟通；

（十三）代表银行业金融机构对外开展法律协调工作；

（十四）负责银行业金融机构重大法律问题的研究工作；

（十五）办理银行业金融机构总法律顾问交办的其他法律工作。

十七、银行业金融机构的境外机构应当设置独立的法律工作机构，定期向总行（公司）法律部门报告工作。总行（公司）法律部门要加强对境外机构法律工作机构的指导和监督。境外机构法律工作机构应该承担本指导意见所规定的职责，并重点关注属地监管国家（地区）的国别风险状况、熟悉属地监管国家（地区）的法律制度、加强与属地监管国家（地区）监管当局、警察当局及司法机关的沟通协调。

十八、银行业金融机构应当建立法律风险管理评价与考核制度，将法律风险管理纳入分支机构、业务部门及其负责人绩效考核指标体系。

十九、银行业金融机构应当建立法律风险责任追究机制，依法追究对于银行业金融机构重大法律风险负有责任的负责人与工作人员的责任。

二十、银行业金融机构应当保障法律顾问和总法律顾问的各项权利，为其开展工作创造条件。银行业金融机构应当设立专项法律经费预算，为法律工作提供必要的组织、制度和物质等保障。

二十一、银行业监督管理机构应当加强对银行业金融机构法律顾问工作情况的监督检查，定期对银行业金融机构法律顾问工作情况和法律风险管理的有效性进行评价，并将评价结果作为对银行业金融机构进行监管评级的重要因素之一。

二十二、银行业监督管理机构要定期对本指导意见的执行情况进行监督检查，对银行业金融机构法律顾问工作进行通报。

二十三、银行业金融机构有下列情形的，由银行业监督管理机构按照法律、行政法规及规章规定，根据其违法违规情节，对银行业金融机构或直接负责的董事、高级管理人员和其他责任人员采取监管措施：

（一）未按照规定建立健全法律顾问制度的；

> （二）重大经营活动未经过法律审核，或虽经审核但不采纳正确法律意见造成重大损失的。
> 二十四、银行业金融机构总法律顾问和法律顾问有下列情形的，由银行业监督管理机构按照法律、行政法规及规章规定，根据其违法违规情节，对其采取监管措施：
> （一）滥用职权、谋取私利，给银行业金融机构造成重大损失的；
> （二）明知银行业金融机构存在违法违规行为，不警示、不制止的。
> 二十五、银行业金融机构可以外聘法律顾问，外聘法律顾问的具体管理细则由银行业金融机构自行制定。本指导意见中规定的法律顾问不包括外聘法律顾问。
> 二十六、2017年底前各政策性银行、大型银行、股份制银行，邮储银行，金融资产管理公司应当深入推进法律顾问制度，建立完善法律工作机制。外资银行、城市商业银行、农村商业银行、信托公司等机构应逐步建立法律顾问制度，到2020年全面建立与自身风险状况相适应的法律工作体系，有效提升银行业法律风险管理水平。本意见实施中遇到的问题要及时向银行业监督管理机构报告。
>
> （资料来源：中国人民银行网2016-11-16）

第二节　商业银行经营风险识别与预测

由于商业银行经营风险是由许多不确定性因素引发的，从风险管理的要求而言，如何从不确定的宏微观环境中识别可能是商业银行造成意外损失的风险因素，并以定量和定性方法加以确定，便构成了风险管理的前提条件。银行通过对尚未发生的潜在的各种风险进行系统归类和实施全面的分析研究，揭示潜在风险以及性质，对特定风险发生的可能性和造成损失的范围与程度进行预测。

风险预测是风险管理的一个环节，也是风险控制的前提条件。

一、风险识别

风险识别就是从商业银行内外部经营环境中识别可能对银行经营带来意外损失的风险因素。风险识别是风险管理的第一步，为风险估计和风险处理确定了总体方向和大致范围。风险是多种多样的，无论是潜在的，还是实际的、静态的，或是动态的、内部的，或是外部的，都要进行系统的分析和归类。不仅要找出风险所在，还要能够分析风险发生的原因。

（一）风险识别的方法

1. 财务报表分析法

商业银行的财务报表主要包括资产负债表、损益表和现金流量表。通过财务报表，可以获得各种风险指标，如流动性风险比率、信用风险比率、利率风险比率等。在进行风险分析时，不仅要对静态指标进行分析，如比率分析、比例分析等，还要进行动态分析，如比较分析、趋势分析等。这样才能综合确定银行现实和将来的风险因素。

2. 风险树搜寻法

风险树搜寻法是一种被广泛使用且十分有效的风险监测方法。它主要是利用图解的形式将大的风险化解成各种小的风险，或对各种引起风险的原因进行分解。由于分解后的图形呈树枝状，分解越细树枝就越多，因而称其为风险树法。它可以将商业银行面临的主要风险分解成许多细小的风险，也可以将产生风险的原因一层又一层地分解，排出无关的因素，从而准确找到对银行经营真正产生影响的风险及其原因。该方法简单、明确，能够比较迅速地发现存在的问题，使用领域也比较广泛。

3. 德尔菲法

德尔菲法又称专家意见法，是美国著名投资咨询公司兰德公司于20世纪50年代提出来的。德尔菲是传说中古希腊阿波罗神殿所在地，以此来命名，表示集中众人智慧进行准确预测。其具体流程为：商业银行风险管理人员首先制订一套调查方案，确定调查内容，然后以匿名方式通过几轮征询专家的意见。专家们根据调查表所列问题并参考相关资料后独立提出各自的意见，然后由风险管理人员对每一轮意见进行汇总整理，再将不同的意见及其理由作为参考资料发给每个专家，供他们再次作出分析判断，并提出新的论证。如此多次反复，专家们的意见最终将趋于一致，而最终的结论可靠性也就越来越大。德尔菲法突破了传统数量分析限制，为更合理地制定决策开启了新的思路。

4. 古德曼法

古德曼法又称筛选—监测—诊断法。1976年，古德曼提出了一个风险识别监测三元素顺序图，所以这种方法以他的名字命名。古德曼法是借助筛选、监测和诊断三个紧密相连的环节进行反复循环来识别监测商业银行风险的一种方法。其具体流程为：第一步为筛选，主要是由银行风险管理人员对内部和外部的各种风险因素进行分类，并确定哪些因素会直接引发经营风险，哪些因素暂时不会引发经营风险，哪些因素还需进一步观察才能作出判断。通过筛选，可以排除干扰，将注意力集中到一些可能导致重大风险的因素上。第二步为监测，根据筛选的结果来观测、记录和分析，以掌握各种风险因素的活动范围及其变化趋势。第三步为诊断，通过对风险症状与可能起因之间关系的分析和评价，并对可疑的起因进行排除，真正达到识别、监测风险的目的。

5. 专家预测法

专家预测法是以专家为索取信息的对象，组织各个领域专家动用专业方面的经验和知识，通过对过去和现在发现的问题进行综合分析，从中找出规律，对发展前景和风险大小作出判断。

（二）风险的估计

风险的估计是现代风险管理的核心内容，也是商业银行进行风险管理的难点之一。它是指通过一定的数理技术手段，将风险的可能性进行量化，得到由于某些风险因素而导致在给定收益条件下损失的数额和在给定损失条件下收益的数额的过程。银行风险估算或计量有以下几种主要方法。

1. 客观概率法

银行在估计某种经济损失发生的概率时,如果能够获得足够的历史资料,用以反映当时的经济条件和经济损失发生的情况,则可以利用统计的方法计算出该种经济损失发生的客观概率。

2. 主观概率法

主观概率法是银行选定一些专家,并拟出几种未来可能出现的经济条件提交给各位专家,由各位专家利用有限的历史资料,根据个人经验对每种经济条件发生的概率和每种经济条件下银行某种业务发生经济损失的概率作出主观估计,再由银行汇总各位专家的估计值进行加权平均,根据平均值计算出该种经济损失的概率。

3. 统计估计法

利用统计方法和样本资料,可以估计风险平均程度(样本期望值)和风险分散程度(样本方差)。估计方法可以采用点估计或区间估计。点估计是利用样本来构造统计量,再以样本值带入估计量求出估计值。但是由于样本的随机性,这样的估计值不一定就是待估参数的真值。作为更容易操作的风险估值,采用区间估计来解决它的近似程度、误差范围和可信程度。区间估计用来表达在一定可信程度上,某种风险发生的条件区间。

4. 假设检验法

对未知参数的数值提出假设,然后利用样本提供的信息来检验所提出的假设是否合理,这种方法称为假设检验法。像统计估计法一样,假设检验法适用于事件发生规律稳定、历史资料齐全的风险概率估计。

5. 回归分析法

回归分析法是通过建立间接风险与直接风险因素之间的函数关系,来估计直接风险因素的方法。

6. 涉险值法

涉险值指在正常的市场环境和给定的置信水平下,某项资产或交易在给定的时间区间内的最大期望损失(超过平均损失的非预期损失)。涉险值法是一种利用概率论与数理统计来估计风险的方法。它综合考虑了风险来源的敞口和市场逆向变化的可能性,在传统风险估计技术的基础上前进了一步。近年来,许多国家金融监管当局和金融行业协会都认为涉险值法是一种较理想的风险测定方法。测算涉险值法的方法主要有:德尔塔-正态法、历史模拟法、压力测试法和结构性蒙特·卡罗模拟法等。

7. 压力试验与极值分析

压力试验是测量市场环境因素发生极端不利变化时,金融机构资产组合的损失大小,包括识别那些会对金融机构产生致命损失的情景,并评估这些情景对金融机构的影响。极值分析则是通过对收益值历史统计记录的概率分布的尾部进行统计分析,从另外一个角度估计极端市场条件下金融机构的损失。这两种方法是对正常市场情况下涉险值法的补充。当然,风险管理中风险量化的主流趋势是不可逆转的,但不能由此否定风险定性分析的重要性。首先,量化指标必须要作一些基本假设,这会产生低估风险的可能。其次,除风险量化之外,必要的定性分析是不可缺少的。最后,风险量化管理技术只是用于那些可以量化的风险,而一些无形风险的估计则必须依赖于定性分析。因此,在商业银行的风险管理实践中,定性分析和定量分析往往是结合在一起的。

(三) 风险的处理与控制

银行必须根据风险管理的不同阶段和各种风险的不同特点,以及风险发生概率和其对收益影响的不同程度,采取相应的风险防范与控制策略,据此消除化解和补偿风险,尽可能减少损失,提高收益。具体来说,可以采用的风险处理策略包括以下几种。

1. 回避策略

回避策略是商业银行对可能出现的风险采取避开的方法。这主要是在风险较大,且难以化解、补偿,甚至会造成亏损经营的情况下采用。在实践中按以下原则进行。

(1) 避重就轻的投资选择原则。即在注重可供选择的投资项目中,选择风险小的项目,避免风险大的项目。

(2) 收硬付软和借软带硬的币种选择原则。即将要收入或构成债券的项目选用汇价稳定的"硬"货币,而对将要支付或构成债务的项目选用汇价明显趋跌的"软"货币。但该策略的运用是以能准确预测汇率变动方向为前提的,因为如果预测失误,则会使银行遭受更大的损失。

(3) 扬长避短、趋利避害的债务交换原则。即两个或多个债务人依据各自不同的优势,通过金融机构互相交换所需支付债务本息的币种或利率种类水准,达到取长补短的避险目的。

2. 分散策略

对难以回避而必须承担的风险采取分散策略是一种普遍应用的方法。用一句谚语可以形象地描述该策略——"不要把所有的鸡蛋放在同一个篮子里"。分散策略的目的在于通过实现资产结构的多样化,尽可能选择多种多样的、彼此相关性程度较小的资产进行搭配,使风险资产的风险向低风险资产扩散,以降低整个资产组合中的风险度,确保资金的安全性、流动性和盈利性。分散策略具体可以通过以下六个方面的分散化得以实现。

(1) 数量分散化。不将大额资金贷给一个企业或投向一种证券,把单项资产与总资产的比例限制在一定范围之内,这样可避免大额资产风险产生时给银行带来的巨额损失。

(2) 行业投向分散化。尽可能避免出现将信贷资产过于集中投向于某一行业,使之行业过于集中。

(3) 地区投向分散化。不同的地区有不同的经济结构、发展速度和质量效益,信贷资产地区投向的分散化可以起到地区经济优势、银行风险相互抵消的目的。

(4) 客户对象分散化。尽量将银行资产占用在不同的借款企业和不同的证券上,避免出现大额借款客户或大额证券投资形成风险对银行经营的巨大冲击。

(5)资产占用方式的分散化。根据银行资金状况和授信对象的情况选择不同的贷款方式和投资方法,如信用放款、质押放款、抵押放款、担保放款、银团放款、联合放款、票据贴现等。

(6)资产其他情况的分散化。银行应拥有不同期限的资产、不同利率水平的资产、不同政策管理的资产等,分散策略的实施应以银行规模经营为前提,应当是总量大规模和个量小规模的统一。

3. 转嫁策略

风险转嫁属于风险的事前控制,它是在采取风险分散策略后仍有足够大的风险存在时采用的方法。一般来说,银行利用合法交易和业务手段将风险转嫁给他方的方法有以下几种。

(1)通过贷款的浮动利率政策和抵押放款方式将风险转嫁给借款人。

(2)通过担保方式将风险转嫁给担保人。

(3)通过资产的出售与转让,将风险转嫁给接受资产的机构。

(4)通过提前或推迟结算,转嫁汇率风险。

(5)通过外汇买卖,转嫁外汇风险等。

4. 消缩策略

如果风险转嫁仍然不能有效地控制风险,银行应考虑在本身经营中消除或缩小风险。常见的消缩风险的交易形式有以下几种。

(1)套头交易,即在期货市场上买进与现货市场数量相等但交易方向相反的期货合约,以期待在未来某一时间卖出(买进)期货合约而补偿因现货市场价格变动所带来的实际价格风险。

(2)掉期交易,即在进行某项业务时,分别在期限、证券种类、发行地点或交易对象某一方面,作一笔方向相反的业务。在价值金额上可以对等,也可以不对等。通过这种逆向式策略达到缩小潜在风险的目的。

(3)期货交易,即当前签订合约并按约定利率或汇率在将来某个时间结算的交易。无论利率、汇率变动产生怎样的风险和收益,交易双方均不承受。当然其中一方消除了风险,另一方则失去了收益。

(4)期权交易,即当前签订合约并按约定利率或汇率就将来某一时间决定是否买卖某种证券或外汇的选择权达成交易契约。期权买方以给付卖方一笔保险费的方式获得这种权利。

5. 补偿策略

对于已经产生或者是即将产生的风险,银行需要采取补偿策略来消除真正的风险损失,具体方法有以下几种。

(1)将风险报酬计入价格,即在定价时除考虑一般的投资报酬率和货币贬值率因素外,再将风险报酬因素考虑进去。这样的价格一旦成交,风险损失就预先得到了补偿。

(2)采取预备性的补偿措施,包括订立抵押条款和担保条款。当发生风险损失时,通过对抵押品或担保的处置得以补偿。

(3) 参加保险，通过保险赔款使造成的资产风险得到补偿。

(4) 建立专项准备金，包括贷款呆账准备金、利息呆账准备金、投资呆账准备金等。当发生风险损失时，通过呆账准备金予以补偿。

二、风险预测

银行风险预测是对特定风险发生的可能性或造成损失的范围和程度进行衡量，风险预测以风险识别为基础，是风险识别的延续或延伸。通过风险预测要了解银行风险究竟有多大，风险会带来何种程度的损失。风险预测非常困难。在长期的风险研究和风险管理实践中，形成了一系列银行风险预测方法，特别是科技的发展为预测提供了很好的手段，也为银行风险预测的准确性提供了可能。总体而言，银行风险预测有定量分析和定性分析两种手段。

（一）定量分析

定量分析是指利用历史数据资料，通过数学推算来估算商业银行未来的风险。线性代数、概率和数理统计等数学工具被引入后，建立数学模型是定量分析的关键。比较常见的定量分析法有时间序列预测法、累计频率分析法和弹性分析法等。

1. 时间序列预测法

时间序列预测法运用事物发展的连续性原理（即把未来看成过去和现在的延续）和数理统计的方法来预测未来。商业银行运用时间序列预测法预测风险，其实质是根据过去和现在的风险情况来预测未来同类风险发生的概率及所造成的影响。

（1）指数平滑法。指数平滑法属趋势分析法范畴，它是根据历年资料，按时间的发生先后予以排序，再采用数理统计的方法来推测未来的变化趋势。这种方法在运用中有一定的前提条件，即所需相关资料至少在短期内具有一定的规律性，以及不考虑随机因素的影响。其计算公式为

$$\hat{X}_t = \alpha \hat{X}_{t-1} + (1-\alpha) X_{t-1}, 0 \leq \alpha \leq 1$$

式中　X_{t-1}——本期实际数额；

　　　$\hat{X}_{t-1}$——本期预测数额；

　　　α——平滑系数，是对本期实际数额的权数；

　　　$1-\alpha$——对本期预期数额的权数。

α 值越小，下期的预测值就越接近于本期预测值；反之，则接近于本期实际值。这种预测方法的关键是预算 α 值，一般可选用不同的 α 值代入上式分别进行试算，然后以预测值最贴近实际值的那个 α 为准。

这种方法可运用于商业银行利率风险、汇率风险和投资风险的预测。尽管利率、汇率和证券价格等受许多随机因素干扰，但它们的短期变动具有一定的规律性。使用指数平滑法预测利率、汇率和证券价格，可以分析利率、汇率、证券价格的变动幅度以及对银行损益所造成的影响。

指数平滑法的局限性在于平滑系数的确定有主观性,不同的平滑系数会使预测结果出现较大的差异。

(2) 回归分析预测法。任何一种商业银行风险均受多种经济变量影响,它们之间有两种关系:一是确定性的函数关系,即在函数关系中的每个变量都是确定的,它们之间的关系可用明确的数学形式表达。比如

$$资本 = 资产 \times 资本资产比率$$

二是非确定性的相关关系,即变量之间存在着某种规律性,但常常因随机因素的影响而具有不确定性。比如

$$利率风险 = f(利率风险敞口,汇率的变动)$$

以及

$$汇率风险 = f(汇率风险敞口,汇率的变动)$$

回归分析是研究相关关系的一种方法,通过建立回归方程式,分析讨论变量间的相关程度,以确定该方程式在进行风险预测上的合理性。回归分析法按自变量的多少分为一元回归分析和多元回归分析。由于多元回归分析法有较为复杂的数学过程,所以用一元回归分析来描述其在风险预测中的运用。

一元回归数学模型表示自变量和应变量二者之间的线性相关关系。其数学表达式为

$$Y_i = a + bX_i + e_i, i = 1,2,\cdots,n$$

式中,X_i 为自变量,假设是预先给定的,是为确定型变量;Y_i 为应变量;e_i 为各种不确定因素对 Y 的总影响,即误差项;a,b 为常数,a 为起始值,b 为斜率。假定 e_i 符合正态分布,则在预测时,可用直线 $Y_i = a + bX_i$ 来计算其相关程度。

根据最小二乘法,可求得 a,b,即

$$a = \frac{\sum_{i=1}^{n} Y_i - b \sum_{i=1}^{n} X_i}{n}$$

$$b = \frac{n \sum_{i=1}^{n} X_i Y_i - \sum_{i=1}^{n} X_i \sum_{i=1}^{n} Y_i}{n \sum_{i=1}^{n} X_i^2 - \left(\sum_{i=1}^{n} X_i \right)^2}$$

相关系数

$$r^2 = \frac{\sum \left(Y'_i - \frac{1}{n} Y_i \right)^2}{\sum \left(X'_i - \frac{1}{n} X_i \right)^2}$$

剩余均方差

$$s = \sqrt{\frac{\sum (Y_i - Y'_i)^2}{n-k}}$$

离散系数

$$V = \frac{\delta}{Y}$$

在 a,b 确定后，就能通过模型得到预测值。如果 r^2 高，则表明回归方程的拟合程度高，预测精度高；反之，则表明预测值与实际值的误差越小；如果 V 值越小，则说明离散系数越小，预测结果越满意。

2. 累计频率分析法

这是在统计规律稳定、历史资料齐全的情况下进行风险概率预测的一种方法。该方法有四个步骤。

（1）描述概率分布。即描述不同风险产生的损益及其概率。

（2）计算样本的数学期望值。

（3）计算反映报酬率偏离期望报酬率的综合差异的标准差。

（4）计算标准离差率，用相对数来表示离散程度及风险的大小。

累计频率分析法通常用于预测非系统性风险，商业银行在预测投资风险时运用得非常普及。现以银行单一证券投资风险预测为例来说明累计频率分析法的运用。

银行根据证券收益率及变动的概率用加权平均法计算出加权平均值，其计算公式如下

$$E_k = \sum_{i=1}^{n} K_i P_i$$

式中　　E_k —— 某证券投资收益率的期望值；

K_i —— 该证券投资第 i 次变动的收益率；

P_i —— 该证券投资第 i 次变动的概率；

n —— 该证券投资收益率变动的次数。

以证券投资收益率的期望值为参照，计算出投资收益率与期望值间的离散程度，其计算公式为

$$\sigma = \sqrt{\sum_{i=1}^{n} [K_i - E(k)]^2 P_i}$$

式中　　σ —— 该证券投资收益的标准差，该标准差越大，说明投资风险越大。

如果要用相对数来表示投资风险大小，则可用以下公式表示

$$Q = \frac{\sigma}{E_{(k)}}$$

式中　　Q —— 标准离差率，该离差率的大小与投资风险之间的关系同标准差的判断一致。

3. 弹性分析法

它是指以风险因素与风险损益之间的因果关系为基础，分析风险因素变化对风险收益的

影响,又称为差量分析法或敏感性分析法。它的表示方法通常为:风险因素变动(上升或下降)1个百分点,商业银行风险损益将变动几个百分点。这种方法运用广泛,比如,汇率风险和利率风险预测中均用到此法。现以该方法在利率风险预测中的运用加以说明。

利率风险由利率风险敞口和利率的变动引发,它们的函数关系为

$$利率风险 = f(利率风险敞口,利率的变动)$$

式中,利率风险敞口是利率风险产生的基础,由商业银行资产负债结构的不匹配引起。商业银行的资产与负债可按利率的特点分成三类:一是利率、期限波动因对冲性而对银行的盈亏不产生很大影响;二是固定利率的资产和负债,利率的波动因这类资产和负债的利率变化而对净利息收益率的影响甚微;三是浮动利率的资产和负债,即利率敏感性资产和负债。显然,利率敏感性缺口是指在一定时期内银行利率敏感性资产与负债之间的差额。不同的市场利率条件下,该缺口的伸缩对商业银行的盈利性乃至流动性和安全性均将产生重要影响,商业银行的利率风险可根据对敞口的测度加以预测。

根据利率敏感性缺口的定义,可由下列等式表示

$$ISG = ISA_S - ISL_S$$

如果 $ISG > 0$,则称为正缺口;如果 $ISG < 0$,则称为负缺口。银行经营利率敏感性资产和负债的净利息收入(NII)为利率敏感性资产利息收入减去利率敏感性负债利息付出。设利率为 r,则以上情形可用下列公式表示

$$ISG \cdot r = ISA_S \cdot r - ISL_S \cdot r$$
$$= NII$$

当利率变化时,净利息收入(NII)也将发生变化,可用下式表示

$$\Delta NII = ISA_S \cdot \Delta r - ISL_S \cdot \Delta r$$
$$= ISG \cdot \Delta r$$

由上式可知,在正缺口下,市场利率上升,商业银行的收益上升,净利差增加;在负缺口下,利率上升增加了银行的经营成本,减少了银行的净利差。因此,上式提供了这样的描述,即利率变动1个百分点,银行净利息收入变动几个百分点。由于存在正、负缺口,因此,这一系数是一个两面的刃。

【知识库】

指数平滑法

指数平滑法是由布朗提出的。布朗认为,时间序列的态势具有稳定性或规则性,所以时间序列可被合理地顺势推延。他认为最近的过去态势,在某种程度上会持续到最近的未来,所以将较大的权数放在最近的资料。

指数平滑法是生产预测中常用的一种方法,也用于中短期经济发展趋势预测。所有预测方法中,指数平滑是用得最多的一种。简单的全期平均法是对时间数列的过去数据一个不漏地全部加以同等利用;移动平均法则不考虑较远期的数据,并在加权移动平均法中给予近期资料更大的权重;而指数平滑

法则兼容了全期平均和移动平均所长,不舍弃过去的数据,但是仅给予逐渐减弱的影响程度,即随着数据的远离,赋予逐渐收敛为零的权数。

也就是说,指数平滑法是在移动平均法基础上发展起来的一种时间序列分析预测法,它是通过计算指数平滑值,配合一定的时间序列预测模型对现象的未来进行预测。其原理是任一期的指数平滑值都是本期实际观察值与前一期指数平滑值的加权平均。

(资料来源:MBA智库)

(二)定性分析法

定性分析法是依据预测者的主观判断分析能力来推断事物的性质和发展趋势的分析方法。这种方法可充分发挥商业银行管理人员的经验和判断能力,但预测结果准确性较差。它一般是在商业银行缺乏完备、准确的历史资料的情况下,首先邀请熟悉该企业的经济业务和市场情况的专家;根据他们过去所积累的经验进行分析判断,提出初步意见,然后再通过召开调查会、座谈会方式,对上述初步意见进行修正、补充,并作为预测分析的最终依据。

定性分析法主要根据除商业银行财务报表以外有关商业银行所处环境、商业银行自身内在素质等方面情况对商业银行信用状况进行总体把握。由于这类方法所运用的资料往往不是完整的历史统计数据,而是难以定量表示的资料,一般要依靠预测者的主观判断来获取预测的结果,因而亦称"判断分析法"或"集合意见法"。

第三节　商业银行风险管理对策

一、商业银行风险管理的内涵

商业银行风险管理是指通过系统和规范的方法对商业银行经营管理活动中的各种风险进行识别、估计、处理、预测、回避、分散或转移经营风险,从而减少或者避免经济损失,保证资金安全的行为。

二、商业银行风险管理的方法

商业银行管理的基本方法一般有定量管理和定性管理两种。西方商业银行尤其重视定量管理,即通过各种模型检测和指标控制,达到降低风险和提高收益的目的。下面结合中国商业银行的经营实践,对商业银行风险管理方法进行简要介绍。

(一)资产负债比例管理法

资产负债比例管理是商业银行在其经营管理过程中,根据不同风险对其经营目标——安全性、流动性和盈利性的影响,对其负债资产在数量、质量和结构方面采取相应的比例管理监控,从而争取最大收益的方法。资产负债比例管理作为银行业的一种管理手段,随着商业银行的国际化发展,也逐渐演变成国际银行业自律性管理的惯例。这种管理方法在市场经济发达的国家已有多年的历史,特别是近几十年来,已发展成为国际现代商业银行用于自律和中央银行用以监管商业银行的基本方法。这种方法以市场经济为背景,给出商业银行经营在数量、质量和结构上的一般规定,使商业银行的经营在市场经济许可的限度内取得稳定、高效的发展,在保持安全性和流动性的基础上追求最大盈利。

(二)信用评估分析

信用评估分析是商业银行针对贷款而对贷款企业(项目)的信用度进行评估分析,以防止、控制贷款风险为目的,而对贷款风险度进行量化管理的一种预防性的事前控制方法。商业银行的资产主要是对企业发放的各种贷款,贷款风险构成了商业银行经营风险的主体,商业银行对贷款风险的管理显得尤为重要。信用评估分析是商业银行贷款风险管理的重要方法,它是为了避免和减少贷款风险而采取的一种预防性的事前控制的重要措施。商业银行为了减少贷款损失,降低贷款风险,提高信贷资金使用效益,必须对贷款对象进行认真的分类、筛选,确保贷款投向、投量的准确。贷款发放出去后,企业的经营管理如何,资金周转是否正常,直接关系到贷款能否正常归还。商业银行进行信用评估分析,按统一标准对贷款对象进行客观分类,对不同信用级别的企业采取不同的贷款方针,从而增强贷款管理的科学性,降低贷款风险程度,提高贷款经营效益。

目前,中国还没有商业银行真正建立自己的信用风险度量模型,信贷资产的信用风险评价基本是各家银行自己的主观判断,无法作出令外人认可的客观评价,因此信贷资产无法量化定价,从而也难以进行交易,信用风险就不能在不同主体间进行转移,大量的信用风险只能由商业银行自己承担。此外,缺乏信用风险度量模型使商业银行不能对信用风险规模进行精确度量,不利于控制风险操作的决策,并且缺乏信用风险度量模型使得商业银行无法用内部评级法计算监管所需资本金规模,无法享受内部评级法所带来的资本节约收益。信用风险管理工具是商业银行具体管理信用风险的手段、途径、渠道和标的物,充足的信用风险管理工具能使商业银行方便地对信用风险进行控制、分散和转移,降低信用风险,加强资产安全,提高资产使用效率。目前,中国商业银行普遍缺乏足够的信用风险管理工具,制约了信用风险管理水平的提高,这对于商业银行完善信用风险管理无疑是巨大的制约因素,必须加以改变。

(三)流动性管理

流动性管理方法就是商业银行在其经营管理活动中针对可能造成资金流动不足的因素而采取相应的措施,尽可能地提高负债的稳定性、提高资产流动性的方法。这种方法可以分为负债流动性管理方法和资产流动性管理方法。负债流动性管理方法实际上就是尽可能地增强商业银行负债的稳定性而采取的措施。负债流动性管理方法的重点在于合理地调整商业银行主动性负债的结构和规模,增强负债稳定程度,努力创新金融工具,积极参与金融市场。资产流动性管理方法实质就是采用适当措施,尽可能地增强商业银行资产的流动性,除了建立分层次的准备金,还通过调整商业银行的资产结构和规模,解决资金的流动性问题,一般采取均衡配置、增量调整、存量盘活等措施。

(四)资本金管理

资本金管理就是衡量和评估商业银行资本金是否适度的方法。资本金是商业银行赖以生存和发展的基础,它可以弥补资产风险损失,保护存款人和投资人不受损失或少受损失。商业银行在其营运过程中,既有取得盈利的可能,又有遭受风险损失的可能。商业银行若发生资产损失,首先由日常收益进行抵付,若不足抵付,则动用资本金,只要风险损失不超过商业银行日常收益量和资本金,就不会危及存款人和投资人的安全,影响其业务经营。保持一定比例的资本金,可以在资产的风险损失与银行安全之间发挥缓冲作用,因此资本金管理成为商业银行风险管理的重要方法。

三、商业银行风险管理程序

在风险管理过程中,商业银行必须根据风险管理的不同阶段和各种风险的不同特点,以及风险发生概率和其对收益的影响的不同程度,采取相应的风险方法与控制策略,据此化解和补偿风险,尽可能减少经营风险损失,提高商业银行的经营效益。具体体现在以下方面。

(一)构建良好的控制环境

一家银行要想有序、有效地开展业务,必须有一个合理的组织结构和一套完善的规章制度来作保证。所有的工作人员,不论其职级高低,都能清楚地了解自己的授权和职责,并对银行的业务政策有比较清晰的了解。所有的银行业务部门,不论是直接面对客户的部门或其他直接创造收益的前线部门,还是提供各种支持功能的后线部门及其他保障部门,都清楚地知道自己的指责以及彼此之间的关系。这样,整个银行才能成为一个有机的整体。

银行组织结构和规章制度所涉及的控制环节有以下内容:制定明确的银行政策目标;对每一个工作人员给予明确的授权;建立合理的组织架构,把整个银行的所有业务部门,按照其业务范围、在上下级关系中的位置、彼此之间的联系、与管理层的关系等,组成一个有机的整体,这个整体可以通过组织架构图明确地勾画出来;建立畅通的报告渠道,使基层信息能够及时传递上去;对全体职工提出职业道德准则要求;为各项业务制定标准化的操作规程;对会议记录、往来函件、签字样本等予以妥善保管;为一些重大事项的处理,如计划、授权、开拓新业务、购买或处理重要资产等制订出一套标准的操作程序。

良好的控制环境包括相互独立的董事会或监事会和审计委员会,有效的组织结构,成熟的管理哲学和正常的经营周期,良好的企业文化与优秀的员工队伍,合理明确的授权制及责任划分等。

1. 组织结构设计与控制

监事会或董事会和审计委员会是商业银行最重要的机构,它们主要负责管理银行的日常经营和运作、制订和实施战略计划、设计和监督内部控制制度等。影响二者效率的因素包括与管理部门的相对独立性程度，组成人员的经验和经历，成员涉及具体业务的程度，对风险和问题的反应灵敏度和恰当性，以及与内部和外部设计师的关系等。

2. 有效的组织结构控制

组织结构是指企业各部门的功能、机构设置以及相互关系的形势和性质。影响组织机构的因素包括如何对各部门进行授权以及责任的划分等。合理的组织分工是保证经济业务按照企业既定方针运行、提高经营效率、保护资产和增强会计数据可靠性的重要条件。商业银行组织机构的设置是根据不同经营特点和不相容职务相分离原则进行的。各个组织成员间的权力、责任和职务应明确划分。在银行的组织机构设置中，应考虑设计自动检查和平衡的功能，其要求是：第一，每一交易的完成必须经过不同的职能部门，以保证各职能部门对该笔交易的合法性进行自动检查和核对；第二，在每笔交易审核循环中，所涉及的各方不应当从属于另一方，以保证检查出的问题能引起重视，并及时得到纠正或制止。

3. 授权与责任控制

（1）责任划分。责任划分就是为每一部门及每一岗位明确其应承担的责任和工作范围。划定岗位职责是涉及内部控制系统最基本的手段，它决定业务授权的范围和级别以及恰当的责任人和确定的职责范围。当银行的组织结构规划完成以后，就可对不同的部门进行责任划分。在进行这种划分时，应注意以下原则：①权力和责任应明确地授予具体的个人或部门，以便为组织银行的经营活动规定相应的经济责任。这种规定必须以书面文字的形式，明确予以定义和具体描述，并经过恰当的程序予以批准。②在每个责任领域之内，都应尽可能授予独立的自主权，不应对其在责权范围内的业务过多地干扰。③恰当的人员应给予相当的责任，避免出现某人的责任超出其能力或未能充分挖掘其潜力的情况。在考虑不同的责任岗位时，应选择经验和知识相匹配的人员。

（2）授权控制。授权是指银行在处理经纪业务时，任何交易或业务必须经过适当的批准方可进行。就银行整体来说，一般由股东授权给董事会，董事会再根据银行的经营方针和管理方法，将大部分权力授予总经理或行长以及相应的管理部门。银行组织结构中的任何一层管理人员，既是对下级进行授权的主体，又是其上级机关授权的客体。在授权时应解决以下问题：哪些职员从事哪些具体业务，批准授权所遵循的程序，不同的管理层或人员可以批准的数额限制。这种授权通常还伴随着某些条件，只有当这些条件满足时，才能批准授权。比如，在商业银行的贷款业务中，通常对贷款限额的授权是依据不同客户的信誉和管理层的级别决定的。

4. 人力资源管理和控制

任何机构实现战略目标的能力，取决于其是否能有效地组织、发展和管理人力资源。而对银行来说，这一点较一般工商企业更为重要。银行作为一种从事货币经营的特殊服务企业，可以说其经营能力完全取决于人员的素质高低。

人力资源管理必须达到以下四项基本目标：①组织人员有效地工作；②尽量提高职员的水平和技能；③建立使用的技能和良好的工作氛围；④管理部门和个人的经营行为。这些目标的实现，有赖于一系列人员素质控制。职员素质控制制度包括职员招聘、作业标准制定与实施、培训计划、解雇管理、考核与晋升、职工信用保险、休假和工作轮换制度、工作环境等。而银行的经营理念、价值观、管理能力、管理哲学等文化内涵因素，在人员素质控制的每一环节中均能体现。

（二）建立有效的风险控制机制

管理层制定一个合理的组织结构和一套完整的规章制度以后，并不意味着万事大吉。相反，管理层要对每天业务的发生情况、规章制度的执行情况、银行的经营情况等给予经常性的监督与控制，确信各项银行业务正在按照既定的方针有计划、有秩序地进行。管理层要经常查看下列报表和报告：①各类头寸报告，观察是否有超越额度的现象发生，如果有，则需马上查明原因，并采取相应措施；②财务报表，如损益表、资产负债表等，注意各类计划的完成情况；③流动性报告，确保银行有充足的对外支付能力；④贷款作业程序报告，注意贷款的发放和管理是否遵循既定的程序；⑤存款报告，注意观察存款余额、来源、期限结构、成本等是否有大的变化；⑥合法、合规经营报告，注意银行的各类业务、法定财务比率是否符合有关金融监管当局的规定，以及各项业务操作有无超权、越权的现象发生等。

商业银行是社会经济活动风险集中的载体，它的一切业务活动和过程处处涉及风险。对风险的识别、评估、控制始终是商业银行工作和管理的重点，也是金融监管部门关注的焦点。

为了实现商业银行安全性、流动性和盈利性的统一和平衡，世界各国和有关国际金融组织经过多年的努力和改进，现在已设计和发展出一整套识别、评估、控制商业银行风险的办法，即建立一整套比例指标来对风险进行早期预警，实现商业银行的经营目标。其主要的风险比率控制方法有以下几种。

1. 资本充足率

这是一家银行的资本构成其最终的安全防线或缓解资金危机的基础，以使银行在遇到出人意料的宏观经济或经营困难的情况下，仍能保持足够的支付力并持续经营下去。

2. 资产负债比例管理

银行资产负债比例管理理论的基本思想是将资产与负债两个方面加以对照分析，根据银行经营环境的变化，协调各种不同资产和负债在利率、期限、风险、流动性诸方面的比例搭配，来达到风险控制的方法。其核心控制方法有利差管理、利率敏感性管理、缺口管理和银行流动性管理。

3. 信贷资产质量比率控制

运用一系列指标比例来反映和控制商业银行的信贷资产质量，如贷款集中率、大额贷款比率、不同因素的贷款组合结构比率等。

（三）统一、有效的控制程序

1. 不相容职务的分离

不相容是指某些职能若只有一人负责执行，就有可能给银行的安全运行埋下危险的种子。不相容职务的分离核心就是"内部牵制"，它是一种职责分配、工作分工和业务记录方法相结合的管理制度。在这种制度下，任何一个人或一组职员的工作都必须与其他雇员的工作相一致，或与其他职员的工作相联系，并要受到连续不断的检查。为了达到最佳的职务分离，银行的保管管理、会计记录和监督职能应当分由不同的人或雇员组来执行。如凭证的报关与凭证的使用必须由不同的人负责，特别是银行的重要空白凭证绝不能委托同一职员保管，否则，该职员就有可能利用重要空白凭证骗取银行的资金。概括地说，交易的授权、交易的执行、交易的记录和交易的检查必须分离到四个不同的职员身上。

2. 接近资产或记录的控制

接近资产或记录的控制指严格保护银行的各种实物财产，记录有关数据信息，只有经授权的职员方可接近它们。

3. 设计和使用文件与记录控制

文件与记录指组织、执行和记录经济业务的书面根据。为了加强内部控制，必须设计一系列业务规则和会计凭证，并作为银行保持高效率经营和高质量信息传递的手段。

4. 会计控制

会计信息系统是银行为了汇总、分析、分类、记录和报告经济业务，并保持相关资产和负债的受托责任而建立的方法和文件记录系统。有效的会计控制制度包括以下方面。

（1）确认并记录所有真实的经济业务。

（2）及时详细地描述经济业务，并在财务报表中对其作适当的分类。

（3）计量经济业务的价值，以便在财务报表中记录适当货币价值。

（4）确定经济业务发生期间，以便将其记录在适当的会计期间。

（5）在财务报表中适当表达经济业务和披露相关事项。

（6）会计控制制度要达到四个方面要求：①规范化要求，即建立并执行规范化的操作程序；②授权分则要求，即对会计账务处理实行分级授权；③监督制约要求，即实行事前、事中和事后的全方位监督；④财务核对要求，即执行全面的内外不定时对账制度。

此外，商业银行应根据统一的会计准则，尤其是针对银行的国际会计准则，确保其财务报表真实公允地反映银行财务状况和盈利水平。例如，按国际会计准则，为使会计账表能真实而公允地反映情况，应该在考虑限制的情况下，按市场价格记录和反映某些资产的价值。在必要时收益应按净值计价法来反映未来的收入，同时要考虑到信贷资产的质量以及应计提的贷款损失准备金等。

（四）可靠和高效的信息及传递控制

信息及传递控制指用以生成财务报表的会计信息系统和各种相关信息之间的传递机制的

控制。合理和高效的信息传递机制将保证有关财务信息和管理信息及时传递到相关人员手中,进而使管理人员能及时掌握情况,采取有效措施,确保银行经营目标的实现。它包括内部控制结构中明确的职责划分、完善的财务报告和会计系统及其与内控的关系、发现例外事项时的报告传递程序。

(五)完善的反馈控制制度

由于银行的经营环境和内部管理的变化可能会导致某些内部控制环节的失效,因此,必须不断评估和检查内部控制的运行情况,及时发现问题并加以解决。这种措施和程序称为反馈控制制度。建立内部审计机构是这种反馈控制的一种安排。这种安排有时被形象地称为"及时控制"。它指定期对全部或部分内部控制进行评估。这种职能通常交由外部审计师或内部审计部门执行。

【知识库】

商业银行内控失效研究——基于盛京银行的案例分析

2015年1月,盛京银行北京分行五笔贷款业务1 700万到期后,借款人因故不能按时偿还。银行高管和员工联系到北京中环绿宇科技有限公司(以下简称中环公司)的负责人孔某某,为了避免银监会的贷款业务审查,利用银行自身的信誉和公信力获取中环公司负责人孔某某的信任,骗取孔某某以"倒贷"方式抵消银行到期贷款1 700万,期限为10天,以掩盖银行不良贷款。但孔某某没有想到款项到期后,银行以经济周转为理由转入银行账户中不予归还,多次追讨无果,陷入债务纠纷。盛京银行"倒贷"风险根源:

1. 贷后风险管理与防控存在缺失

信贷风险包括事前、事中及事后三大类。我国商业银行普遍重视信贷业务的事前资格审查,对于事中审批和事后的监督管理相对弱化,贷后管理没有得到重视,普遍存在贷后管理体制缺失,缺乏贷后管理手段及措施。借款人出现问题无法按时偿还贷款后,银行常常陷入疲于催收状态中,相关贷款催收规定难以得到有效执行。银行内部员工降低不良贷款的方式,不是依靠于贷后管理中贷款追回和催收相关规定,而是依赖多次"倒贷",将不良贷款转为正常贷款,表面上抵消了不良贷款数额,实质掩盖贷款的真实质量。

2015年1月6日,盛京银行北京分行五笔贷款业务即将到期,吴某等借款人无法按时偿还,根据银行不良贷款清收规定,银行应查明原因,及时催收贷款。但业务部经理李某伙同员工计某、刘某伪造银行材料,骗取客户资金以抵消不良贷款,没有采取正规渠道收回贷款,在一定程度上纵容了借款人逃废银行债务,从而放大了银行的信贷风险。

2. 绩效考评制度尚不完善

经济下行压力下,面对新兴金融业态的冲击,商业银行不良贷款逐年增加,严重影响了银行净利润及与之挂钩的员工工资绩效考评。银行员工工资主要包括基本工资、绩效奖金及员工福利三大部分,浮动的绩效奖金(每月奖金及年终奖)在员工资收入中比重较大。其中,不良贷款与员工的各项福利和待遇紧密联系。银行不良贷款率的上升态势会直接影响银行的利润和业绩,导致员工绩效大打折扣。

盛京银行近两年不良贷款呈上升态势,截至2016年末,该行不良贷款为41.1亿元,相应地不良贷款率从2015年末的0.42%升至1.74%。不良率的攀升,严重影响贷款收益率及银行利润,使得员工绩效缩水,银行现"降薪潮";另外不良贷款还会影响到分行和支行的资产质量考核。

纵观此次盛京银行北京分行的"倒贷"案中,业务部经理李某及员工计某、刘某为掩盖五笔即将到期、借款人无力偿还的贷款业务,利用客户孔某某资金抵消银行账面不良贷款。究其原因是银行绩效考核制度及不良贷款管理的规章制度,不良贷款的"双升"(不良贷款额和不良贷款率)使员工极度敏感,面对巨大压力。

一方面,一旦出现不良贷款,意味着银行利润、业绩受损,坏账压力加大,超过规定资产质量额度,行内员工工资就会受到很大影响。另一方面,根据银行不良贷款清收考核规定,不良贷款的考核对象为信贷管理人员、经办人员及相关责任人员,而李某、计某和刘某对于不良贷款负有审批责任、管理责任和经办责任,直接负责不良贷款的清收与管理,使得其萌生"倒贷"掩盖银行不良贷款动机。

3. 员工职业素养与道德缺陷

盛京银行北京分行业务部经理李某同员工计某、刘某,私自打印《汇款计划》《关于吴某某、林某等人申请个人经营性贷款的审查意见》及《还款证明》等相关材料,其中银行规定《审查意见》只能由部门开具并盖章,材料应由部门负责人盖章签字,由部门进行管理,不能交由客户。经法院审查可知,《审查意见》是李某等人私自打印并向孔某某出具材料,未经部门决策通过,落款处为计某代李某签字,且没有交由部门进行登记管理,属于员工私自伪造银行文件。本案中,中环公司孔某某与闽商公司并不存在业务往来,金源德丰公司与中环公司也无联系,双方都是在银行高管及员工的"牵针引线"下,由于信任银行信誉和员工职务身份,陷入"倒贷"陷阱,继而蒙受了巨大的经济损失。

李某等人利用职务优势,从中牵线搭桥,欺骗、吸纳大量客户资金,过渡转入银行账户中使用,涉嫌欺诈客户资金;另外,"拆东墙补西墙"以降低不良贷款,涉嫌挪用资金。说明银行内部环境有待完善,员工缺乏职业素养,违规"倒贷",违反道德规范,严重危害了银行的名誉和信誉以及客户利益,带来资金损失。

4. 内部监控失效

商业银行具有客户多、账户多、信贷业务多,数据量巨大等特点。银行内部监督部门很难做到监督管理每一位信贷员的每笔信贷资金,只能针对信贷业务整体设置监控流程,对于信贷管理人员及相关经办人员缺乏监管。银行对于信贷风险的监管,仅仅局限在信贷业务本身的风险,重点关注于信贷业务的资产质量额度,缺乏对信贷行为的监管,员工常出现有章不循、执章不严、违规操作等行为。

李某、计某等人利用职权,私自伪造《审查意见》《汇款计划》等材料,吸纳客户资金,以"倒贷"方式降低不良贷款等行为违反银行信贷管理规定,影响银行真实的不良贷款率、拨备率和资本充足率等指标,掩盖真实贷款质量。盛京银行内部监控存在漏洞和空白地带,员工私自"倒贷"行为,暴露出盛京银行贷后管理流于形式,没有持续、有效地监控逐日逐笔贷款业务的详细记录。

(资料来源:《现代商贸工业》2018年第22期)

本章小结

商业银行风险的成因主要有政策、法律变化因素造成商业银行经营风险,市场变化莫测因素造成商业银行经营风险,高额刚性负债经营因素造成商业银行的经营风险,激烈的同业竞争因素造成商业银行经营风险,"三性"之间的矛盾因素造成商业银行经营风险,管理水平限制因素造成商业银行经营风险。

商业银行风险的种类主要有信用风险、流动性风险、资本金不足风险、利率风险、汇率风险、操作风险、法律风险、自然与社会风险。

商业银行风险管理方法主要有资产负债比例管理法、信用评估分析、流动性管理、资本金管理。

商业银行风险管理程序是风险的识别、风险的估计、风险的处理与控制。

自测题

一、单项选择题

1. 商业银行的核心竞争力是(   )。
   A. 吸存放贷　　　B. 支付中介　　　C. 货币创造　　　D. 风险管理
2. 风险是指(   )。
   A. 损失的大小　　　　　　　　　　B. 损失的分布
   C. 未来结果的不确定性　　　　　　D. 收益的分布
3. 风险与收益是相互影响、相互作用的,一般遵循(   )的基本规律。
   A. 高风险低收益、低风险高收益　　B. 高风险高收益、低风险低收益
   C. 高风险高收益　　　　　　　　　D. 低风险低收益
4. 与市场风险和信用风险相比,商业银行的操作风险具有(   )。
   A. 特殊性、非盈利性和可转化性　　B. 普遍性、非盈利性和可转化性
   C. 特殊性、盈利性和不可转化性　　D. 普遍性、盈利性和不可转化性
5. 如果一个资产期初投资100元,期末收入150元,那么该资产的对数收益率为(   )。
   A. 0.1　　　B. 0.2　　　C. 0.3　　　D. 0.4
6. 风险管理文化的精神核心和最重要和最高层次的因素是(   )。
   A. 风险管理知识　B. 风险管理制度　C. 风险管理理念　D. 风险管理技能
7. 下列(   )模型是针对市场风险的计量模型。
   A. Credit Metrics　B. KMV 模型　C. VaR 模型　D. 高级计量法
8. 信用风险经济资本是指(   )。
   A. 商业银行在一定的置信水平下,为了应对未来一定期限内信用风险资产的非预期损失而应该持有的资本金

B. 商业银行在一定的置信水平下,为了应对未来一定期限内信用风险资产的预期损失而应该持有的资本金

C. 商业银行在一定的置信水平下,为了应对未来一定期限内信用风险资产的非预期损失和预期损失而应该持有的资本金

D. 以上都不对

9. 已知某商业银行的风险信贷资产总额为 300 亿元,如果所有借款人的违约概率都是 5%,违约回收率平均为 20%,那么该商业银行的风险信贷资产的预期损失是(　　)。

A. 15 亿元　　　　B. 12 亿元　　　　C. 20 亿元　　　　D. 30 亿元

二、多项选择题

1. 商业银行风险的主要类别包括(　　)。

A. 信用风险　　B. 市场风险　　C. 操作风险　　D. 流动性风险　　E. 国家风险

2. 对于不可管理的风险,商业银行可以采取的管理办法是(　　)。

A. 风险分散　　B. 风险对冲　　C. 风险转移　　D. 风险规避　　E. 风险补偿

3. 商业银行风险管理流程包括(　　)。

A. 风险识别　　B. 风险计量　　C. 风险监测　　D. 风险控制　　E. 风险对冲

4. 商业银行常用的风险识别方法包括(　　)。

A. 专家调查列举法　　　　B. 资产财务状况分析法

C. 情景分析法　　　　　　D. 分解分析法

E. 失误树分析法

5. 商业银行的经营原则是(　　)。

A. 盈利性　　B. 安全性　　C. 流动性　　D. 扩张性　　E. 竞争性

三、简答题

1. 什么是商业银行风险？它有哪些类型？

2. 简述商业银行经营风险的成因。

3. 商业银行风险监测方法有哪几种？分别有什么优缺点？

4. 商业银行风险管理方法主要有哪些？

四、案例分析

基本资料：X 城市商业银行于 2010 年成立,是其所在省份成立的第一家地方性股份制商业银行,现有支行 60 多家,员工 1 500 余名。

问题：在 2016 年至 2020 年这 5 年里 X 城市商业银行进入了信贷规模快速扩张的粗放经营阶段,X 城市商业银行主要以业绩增长为主导,追求资产数量上的膨胀,而风险管理意识还比较薄弱,风险管理水平低下。信贷资产风险控制水平和风险预警水平较低,对宏观环境的把握能力不强,对信息风险、市场风险操作风险的识别能力不够。X 城市商业银行在规模快速增长的同时,也积累了较高的资产风险,随着时间的推移以及经济周期的波动,积累的不良资产

浮出水面,不良贷款率年年攀高。

分析:该案例说明了什么?

【阅读资料】

1984年春夏之际,作为美国十大银行之一的大陆伊利诺银行经历了一次严重的流动性危机。最后在美国联邦有关金融监管当局的多方帮助下,才得以度过危机。

早在1970年初,该银行最高管理层就曾经制订了一系列雄心勃勃的信贷扩张计划。在该计划下,信贷员有权发放大额贷款,而为赢得客户,贷款利率往往低于其他的竞争对手。这样,该行的贷款总额曾经一度迅速膨胀:从1977年到1981年的5年间,贷款额以平均每年19.8%的速度增长,而同期其他美国16家最大银行的贷款增长率仅为14.7%。与此同时,银行的利润率也高于其他竞争银行的平均数。但是,银行资产急剧扩张的同时已经隐藏了潜在的危机。

与其他大银行不同的是,大陆伊利诺银行并没有稳定的核心存款来源。其贷款主要有出售短期可转让定期存单、吸收欧洲美元和工商企业及金融机构的隔夜存款来支持。在20世纪70年代,该行资金来源既不稳定,资金使用又不慎重。由于大量地向一些问题企业发放贷款,大陆伊利诺银行的问题贷款的比重越来越大。1982年,该银行没有按时付息的贷款额(超过期限90天还未付息的贷款)占总资产的4.6%,比其他大银行的该比率高一倍以上。到1983年,该银行的流动性状况进一步恶化,易变负债超过流动资产的数额余额占总资产的53%。在1984年的前3个月,问题贷款的总额已达23亿美元,而净利息收入比上年同期减少了8 000万美元。第一季度的银行财务报表中出现了亏损。

1984年5月8日,当市场上开始流传大陆伊利诺银行将要倒闭的消息时,其他银行拒绝购买该银行发行的定期存单,原有的存款人也拒绝延展到期的定期存单和欧洲美元。公众对这家银行的未来已失去信心。5月11日,该银行从美国联邦储备银行借入36亿美元来填补流失的存款,以维持必需的流动性。1984年5月17日,联邦存款保险公司向公众保证所有的存款户和债权人的利益将能得到完全的保护,并宣布将和其他几家大银行一起注入资金,而且中央银行也会继续借款给该银行。但这类措施并没有解决根本问题,大陆伊利诺银行的存款还在继续流失,短短的两个月内,该银行共流失了150亿美元的存款。

1984年7月,联邦存款保险公司接管该银行(拥有该银行股份的80%),并采取了一系列其他措施,才帮助大陆伊利诺银行度过了此次危机。

(资料来源:中华金融学习网)

第十一章

Chapter 11

商业银行财务分析与绩效评价

【学习要点及目标】

本章学习要点主要涉及以下三个方面内容:首先是认识银行经营活动及结果,即利用银行财务报表获取相关信息;其次,设计一套指标体系将报表信息结合起来,从多个角度展示银行经营业绩;最后,应用一定的分析方法对指标数据进行分析,对银行绩效作出评价。通过本章的学习,学生要理解商业银行资产负债表、损益表、现金流量表;熟练掌握商业银行财务分析的主要方法;理解商业银行绩效评估体系,能够灵活运用相关理论对商业银行绩效作出评价。

【导入案例】

2018 年中国农业银行报表分析

中国农业银行股份有限公司,简称农业银行,所属的行业是综合性银行,公司总部位于北京市。2018 年,农业银行的资产总计是 2 260 947 100 万元,负债合计是 2 093 468 400 万元,所有者权益合计是 167 478 700 万元。

2016~2018 年三年的资产总计分别是 1 957 006 100 万元、2 105 338 200 万元、2 260 947 100 万元。其中,2018 年的流动资产合计为 0 万元,包括 0 万元的货币资金和 0 万元的;非流动资产合计为 0 万元,其中的固定资产占到了 15 245 200 万元。

从资产的角度对农业银行的资产负债表进行水平分析,2018 年的资产总计是 2 260 947 100 万元,相比 2017 年变动了 155 608 900 万元,变动了 7.39%,其中,流动资产合计为 0 万元,相比 2017 年变动了 0 万元,变动了 0.00%。货币资金为 0 万元,相比 2017 年变动了 0 万元,变动了 0.00%,存货为 0 万元,相比 2017 年变动了 0 万元,变动了 0.00%;非流动资产合计为 0 万元,相比 2017 年变动 0 万元,变动 0.00%,其中的固定资产为 15 245 200 万元,相比 2017 年变动了-280 600 万元,变动了-1.81%。

2016~2018年三年的负债总额分别是1 824 847 000万元、1 962 398 500万元、2 093 468 400万元,其中,2018年的流动负债是0万元,非流动负债是0万元。

负债方面,农业银行2018年的负债总额为2 093 468 400万元,相比2017年变动了131 069 900万元,变动了6.68%,其中,流动负债是0万元,非流动负债是0万元,相比2017年,分别变动了0万元和0万元,变动比率分别是0.00%和0.00%。

2016~2018年农业银行的所有者权益总额分别为132 159 100万元、142 939 700万元、167 478 700万元,2018年的股本为34 998 300万元。

所有者权益方面,2018年农业银行的所有者权益总额为167 478 700万元,相比2017年变动了24 539 000万元,变动了17.17%;股本为34 998 300万元,相比2017年变动了2 518 900万元,变动了7.76%。

(资料来源:前瞻网)

第一节 商业银行财务分析

一、商业银行财务报表的基本内容

商业银行经营活动过程和结果体现在其财务报表中,财务报表为银行绩效的评价提供必要信息。财务报表按所反映金融变量的不同性质可进行简单分类,存量报表提供有关存量变量信息,流量报表由有关流量信息组成。所谓存量是与时点相联系的变量,流量是与特定时期相联系的变量,这两类变量依存的时间基础是截然不同的。此外,存量指标和流量指标之间也有一定联系,一般而言,流量指标可归于相应存量指标中,资产负债表是存量报表,静态反映银行经营活动;损益表提供流量信息,动态反映银行业绩;现金流量表则将这两种性质不同的报表联结起来。

(一)资产负债表

资产负债表是使用最多的财务报表,是一种存量报表,反映了特定时点上银行的财务状况,是银行经营活动的静态体现。通过银行资产负债表可以了解报告期银行实际拥有的资产总量、构成情况、银行资金的来源渠道及具体结构,从总体上认识该银行的资金实力、清偿能力情况。从连续期间的资产负债表可了解到银行财务状况的变动情况,有助于对其未来发展趋势作出预测。

银行资产负债表的编制原理同一般企业基本相同,也是根据"资产=负债+所有者权益"这一平衡公式,按设定的分类标准和顺序,将报告日银行的资产、负债、权益的各具体项目予以适当排列编制而成。银行业经营活动与工商企业有显著差异,在报表反映内容上也有自身特点。首先,银行总资产中各种金融债权占较大比重,而固定资产主要是房产和设备所占比重很小,西方商业银行固定资产与总资产的比值一般不足2%。其次,商业银行更多地依靠负债获得资金来源,自有资金一般不足10%,大大低于工商业平均水平。同工商企业相比,银行资本会更多地发挥管理性职能,即监管部门通过建立相关资本金管理法令,来约束、引导银行业的正常发展。另外,由于所处经营环境、面临经济法规不同,开展的业务各有特点,商业银行在资产负债表具体科目设置、会计处理上也不尽相同,但总体上大同小异。

表11.1是商业银行的资产负债表,值得注意的是分析其财务状况、评价业绩时,多采用年初、期末平均余额来考查银行在整个报表期间的经营活动。

表11.1 资产负债表

资产	期末余额	年初余额	负债和所有者权益(或股东权益)	期末余额	年初余额
资产:			负债:		
现金及存放中央银行款项			向中央银行借款		
存放同业款项			同业及其他金融机构存放款项		
贵金属			拆入资金		
拆出资金			交易性金融负债		
交易性金融资产			衍生金融负债		
衍生金融资产			卖出回购金融资产款		
买入返售金融资产			吸收存款		
应收利息			应付职工薪酬		
发放贷款和垫款			应交税费		
可供出售金融资产			应付利息		
持有至到期投资			预计负债		
长期股权投资			应付债券		
投资性房地产			递延所得税负债		
固定资产			其他负债		
无形资产			负债合计		
递延所得税资产			所有者权益(或股东权益):		
其他资产			实收资本(或股本)		
			资本公积		
			减:库存股		
			盈余公积		
			一般风险准备		
			未分配利润		
			所有者权益(或股东权益)合计		
资产总计			负债和所有者权益(或股东权益)总计		

资产负债表列示说明如下。

（1）表11.1反映商业银行一定日期全部资产、负债和所有者权益的情况。

（2）表中"年初余额"栏内各项数字，应根据上年年末资产负债表"期末余额"栏内所列数字填列。如上年度资产负债表规定的各个项目的名称和内容与本年度不相一致，应对上年年末资产负债表各项目的名称和数字按照本年度的规定进行调整，填入本表"年初余额"栏内。

（3）本表"期末余额"栏内各项数字，一般应根据资产、负债和所有者权益期末情况分析填列。

①"现金及存放中央银行款项"项目，反映企业期末持有的现金、存放同业等总额。

②"存放同业款项""交易性金融资产""买入返售金融资产""可供出售金融资产""递延所得税资产"等资产项目，一般直接反映企业持有的相应资产的期末价值。买入返售金融资产计提坏账准备的，还应以扣减计提的坏账准备后的金额列示。

③"贵金属"项目，反映企业期末持有的贵金属价值。

④"衍生金融资产"项目，反映企业期末持有的衍生工具、套期工具、被套期项目中属于衍生金融资产的金额。

⑤"发放贷款和垫款"项目，反映企业发放的贷款和贴现资产扣减贷款损失准备期末余额后的金额。

⑥"拆出资金""应收利息""持有至到期投资""长期股权投资"等资产项目，反映企业持有的相应资产的实际价值，以扣减对应的资产减值准备后的金额列示。

⑦"代理业务资产"项目，反映企业代理业务形成的资产所属承担风险的情况。

⑧"固定资产""无形资产"等资产项目，反映相应资产在期末的实际价值，以扣减"累计折旧""累计摊销"和对应的资产减值准备后的金额列示。

⑨"其他资产"项目，反映企业期末持有的存出保证金、应收股利、其他应收款、待摊费用、一年内应予摊销的长期待摊费用等总额。已计提坏账准备的，以扣减"坏账准备"后的金额列示。

长期应收款减去未实现融资收益后的金额，应当在"其他资产"项目反映，已计提坏账准备的，还应扣减"坏账准备"余额。

"抵债资产""商誉"应当在"其他资产"项目反映。

"代理兑付证券"减去"代理兑付证券款"后的余额，应当在"其他资产"项目反映。

⑩"同业及其他金融机构存放款项""向中央银行借款""拆入资金""交易性金融负债""卖出回购金融资产款""吸收存款""应付职工薪酬""应交税费""应付利息""应付债券""递延所得税负债"等项目，应当反映企业从中央银行借入在期末尚未偿还的借款、尚未偿付的债券金额等。

⑪"衍生金融负债"项目，反映衍生工具、套期项目、被套期项目中属于衍生金融负债的金额。

⑫"代理业务负债"项目,反映代理业务负债所属承担风险的情况。

⑬"其他负债"项目,反映存入保证金、应付股利、其他应付款、预提费用、预计负债、递延收益等。

长期应付款扣减未确认融资费用后的金额,应该在"其他负债"项目反映。"代理兑付证券"减去"代理兑付证券款"后的余额,应当在"其他负债"项目反映。

⑭"实收资本(或股本)""资本公积""盈余公积""一般风险准备""未分配利润""库存股"等项目,应当反映企业期末持有的接受投资者投入企业的实收资本、从净利润中提取的盈余公积、一般风险准备等金额。

(二)银行损益表

损益表又称为利润表,是商业银行最重要的财务报表之一。与资产负债表不同,损益表是流量表,是银行在报表期间经营活动的动态体现。银行损益表着眼于银行的盈亏状况,提供了经营中的收支信息,总括地反映出银行的经营活动及成果。利用损益表提供的信息,分析其盈亏原因,可以进一步考核银行的经营效率、管理水平,对其经营业绩作出恰当评价,并可认识该银行发展趋势,预测出该银行的经营前景、未来获利能力。

银行损益表包括三个主要部分:收入、支出和利润。编制损益表所依据的平衡公式是"收入-支出=利润",各科目的设置处理取决于银行所采取的会计核算方法,面临的管理法规,也取决于所开展的业务,不同国家银行有一定差别,但报表的基本结构、编制方法是相同的,表11.2 是商业银行的利润表。

表 11.2 利润表

会商银 02 表

编制单位:　　　　　　年度　　　　　　　单位:元

项目	行次	本年金额	上年金额
一、利息净收入			
利息收入			
利息支出			
二、手续费净收入			
手续费收入			
手续费支出			
三、其他经营净收益			
公允价值变动净收益(净损失以"-"号填列)			
投资净收益(净损失以"-"号填列)			
汇兑净收益(净损失以"-"号填列)			

续表11.2

项目	行次	本年金额	上年金额
其他业务净收益（净损失以"-"号填列）			
四、营业支出及损失			
营业税费、业务及管理费			
资产减值损失			
五、营业利润（亏损以"-"号填列）			
加：营业外收入			
减：营业外支出			
六、利润总额（亏损总额以"-"号填列）			
减：所得税			
七、净利润（净亏损以"-"号填列）			
八、每股收益：			
（一）基本每股收益			
（二）稀释每股收益			

利润表列示说明如下。

(1)表11.2反映商业银行在一定会计期间内利润（亏损）的实现情况。

(2)表中"上年金额"栏内各项数字，应根据上年度利润表"本年金额"栏内所列数字填列。如上年度利润表规定的各个项目的名称和内容与本年度不相一致，应对上年度利润表各项目的名称和数字按照本年度的规定进行调整，填入本表"上年金额"栏内。

(3)本表"本年金额"栏内各项数字，一般应当反映以下内容：

①"利息净收入"项目，应根据"利息收入"项目金额减去"利息支出"项目金额后的余额计算填列。

"利息收入""利息支出"等项目，应当反映企业经营存贷款业务等根据收入支出准则确认的利息收入和发生的利息支出。

②"手续费净收入"项目，应根据"手续费收入"项目金额减去"手续费支出"项目金额后的余额计算填列。

"手续费收入""手续费支出"等项目，应当反映根据收入准则确认的包括办理结算业务等在内的手续费收入和各项手续费、佣金等。

③"其他经营净收益"项目，应根据"公允价值变动净收益""投资净收益""汇兑净收益""其他业务净收益"等项目金额计算填列。

"公允价值变动净收益""投资净收益""汇兑净收益""其他业务净收益"等项目,反映企业按照相关准则规定应当计入当期损益的资产或负债公允价值变动净收益;以各种方式对外投资取得的净收益、汇率变动形成的净收益;除主要经营业务以外的其他业务收支净收益等。如为净损失,以"-"号列示。

④"营业支出及损失"项目,反映企业生产经营过程中缴纳的营业税等营业税费、业务及管理费、发生的资产减值损失等项目总额。

⑤"营业外收入""营业外支出""所得税"等项目,反映企业发生的与其经营活动无直接关系的各项收入和支出,以及根据所得税准则确认的应从当期利润总额中扣除的所得税费用。

二、商业银行财务报表分析的方法

(一)财务分析指标

在用财务指标对商业银行的财务状况进行分析时,比率指标分析内容主要包括:银行清偿力的分析、风险分析、经营效率分析和经营成果分析等。这一分析过程将通过表11.3和表11.4的A银行资产负债表和损益表来进行。

表11.3 A银行资产负债表

2018年12月31日　　　　　单位:百万元

资产	2018年	2017年	负债及股东权益	2018年	2017年
现金及银行存款	799	745	短期存款	114 336	90 061
贵金属	2	2	短期储蓄存款	9 291	6 502
存放中央银行款项	33 512	33 835	财政性存款	92	56
存放同业款项	13 112	9 666	向中央银行借款	3 584	3 434
拆出资金	2 252	3 297	同业存放款项	15 386	13 685
短期贷款	59 163	38 033	拆入资金	8 274	7 731
应收进出口押汇	305	1 022	应解汇款	1 677	1 256
应收账款	5 745	6 616	汇出汇款	3 434	3 888
减:坏账准备	17	20	委托存款	5 093	4 511
其他应收款	6 318	2 898	卖出回购证券款	3 022	1 522
贴现	5 892	751	应付账款	3 603	2 669
短期投资	749	2 329	其他应付款	1 345	608
委托贷款与委托投资	4 938	4 450	存入短期保证金	12 872	3 766
自营证券	770	872	应付工资	53	37

续表11.3

资产	2018年	2017年	负债及股东权益	2018年	2017年
代理证券	378	132	应付福利费	20	8
买入返售证券	9 203	1 124	应付税金	581	348
其他流动资产	5 075	3 345	其他流动负债	421	794
一年内到期的长期投资	2 623	1 441	流动负债合计	183 084	140 876
流动资产合计	150 819	110 538	长期存款	7 795	9 463
中长期贷款	10 691	9 935	长期储蓄存款	2 349	1 717
逾期贷款	24 679	30 685	存入长期保证金	6	6
减:贷款呆账准备	1 070	1 587	发行长期债券	828	828
应收租赁款	31	55	长期借款	948	5 692
减:未收租赁收益	2	2	其他长期负债	176	76
租赁资产	8	—	长期负债合计	11 750	17 782
长期投资	19 040	15 565	负债合计	194 834	158 658
减:投资风险准备	39	22	股本	5 964	4 312
固定资产原值	2 549	1 892	资本公积	4 167	2 772
减:累计折旧	572	411	盈余公积	1 464	1 111
固定资产净值	1 977	1 481	未分配利润	1 007	1 040
在建工程	576	584	股东权益合计	12 602	9 235
长期资产合计	55 891	56 694			
无形资产	228	194			
递延资产及其他长期资产	498	467			
无形递延及其他长期资产	726	661			
资产总计	207 436	167 893	负债及股东权益总计	207 436	167 893

表11.4 A银行损益表

2018年12月31日　　　单位:百万元

项目	2018年	2017年
利息收入	503 928	406 461
金融机构往来收入	121 885	76 287

续表11.4

项目	2018 年	2017 年
手续费收入	13 009	8 239
其他营业收入	146 063	114 696
营业收入总计	784 886	605 683
利息支出	281 077	231 486
金融机构往来支出	100 710	76 404
手续费支出	4 823	2 654
营业费用	162 487	116 009
其他营业支出	121 829	74 958
营业支出总计	670 924	501 511
营业税金及附加	44 037	37 113
营业利润	69 925	67 059
加:营业外收入	2 504	1 269
减:营业外支出	2 862	590
税前利润	69 567	67 738
税项	9 648	—
净利润	59 919	67 738

（二）资金实力指标

银行的资金实力不仅表明它的资信能力,而且预示了其发展潜力。其主要指标是存款资产比率。根据表 11.3 提供的数据,可计算 A 银行 2018 年的存款资产比率。

$$A\text{ 银行的存款资产比率} = \frac{\text{存款总额}}{\text{资产总额}} \times 100\% = \frac{(114\ 336 + 9\ 291 + 92 + 7\ 795 + 2\ 349)}{207\ 436} \times 100\% \approx 64.53\%$$

该比率越大,说明存款总额在资产总额中的比重越大,表明该银行的低成本资金来源占比较高,其资信实力雄厚。A 银行 2018 年的存款资产比率为 64.53%,表明其资金实力尚可。

（三）流动性分析

对银行流动性的分析主要是观察银行的资信能力和银行的经营风险,其主要指标如下。

1. 备付金比率

备付金比率是备付金与各项存款的比率。在中国目前制度下,银行的备付金包括在中央银行的存款和库存现金。

$$A 银行的备付金比率 = \frac{备付金}{各项存款} \times 100\% = \frac{(799+33\,512)}{133\,863} \times 100\% \approx 25.63\%$$

备付金是银行资产中流动性最强的资产,该比率越大说明银行的流动性越强,因而在应付流动性需求方面的能力越强,清偿力越强。A 银行 2018 年的备付金比率高达 25.63%,这一方面说明其资产流动性很高;另一方面又表明其资产盈利能力比较低。

2. 短期可销售证券与总资产的比率

该比率是用来分析商业银行的二级准备充足状况的,比率越高,银行的二级准备越充足,其流动性越强。

A 银行短期可销售证券与总资产的比率 =

$$\frac{短期可销售证券}{总资产} \times 100\% = \frac{(749+2\,623+9\,203)}{207\,436} \times 100\% \approx 6.06\%$$

A 银行 2018 年短期可销售证券与总资产的比率为 6.06%,说明其二级准备不是很充分。

3. 流动比率

流动比率是商业银行的流动性资产与流动性负债的比率,其计算公式为

$$流动比率 = \frac{流动资产}{流动负债} \times 100\% = \frac{150\,819}{183\,084} \times 100\% \approx 82.37\%$$

该比率是用来衡量商业银行流动资产抵偿流动负债的能力,流动比率越大,抵偿能力越强。但该比率过大,说明商业银行的资产盈利不足,对其实现经营目标不利。A 银行 2018 年的流动比率高达 82.37%,说明其流动性过剩,而盈利能力不足。

(四)风险分析

1. 流动性风险比率

它是短期资产与存款总额之比。它反映了商业银行支付客户提款和增加贷款等实际或潜在的流动性需求和流动性供给之间的比较。其计算公式为

$$流动性风险比率 = \frac{短期资产}{存款总额} \times 100\% = \frac{22\,804}{133\,863} \times 100\% \approx 17\%$$

短期资产是流动性极强的资产,包括现金、同业存款、短期投资、票据贴现、短期拆借资金等。一般来说,这一比率越大,说明商业银行的流动性越强,对流动性的需要越小。A 银行的流动性风险比率为 17%,说明其流动性风险较小。

2. 利率风险比率

这是衡量商业银行利率风险的主要指标,是指利率敏感性资产与利率敏感性负债的比。其计算公式为

$$利率风险比率 = \frac{利率敏感性资产}{利率敏感性负债} \times 100\%$$

由于从 A 银行的资产负债表中不能反映其资产与负债的利率结构,因而无法考察该行的利率风险状况。如果要分析该行的利率风险情况,则需要获得其他资料。

3. 信用风险比率

商业银行实行贷款五级分类法之后,该比率指标反映的是商业银行可疑类贷款和损失类贷款与资产总额之比。A 银行在 2018 年的资产负债表中用"逾期贷款"来反映其风险贷款的数额,A 银行的信用风险比率为

$$信用风险比率 = \frac{风险贷款}{资产总额} \times 100\% = \frac{2\,467}{207\,436} \times 100\% \approx 11.89\%$$

4. 资本风险比率

它是所有者权益与风险资产之比。根据 A 银行的背景资料,其风险资产总额为 165 246 万元(未经加权计算),资本风险比率为

$$资本风险比率 = \frac{所有者权益}{风险资产} \times 100\% = \frac{12\,602}{165\,246} \times 100\% \approx 7.6\%$$

(五)经营效率分析

经营效率的高低标志着银行的经营管理水平,考核指标主要有两个。

1. 资产使用率

它是银行总收入与资产总额之比。

$$资产使用率 = \frac{总收入}{资产总额} \times 100\% = \frac{7\,849}{207\,436} \times 100\% \approx 3.78\%$$

该指标反映了银行资产的利用效率,即一定数量的资产能够实现的收入为多少。该比率越高,说明银行利用一定量的资产获得的收入越多,其经营效率越高。A 银行的资产使用率为 3.78%,反映了该行的资产利用效率比较低,但同时还应比较同行业的资产利用状况。

2. 财务杠杆比率

该比率是资产总额与资本总额的比率,其计算公式为

$$财务杠杆率 = \frac{总资产}{总资本} \times 100\% = \frac{207\,436}{12\,602} \times 100\% \approx 16.46\%$$

该比率反映银行的资本经营效率,一定量的资本能创造多少倍资产。比率过大,说明资本不足,银行经营风险较大;比率过低,说明一定量的资本所创造的资产过少,资本没有得到充分的利用。A 银行的财务杠杆比率为 16.46%,说明资本还有进一步发挥作用的余地。

(六)经营成果分析

1. 资产收益率

资产收益率是商业银行净利润与全部资产总额的百分比,反映银行资产的获利能力,即每

百元资产可获得多少净利润。其计算公式为

$$资产收益率 = \frac{净利润}{总资产} \times 100\% = \frac{599}{207\,436} \times 100\% \approx 0.29\%$$

该比率反映了银行的获利能力。银行业的资产收入率一般在1%左右。A银行的资产收入率仅为0.29%,说明其经营状况不理想,资产获利能力较低。

2. 资本收益率

该比率是银行净利润与所有者权益数额的对比。

$$资本收益率 = \frac{净利润}{所有者权益} \times 100\% = \frac{599}{12\,602} \times 100\% \approx 4.75\%$$

该比率反映了单位资本所获得的净利润,不但反映了从盈利中增加资本的潜力以及资本运用效率的大小,而且决定了股东收益的多少,影响股市行情。A银行的资本收益率为4.75%,说明其资本获利能力较低。

3. 银行利差率

它是银行利差与其盈利资产之间的比率。盈利资产是指那些能获得外部利息收入的资产。一般情况下,除去现金、同业存款、固定资产,均为盈利资产。

$$银行利差率 = \frac{利息收入 - 利息支出}{盈利资产} \times 100\% = \frac{5\,039 - 2\,811}{147\,346} \times 100\% \approx 1.51\%$$

由于银行收入主要来自于盈利资产,所以该比率越大,说明银行盈利资产的获利能力越强。A银行的利差率仅为1.51%,这一比率非常低,但是,同时看到该银行的盈利资产中短期和长期投资占盈利资产的17.17%,而证券投资收益不列入利息收益类,这在一定程度上影响了该行的利差率。

4. 银行利润率

该比率是银行净利润与总收入之比。其计算公式为

$$银行利润率 = \frac{净利润}{总收入} \times 100\% = \frac{599}{7\,849} \times 100\% \approx 7.63\%$$

一般来说,利润率越高,说明成本支出越少,利润额越多。银行利差率大不一定利润率大,因为银行支出中除了利息支出之外,还有非利息支出,公式中分子以净利润表示,考虑了非利息支出因素,所以,银行利润率更能反映银行的获利能力。A银行的利润率为7.63%,说明银行可支配的利润比较少。

三、财务分析方法

(一)财务分析的一般方法

1. 比率分析法

比率分析法又称为静态分析,是把同一时期财务报表所列相关项目和相关类别加以对比,

计算出有关比率指标,以便对表中有关项目之间的相互关系作出概括的判断。

2. 比较分析法

又称为趋势分析或动态分析。它是连续将两期或数期的财务报表中的同一个项目进行比较,计算出增减额或增减百分比,据以判断银行几年来在财务上和营业上的演变趋向和发展前景,并为预测提供依据,与此同时,也可以与同行业或竞争者相比,即把经营方向、经营条件、经营规模与自己相似的银行为比较参照物,以便找出自己的差距和经营上的薄弱环节。

(二) 财务分析案例

根据 B 银行的资产负债表、损益表和补充材料,计算其收益指标和风险指标,并与同行业比较分析。

1. B 银行概况

通过 B 银行的资产负债表(表 11.5)、损益表(表 11.6)和补充材料(表 11.7)这三个表,可以基本了解 B 银行的经营概况。

表 11.5 B 银行资产负债表

资产	2016年/万美元	占比/%	2017年/万美元	占比/%	2018年/万美元	占比/%	负债	2016年/万美元	占比/%	2017年/万美元	占比/%	2018年/万美元	占比/%
现金与存放	10 783.8	13.4	13 923	14.2	14 298.6	13.1	活期存款	35 730	44.7	39 664.8	40.5	44 243.4	40.5
证券投资	1 543	19.4	22 260.6	22.7	26 100	23.9	储蓄与定期存款	34 732.8	43.5	44 355.6	45.2	48 106.2	44.1
工商业贷款	24 336.6	30.5	29 290.2	29.9	32 775.6	30.0	存款总额	70 462.8	88.2	84 020.4	85.7	92 403.6	84.7
个人贷款	19 162.8	24.0	19 284.6	19.7	20 989.6	19.2	短期借款	2 092.2	3.6	5 044.8	5.1	6 654	61
不动产贷款	6 521.4	8.2	8 492.4	8.7	9 289.8	8.5	其他负债	1 755	2.2	2 968.8	3.0	3 477	32
其他贷款	757.2	0.9	858.6	0.8	1 410.6	1.3	总负债	75 142.2	94.0	92 034	93.9	102 534.6	94
贷款总额	50 778	63.6	57 871.8	59.1	64 438.8	59.9	普通股	561.6	0.7	607.2	0.6	607.8	0.5
减:坏账准备	291.6	0.4	286.2	0.3	558.6	0.5	留存收益	808.8	1.0	1 078.8	1.1	1 078.8	1.0
贷款净额	50 486.4	63.2	57 585.6	58.3	63 880.2	58.4	未分配利润	3 382.8	4.2	4 275	4.4	4 903.2	4.5
固定资产	2 245.8	2.8	2 390.4	2.4	2 580.6	2.4	总资本	4 767	6.0	5 961.6	6.1	6 589.8	6.0
其他资产	969	1.2	1 834.2	1.9	2 265	2.1	负债及股东权益总计	79 893	100	97 995.6	100	109 124.4	100
资产总计	79 893	100	97 995.6	100	109 124.4	100							

表 11.6 B 银行损益表   万美元

	2016/万美元	占比/%	2017/万美元	占比/%	2018/万美元	占比/%
一、收入						
应税债券利息收入	1 328.4	14.4	2 220.6	17.5	2 378.4	16.1
免税债券利息收入	198	2.2	380.4	3.0	629.6	4.4
工业贷款利息收入	3 521.4	38.2	5 320.8	42.0	6 141.6	41.7
个人贷款利息收入	2 588.6	29.1	2 811.6	22.0	3 282	22.3
不动产贷款利息收入	792	8.6	1 211.4	9.6	1 378.2	9.4
其他贷款利息收入	117	1.3	124.2	1.0	210.6	1.4
利息收入总额	8 645.4	93.7	12 069	95.3	14 039.4	95.3
服务费用及佣金收入	394.2	4.3	448.2	3.5	516.6	3.5
其他收入	185.4	2.0	149.4	1.2	171.6	1.2
营业收入总额	9 225	100	12 666.6	100	14 727.6	100
二、支出						
利息支出	4 419	55.5	6 850.8	62.1	8 761.2	63.8
提留贷款坏账准备	178.2	2.2	181.8	1.6	310.2	2.3
工资与福利	1 503.8	18.9	1 812.6	16.4	2 221.2	16.2
使用费开支	723.6	9.1	829.8	7.5	941.4	6.9

表 11.7 B 银行补充材料   万美元

	2016 年	2017 年	2018 年
盈利资产	66 748.2	81 429.6	91 984.8
风险资产	63 069	75 547.2	84 712.8
证券投资结构			
1 年以内	3 579.2	5 882.4	7 272
1~5 年	5 920.2	7 330.8	8 523.2
5~10 年	3 792	5 894.4	7 084.8
10 年以上	2 061.6	3 153	3 114
应税证券	94.81%	90.17%	97.91%
免税证券	93.04%	86.01%	80.18%

续表11.7

	2016 年	2017 年	2018 年
逾期贷款			
工商贷款	331.2	288.6	387
消费贷款	578.4	859.8	1 012.8
不动产贷款	150.6	232.8	261.6
其他贷款	10.8	7.8	7.8
利率敏感性(一年期)			
利率敏感性资产	30 398.4	35 895.6	44 011.2
利率敏感性负债	28 044.6	39 109.2	55 049.4
从业人员	774	852	936
每股平均市价	10	12	10
相当于应征税额的免税债券收入	396.6	704.4	1 201.2
总课税利息收入	8 976	12 393	14 592
总课税收入	9 393.6	12 990.6	15 290.2

2. B 银行财务指标分析

根据表 11.5、表 11.6 和表 11.7 的有关数据,按照考核银行盈利和风险指标的计算公式,计算 B 银行 2016 年至 2018 年的各项盈利与风险比率(表 11.8),然后,以相类似的银行同期盈利与风险比率(表 11.9)作为参照,来对 B 银行进行比较分析。

表 11.8 B 银行盈利与风险指标

	项目	2016 年	2017 年	2018 年
盈利指标	银行利差率	6.58%	6.8%	6.46%
	银行利润率	8.31%	8.12%	5.57%
	资产使用率	11.55%	12.93%	13.50%
	资产收益率	0.96%	1.05%	0.77%
	资本收益率	16.08%	17.27%	12.46%
	财务杠杆率	16.76%	16.43%	16.56%

续表11.8

	项目	2016年	2017年	2018年
风险指标	流动性风险率	1.09%	1.00%	0.67%
	利率风险率	1.08%	0.92%	0.80%
	资本风险率	7.55%	7.89%	7.78%
	信用风险率	2.12%	2.41%	2.61%

表11.9 参照银行盈利与风险指标

	项目	2016年	2017年	2018年
盈利指标	银行利差率	6.74%	6.68%	6.59%
	银行利润率	9.15%	8.83%	7.66%
	资产使用率	11.91%	12.80%	13.19%
	资产收益率	1.09%	1.13%	1.07%
	资本收益率	14.78%	15.63%	15.08%
	财务杠杆率	13.59%	13.82%	14.09%
风险指标	流动性风险率	11.05%	9.87%	10.31%
	利率风险率	1.06%	1.04%	1.01%
	资本风险率	9.45%	9.26%	9.14%
	信用风险率	1.29%	1.46%	1.84%

在银行利差率上，B银行的利差率由2016年高于平均水平0.12%变到2018年低于平均水平0.13%。这是值得重视的问题。如果该银行的工资和办公用品等非利息开支在2018年低于平均水平，那么该年利差率偏低就不会造成很大影响。零售银行常常拥有较高水平的利差率和高水平的其他开支，而批发银行的利差率和其他开支都比较低，因此，该银行2018年利差率偏低并不意味着其收益水平就一定低，需要进一步分析其他指标才能作出结论。

银行利润率反映了银行收益覆盖其成本(含税收)的能力，值得重视的是B银行的利润率从2016年到2018年下降了2.72个百分点，下降幅度为32.4%，远远高于银行同期利差下降的水平。尽管同期其他银行利润率水平也有所下降，但与平均水平相比，B银行也低2.42个百分点，即低于平均水平的30.29%。这说明，该行在此期间除利息之外的其他开支大幅度上升，而且远远高于平均水平。

在资产使用率上，B银行的资产使用率从2016年的11.55%上升到13.5%，超过了同期同类银行的上升水平。资产使用率是资产的使用效率，资产使用率的上升，意味着该行资产获利能力的增强，对增加资产收益提供了条件。但由于银行利润率下降幅度太大，由二者决定的资产收益率（=银行利润率×资产使用率）从2016年到2018年也在下降,并且低于同类银行水平。财务杠杆利率高于平均水平为该行资本收益带来了转机。但由于资产收益率太低,由二者决定的资本收益率竟然从高于同类银行近两个百分点降低到低于同类银行近三个百分点。

3. 银行风险指标分析

从以上分析情况看,B银行在2016年到2018年间,收益水平明显地下降了,在通常情况下,该银行所承担的风险也应该降低。然而,几个风险指标提供的信息却正好相反。

首先,该银行的流动资产较少,又有相当多的短期借款（该银行的短期借款从2016年的209.22万美元,猛增到2018年的665.4万美元）,因此B银行的流动性风险远远高于同类银行平均水平。

其次,在利率风险方面,B银行从2016年到2018年利率敏感性负债大幅度增加,利率风险比率由原来的1.02降到0.80。这是与短期借款大量增加相联系的,也是该行在承担了较多的流动性风险条件下保持流动性而付出的代价。

最后,在信用风险方面,该行信用风险比率一直高于平均水平约1个百分点。这反映该行的经营思想是比较激进的,敢于冒风险承作大量低质量贷款,并借此提高该行资产使用水平。

总之,B银行承担了较高的风险水平,这种高水平风险的确为该行带来了较高的总收入,资产使用率和财务杠杆率都比较高。但由于支出水平大幅度提高,导致了显著低下的资本收益率。因此,如果该行继续坚持原有的激进型经营策略,其工作重点应该放在严格控制成本支出方面,用高收入去适应高风险水平。如果经营策略变得保守一些,就应该调整资产负债结构,减少低质量贷款和利率敏感性负债,增加流动性资产以降低流动性风险、利率风险和信用风险等,同时控制非利息支出,这样尽管收益水平不会有所提高,但它伴随着较低的风险水平,这仍然是可以接受的,因为从总体上看,银行的总效用是不变的。

第二节　商业银行绩效评价

绩效评价是商业银行运用一组财务指标和一定的评估方法,对其经营目标实现程度进行考核、评价的过程。设计绩效评价指标体系是进行评估的关键,必须服从银行经营总目标。一般而言,处于不同的发展阶段和经营环境的商业银行在经营中所追求的具体目标有所不同,但根本的出发点是一致的,即实现股东财富最大化。股东财富指企业所有者在市场上转让出该企业所能得到的收益,反映了市场对企业的综合评价。股东财富或说企业价值受多种因素制约,可用下列公式说明

$$V = \sum \frac{E(D_t)}{(1+k)^t}$$

这是企业价值的贴现模型,其中V代表目前企业价值;$E(D_t)$代表第t年现金流入预期值或预期利润;k是同风险程度正相关的投资报酬率;t代表时间,理论分析中一般假定企业会无

限期持续经营，t 趋于无穷大。

上述模型显示，考查银行经营目标实现程度可从两个方面入手：一是银行获利情况；二是风险程度。这是设计绩效评估指标的基本出发点。商业银行的经营环境比一般企业更为复杂，加之其独特的资产负债结构，银行流动性和清偿力状况成为其能否生存的关键，因而在设计风险类指标时将清偿力指标和流动性指标单独列出，便于重点考查。商业银行绩效评价指标大多采用比率形式，这样可以剔除银行规模差异对绩效分析的干扰，还可将银行财务报表中的原始信息有机地结合起来，更准确地反映银行绩效。

一、商业银行绩效评价体系

商业银行绩效评价体系是一组财务比率指标，按实现银行经营总目标过程中所受的制约因素分为四类，即盈利性指标、流动性指标、风险指标和清偿力及安全性指标。

（一）盈利性指标

盈利性指标衡量商业银行运用资金赚取收益同时控制成本费用支出的能力。盈利性指标的核心是资产收益率和股本回报率，利用这两个财务指标及其他派生财务比率指标可较准确地认识银行的获利能力。

1. 资产收益率（ROA）

资产收益率是银行纯利润与全部资产净值之比，其计算公式为

$$资产收益率 = \frac{纯利润}{资产总额} \times 100\%$$

资产收益率指标将资产负债表、损益表中相关信息有机结合起来，是银行运用其全部资金获取利润能力的集中体现。需要补充说明的是，计算资产收益率指标时可以选择总资产的期末余额值作分母，这一数据可以方便地在资产负债表上直接取得，但银行利润是流量指标，为准确反映银行在整个报表期间的经营获利能力，采用总资产的期初与期末余额的平均数作分母效果更好。另外，银行纯利润包括一些特殊的营业外项目的税后收入，因而资产收益率指标的变动有时不能简单理解为银行正常营业获利能力的改变，还应结合具体情况分析。

2. 营业利润率

营业利润率排除了特殊项目的影响，更准确地体现了银行经营效率，计算表达式为

$$营业利润率 = \frac{税后营业利润}{资产总额} \times 100\%$$

由损益表可以看出，银行营业利润来自经营活动中各项利息收入和非利息收入，不受证券交易、调整会计政策、设备盘盈盘亏等不常发生的营业外活动影响，是银行经营能力和成果的真实情况。因而营业利润率指标反映了银行真实、稳定的获利能力。

3. 银行净利差率

银行利息收入是其主要收入来源，利息支出是其主要成本支出项目，因此利差收入是影响

商业银行经营业绩的关键因素。银行净利差率的主要计算公式为

$$银行净利差率 = \frac{利息收入 - 利息支出}{盈利资产}$$

盈利资产指那些能带来利息收入的资产。在银行总资产中,除去现金资产、固定资产外,均可看作盈利资产,在计算中分母也应采取平均值。一般情况下,银行经营规模的扩大,盈利资产的增多会引起相应利息收入的增加,但银行净利差率的提高表明银行利差收入的增长幅度大于盈利资产增长幅度,即银行在扩大资金运用、增加收入的同时,较好地控制相应的融资成本(利息支出)。因而该指标可有效反映银行在筹资放款这一主要业务中的获利能力。

4. 非利息净收入率

非利息净收入率不只是银行获利能力的标志,同时也反映出银行的经营管理效率,其计算表达式为

$$非利息净收入率 = \frac{非利息收入 - 非利息支出}{资产总额}$$

由损益表可知,银行非利息收入来自手续费和佣金收入,获得这类收入不需要相应增加资产规模,较高的非利息净收入会明显提高银行资产收益率。非利息支出包括提取贷款损失准备、员工薪金、折旧等间接费用,同银行管理效率直接相关,因而较高的非利息净收入率意味着相对较低的各类间接费用开支,表明银行管理效率良好。总的说来,非利息净收入率的提高是银行盈利能力和管理效率良好的表现。但有时也意味着经营中潜在风险的提高,主要因为非利息收入中的较大部分通过表外业务取得,常伴随着一定或有负债及其他风险,且不在财务报表中明确表示,因而应用指标时应多注意其他相关信息,了解相应风险状况。

5. 银行利润率

计算表达式为

$$银行利润率 = \frac{纯利润}{总收入} \times 100\%$$

从计算式中可以看出,该指标反映了银行收入中有多大比例被用作各项开支,又有多大比例被作为可以发放股利或再投资的利润保留下来,该比例越高,说明银行获利能力越强。

6. 权益报酬率(ROE)

权益报酬率又称为净值收益率、股东投资收益报酬率等,其计算表达式为

$$权益报酬率 = \frac{纯利润}{资本总额} \times 100\%$$

该指标反映了银行资本的获利程度,是银行资金运用效率和财务管理能力的综合体现,与股东财富直接相关,受到银行股东的格外重视。

(二)流动性指标

流动性在任何企业经营中都是盈利性和安全性之间的平衡杠杆。商业银行由于自身不寻

常的资产负债结构,更易受到流动性危机的威胁,这也是银行将流动性指标从一般风险指标中分离出来的原因。流动性指标反映了银行的流动性供给和各种实际的或潜在的流动性需求之间的关系。银行流动性供给在资产方和负债方均可存在,如银行拆入资金或出售资产都可以获得一定的流动性。流动性需求则可通过申请贷款和提存等形式作用于资产和负债两个方面,因而流动性指标在设计时应综合考虑银行资产和负债两方面情况。

1. 现金资产比例(现金资产/资产总值)

该指标是银行所持现金资产与全部资产之比,现金资产具有完全的流动性,可随时应付各种流动性需求。该比例高反映出银行流动性状况较好,抗流动性风险能力较强。然而,现金资产一般是无利息收入的,如果现金资产比例太高,则银行盈利资产下降,影响收益。

2. 国库券持有比例(国库券/资产总值)

国库券是银行二级准备资产的重要组成部分,对银行流动性供给有较大作用。一方面,国库券自身有较强的变现能力,银行出售国库券可直接获得流动性供给;另一方面,国库券是一种被普遍接受的抵押品,银行可以用其进行质押贷款,即持有国库券也可产生间接的流动性供给。该比值越高,银行的流动性越好。

3. 持有证券比例(证券资产/资产总值)

商业银行资产组合中很大部分是所投资的各类证券,这些证券一般均可在二级市场上变现,为银行带来一定流动性供给。单纯应用该指标判断银行流动性具有很大局限。这主要是因为证券的变现能力同其市场价值密切相关,在市场利率上升时,证券市价下跌,特别是一些长期证券难以按购入成本和记账价值流转出去,因此分析持有证券给银行提供的流动性时,须结合指标市值/面值评判。一般情况下,市值/面值比例越低,说明银行所持有证券的变现力越低,从中可获得的流动性供给越小。

4. 贷款资产比例(贷款/资产总值)

该指标是银行贷款资产与全部资产的比值。贷款是银行主要盈利资产,其流动性较差,该比值较高,反映银行资产结构中流动性较差部分所占比例较大,流动性相对不足。另一方面,贷款内部各组成部分又具有不同的流动性。其中一年内到期的贷款在一个营业周期内自动清偿,可以带来相应的现金流入,提供一定的流动性,因而可以用一年内到期贷款/总贷款作为贷款资产比例的补充指标,补充指标值越高,说明银行贷款中流动性较强部分所占比例较大,银行的流动性状况越好。

上述四个指标主要从资产项目来反映银行的流动性。小银行受其规模、市场地位的影响,一般依靠提高资产的流动性来应付各种流动性风险,因而在对小银行进行绩效分析时,这四个指标具有较大意义。

5. 易变负债比例(易变负债/负债总值)

该指标是易变负债与全部负债之比。易变负债包括银行吸收的经纪人存款、可转让定期存单及各类借入的短期资金。这类负债受资金供求关系、市场利率、银行信誉等多种因素影响,其融资成本、规模均难以为银行所控制,是银行最不稳定的资金来源。该指标反映了银行负债方面的流动性风险情况,比值越高,说明银行面临的潜在流动性需求规模较大且不稳定。

6. 短期资产/易变负债

银行短期资产包括同业拆出、存放同业的定期存款、回购协议下的证券持有、交易账户证券资产、一年内到期的贷款等。这部分资产是银行最可靠的流动性供给,可以较好地应付各类流动性需求,短期资产/易变负债指标衡量了银行最可靠的流动性供给和最不稳定的流动性需求之间的对比关系,该比值越高,说明银行的流动性状况越好。

指标5、6主要从负债方面考虑商业银行流动性情况。在运用这两个指标进行银行业绩分析时必须注意银行的规模,一些大银行,特别是地处金融中心的大银行,在经营中更多地利用增加短期负债来获取流动性,小银行依靠资产变现取得流动性,因而对于规模不同的银行,同一指标数值所反映的流动性状况可以有较大差异。

7. 预期现金流量比

该指标是预计现金流入与流出之比值,设计时考虑进一些表外项目的影响,可以弥补指标1~6的不足。银行现金流出包括正常贷款发放、证券投资、支付提存等项目,还包括预计贷款承诺需实际满足的部分及预计的其他或有负债一旦发生需要支付的部分。现金流入包括贷款收回、证券到期所得或偿付、预期中的证券出售及各类借款和存款的增加等。指标值大于1的不同值,显示该银行未来流动性可能有所提高的程度。

(三) 风险指标

在财务管理和财务分析中,风险被定义为预期收入的不确定性,这种收入的不确定性会降低企业价值。商业银行面临复杂多变的经营环境,收益水平受多种因素的干扰,风险指标将这些因素作了分类,并定量反映了商业银行面临的风险程度和抗风险能力。

1. 利率风险

当前的商业银行业务日益多样化,成为"金融百货公司",以多种金融服务获取收益。但从根本上来看,银行主要收入来源仍然是各种生息资产,成本项目主要是为融资而发生的利息支出。市场利率的被动往往会引发银行利差收入以至全部营业收入的波动,这就是利率风险。资金配置不同的银行面对相同的利率波动所受影响是不同的,即利率风险暴露不同,这种差别可以通过以下两个利率风险指标度量:

$$利率风险缺口 = 利率敏感性资产 - 利率敏感性负债$$

$$利率敏感比例 = \frac{利率敏感性资产}{利率敏感性负债}$$

利率敏感资产是指收益率可随市场利率变动重新调整的资产,如浮动利率贷款。以相同的方式用以定义利率敏感性负债。在应用上述两个指标分析时,应注意保持计算式中资产负债期限上的一致。

以上两指标在含义上是一致的。当缺口为0或比值为1时,银行不存在利率风险暴露,利差收益不受利率运动影响,其他指标值均意味着存在利率风险暴露。样本银行指标值与均衡值(0或1)偏差越大,银行面临的利率风险越大。

2. 信用风险

银行的信用风险指银行贷款或投资的本金、利息不能按约得到偿付的风险。银行的主要资产和收入来源是各类金融债权,信用风险对其经营业绩影响很大。以下几个指标反映了银行面临多种实际和潜在的信用风险程度及银行为此所作的准备情况。

(1)贷款净损失/贷款余额。贷款净损失是已被银行确认并冲销的贷款损失与其后经一定的收账工作重新收回部分的差额,反映了信用风险造成的贷款资产真实损失情况。该指标衡量了银行贷款资产的质量状况,比值越大,说明银行贷款资产质量越差,信用风险程度越高。

(2)低质量贷款/贷款总额。低质量贷款由三部分组成:①逾期贷款,指超过偿还期90天尚未收回的贷款;②可疑贷款,确认标志是债务人未能按约支付利息,这往往是债务人财务状况恶化、最终无力偿还本息的先兆;③重组贷款资产,当债务人财务状况恶化,银行为避免贷款债权的最终落空,有时会以延长期限、降低利率等方式同借款人进行债务重组协商。低质量贷款的信用风险程度很高,是产生未来贷款损失的主要根源。该指标是对指标(1)的补充,估计了潜在的贷款损失,比值越高,银行贷款中信用风险越大,未来发生的可能的贷款损失越大。

(3)贷款损失准备/贷款损失净值。贷款损失准备来自银行历年税前利润,是对未来可能出现的贷款损失的估计,并可以弥补贷款资产损失。该项指标比值越高,表明银行抗信用风险的能力越强。

(4)贷款损失保障倍数。该指标是当期利润加上贷款损失准备金后与贷款净损失之比,比值越大,说明银行有充分的实力应付贷款资产损失,可以减少贷款损失对银行造成的不利影响。

上述指标集中考查了银行贷款资产的风险状况,并未对证券投资进行信用风险评估,这是因为银行所持有的证券以政府债券为主,信用风险程度相对较低。

3. 欺诈风险、内部贷款比例

银行经营中会遭受内外部人员的欺诈或舞弊行为所产生的风险,这类风险称为欺诈风险。欺诈风险一般没有直接的度量指标,往往用其他指标间接反映,如内部贷款比例等。该指标是银行对其股东或经营管理人员的贷款、总贷款之比,粗略衡量了由内部交易所带来的可能的欺诈风险程度。一般而言,欺诈风险与该指标数量呈正相关关系。

(四)清偿力及安全性指标

银行清偿力是指银行运用其全部资产偿付债务的能力,它反映了银行债权人所受保障的程度。清偿力充足与否也极大地影响银行的信誉。从恒等式"净值=资产-负债"来看,银行清偿力不足或者资不抵债的直接原因是资产损失过大,致使净值小于零,负债不能得到完全保障。但清偿力不足的根本原因是资本金不足,未能与资产规模相匹配,因而传统的清偿力指标主要着眼于资本充足情况。

1. 净值/资产总额

净值是银行全部资金中属于银行所有者的部分,具有保护性功能,即吸收银行资产损失,保护债权人权益的功能。净值比例将资本量与资产总量结合起来,简单地反映出银行动用自有资金,在不损害债权人的利益的前提下应付资产损失的能力。该项比值越高,表明银行清偿能力越强。但其基本假设前提是银行资产规模和可能发生的损失之间存在简单的比例关系。该指标是一项传统指标,优点是计算方便。随着银行业务的不断发展,其资产和负债结构有了很大改变,不同资产所面临的风险有较大差异,资产规模和资产可能遭受的损失之间不再保持简单的比例关系。该指标的有效性有所下降。

2. 净值/风险资产

第二次世界大战以后,西方商业银行的资金运用由单纯贷款资产转向贷款和政府债券的资产组合,这两类资产所含的风险程度迥然不同,简单地应用净值/资产总额指标已无法确切地反映银行的清偿力和安全情况,计算清偿力的考核重点转向净值对风险资产的比率。风险资产是资产扣除现金资产、政府债券和对其他银行的债权后剩余的部分。将这些无风险资产排除后,净值/风险资产指标更多地体现了资本吸收资产损失的保护性功能,能较准确反映银行清偿力。上述两个指标着眼于净值与资产的关系来衡量银行的清偿能力和安全程度,随着银行业的不断发展,这种分析思想已显示出较大局限性:首先是银行资本的构成日益复杂,在提供清偿力方面是有差异的,应区别对待;其次表外业务在银行经营中地位有了较大提高,有必要纳入清偿力考核指标内。

3.《巴塞尔协议》规定

协议签署国银行的最低资本限额为银行风险资产的8%,核心资本不能低于风险资产的4%。商业银行的最低资本由银行资产结构形成的资产风险所决定,资产风险越大,最低资本额越高。

4. 资产增长率和核心资本增长率

该指标反映出银行清偿力的变化情况。一般情况下,银行资产扩张速度较慢,银行相对稳定。银行资产规模扩张较快,往往意味着较大的潜在风险,资产增长基础也不牢固,是银行清偿力下降的标志。结合核心资本增长率可更好地分析银行清偿力的变动。例如,当银行资产增长率保持原有水平而核心资本增长加快时,银行清偿力得以提高。这组指标也可用于同业比较中,即以银行同业的资产增长率与核心资产增长率为标准,将被考查银行的这两项指标值与标准指标值比较,分析其清偿力的变化。

5. 现金股利/利润

银行净值中比重最大的是未分配利润项目,该项目也是影响银行资本充足与否以及清偿能力高低的重要因素。未分配利润项目来自历年累积的利润留存,现金股利是银行利润的净流出,较高的现金股利分配率,降低了银行内部积累资本的能力。另外,分配现金股利导致银行现金资产的减少,风险资产比重相对加大。因而,现金股利/利润指标值太高,意味着银行清偿力未实现其应达到标准。

二、商业银行绩效评价方法

银行绩效评价方法主要指比率分析法和综合分析法。比率分析法以上述指标体系为核心，从盈利能力、流动性、风险性和清偿力及安全性四个方面对银行经营业绩分别作出评价，最后形成完整的结论。而综合分析法是将银行的经营业绩看作一个系统，从系统内盈利能力和多风险因素的相互制约关系入手进行分析。

（一）比率分析法

比率分析法的核心是绩效评价指标，但孤立的指标数据是毫无意义的，并不能说明银行业绩的好坏，必须在比较中才能发挥作用。其比较的形式主要有同业比较和趋势比较。将一家商业银行的绩效评价指标值与同业平均水平进行横向比较，可以反映出该银行经营中的优势与不足。利用连续期间对指标值进行比较，可以看出该银行的经营发展趋势，并对未来情况作出预测。在实际分析中，同业比较和趋势比较应结合起来使用。在应用财务比率进行绩效评价时，也应注意到银行规模上的差异，在很多情况下，绩效评价指标的差异来自规模差异以及相应经营方法上的不同，不能等同于经营业绩之间的差距。最后，在利用财务比率分析时，还应注意表外业务的情况，如经济环境的变化、利率走势等外部因素。

【知识库】

现给出一个应用比率分析的具体案例（表11.10）。首先对报表外因素作简单说明。评价对象商业银行F地处非金融中心地区，资产规模在1亿美元至2亿美元之间，是典型的中小银行，进行对比的同业水平是规模相近的小银行的平均水平。数据采样期间，2015年至2019年间市场利率呈下降趋势。

表11.10　F银行主要指标数据及同业水平

	2019年		2018年		2017年		2016年		2015年	
	F行	同业	F行	同业	F行	同业	F行	同业	F行	同业
一、盈利指标										
1. 资产收益率	1.31	0.84	1.41	0.68	1.00	1.03	0.77	1.04	1.60	1.12
2. 营业利润率	0.67	0.81	0.53	0.56	0.65	0.99	0.65	1.04	1.17	1.12
3. 非利息收入/平均资产	0.30	0.58	0.33	0.64	0.34	0.64	0.28	0.60	0.28	0.55
4. 利息收入/平均资产	9.31	8.88	10.18	9.71	10.85	10.80	11.16	11.54	11.21	11.19
5. 银行净利差率	4.10	3.90	4.41	4.15	4.28	4.43	3.31	4.34	4.05	4.54
二、流动性指标										
6. 易变负债/负债总额	40.24	5.41	34.15	7.93	43.75	1.05	37.32	0.22	26.07	1.20
7. 短期资产/易变负债	15.25	143.50	4.51	149.42	2.47	126.12	31.96	120.90	32.72	114.86

续表 11.10

	2019年		2018年		2017年		2016年		2015年	
8. 贷款/平均资产	43.74	48.70	44.54	48.95	48.78	52.16	49.68	52.83	49.67	50.86
三、风险指标										
9. 利率敏感性缺口	-18.25	-6.25								
10. 贷款净损失率	0.29	1.17	2.33	1.73	1.73	1.39	1.17	0.85	0.34	0.87
11. 低质量贷款比率	2.44	3.02	2.56	3.11	1.83	2.86	3.08	2.47	2.06	1.99
12. 贷款损失保障倍数	6.54	6.20	4.24	3.87	5.08	4.93	9.38	9.08	9.51	9.59
13. 贷款损失准备贷款净损失	3.65	2.99	1.32	1.50	0.88	1.71	0.71	3.03	1.55	2.87
14. 贷款损失准备/贷款	3.23	1.85	3.00	1.67	1.41	1.39	0.77	1.26	0.49	1.10
15. 内部人员贷款	0.13	0.18	0.1	0.22	0.22	0.20				
四、清偿力指标										
16. 核心资本充足率	8.42	8.85	8.73	8.82	8.07	8.74	7.76	8.60	7.52	8.54
17. 资产增长率	12.08	3.51	2.77	4.01	1.85	5.43	-3.16	6.66	6.26	8.67
18. 核心资本增长率	7.46	5.98	14.18	5.28	3.37	7.27	0.96	7.71	7.25	9.21
19. 现金股利比例	71.43	45.75	72.23	47.30	106.7	45.3	108.35	46.83	65.50	40.19

1. 盈利能力分析

表 11.10 中指标 1~5 是主要盈利指标。从指标 1 的资产收益率来看，除 2016 年外，F 银行的该项指标数据均高于或近似于同业平均水平。但由指标营业利润率看出，F 银行的营业外净收益率明显高于同业水平，这表明其真实营业盈利能力并未达到同业水平。仅以 2019 年为例，该年度 F 银行的资产收益率高于同业水平 0.47 个百分点，而营业外净收益高出同业水平 0.61 个百分点，相应的营业利润率与同业水平有 0.14% 的差距。因而 F 银行可靠的盈利能力略低于同业水平。指标 3 和 4 显示，F 银行的非利息收入低于同业水平，且远低于其利息收入，因而分析重点应放在净利差收入上。指标 5 显示 F 银行的净利差收入率高于同业水平。这种优势可以存在于两个方面：一是 F 银行的贷款资产比重较高，二是 F 银行在利率敏感性资产、负债方面配置较为成功。就 2019 年情况为例作出分析。指标 8 反映，F 银行的贷款资产比重低于同业水平，那么，利差收入上的优势只能归结于资金配置方面。指标 9 证实了这一点，F 银行存在负的利率敏感缺口，缺口规模远远大于同业水平。结合市场利率运动，可以得出结论，F 银行的利差收入优势来自不断下降的市场利率。但这同时也隐含着较大的利率风

险,其未来盈利能力很大程度上取决于利率走势,一旦利率向上波动,F银行的盈利水平将受很大负面影响。

2. 流动性分析

指标6~8反映了F银行的流动性存在严重问题。指标7显示,F银行严重依靠易变负债作为资金来源。一般情况下,小银行无法及时主动地调整其负债规模和结构。F银行过高的易变负债比例表明其负债结构不当,存在较大的不稳定流动性需求。指标7说明,F银行短期资产与易变负债的对应情况也远远未达到同业水平。银行短期资产是最可靠的流动性供给,F银行的指标7数据非常之低,表明F银行依靠出售资产应付负债方流动性需求的能力很差。

3. 风险分析

指标9是利率风险指标,数据表明F银行存在负的敏感性缺口,且缺口是同业水平的3倍,风险程度大大超过同业水平,这与F银行过度依赖利率敏感性的易变负债有关。

指标10~14是有关信用风险指标。指标10贷款净损失率可衡量银行贷款资产的整体质量,数据显示,F银行的贷款质量在2019年有了很大提高,且四年来第一次优于同业水平。指标11不良贷款比率也反映出相同情况。由此可得出结论,近期F银行在控制贷款信用风险方面较为成功,贷款资产质量良好。指标12~14反映了银行为可能发生的贷款损失所作的准备情况。连续比较可以看出,F银行的这3项指标数据在2019年度均有所提高,且高于同业水平,表明F银行抗信用风险能力在改善,强于同业水平。指标15以内部人员贷款比例反映银行潜在的由内部交易引起的欺诈风险,F银行的该项数据很低,表明这类风险程度较低,类似于同业水平。

4. 清偿力及安全性分析

指标16~19是清偿力指标。由指标16核心资本充足率来看,F银行在5年内均略低于同业水平,且在2019年有所下降,这与F银行在2019年度资产规模增长过快有关。F银行的清偿力风险主要来自过高的现金股利分配。指标19显示连续五年内F银行的股利分配超过了当年行业内平均数,这使得F银行的内部资本积累远未达到应有水平,降低了其清偿能力。

(二)杜邦分析法

银行的经营业绩是包括多个因素的完整系统,其内部因素相互依存、相互影响,比率分析方法人为地将银行业绩分为四个方面,割裂了相互间联系。综合分析法弥补了这种不足,将银行盈利能力和风险状况结合起来对银行业绩作出评价。杜邦分析法是一种典型的综合分析法,其核心是净值收益率(ROE),该指标有极强的综合性。

1. 两因素的杜邦财务分析

两因素的杜邦财务分析是杜邦分析的基本出发点,集中体现了其分析思想,其模型为

$$净值收益率 = \frac{纯利润}{净值} = \frac{纯利润}{资产} \times \frac{资产}{净值}$$

即

$$ROE = ROA \times EM$$

EM 称为股本乘数;ROE 是股东所关心的与股东财富直接相关的重要指标。上面的两因素模型显示,ROE 受资产收益率、股本乘数的共同影响,资产收益率是银行盈利能力的集中体现,它的提高会带来 ROE 的提高,也就是说,在 ROE 指标中间接反映了银行的盈利能力。

ROE 指标也可体现银行的风险状况。提高股本乘数,可以改善 ROE 水平,但也带来更大风险。一方面,股本乘数加大,银行净值比重降低,清偿力风险加大,资产损失较易导致银行破产清算;另一方面,股本乘数会放大资产收益率的波动幅度,较大的股本乘数,导致 ROE 不稳定性增加。因而两因素模型以 ROE 为核心,揭示了银行盈利性和风险之间的制约关系,从这两个角度可以对银行绩效进行全面分析评价。

2. 三因素及四因素的杜邦分析方法

银行资产收益率取决于多个因素,将其分解可以扩展为三因素分析模型,能更好地从 ROE 指标出发分析评价银行业绩。

$$ROE = \frac{纯利润}{资产} \times \frac{资产}{净值} =$$

$$\frac{纯利润}{总收入} \times \frac{总收入}{资产} \times \frac{资产}{净值} =$$

$$银行利润率 \times 资产利用率 \times 股本乘数$$

模型显示,银行 ROE 指标取决于上面这三因素,其中银行利润率和资产利用率也包含着丰富的内容。

首先,银行利润率的提高,要通过合理的资产和服务定价来扩大资产规模,增加收入,同时控制费用开支使其增长速度小于收入增长速度才能得以实现,因而该指标是银行资金运用能力和费用管理效率的体现。其次,资产利用率体现了银行的资产管理效率。银行的资产组合包括周转快、收益低的短期贷款、投资,又包括期限长、收益高的长期资产,还包括一些非盈利资产。各类资产在经营中都起一定作用,不可或缺。良好的资产管理可以在保证银行正常经营的情况下提高其资产利用率,导致 ROE 指标的上升,最终给股东带来更高的回报率。

通过上面的分析,可以将三因素模型理解为

$$ROE = 资金运用和费用管理效率 \times 资产管理效率 \times 风险因素$$

采用这种分析方法,可以从这 3 个方面理解 ROE 指标的决定及其变化原因,准确评价银行业绩。银行利润率不只是同其资金运用以及费用管理效率相关,也同银行的税赋支出有关。

$$PM = \frac{纯利润}{总收入} = \frac{纯利润}{税前利润} \times \frac{税前利润}{总收入}$$

在银行利润表部分已说明,银行税前利润是其营业中的应税所得,不包括免税收入和特殊的营业外净收入。纯利润/税前利润越高,反映银行的税赋支出越小,税赋管理较为成功。税前利润总收入也反映了银行的经营效率是银行资金运用和费用管理能力的体现。将 PM 分解

后,可得到四因素的杜邦分析模型

$$ROE = \frac{纯利润}{税前收入} \times \frac{税前利润}{总收入} \times 资产利用率 \times 股本乘数$$

由此可以将 ROE 指标理解为

ROE = 税赋支出管理效率×资金运用和费用控制管理效率×资产管理效率×风险因素

从杜邦分析模型中可以看,ROE 指标涉及了银行经营中的方方面面,杜邦分析法透过综合性极强的净值收益率指标,间接体现了银行经营中各方面情况及其间的制约关系,可以以此对银行业绩进行全面的分析评估。

本章小结

　　财务报表为银行绩效评价提供必要信息。商业银行主要财务报表有资产负债表,它提供有关存量变量信息,静态反映银行经营活动;损益表提供流量信息,动态反映银行业绩;现金流量表将这两种性质不同的报表信息联系起来。

　　在用财务指标对商业银行的财务状况进行分析时,比率指标分析内容主要包括:银行清偿力的分析、风险分析、经营效率分析和经营成果分析等。比较分析法又称为趋势分析或动态分析,是连续将两期或数期的财务报表中的同一个项目进行比较,计算出增减额或增减百分比,据以判断银行几年来在财务上和营业上的演变趋向和发展前景,并为预测提供依据。

　　商业银行绩效评价是通过一组财务比率指标进行的。这组指标分为四大类:第一类为盈利性指标,衡量商业银行运用资金赚取收益和控制成本费用的能力;第二类为流动性,反映银行流动性供给与流动性潜在需求的关系或银行及时支付能力的状态;第三类为风险指标,反映银行面临的风险程度和抗风险能力;第四类为清偿力及安全性指标,反映银行运用资产偿付债务的能力,也反映了银行债权人所受保障的程度。

　　绩效评价方法主要有比率分析法和综合分析法。比率分析法以上述指标体系为核心,从不同角度对银行经营业绩进行评价。综合分析是将银行的经营业绩看成一个系统,从系统内盈利能力和多风险因素的相互制约关系入手进行分析。

自测题

一、简答题

1. 商业银行财务报表有哪几类?各自反映什么内容?
2. 商业银行绩效评价指标体系由哪几类构成?各自侧重分析哪些方面?
3. 简述杜邦分析法评价要素的分解和组合。

二、分析题

1. 下列业务会使得资产负债表上哪两个科目受到影响。

  a. 萨利刚开了一个定期存款账户,存入 6 000 美元,这笔资金被贷给琼斯购买一辆旧车
  b. 银行发行普通股筹资 10 万美元,并将这笔资金花在自动取款机的安装上
  c. A 银行向 B 银行提供一笔 500 万美元的准备金贷款,第二天归还
  d. 银行宣布对甲企业的 100 万美元贷款为不能收回贷款
 2. 下列的各种交易会影响哪些银行收入及费用项目。
  a. 为了下周客户及雇员有足够的存款单和其他单据使用,现购买办公用品
  b. 银行通过月工资单账户拨出一笔资金,划入所有正式雇员的养老基金中
  c. 银行邮寄出储户账户利息
  d. 管理层预测最近放出的房地产贷款的坏账率近 3%
  e. 琼斯夫妇刚购买了一个保险存款箱用来存放股权证书及遗嘱
  f. 银行收回年初向英特尔公司放贷的贷款利息 100 万美元
  g. 琼斯的两张支票由于资金不足而退票,银行向琼斯的支票账户征收 30 美元的费用
  h. 银行获得去年年中购买的政府证券利息 500 万美元
  i. 银行向当地电力公司支付公共事业月账单,数额为 5 000 美元
  j. 银行出售政府证券,获得 29 万美元的资本收益

三、计算题

  假设某银行其税后净收入为 12 万元,税前净收入为 15 万元,营业收入为 100 万元,资产为 600 万元,股本为 50 万元。求其股本收益率、税赋管理效率指标、开支控制效率指标、资产管理效率指标。

四、论述题

  查找中国上市银行的财务数据,并对数据进行分析,比较中国各上市银行的财务指标,并对其绩效进行评价。

【阅读资料】

  2019 年,银保监会将中国邮政储蓄银行纳入大型银行管理,这样就有中国工商银行、中国农业银行、中国银行、中国建设银行、交通银行和邮政储蓄银行(以下分别称为工行、农行、中行、建行、交行和邮储)六家全国性大型银行。加之由招商银行、中信银行、上海浦东发展银行、中国民生银行、中国光大银行、兴业银行、华夏银行、广东发展银行、平安银行、浙商银行、恒丰银行、渤海银行等 12 家银行组成的全国性股份制商业银行(以下分别称为招商、中信、浦发、民生、光大、兴业、华夏、广发、平安、浙商、恒丰、渤海,统一称为股份制银行),构成我国现有的全国性商业银行。虽然数量有限,但却是我国银行业的重要组成部分。由于恒丰银行尚未披露年报,因此,本报告以其余 17 家银行 2018 年的数据为研究对象,将从资本、资产、盈利以及流动性四个维度进行分析。

  1. 净利润增长率

  17 家全国商业型银行盈利规模持续提高,但部分全国性商业银行的增速出现一定程度的下滑,11 家银行增速低于 5.14% 的平均水平,6 家高于平均水平。6 家大型银行共实现净利润 10 753.56 亿元,较上年增长

4.70%，增速上涨 0.6 个百分点；其中，邮储净利润增速降至两位数以下，但仍为六大行中最高者(9.71%)，其次为建设(4.93%)；中行净利润增速增幅最大，高达 3.57 个百分点，工行净利润增速较去年上升 0.93 个百分点至 3.92%，增速居于六大行末位，但在净利润规模上继续以 2 987.23 亿元位居行业首位。11 家股份制银行共实现净利润 4 008.55 亿元，较上年增长 6.33%，增速上涨 0.9 个百分点，股份制银行净利润增速仍快于大型银行；各股份制银行增速差异较大，其中招商增速最高(14.41%)，成为唯一一家实现两位数增长的股份制银行，且以 808.19 亿元净利润继续保持盈利能力最强的股份制银行地位；此外，兴业、民生、浙商、广发这几家股份制银行的净利润增速均有所下降，但净利润规模仍旧保持一定程度的增长。与 2017 年相比，有 6 家全国性商业银行净利润增速出现了下滑，其中，邮储下滑幅度最大，达到 10.09 个百分点；有 11 家商业银行的净利润增速出现了上升，其中，华夏上升幅度最大，达到 4.5 个百分点，平安、中行上升幅度也较大，分别为 4.41 个、3.57 个百分点，其他银行变动幅度基本上集中在 2~3 个百分点。

2. 净资产收益率和总资产收益率

净资产收益率(ROE)和总资产收益率(ROA)将各行的盈利规模绝对数与银行净资产和总资产结合起来，较好地展现了各行单位净资产或总资产的盈利水平，有利于客观比较各行的盈利能力。根据中国银监会《商业银行风险监控核心指标》的要求，净资产收益率不应低于 11%，总资产收益率不应低于 0.6%。近三年全国性商业银行加权平均净资产收益率。2018 年，除广发(8.82%)外，其余 16 家全国性商业银行的净资产收益率均超过 11% 的达标线。大型银行净资产收益率水平集中于 11%~15%；股份制银行情况则稍微分散，招商(16.57%)的净资产收益率水平在 15% 以上，广发(8.82%)净资产收益率水平低于 10%，排名垫底，不及监管达标线。

从近三年情况来看，全国性商业银行净资产收益率水平整体上呈下降趋势。与上年相比，有 16 家银行的净资产收益率下降，仅招商净资产收益率微增 0.03 个百分点。除此之外，下降幅度最小的是平安(0.13 个百分点)；渤海、光大、民生和兴业分别下降 1.53 个、1.20 个、1.09 个和 1.08 个百分点，降幅较大。近三年全国性商业银行平均总资产收益率。除广发(0.48%)和邮储(0.57%)外，其余 14 家全国性商业银行总资产收益率在 2018 年全部显著高于 0.6% 的及格线。整体而言，大型银行的总资产收益率略高于股份制商业银行，建行和工行的总资产收益率分别为 1.13% 和 1.11%，都超过了 1% 的水平，邮储(0.57%)位列六大行末位，不及监管达标线。股份制银行中，招商以 1.24% 的总资产收益率在全国性商业银行中排名第一，但其他银行该指标均低于 1%，多在 0.7%~1%，广发(0.50%)排名垫底，已低于 0.6% 的监管要求。同上年相比，建行和平安的总资产收益率与上年持平，中信、光大、兴业、邮储略有上升，其余全国性商业银行的总资产收益率均有所下降，但下降幅度普遍小于 2017 年，均小于 0.1 个百分点。

3. 利息收入水平

2018 年，17 家全国性商业银行的营业收入为 43 048.66 亿元，较上年增长 8.54%，其中，利息净收入达到 30 621.91 亿元，较上年上升 7.69%，利息收入占营业收入的比重由 2017 年的 71.69% 略微下降到 71.13%。2018 年，随着风险化解成效逐渐显现，商业银行资产质量稳中转好；在金融回归本源的背景下，新增资产中高收益信贷比重提升，带来了利息收入水平的改善。本报告从利息收入比、净利息收益率(净息差)与净利差三个角度讨论 2018 年全国性商业银行的利息收入水平。

4. 利息收入比

利息收入比是商业银行利息净收入占营业收入的比重。整体来看，17 家全国性商业银行的利息收入比由 2016 年的 70.81% 上升为 2017 年的 71.69%，2018 年又小幅下降为 71.13%。大型银行中，农行利息收入比近三年呈先升后降的趋势,交行呈持续下降的趋势,其他4家银行呈持续上升的趋势。邮储利息收入比最高,达到89.62%;交行利息收入比相较前一年进一步下降,至61.56%的低位,为大型银行中最低。股份制银行的利息收入比情况愈加分化,最高的是华夏(71.36%),仅有这一家银行利息收入比超过70%,最低的则是广发(38.14%),低于40%,其余几家股份制银行均处于40%~70%。

(资料来源:银行家杂志)

参考文献

[1] 李木祥,钟子明,冯宗茂. 中国金融结构与经济发展[M]. 北京:中国金融出版社,2004.

[2] 庄毓敏. 商业银行业务与经营[M]. 5版. 北京:中国人民大学出版社,2019.

[3] 唐旭,戴小平. 商业银行经营管理[M]. 修订本. 成都:西南财经大学出版社,2000.

[4] 巴塞尔银行监管委员会. 巴塞尔银行监管委员会文献汇编[M]. 北京:中国金融出版社,2002.

[5] 戴国强. 商业银行经营学[M]. 5版. 北京:高等教育出版社,2016.

[6] 季爱东. 银行消费信贷业务与风险防控[M]. 北京:中国金融出版社,2007.

[7] 田进,钱弘道. 兼并与收购[M]. 北京:中国金融出版社,2000.

[8] 石晓军. 商业银行信用风险管理研究——模型与实证[M]. 北京:人民邮电出版社,2007.

[9] 王恬. 资本监管与中国商业银行的信用风险定价[M]. 北京:中国金融出版社,2006.

[10] 姜旭朝,于殿江. 商业银行经营管理案例评述[M]. 济南:山东大学出版社,2000.

[11] 黄亚钧,吴富佳,王敏. 商业银行经营管理[M]. 2版. 北京:高等教育出版社,2000.

[12] 亚瑟·梅丹. 金融服务营销学[M]. 王松奇,译. 北京:中国金融出版社,2000.

[13] 胡庆康. 现代货币银行学教程[M]. 6版. 上海:复旦大学出版社,2019.

[14] 单惟婷. 商业银行信用卡业务与案例[M]. 成都:西南财经大学出版社,1998.

[15] 季爱东. 银行新中间业务与法律问题[M]. 北京:中国金融出版社,2004.

[16] 田惠宇. 商业银行典型案例解析[M]. 上海:复旦大学出版社,2005.

[17] 张金城,王红梅,高清水. 商业银行实务[M]. 哈尔滨:黑龙江人民出版社,2002.

[18] 中国银行业从业人员资格认证办公室. 公共基础[M]. 北京:中国金融出版社,2008.

[19] 中国银行业从业人员资格认证办公室. 风险管理[M]. 北京:中国金融出版社,2008.

[20] 岳忠宪,胡礼文. 商业银行经营管理[M]. 北京:中国财政经济出版社,2005.

[21] 彭建刚. 商业银行管理学[M]. 5版. 北京:中国金融出版社,2019.

[22] 李志辉. 商业银行业务经营与管理[M]. 北京:中国金融出版社,2004.

[23] 张树基. 商业银行信贷业务[M]. 杭州:浙江大学出版社,2005.

[24] 朱文剑,陈利荣. 现代商业银行业务[M]. 杭州:浙江大学出版社,2003.

[25] 郭福春. 商业银行经营管理与案例分析[M]. 杭州:浙江大学出版社,2005.

[26] 麦克唐纳. 银行管理[M]. 钱宥妮,译. 6版. 北京:北京大学出版社,2009.

[27] 罗斯,赫金斯. 商业银行管理[M]. 刘园,译. 9版. 北京:机械工业出版社,2007.

[28] 安东尼·桑德斯. 现代金融机构管理[M]. 李秉祥,译. 2版. 大连:东北财经大学出版社,2002.

[29] 加德纳,米尔斯,库珀曼. 金融机构管理:资产/负债方法[M]. 刘百花,骆克龙,张庆元,等译. 4版. 北京:中信出版社,2005.